U0850669

国家出版基金项目
NATIONAL PUBLICATION FOUNDATION

国家出版基金资助项目
“新闻出版改革发展项目库”入库项目
“十三五”国家重点出版物出版规划项目

钢铁工业绿色制造节能减排先进技术丛书

主　编　干　勇
副主编　王天义　洪及鄙
　　　　赵　沛　王新江

钢铁制造流程中碳素流运行与碳减排途径

Carboniferous Flow Operation and CO_2 Emission Reduction in Steel Manufacturing Process

郦秀萍　上官方钦　周继程　王海风　张春霞　著

北　京
冶　金　工　业　出　版　社
2020

内容提要

钢铁工业低碳绿色发展对我国“碳达峰”乃至“碳中和”目标的实现至关重要。本书一方面从钢铁制造流程的物理本质出发，对碳素流在钢铁制造流程中的作用和转换形式、碳素流在钢铁制造流程的运行规律等进行深入分析，阐述钢铁工业碳排放的特点，分析不同碳排放计算方法的差异，并提出适合中国钢铁工业特点的 CO_2 排放计算方法；另一方面，通过对钢铁工业碳减排途径与技术，国外钢铁行业温室气体减排途径、措施及其经验对中国的启示，以及碳排放权交易与碳核查、碳减排案例等分析，探求钢铁工业碳减排的途径、效果及钢铁工业碳减排发展趋势。旨在为钢铁行业碳减排途径及技术选择提供理论依据，为中国钢铁工业/企业实现低碳绿色发展提供实例参考。

本书可供钢铁行业/企业碳减排管理人员、节能减排技术研究人员、低碳发展与气候变化相关研究人员，以及高等院校冶金工程专业、工业生态学等相关专业的学生参考使用。

图书在版编目(CIP)数据

钢铁制造流程中碳素流运行与碳减排途径/郦秀萍等著. —北京：冶金工业出版社，2020.11
(钢铁工业绿色制造节能减排先进技术丛书)
ISBN 978-7-5024-8466-8

Ⅰ.①钢… Ⅱ.①郦… Ⅲ.①钢铁工业—节能减排—研究—中国 Ⅳ.①F426.31

中国版本图书馆 CIP 数据核字(2020)第 170788 号

出 版 人 苏长永
地 址 北京市东城区嵩祝院北巷 39 号 邮编 100009 电话 (010)64027926
网 址 www.cnmip.com.cn 电子信箱 yjcbs@cnmip.com.cn
策划编辑 任静波
责任编辑 于昕蕾 任静波 美术编辑 彭子赫
版式设计 孙跃红 责任校对 李 娜 责任印制 李玉山
ISBN 978-7-5024-8466-8
冶金工业出版社出版发行；各地新华书店经销；三河市双峰印刷装订有限公司印刷
2020 年 11 月第 1 版，2020 年 11 月第 1 次印刷
169mm×239mm；18.5 印张；357 千字；274 页
82.00 元
冶金工业出版社 投稿电话 (010)64027932 投稿信箱 tougao@cnmip.com.cn
冶金工业出版社营销中心 电话 (010)64044283 传真 (010)64027893
冶金工业出版社天猫旗舰店 yjgycbs.tmall.com
(本书如有印装质量问题，本社营销中心负责退换)

丛书编审委员会

丛书出版说明

随着我国工业化、城镇化进程的加快和消费结构持续升级，能源需求刚性增长，资源环境问题日趋严峻，节能减排已成为国家发展战略的重中之重。钢铁行业是能源消费大户和碳排放大户，节能减排效果对我国相关战略目标的实现及环境治理至关重要，已成为人们普遍关注的热点。在全球低碳发展的背景下，走节能减排低碳绿色发展之路已成为中国钢铁工业的必然选择。

近年来，我国钢铁行业在降低能源消耗、减少污染物排放、发展绿色制造方面取得了显著成效，但还存在很多难题。而解决这些难题，迫切需要有先进技术的支撑，需要科学的方向性指引，需要从技术层面加以推动。鉴于此，中国金属学会和冶金工业出版社共同组织编写了“钢铁工业绿色制造节能减排先进技术丛书”（以下简称丛书），旨在系统地展现我国钢铁工业绿色制造和节能减排先进技术最新进展和发展方向，为钢铁工业全流程节能减排、绿色制造、低碳发展提供技术方向和成功范例，助力钢铁行业健康可持续发展。

丛书策划始于 2016 年 7 月，同年年底正式启动；2017 年 8 月被列入“十三五”国家重点出版物出版规划项目；2018 年 4 月入选“新闻出版改革发展项目库”入库项目；2019 年 2 月入选国家出版基金资助项目。

丛书由国家新材料产业发展专家咨询委员会主任、中国工程院原副院长、中国金属学会理事长干勇院士担任主编；中国金属学会专家委员会主任王天义、专家委员会副主任洪及鄙、常务副理事长赵沛、副理事长兼秘书长王新江担任副主编；7 位中国科学院、中国工程院院士组成顾问团队。第十届全国政协副主席、中国工程院主席团名誉主席、中国工程院原院长徐匡迪院士为丛书作序。近百位专家、学者参加了丛书的编写工作。

针对钢铁产业在资源、环境压力下如何解决高能耗、高排放的难题，以及此前国内尚无系统完整的钢铁工业绿色制造节能减排先进技术图书的现状，丛书从基础研究到工程化技术及实用案例，从原辅料、焦化、烧结、炼铁、炼钢、轧钢等各主要生产工序的过程减排到能源资源的高效综合利用，包括碳素流运行与碳减排途径、热轧板带近终形制造，系统地阐述了国内外钢铁工业绿色制造节能减排的现状、问题和发展趋势，节能减排先进技术与成果及其在实际生产中的应用，以及今后的技术发展方向，介绍了国内外低碳发展现状、钢铁工业低碳技术路径和相关技术。既是对我国现阶段钢铁行业节能减排绿色制造先进技术及创新性成果的总结，也体现了最新技术进展的趋势和方向。

丛书共分 10 册，分别为：《钢铁工业绿色制造节能减排技术进展》《焦化过程节能减排先进技术》《烧结球团节能减排先进技术》《炼铁过程节能减排先进技术》《炼钢过程节能减排先进技术》《轧钢过程节能减排先进技术》《钢铁原辅料生产节能减排先进技术》《钢铁制造流程能源高效转化与利用》《钢铁制造流程中碳素流运行与碳减排途径》《热轧板带近终形制造技术》。

中国金属学会和冶金工业出版社对丛书的编写和出版给予高度重视。在丛书编写期间，多次召集丛书主创团队进行编写研讨，各分册也多次召开各自的编写研讨会。丛书初稿完成后，2019 年 2 月召开了《钢铁工业绿色制造节能减排技术进展》分册的专家审稿会；2019 年 9 月至 10 月，陆续组织召开 10 个分册的专家审稿会。根据专家们的意见和建议，各分册编写人员进一步修改、完善，严格把关，最终成稿。

丛书瞄准钢铁行业的热点和难点，内容力求突出先进性、实用性、系统性，将为钢铁行业绿色制造节能减排技术水平的提升、先进技术成果的推广应用，以及绿色制造人才的培养提供有力支持和有益的参考。

中国金属学会
冶金工业出版社
2020 年 10 月

总　序

党的十九大报告指出，中国特色社会主义进入了新时代，“我国社会主要矛盾已经转化为人民日益增长的美好生活需要和不平衡不充分的发展之间的矛盾”。为更好地满足人民日益增长的美好生活需要，就要大力提升发展质量和效益。发展绿色产业、绿色制造是推动我国经济结构调整，实现以效率、和谐、健康、持续为目标的经济增长和社会发展的重要举措。

当今世界，绿色发展已经成为一个重要趋势。中国钢铁工业经过改革开放 40 多年来的发展，在产能提升方面取得了巨大成绩，但还存在着不少问题。其中之一就是在钢铁工业发展过程中对生态环境重视不够，以至于走上了发达国家工业化进程中先污染后治理的老路。今天，我国钢铁工业的转型升级，就是要着力解决发展不平衡不充分的问题，要大力提升绿色制造节能减排水平，把绿色制造、节能环保、提高发展质量作为重点来抓，以更好地满足国民经济高质量发展对优质高性能材料的需求和对生态环境质量日益改善的新需求。

钢铁行业是国民经济的基础性产业，也是高资源消耗、高能耗、高排放产业。进入 21 世纪以来，我国粗钢产量长期保持世界第一，品种质量不断提高，能耗逐年降低，支撑了国民经济建设的需求。但是，我国钢铁工业绿色制造节能减排的总体水平与世界先进水平之间还存在差距，与世界钢铁第一大国的地位不相适应。钢铁企业的水、焦煤等资源消耗及液、固、气污染物排放总量还很大，使所在地域环境承载能力不足。而二次资源的深度利用和消纳社会废弃物的技术与应用能力不足是制约钢铁工业绿色发展的一个重要因素。尽管钢铁工业的绿色制造和节能减排技术在过去几年里取得了显著的进步，但是发展仍十分不平衡。国内少数先进钢铁企业的绿色制造已基本达到国际先进水平，但大多数钢铁企业环保装备落后，工艺技术水平低，能源消耗高，对排放物的处理不充分，对所在城市和周边地域的生态环境形成了严峻的挑战。这是我国钢铁行业在未来发展中亟须解决的问题。

国家“十三五”规划中指出，“十三五”期间，我国单位 GDP 二氧化碳排放下降 18%，用水量下降 23%，能源消耗下降 15%，二氧化硫、氮氧化物排放总量分别下降 15%，同时提出到 2020 年，能源消费总量控制在 50 亿吨标准煤以内，用水总量控制在 6700 亿立方米以内。钢铁工业节能减排形势严峻，任务艰巨。钢铁工业的绿色制造可以通过工艺结构调整、绿色技术的应用等措施来解决；也可以通过适度鼓励钢铁短流程工艺发展，发挥其低碳绿色优势；通过加大环保技术升级力度、强化污染物排放控制等措施，尽早全面实现钢铁企业清洁生产、绿色制造；通过开发更高强度、更好性能、更长寿命的高效绿色钢材产品，充分发挥钢铁制造能源转化、社会资源消纳功能作用，钢厂可从依托城市向服务城市方向发展转变，努力使钢厂与城市共存、与社会共融，体现钢铁企业的低碳绿色价值。相信通过全行业的努力，争取到 2025 年，钢铁工业全面实现能源消耗总量、污染物排放总量在现有基础上又有一个大幅下降，初步实现循环经济、低碳经济、绿色经济，而这些都离不开绿色制造节能减排技术的广泛推广与应用。

中国金属学会和冶金工业出版社共同策划组织出版“钢铁工业绿色制造节能减排先进技术丛书”非常及时，也十分必要。这套丛书瞄准了钢铁行业的热点和难点，对推动全行业的绿色制造和节能减排具有重大意义。组织一大批国内知名的钢铁冶金专家和学者，来撰写全流程的、能完整地反映我国钢铁工业绿色制造节能减排技术最新发展的丛书，既可以反映近几年钢铁节能减排技术的前沿进展，促进钢铁工业绿色制造节能减排先进技术的推广和应用，帮助企业正确选择、高效决策、快速掌握绿色制造和节能减排技术，推进钢铁全流程、全行业的绿色发展，又可以为绿色制造人才的培养，全行业绿色制造技术水平的全面提升，乃至为上下游相关产业绿色制造和节能减排提供技术支持发挥重要作用，意义十分重大。

当前，我国正处于转变发展方式、优化经济结构、转换增长动力的关键期。绿色发展是我国经济发展的首要前提，也是钢铁工业转型升级的准则。可以预见，绿色制造节能减排技术的研发和广泛推广应用将成为行业新的经济增长点。也正因为如此，编写“钢铁工业绿色制造节能减排先进技术丛书”，得到了业内人士的关注，也得到了包括院士在内的众多权威专家的积极参与和支持。钢铁工业绿色制造节能减排先进技术涉及钢铁制造的全流程，这套丛书的编写和出版，既是对我国钢铁行业节能环保技术的阶段性总结和下一步技术发展趋势的展望，也是填补了我国系统性全流程绿色制造节能减排先进技术图书缺失的空白，为我国钢铁企业进一步调整结构和转型升级提供参考和科学性的指引，必将促进钢铁工业绿色转型发展和企业降本增效，为推进我国生态文明建设做出贡献。

徐匡迪

2020 年 10 月

前　言

由温室气体引起的全球气候变化已成为国际社会非常关注的焦点问题，积极应对气候变化、推进绿色低碳发展已成为全球共识和大势所趋。根据《巴黎协定》，中国承诺：二氧化碳排放在2030年左右达到峰值并争取尽早达峰；单位国内生产总值二氧化碳排放比2005年下降60%~65%，非化石能源占一次能源消费比重达到20%左右，森林蓄积量比2005年增加45亿立方米左右。我国政府高度重视，积极主动地做出了减排承诺，并采取了一系列节能减排措施。2020年9月22日，习近平主席在第75届联合国大会一般性辩论上提出，中国将提高国家自主贡献力度，采取更加有力的政策和措施，二氧化碳排放力争于2030年前达到峰值，努力争取在2060年前实现碳中和。党的十九届五中全会对2030年实现碳达峰和2035年实现碳排放稳中有降做出了战略部署。

我国经济发展从高速度向高质量转变，需要深入推进工业化程度成为工业化强国，与已实现工业化、进入后工业化的发达国家相比面临更大的资源环境压力，节能减排成为国家发展战略的重中之重。工业生产是CO_2排放的主要来源，钢铁工业作为工业的重要组成部分，既是能源消费大户，也是CO_2排放大户，排放的CO_2量占全球总CO_2排放量的7%~9%以上。由于我国粗钢产量巨大，钢铁工业的CO_2排放量对全国由化石燃烧引起的CO_2排放总量的贡献较高。可见，走低碳发展的道路，大力推进低碳改造和低碳转型，对钢铁行业高质量发展、对国家“碳达峰”乃至“碳中和”目标的实现至关重要。

由于CO_2排放量不是测量出来的，而是通过计算得到的，所以不同计算方法、不同的计算边界所得到的CO_2排放指标也是不同的。CO_2排放水平还与国家、企业的用能结构有关，由于各个国家和地区原燃料条件的差异，在CO_2排放因子的选择上也会有很大的差异。CO_2排放水平还与企业的流程结构、产品结构特点有关，不同流程结构和产品结构的企业CO_2排放没有可比性。不同企业实际生产中的CO_2排放水平还与该企业的装备水平、技术水平及管理水平有很大关系，如企业的装备技术、工艺技术和管理技术水平高，则其用能效率高，CO_2排放量也就相对少。可见，国际上钢铁工业或企业的任何一个CO_2排放指标都是不能随便比较的。因此，解析钢铁流程中碳素流运行，理清众多影响钢铁工业/企业CO_2排放量的因素及其影响规律，正确评估钢铁工业的低碳绿色发展水平，对于钢铁行业碳减排途径及技术选择、助力国家实现“碳中和”具有重要意义。

本书作者从1998年起就开始关注和研究钢铁制造流程的碳素流运行规律和碳减排问题。20多年来，承担了国家自然科学基金重点项目“钢铁工业生态化发展模式与管理和评价体系”，中国工程院咨询项目“关于我国主要流程工业CO_2排放的评估及对策报告”“过程工程与低碳经济”“工业绿色发展工程科技战略研究”“钢铁工业碳达峰碳中和实施路径研究”，生态环境部咨询项目“钢铁工业温室气体减排”，工业和信息化部咨询项目“钢铁工业温室气体减排途径及政策措施研究”，科技部科技支撑计划项目“我国钢铁行业碳排放核查关键技术研究与示范”，以及若干钢铁企业的碳盘查项目。本书是作者多年来科研成果的总结和提升，从理论和实践两个层次展开。在理论层面，从钢铁制造流程的物理本质出发，对碳素流在钢铁制造流程中的作用和转换形式、碳素流在各个环节的输入输出形式、碳排放源及其特征、碳素流运行规律等进行深入解析，对比分析不同的CO_2排放计算方法的差异，提出我国钢铁工业CO_2评价指标（直接排放、能源消耗引起的排放及基于生命周期评价（LCA）的排放）与计算方法；在实践层面，应用本书所给出的计算方法进行实例分析与评估，提出了我国钢铁工业碳减排途径与技术，并以煤气资源化利用为例分析了钢铁企业碳减排的途径、效果，结合钢铁工业碳减排发展趋势，介绍了碳排放权交易与碳核查相关的内容，旨在为中国钢铁工业/企业实现低碳绿色发展提供参考。

本书在撰写过程中得到了丛书编审委员会各位专家的鼓励与帮助，在作者的相关研究及本书成稿过程中得到了殷瑞钰院士的悉心指导与无私帮助，审稿专家蔡九菊教授、温燕明教授对本书内容提出了宝贵的意见和建议，在此表示衷心的感谢。对本书各章后列出的相关文献的作者表示诚挚的谢意。

由于作者学识有限，书中难免有不足之处，敬请读者批评指正。

作　者

2020 年 10 月

目　录

1 国内外钢铁行业 CO_2 排放情况

目前，我国面临的资源环境压力巨大。根据《巴黎协定》，中国承诺：二氧化碳排放在 2030 年左右达到峰值并争取尽早达峰；单位国内生产总值二氧化碳排放比 2005 年下降 60%～65%，非化石能源占一次能源消费比重达到 20%左右，森林蓄积量比 2005 年增加 45 亿立方米左右。国家“十三五”规划中指出，“十三五”期间，我国单位 GDP 二氧化碳排放要降低 18%，二氧化硫、氮氧化物排放总量分别降低 15%。针对工业领域的排放，国务院还印发了《“十三五”控制温室气体排放工作方案》，明确提出 2020 年单位工业增加值二氧化碳排放量比 2015 年下降 22%，工业领域二氧化碳排放总量趋于稳定，钢铁、建材等重点行业二氧化碳排放总量得到有效控制。可见，未来要实现国家的碳减排承诺，我国钢铁工业将仍然面临着巨大的压力，低碳化、脱碳化发展是行业转型高质量发展的必由之路。

党的十九大报告指出，中国要成为全球生态文明建设的重要参与者、贡献者、引领者。同时提出加快生态文明体制改革，建设美丽中国的目标，这就要求加快建立绿色生产和消费的法律制度和政策导向，建立健全绿色低碳循环发展的经济体系；构建市场导向的绿色技术创新体系，发展绿色金融，壮大节能环保产业、清洁生产产业、清洁能源产业；推进能源生产和消费革命，构建清洁低碳、安全高效的能源体系；推进资源全面节约和循环利用，实施国家节水行动，降低能耗、物耗，实现生产系统和生活系统循环链接。以上四点要求就有两点直接提到低碳，低碳将是未来发展的一大趋势。

第 15 届国际二氧化碳利用会议特别专栏序言[1]中提到，根据最近的二氧化碳利用趋势和相关的主题，第 15 届国际二氧化碳利用会议的主题包括通过还原将二氧化碳作为绿色原料；通过功能化将二氧化碳作为构件；二氧化碳捕集和矿化；二氧化碳作为工作剂；碳预算，政策和战略。此外，该专栏序言还指出二氧化碳的另一种利用趋势为将二氧化碳催化转化为增值产品。目前二氧化碳利用新途径主要有以下四个方面：一是二氧化碳在商业化产品中的利用；二是 BRY 和 CCS（碳捕集与封存）路线；三是二氧化碳的电催化；四是二氧化碳用作化学原料[2]。上述几种直接或间接利用二氧化碳的方式是对已产生的二氧化碳的处理，是末端治理的思想，而且要达到减排和再利用的效果需要额外增加能源消耗，也会增加二氧化碳排放，最终的二氧化碳减排效果需要综合评价，因此在二氧化碳产生的源头就考虑控制二氧化碳排放的思路越来越受到重视。

1.1　气候变化与全球温室气体排放概况

由温室气体引起的全球气候变化已成为国际社会非常关注的焦点问题，积极应对气候变化、推进绿色低碳发展已成为全球共识和大势所趋。

2005 年 2 月 16 日，《京都议定书》正式生效。目标是在第一个承诺期 2008~2012 年间，主要发达国家承担各自定量化的减排义务，将京都议定书约定的 6 种温室气体（二氧化碳（CO_2）、甲烷（CH_4）、氧化亚氮（N_2O）、氢氟碳化物（HFCs）、全氟化碳（PFCs）和六氟化硫（SF_6））的总排放量比 1990 年削减 5.2%[3]。发展中国家暂无定量减排义务。

在《京都议定书》控制的 6 种温室气体中，CO_2 的温室效应虽然最低，但其排放数量巨大，且降解时间长，因此，它对全球温室气体的贡献约 50%[4]。迄今为止，最大的 CO_2 排放源是化石燃料燃烧时的碳氧化，占人为 CO_2 排放总量的 70%~90%。我国温室气体排放量中 CO_2 所占的比例从 1994 年的 76%增加到 2004 年的 83%。2000 年，全球温室气体排放量约 242 亿吨，其中土地利用、农业等约占 30%，工业占 41%，交通占 12%，居民生活占 14%。在工业中排放 CO_2 的主要行业有电力、钢铁、化工、水泥和造纸等，其中电力行业的温室气体排放约占 19%，钢铁约占 2%（图 1-1）。

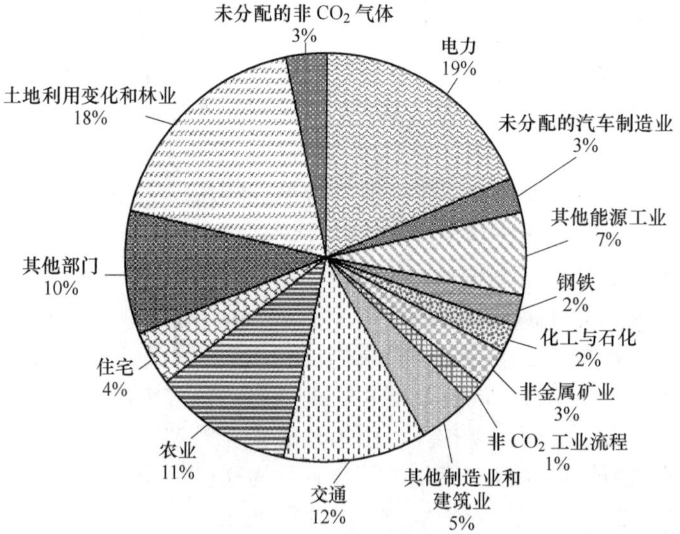

图 1-1　2000 年全球温室气体排放情况[5]

2005 年我国由化石燃料燃烧引起的人均 CO_2 排放量（4.25t）仍然低于世界平均水平（4.51t），但 CO_2 排放总量为 56.26 亿吨，占当年全球由化石燃料燃烧引起

的 CO_2 排放总量的 19.25%，仅次于美国列世界第二位。近几年我国温室气体排放量增长趋势明显，从 2006 年开始已经超过美国，成为世界上最大的 CO_2 排放国（见表 1-1）[6,7]，人均 CO_2 排放量目前也已经超过了世界平均水平。

表 1-1 由化石燃料燃烧引起的 CO_2 排放总量居世界前 6 位国家 （Mt）

国家	2005 年	人均排放量/t	占全球总量的百分比/%	2006 年	2007 年	2008 年	2018 年
美国	5841.32	19.51	19.99	5752.29	5847.91	5674.02	4921.13
中国	**5625.56**	**4.25**	**19.25**	**6103.49**	**6606.08**	**7049.85**	**9528.21**
俄罗斯	1515.51	10.52	5.19	1564.67	1566.20	1595.46	1587.02
印度	1423.84	1.28	4.87	1510.35	1634.89	1756.48	2307.78
日本	1300.19	9.64	4.45	1293.41	1309.88	1310.96	1080.72
德国	803.65	9.53	2.75	805.09	777.96	771.76	696.13
全球	29227	4.51	100	30173	31183	31793	33513

注：2005 年和 2006 年数据为 CDIAC（Carbon Dioxide Information Analysis Center）官方公布数据，2007 年、2008 年数据为 CDIAC 根据前 25 年的基础数据预测的结果，2018 年数据来自 IEA 官网。

2011 年德班气候会议期间，一些媒体报道了根据英国梅普尔克罗夫特公司（Maplecroft，世界上著名的风险评估公司之一）公布的温室气体排放量数据，以此为据对全球近几年排放二氧化碳最多的国家进行了排名，其中 5 个国家的二氧化碳排放量占全球二氧化碳排放量的一半还多。根据这份排名，全球二氧化碳年排放量高的 10 个国家如下：

第 1 名：中国。中国每年向大气中排放的二氧化碳超过 60 亿吨，位居世界各国之首。但是，从人均排放量来看，中国的排放量并非最多。

第 2 名：美国。美国每年排放的温室气体达到 59 亿吨。此外美国人均二氧化碳排放量达到每年 19.58t，仅次于澳大利亚，位居全球第 2。

第 3 名：俄罗斯。俄罗斯自 1999~2005 年大规模扩大工业化生产，因此其每年二氧化碳排放量激增至 17 亿吨，排名第 3。

第 4 名：印度。印度每年二氧化碳排放量为 12.9 亿吨，其人均排放量仅有 1.2t。

第 5 名：日本。因经济危机导致工业能源需求量下降，日本 2009 年二氧化碳排放量降至 12.47 亿吨，排名全球第 5。这一数据与 2008 年比下降了 3%。

第 6 名：德国。德国二氧化碳排放量为 8.6 亿吨，位居全球第 6。德国长期以来注重风能和太阳能等新能源发展，早在 1990 年就制定了绿色能源扶持计划，但由于工业化水平高，温室气体排放总量仍排在世界前列。

第 7 名：加拿大。加拿大每年温室气体排放量为 6.1 亿吨。加拿大政府承诺到 2020 年在 2006 年的基础上实现温室气体减排 20%，相当于在 1990 年的基础上减排 2%，但加拿大已宣布退出《京都议定书》，其减排量能否实现，存在疑问。

第 8 名：英国。英国温室气体排放量为 5.86 亿吨。英国政府于 2008 年颁布实施《气候变化法案》，成为世界上第一个为温室气体减排目标立法的国家，并成立能源和气候变化部。

第 9 名：韩国。韩国温室气体年排放量为 5.14 亿吨。全球排名第 9。韩国承诺在 2020 年前将温室气体排放量在 2005 年的基础上减少 4%，相当于在 1990 年的基础上减少 30%。

第 10 名：伊朗。伊朗温室气体年排放量为 4.71 亿吨。全球排名第 10。

2017 年 4 月 11 日，世界资源研究所（WRI）在其气候分析指标工具（CAIT）气候数据浏览器（Climate Data Explorer）中发布了 2013 年全球温室气体排放大国的排放数据，揭示了近年来温室气体排放大国的排放量变化趋势（具体数据详见 http：//cait. wri. org/）。中国温室气体排放量达到 117.35 亿吨二氧化碳当量，占全球总排放量的 26.83%；美国温室气体排放量达到 62.79 亿吨二氧化碳当量，占全球总排放量的 14.36%；随后依次是欧盟、印度、俄罗斯、日本、巴西、印度尼西亚、加拿大、墨西哥等国及地区。在过去 10 年，能源行业仍然是温室气体排放最大的贡献者。2013 年，能源行业的温室气体排放量占全球排放总量的 72%。2012~2013 年，由于电力生产、供热和运输行业的排放量增加，中国来自能源生产的温室气体排放量增长了 3.65 亿吨二氧化碳当量（或增长 4%）。

因此，我国目前在气候变化问题上的形势相当严峻，气候变化问题已引起我国政府的高度重视。2009 年 11 月 25 日，国务院常务会议决定，到 2020 年我国单位国内生产总值二氧化碳排放比 2005 年下降 40%~45%，作为约束性指标纳入国民经济和社会发展中长期规划，并制定相应的国内统计、监测、考核办法。

2015 年 12 月 12 日在巴黎举行的《联合国气候变化框架公约》第二十一届缔约方会议通过了《巴黎协定》，旨在控制主要由碳排放而导致的气温升高。《巴黎协定》是继 1992 年《联合国气候变化框架公约》和 1997 年《京都议定书》之后，人类历史上应对气候变化的第三个里程碑式的国际法律文本，成为近年来气候变化多边进程的最重要成果。该协定对 2020 年后全球应对气候变化的行动做出了框架性安排，将形成全球气候治理格局，具有重大意义。《巴黎协定》设立了将全球平均气温升幅控制在 2℃ 以内的长期目标，并为将气温升幅控制在 1.5℃以内而努力。根据协定，各方将以“自主贡献”的方式参与全球应对气候变化行动。发达国家将继续带头减排，并加强对发展中国家的资金、技术和能力建设支持，帮助后者减缓和适应气候变化。2016 年 4 月 22 日“世界地球日”，国家主席习近平特使、国务院副总理张高丽代表中国在纽约联合国总部签署了《巴黎协定》，向国际社会表明中国愿与各国共同抵御全球变暖。

为加快推进绿色低碳发展，确保完成“十三五”规划纲要确定的低碳发展目标任务，推动我国二氧化碳排放在 2030 年左右达到峰值并争取尽早达峰，2016 年 10 月，国务院还印发了《“十三五”控制温室气体排放工作方案》，针对控制工业领域的排放，明确提出 2020 年单位工业增加值二氧化碳排放量比 2015 年下降 22%，工业领域二氧化碳排放总量趋于稳定，钢铁、建材等重点行业二氧化碳排放总量得到有效控制。积极推广低碳新工艺、新技术，加强企业能源和碳排放管理体系建设，强化企业碳排放管理，主要高耗能产品单位产品碳排放达到国际先进水平。实施低碳标杆引领计划，推动重点行业企业开展碳排放对标活动。积极控制工业过程温室气体排放，制定实施控制氢氟碳化物排放行动方案，有效控制三氟甲烷，基本实现达标排放，“十三五”期间累计减排二氧化碳当量 11 亿吨以上，逐步减少二氟一氯甲烷受控用途的生产和使用，到 2020 年在基准线水平（2010 年产量）上产量减少 35%。推进工业领域碳捕集、利用和封存试点示范，并做好环境风险评价。

可见，我国在温室气体的行业减排方面也已做好了应对准备。工业生产是 CO_2 排放的主要来源，钢铁工业作为工业的重要领域，是能源消费大户，同时也是 CO_2 排放大户，排放的 CO_2 量占全球总 CO_2 排放量的 2%以上，而我国钢铁工业的能源结构中煤炭的比例高于其他国家，以及石灰石的大量应用，使其 CO_2 排放水平高于国际平均水平，对我国温室气体排放总量的变化产生重大影响。

1.2 国际钢铁工业 CO_2 减排情况

2007 年，国际钢铁协会在“气候变化与世界钢铁工业”的内部报告上指出，全球钢铁工业排放的温室气体约占全球的 3.2%，主要是 CO_2。

1.2.1 世界主要国家钢铁工业 CO_2 排放变化趋势

自第一次能源危机以来，节能成为钢铁工业降低成本、增强竞争力的动力，由此，也带来了 CO_2 排放的降低。1970~1990 年世界主要国家钢铁工业温室气体排放量的变化趋势见图 1-2，只有中国呈上升趋势[5]。20 世纪 90 年代之后，随着中国经济的飞速发展，中国钢铁工业 CO_2 排放量从 1991 年的 2.75 亿吨增加到 2014 年的最高峰 17.95 亿吨，随后开始呈现下降态势，2017 年下降到 15.74 亿吨。而日本、韩国、美国等国家也同样受到经济发展的影响，CO_2 排放量在起伏波动中也有所升高，如日本钢铁工业 2000 年 CO_2 排放量达到了 1.85 亿吨，预计 2020~2030 年下降至 1.5 亿吨。

法国钢铁工业在 1960~2000 年的 40 年间，能源强度下降了 1.9 倍，相应的 CO_2 排放量降低了 2.6 倍[8]（图 1-3）。法国钢铁工业 CO_2 排放量低还与电力结构中核电比例高（约 78%）有很大关系。

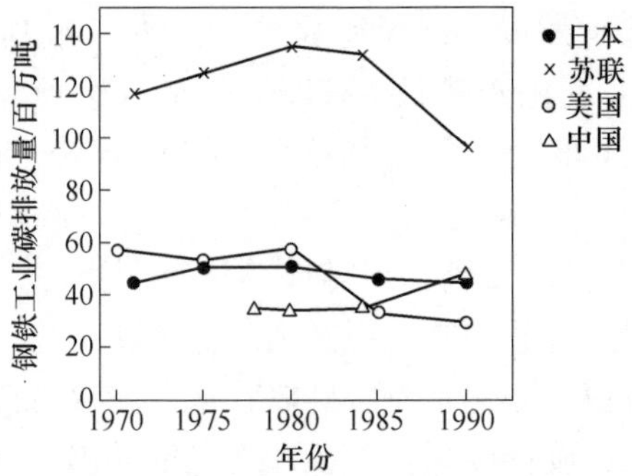

图 1-2　1970~1990 年世界主要国家钢铁工业 CO_2 排放量变化趋势

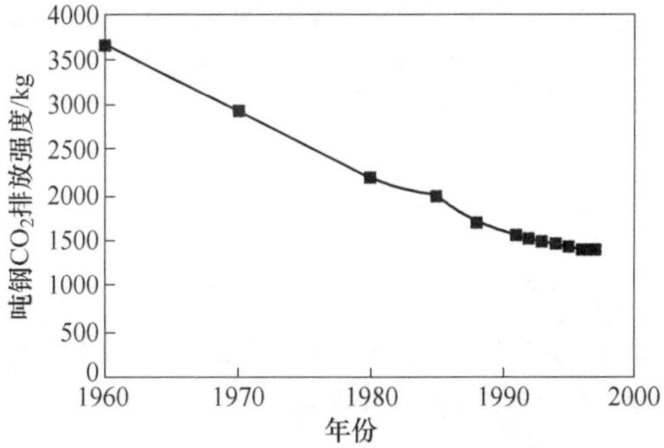

图 1-3　1960~2000 年法国钢铁工业 CO_2 排放降低趋势[8]

2001 年日本排放的温室气体中，主要是 CO_2，其中 CO_2、CH_4、N_2O、HFCs、PFCs 和 SF_6 所占的比例为 93.2%、1.6%、2.7%、1.2%、0.9%和 0.4%[5]。钢铁工业的能耗占全国总能耗的 14%左右，温室气体排放量约占全国的 14.6%（图 1-4）。1990~2002 年日本钢铁工业的温室气体排放见表 1-2。

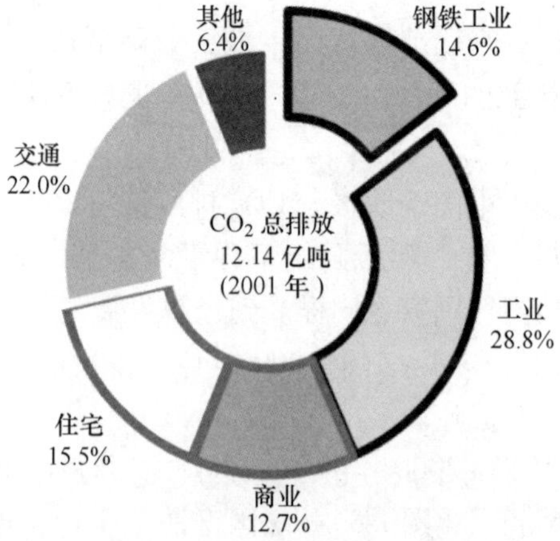

图 1-4　2001 年日本各行业 CO_2 排放比例[9]

表 1-2 日本钢铁工业 1990~2002 年 CO_2 排放总量和吨钢 CO_2 排放量[5]

年份	1990	1995	1996	1997	1998	1999	2000	2001	2002
CO_2 排放总量/t	195×10^6	186×10^6	190×10^6	195×10^6	184×10^6	189×10^6	181×10^6	177×10^6	182×10^6
吨钢 CO_2 排放量/kg	1744	1865	1883	1897	2025	1926	1696	1733	1652

日本钢铁联盟明确制定的到 2010 年的自主行动节能计划目标是：到 2010 年的能耗将比 1990 年的减少 10%。如果考虑采用高炉喷吹废塑料等技术，将再减少 1.5%，总的达到 11.5%。同时 CO_2 排放量减少 10.5%。

德国钢铁行业不断降低与温室气体排放相关的还原剂消耗和单位能耗量[10]，2000 年德国钢铁工业的 CO_2 排放量约占其全国的 7%。根据德国钢铁协会介绍，2004 年德国钢铁工业平均能耗 18GJ（折合 650kgce/t），吨钢 CO_2 排放量约为 1.3t（均计算到铸坯）。其中电炉钢坯占 30.7%。

1.2.2 国外主要钢铁企业 CO_2 排放情况

日本住友金属在 2011 年年度报告书中指出 2010 年能源消耗吨钢能耗为 798.41kgce，由能源引起的吨钢 CO_2 排放量约为 1.95t[11]。

日本 JFE，2018 年度的吨钢能耗为 792.05kgce，而由能源引起的吨钢 CO_2 排放量为 2.03t，非能源引起的吨钢 CO_2 排放量为 0.07t，全年吨钢 CO_2 排放量大约为 2.10t[12]。

新日铁 2010 年吨钢能源消耗为 769.38kgce，其由能源引起的吨钢 CO_2 排放量为 1.93t；而 2007 年吨钢能源消耗为 731.21kgce，其由能源引起的吨钢 CO_2 排放量为 1.83t[13]。

韩国浦项（POSCO）2010 年吨钢 CO_2 排放量为 2.13t，其中包括 2.04t 的直接排放和 0.09t 的间接排放[14]，2017 年吨钢 CO_2 排放量为 1.9t，其中包括 1.82t 的直接排放和 0.08t 的间接排放[15]。其计算是基于 WBCSD/WRI 温室气体协议指南（2004），只计算浦项厂（Pohang）和光阳厂（Gwangyang）的。针对计算结果 POSCO 还指出 CO_2 排放的计算将来还会根据国家对排放因子及计算边界条件的调整而改变。而浦项在 2005~2009 年的吨钢 CO_2 排放量分别为 2.06t[16]、2.13t[17]、2.19t[18]、2.20t[19]和 2.14t[20]。可见，一个钢铁企业的吨钢 CO_2 排放量并不一定是逐年下降的。

ArcelorMittal 在其 2019 社会责任报告书中，指出其 2018 年吨钢 CO_2 排放量为 2.12t[21]，但没有明确对其计算口径进行说明。

将上述国外主要的钢铁企业 CO_2 排放水平的相关信息汇总，见表 1-3。

表 1-3　国外主要钢铁企业 CO_2 排放情况

来源	年份	吨钢 CO_2 排放水平/t	备　注
日本住友金属	2010	1.95	能源消耗
日本 JFE	2018	2.03	其中，原料、熔剂消耗 0.07tCO_2
日本新日铁	2010	1.93	能源消耗
韩国浦项（POSCO）	2017	1.90	其中包括 1.82tCO_2 的直接排放和 0.08tCO_2 的间接排放
ArcelorMittal	2018	2.12	无说明

1.2.3　钢铁生产两类流程的 CO_2 排放比较

钢铁生产主要有以天然资源、煤炭等为源头的高炉—转炉“长流程”（BF—BOF 流程）和以废钢、电力为源头的电炉“短流程”（EAF 流程）两类[22,23]，如图 1-5 所示。

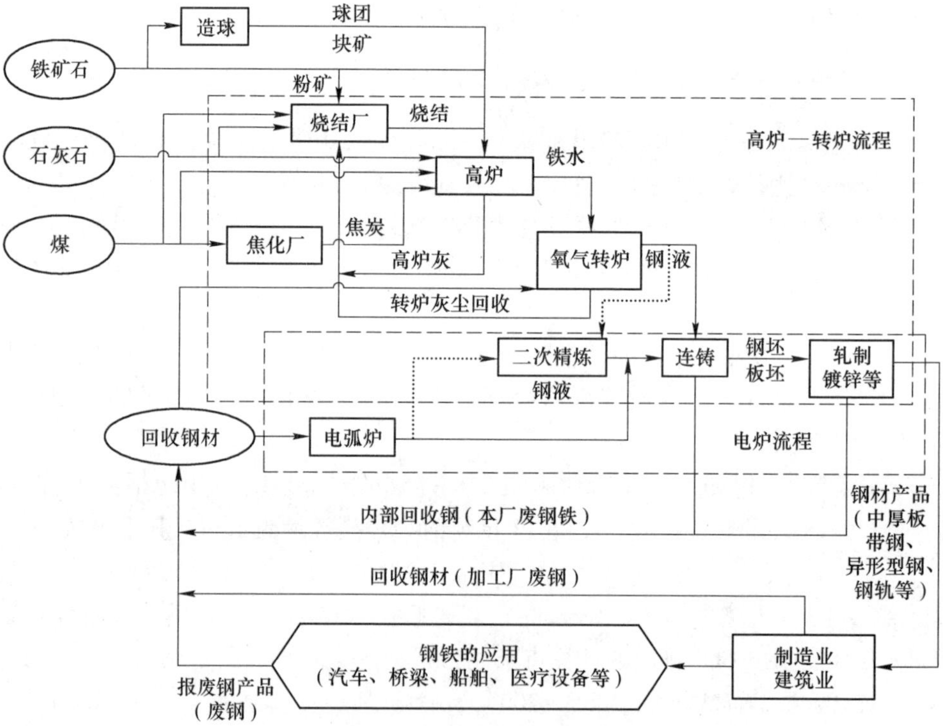

图 1-5　钢铁生产的两类流程：高炉—转炉长流程和电炉短流程

（1）以铁矿石、煤炭等天然资源为源头的高炉—转炉—热轧—深加工流程。这是包含了原料、能源的储运/处理，高炉—焦炉还原过程，炼钢—精炼—凝固过程，再加热—热轧过程，冷轧—表面处理过程的生产流程（长流程）。

（2）以废钢等再生资源❶和电力为源头的电炉—精炼—连铸—热轧流程（短流程）。

就能耗、环境负荷而言，电炉流程相对低些。如高炉长流程钢厂的吨钢能耗在 700~1000kgce。而电炉短流程钢厂的吨钢能耗在 400~700kgce。以废钢为源头的电炉流程与以铁矿石为源头的高炉—转炉流程相比，每吨钢可节约铁矿石 1.3t，降低能耗 350kgce，减排 CO_2 1.4t，减排废渣 600kg[24]。

1996 年，国际钢铁协会进行了“摇篮到大门”的 LCI 研究，表明高炉—转炉流程的 CO_2 排放量约为电炉流程的 3.5 倍[25]。日本钢铁工业对于不同流程下生产不同钢种的 CO_2 排放进行了研究（表 1-4）[26]。结果表明，深加工程度高或钢种附加值高的流程的能耗和 CO_2 排放都高。

表 1-4　日本钢铁工业不同流程吨钢 CO_2 排放量　（t）

项　目	普碳钢	特殊钢	平均
BF—BOF 流程	2.127	2.298	2.152
EAF 流程	0.514	0.699	0.563

从 20 世纪 90 年代后期，国际钢铁界对于资源、能源利用、环境保护和清洁生产相当重视。钢铁企业普遍关注与社会、环境友好，向可持续的循环经济的方向发展，2003 年 10 月，国际钢铁协会（International Iron and Steel Institute，IISI）首次提出了评价钢铁企业的 11 个可持续发展指标（表 1-5）[27]，并逐渐完善和充实（表 1-6）[28]，温室气体 CO_2 排放是其中一项重要指标，反映了国际钢铁界对 CO_2 排放问题的关注。根据国际钢铁协会的统计资料显示，2005 年世界钢铁工业

表 1-5　2003 年国际钢铁协会发布的 11 个可持续发展指标的内涵

项目		11 个可持续发展指标			计算及说明
经济指标	1	对新工艺和新产品的投资		2003 年，参加统计的 31 家钢铁公司在新产品新工艺方面共投资 114 亿美元，占总销售额的 6.0%	包括基建费用、研究和开发
	2	营运利润率	营业收入标志一个企业现有生产经营活动的盈利能力	2003 年，参加统计的 31 家钢铁公司总营业收入为 170 亿美元，营业毛利率为 8.9%	营业毛利率是营业收入与总销售额的比值。营业收入也称息税前利润或收益

❶ 再生资源：是相对于再生天然资源而言，一般指的是社会生产和生活消费过程中产生的，已经失去原有价值，而经过回收、分类、整理及加工处理，会重新具有使用价值的各种废弃物质。

续表 1-5

项目		11 个可持续发展指标			计算及说明
经济指标	3	投资回报率	可持续发展的行业是一个需要吸引投资的行业。在用资金回报率指标标志钢铁行业是否能赚取足够的回报来满足这种需要	2003 年，参加统计的 31 家钢铁公司实现 9.5%的在用资金回报率	在用资金回报率是用息税前利润除以总资产减去流动负债的差得出的。在用资金是能够产生营业收入的资产值
经济指标	4	经济增加值	经济附加值表示一个公司为股票持有者创造的价值	对于参加统计的 22 家公司，经济附加值最后确定为总营业额的 3.2%	该指标的计算是用在用资金回报率减去资金成本的差乘以在用资金。本报告中该指标的计算结果用总营业额进行了归一化处理
经济指标	5	能源强度		2003 年，参加统计公司的吨钢平均单位能耗为 19GJ	吨钢能耗是能源消耗占价值量或实物量产出的比值。对于钢铁工业，该指标规范化为生产粗钢的总能耗除以粗钢总产量。同确定 CO_2 排放所用的方法一样，单位能耗也是基于粗钢生产工序的
环境指标	6	温室气体排放	在《京都议定书》中总共考虑了 6 种温室气体。与世界钢铁工业关系最密切的气体是二氧化碳	参加统计 39 家公司的平均值为每生产 1t 粗钢排放 1.6t CO_2，这一数值反映了转炉和电炉的综合情况	这个指标基于粗钢生产工序 CO_2 的排放。参加统计的公司基本上使用 IISI 开发的同一个软件计算 CO_2 排放
环境指标	7	资源利用效率	这表明钢铁工业在产钢过程中充分利用原材料和减少废物产生方面是大有可为的。进一步提高物料效率可以通过提高钢铁生产过程中副产品的回收率来实现	2003 年，钢铁工业的物料效率为 97%	物料效率是标志一个公司最佳化利用生产产品所用原材料且废物产生最少方面情况的指标。最佳的物料效率比是 100%。提高物料效率通常伴随着经济上的节约和减少温室气体排放

续表 1-5

项目		11 个可持续发展指标			计算及说明
环境指标	8	废钢回收利用率	今天使用中的钢在将来会被回收、加工和再次使用。确实，钢是世界上回收性最好的材料	钢铁工业每年回收大量的钢。IISI统计表明，2002 年回收利用了 3.83 亿吨。这一数量占当年世界粗钢总产量的 42.3%	近期世界范围的一项调查发现，钢罐的平均回收率为 63%，而在部分国家甚至超过 85%。一般估计汽车的回收率也非常高，美国近 10 年来一直超过 90%
	9	环境管理体系		2003 年，在钢铁生产设施上工作的全部雇员和承包商的 85% 是在注册设施上工作的	钢铁工业的这个指标用在注册钢铁生产设施上工作的雇员和承包商的人数来表示。注册生产设备包括那些已经获得注册的国际环境管理体系标准（例如 EMAS 和 ISO 14001）认证的设备
社会指标	10	员工培训		2003 年，参加统计的钢铁公司提供平均每个雇员 6.3 天的培训	对于钢铁工业，雇员培训指标包括指导雇员获得一定的技能。培训可以包括各种方法，例如课堂指导、编写培训教材、计算机上培训或工作中指导
	11	损失工时的工伤率	钢铁工业的目标是提供安全的工作环境和零伤亡	2003 年，参加统计公司的损时伤亡频率为 7.8	损时伤亡是一种造成工作时间损失的伤亡，受伤者通常受雇到发生伤害的那一天或班次之后。受伤后没有直接的时间损失，但是人员缺失和受伤有直接关系的情况通常也看作损时伤亡。为了计算频率，用损时伤亡数除以工作时间 1000000h

直接排放的 CO_2 约为 20 亿吨，其中国际钢铁协会会员企业的吨钢温室气体排放量为 1.7t，而钢铁工业占全球 CO_2 排放总量的 4%~5%，2010 年吨钢 CO_2 排放量约为 1.8t，见表 1-6。

表 1-6　2004~2010 年国际钢铁工业可持续发展指标

序号	指标	2004 年	2005 年	2006 年	2007 年	2008 年	2009 年	2010 年	备注
1	对新工艺和新产品的投资/%	6.0	6.2	7.7	7.9	8.3	10.2	8.8	占销售收入
2	营运利润率/%	8.9	15.7	15.3	—	—	—	—	占销售收入
3	投资回报率/%	9.1	22.3	19.6	—	—	—	—	占投资
4	经济增加值/%	2.6	11.7	7.6	—	—	—	—	占销售收入
5	吨粗钢能耗强度/GJ	19.0	19.1	20.6	20.8	20.8	20.1	20.1	
6	吨粗钢温室气体排放/tCO_2	1.6	1.7	1.7	1.8	1.8	1.8	1.8	
7	资源利用效率/%	96.8	95.6	97.2	97.9	98.0	97.9	97.7	
8	废钢回收利用率/%	42.3	42.7	459.3①	—	—	—	—	回收钢占产粗钢
9	环境管理体系/%	85.4	90.7	85.5	85.1	86.6	89.0	85.5	在注册生产设施中工作的员工占所有员工和协力工的比例
10	员工培训	6.3	9.9	10.4	11.1	8.0	8.5	6.7	培训天数/员工
11	损失工时的工伤率	7.8	6.6	8.8	4.5	3.1	2.5	2.3	频率/1 百万工时
参与数据收集公司的粗钢产量/亿吨		3.26	3.97	5.20	—	—	4.93	6.05	
参与数据收集公司的销售收入/亿美元		1910	2130	4103	4944	5780	5100	5529	

① 2006 年废钢回收利用率指标不再出现，而是以回收的废钢量表示，其单位为百万吨。

1.3　中国钢铁工业 CO_2 排放的特点

随着钢铁工业能源消耗总量的增加，钢铁工业排放的温室气体总量也有所增加（图 1-6），从 1991 年的 2.75 亿吨增加到 2017 年的 31.12 亿吨，增加了约 4.72 倍[5]；但是，由于吨钢能耗的降低，吨钢 CO_2 排放量也有所降低。吨钢 CO_2 排放由 1991 年的约 3.87t 下降到 2017 年的约 1.83t，下降了约 51%。

我国钢铁工业能耗高，CO_2 排放高，主要有两个先天不足。

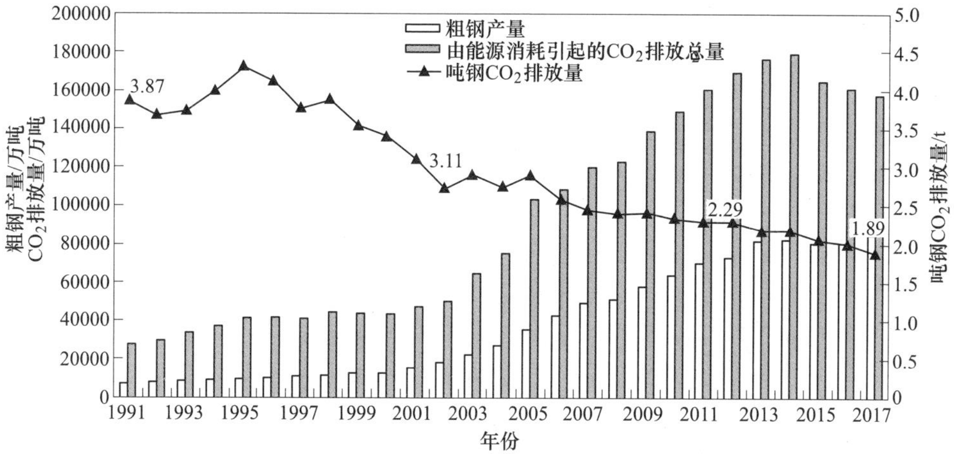

图 1-6 1991~2017 年中国钢铁工业粗钢产量和吨钢 CO_2 排放量变化

（1）我国粗钢产量中以转炉钢为主，比例大于 80%。由于长流程包括了烧结、焦化和高炉等重污染工序（图 1-7），因此，污染和能耗都远高于电炉短流程。生产 1t 钢材，两种流程的资源、能源消耗和污染排放[29~32]见表 1-7。

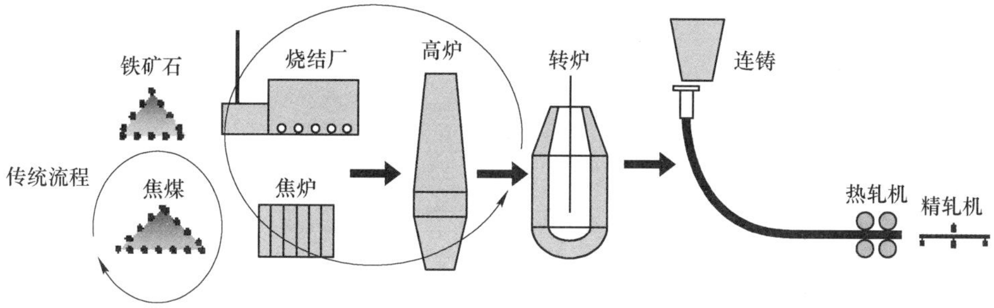

图 1-7 钢铁联合企业高炉—转炉长流程的主要污染工序示意图

表 1-7 高炉—转炉长流程与电炉短流程在资源、能源消耗和排放方面的比较

项目	高炉—转炉流程	电炉流程①
吨钢消耗原料/t	约 3.7	约 1.2
吨钢消耗能源（标准煤）/kg	650~900	300~400
吨钢排放固态物质/t	约 0.6	约 0.2
吨钢排放 CO_2 等气体/t	约 2.1	约 0.52

① 表中电炉短流程的数据是以全部使用废钢资源为基准的。

由表 1-7 可见，由于电炉短流程主要使用再生资源——废钢，所以电炉短流程比利用天然资源的高炉—转炉流程消耗更少的原料和能源，排放更少的气体和固态物质，更有利于节约能源和资源，减少污染，对环境的影响更小。高炉—转炉流程的能源消耗约是电炉流程的 2 倍，而 CO_2 排放约是电炉流程的 3.8 倍。

在我国现存的长流程和短流程中，一直以高炉—转炉—轧钢长流程为主，以长流程生产的钢（转炉钢）的比例占绝大多数。近 15 年来，我国转炉钢比例在 85%～90%变化。从国际上看，2018 年世界粗钢产量达到 18.08 亿吨，铁素资源中利用了 12.47 亿吨生铁、6.9 亿～7.3 亿吨废钢、近 1 亿吨直接还原铁。同年世界电炉钢比为 28.8%，而中国电炉钢比为 11.6%；若不含中国，世界其他国家电炉钢比为 46.96%，远高于中国。过去，我国钢铁工业一直处于高速发展阶段，废钢资源相对缺乏，每年国内产生的废钢量为 3000 万～5000 万吨，并进口 1000 万吨左右，约有 80%的废钢用于钢铁工业。而且，电炉钢生产中大多需兑加 20%～30%的高炉铁水，甚至更多。电炉钢比低是客观上造成我国钢铁工业能耗高、污染大的原因之一。但是，在未来 20 年内，中国废钢铁资源将快速增长，预计到 2020 年，我国钢铁蓄积量将达到 100 亿吨，废钢资源年产出量将超过 2.1 亿吨；到 2025 年，我国钢铁蓄积量将达到 120 亿吨，废钢资源年产出量将达到 2.7 亿～3 亿吨。2030 年，我国钢铁蓄积量将达到 132 亿吨，废钢资源年产出量将达到 3.2 亿～3.5 亿吨。这将对钢铁工业流程结构、钢厂模式和钢厂布局、铁素资源消耗结构、能源消耗及其结构和钢铁工业碳排放产生重要的影响。

（2）我国钢铁工业是高能耗行业且能源结构以煤炭为主。国际上主导能源为石油，其次为煤炭和天然气（图 1-8）。而目前我国的能源状况是：石油和天然气非常紧缺，煤炭资源相对丰富，能源消费结构以煤为主，长期以来一次能源消费中煤所占的比例在 70%左右。继 2011 年实施总量控制试点阶段之后，又相继开展了等量替代与减量替代的重点区域煤炭消费总量控制措施，2018 年煤炭占一次能源消费比例首次低于 60%，非化石能源和天然气消费量明显提升（表 1-8、图 1-9），但仍远远高于世界 27.2%的平均水平。这是我国能源结构的特点。

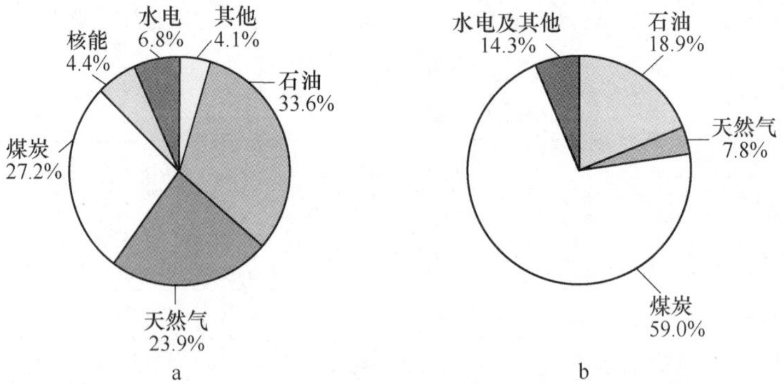

图 1-8　2018 年我国一次能源结构与世界一次能源结构比较

a—2018 年世界能源消费构成；b—2018 年中国能源消费构成

表 1-8 20 世纪 90 年代以来中国一次能源消费结构 (%)

年份	1990	2000	2003	2004	2018
煤炭	76.2	66.1	67.1	66.7	59.0
石油	16.6	24.6	22.7	23.0	18.9
天然气	2.1	2.5	2.8	2.9	7.8
一次电力	5.1	6.8	7.4	7.4	14.3

我国钢铁工业一次能源以煤炭为主。钢铁行业使用的煤炭主要是炼焦煤（洗精煤）、无烟煤和动力煤，炼焦煤（洗精煤）主要用于生产焦炭。与世界主要产钢国钢铁工业的能源结构相比，我国钢铁工业消耗的煤炭比例远高于其他主要产钢国，而天然气和燃料油的比重明显低于发达国家（图 1-9）。中国是以煤为主的能源结构，与其他能源种类相比，客观上煤炭利用过程中的能源效率较低、污染排放（特别是粉尘和 SO_2 等）严重、产品能源成本高，与国际其他钢铁企业相比，我国在能源利用和环境保护方面面临的问题更加突出，随着能源结构调整的稳步推进，这一状况正在逐步改善，2018 年我国煤炭在一次能源消费占比首次低于 60%。

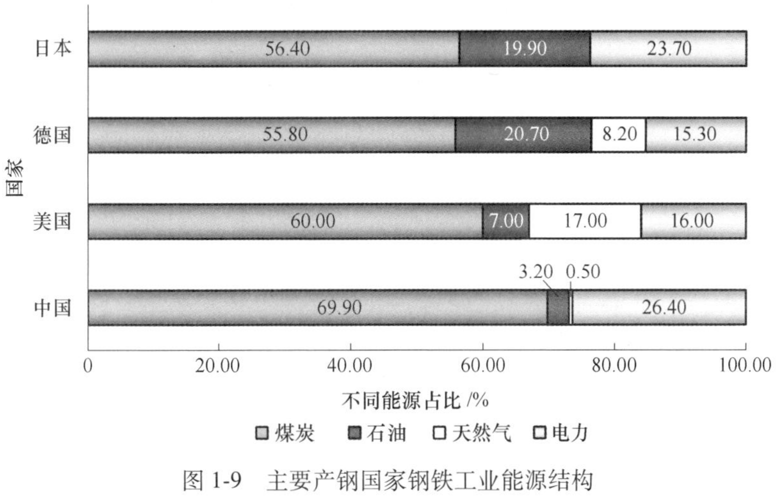

图 1-9 主要产钢国家钢铁工业能源结构

1.4 影响钢铁工业/企业 CO_2 排放量的因素

由于 CO_2 排放量不是测量出来的，而是通过计算得到的。因此，综合以上分析，国际上钢铁工业或企业的任何一个 CO_2 排放指标都是不能随便比较的[33~35]，主要有五点原因：

（1）不同企业的 CO_2 排放指标是根据不同的计算方法得到的，其计算边界差异大。

（2）由于各个国家和地区原燃料条件的差异，各个企业在 CO_2 排放因子的选择上也会有很大的差异。有的是用自己的实测值，有的则是用某一计算方法体系的缺省值，有的则是选用所在国家提供的排放因子。

（3）CO_2 排放水平还和企业的流程结构、产品结构特点有关，不同流程结构和产品结构的企业 CO_2 排放没有可比性。

就能耗、环境负荷而言，电炉流程相对低些。高炉长流程钢厂的吨钢能耗在 700~1000kgce，而电炉短流程钢厂的吨钢能耗在 400~700kgce（能耗计算中的电力折算标准煤系数取等价值）。以废钢为源头的电炉流程与以铁矿石为源头的高炉—转炉流程相比，每吨钢可节约铁矿石 1.3t，约降低能耗 350kgce，减排 CO_2 1.4t。

1996 年，国际钢铁协会进行了“摇篮到大门”的 LCI 研究，表明高炉—转炉长流程的 CO_2 排放量约为全废钢电炉短流程的 3.5 倍。日本钢铁工业对于不同流程下生产不同钢种的 CO_2 排放进行了研究。结果表明（表 1-9），深加工程度高或钢种附加值高的流程的能耗和 CO_2 排放都高。

Peter Scaife 等利用生命周期评价（Life Cycle Assessment，LCA）的方法，对不同的钢铁制造流程的 CO_2 排放进行了研究，主要是考虑了冶金渣作水泥原料和副产煤气发电的 CO_2 排放抵扣，计算结果见表 1-9。

表 1-9　不同钢铁制造流程的吨钢 CO_2 排放　（t）

流程	总排放	冶金渣抵扣	发电抵扣	净排放
BF—BOF	2.74	0.26	0.32	2.16
COREX	4.14	0.44	1.98	1.72
O_2 BF—BOF	2.94	0.24	0.97	1.73
Fastmelt	2.46	0.31	0.00	2.15
HIsmelt	2.28	0.00	0.43	1.85
Tecnored	2.39	0.34	0.51	1.54
Midrex	1.96	0.00	0.00	1.96
Finmet-coal	1.95	0.00	0.00	1.95
Finmet-NG	1.42	0.00	0.00	1.42

注：以 LCA 方法进行计算，产品均计算到钢。

（4）CO_2 排放水平还与企业的用能结构有关。客观上由于煤炭利用过程中的能源效率较低、污染排放严重、产品能源成本高，因此企业用能结构中煤炭比例高的，其 CO_2 排放水平必然要高。

（5）不同企业实际生产中的 CO_2 排放水平还与该企业的装备水平、技术水平以及管理水平有很大关系，如企业的装备技术、工艺技术和管理技术水平高，则其用能效率高，CO_2 排放也就相对要少。

综上所述，影响钢铁工业/企业 CO_2 排放量的因素众多，要实现钢铁工业的低碳绿色发展，有必要进一步对碳素流在钢铁制造流程中的作用和转换形式、碳素流在各个环节的输入输出形式、碳排放源及其特征、碳素流运行规律等进行深入解析，这对于钢铁行业碳减排途径及技术选择具有重要意义。

参考文献

[1] 孙予罕，魏伟．第十五届国际二氧化碳利用会议专栏前言（英文）[J]. 催化学报，2018，39（8）：1282.

[2] 王伟建，郑小慧，晁会霞，等．二氧化碳利用新途径的研究进展评述 [J]. 钦州学院学报，2018，33（5）：16.

[3]《京都议定书》中文版 [R]. 1997，12.

[4] 張興和．CDMによる環境改善と温暖化抑制 [M]. 东京：创风社，2005.

[5] https：//www. worldsteel. org/steel-by-topic/sustainability. html.

[6] CDIAC. Ranking of the world's countries by 2005 per capita fossil-fuel CO_2 emission rates. 2008. http：//cdiac. ornl. gov/trends/emis/top2005. cap.

[7] CDIAC. Preliminary 2007—2008 Global & National Estimates. 2009. http：//cdiac. ornl. gov/ftp/trends/emissions/Preliminary_ CO2_ Emissions_ 2007_ 2008. xls.

[8] Jean-Pierre Birat, Jean-Pierre Vizioz, Michel Schneider. CO_2 emissions and the steel industry's available responses to the greenhouse effect [J]. Proc. of Ironmaking Conf., 2000, 59: 409-420.

[9] Osamu Iimura. Environmental protection measures in Japan's steel industry. International symposium on global environment and steel industry proceedings (ISES'03). Beijing, Chinese Society for Metals, Oct. 27-31, 2003: 38-42.

[10] Jürgen A. Philipp. Present Status and future aspects of environmental protection in the European and German steel industry. International symposium on global environment and steel industry proceedings (ISES'03). Beijing, Chinese Society for Metals, Oct. 27-31, 2003: 15-37.

[11] Sumitomo Metals. Annual Report 2008 Environment Volume [R]. 2008.

[12] JFE. JFE Group CSR Report—Environment Data Book [R]. 2019.

[13] 新日本制铁．2011 环境社会报告书 [R]. 2011.

[14] POSCO. Creating Another Success Story—Sustainability Report 2011 [R]. 2011.

[15] POSCO. Integrated Report of Economic Environmental and Social Sustainability [R]. 2017.

[16] POSCO. Sustainability Report 2005 [R]. 2006.

[17] POSCO. Sustainability Report 2006 [R]. 2007.

[18] POSCO. Creating Another Success Story—Sustainability Report 2007 [R]. 2008.

[19] POSCO. Sustainability Report 2008 [R]. 2009.

[20] POSCO. Sustainability Report 2009 [R]. 2010.
[21] ArcelorMittal. Climate Action Report [R]. 2019.
[22] 殷瑞钰. 冶金流程工程学 [M]. 北京：冶金工业出版社，2004.
[23] 殷瑞钰. 绿色制造与钢铁工业 [J]. 钢铁，2003，38 (8)：1-9.
[24] 中国工程院"中国可持续发展矿产资源战略研究"项目组、黑色组. "黑色金属（铁锰铬等）矿产资源可持续发展战略"综合报告 [M]. 北京：科学出版社，2004：12.
[25] 张春霞，胡长庆，严定鎏，等. 温室气体和钢铁工业减排措施 [J]. 中国冶金，2007，17 (1)：7-12.
[26] Sakamoto Y, Tonooka Y. Estimation of CO_2 emission for each process in the Japanese steel industry: a process analysis [J]. International Journal of Energy Research, 2000, 24 (7): 625-632.
[27] The measure of our sustainability—report of the world steel industry 2004. Brussels, at URL http: //www. worldsteel. org.
[28] IISI. Steel: the Foundation of a Sustainable Future, Sustainablity Report of the World Steel Industry 2005. 2006, 5, at URL http: //www. worldsteel. org.
[29] 张春霞，上官方钦，张寿荣，等. 关于钢铁工业温室气体减排的探讨 [J]. 工程研究——跨学科视野中的工程，2012，4 (3)：221-230.
[30] 上官方钦，张春霞，胡长庆，等. 中国钢铁工业的 CO_2 排放估算 [J]. 中国冶金，2010，20 (5)：37-42.
[31] 张春霞，上官方钦，胡长庆，等. 钢铁流程结构及对 CO_2 排放的影响 [J]. 钢铁，2010，45 (5)：1-6.
[32] 殷瑞钰. 钢铁生产流程与大气排放 [J]. 钢铁，1999，34 (5)：61-65.
[33] 上官方钦，张春霞，郦秀萍，等. 关于钢铁行业 CO_2 排放计算方法的探讨 [J]. 钢铁研究学报，2010，22 (11)：1-5，10.
[34] 上官方钦. 钢铁工业企业 CO_2 排放计算方法及评估 [D]. 北京：钢铁研究总院，2010.
[35] 上官方钦，郦秀萍，张春霞. 钢铁生产主要节能措施及其 CO_2 减排潜力分析 [J]. 冶金能源，2009，28 (1)：3-7.

2 钢铁制造流程中碳素流的作用和转换形式

2.1 基本概念

钢铁制造流程动态有序运行过程中的基本要素是“流”“流程网络”和“程序”[1]。其中“流”（包括物质流、能量流和信息流）是制造流程运行过程中的主体；“流程网络”由“节点”和“连接器”构成，是“流”运行的承载体和时间-空间边界，而“程序”则可以看成是“流”的运行特征在信息形式上的反映。

2.1.1 流

系统中的“流”是指在大系统各组元之间发生，并把组元连接起来，构成有一定功能、一定目标、一定结构的，具有流动和传递特性的客体[2]。而开放的流程系统中的“流”则泛指其系统中运行着的各种形式的“资源”的数量、状态随时间变化过程的表征[1]。这里所指的“资源”，一般是指原料、辅料、能源、装备、信息等。

钢铁制造流程中各工序、装置之间通过物质、能量或者信息交换等方式相互作用，无论是输入端和输出端的物料、能源，还是生产工艺过程中物料、能源以及与之相关的信息都以“流”的方式出现。因此，钢铁制造流程中的“流”有三种形式，即以物质形式为载体的物质流，以能源形式为载体的能量流和信息形式为载体的信息流。从时间-空间上，各股流在整个流程中的各个单元、装置或子系统为节点，根据各个单元、装置或子系统的相互作用关系形成各自的流动路径，从而组成各自的流程网络[3]，见图 2-1，图中各个圆圈表示流程系统中的不同单元、装置或子系统。

由图 2-1 可见，由于物质流、能量流和信息流的性质不同，其在流程的运行路径、运行网络也存在差异，其中物质流网络是基础。

对于冶金流程而言，“流”是一类多因子“流”，这种多因子“流”在生产工艺流程中表现为运行、调控过程中的“多因子”性。这种“多因子”性体现在流程运行过程中物质状态转变、物质性质控制和与之相关的物质流管制过程的“物质流-能量流-信息流”复合在制造流程中的多维物质流中。从调控角度上看，则体现为对制造流程运行调控过程中基本参数（物质量、温度、时间）-派

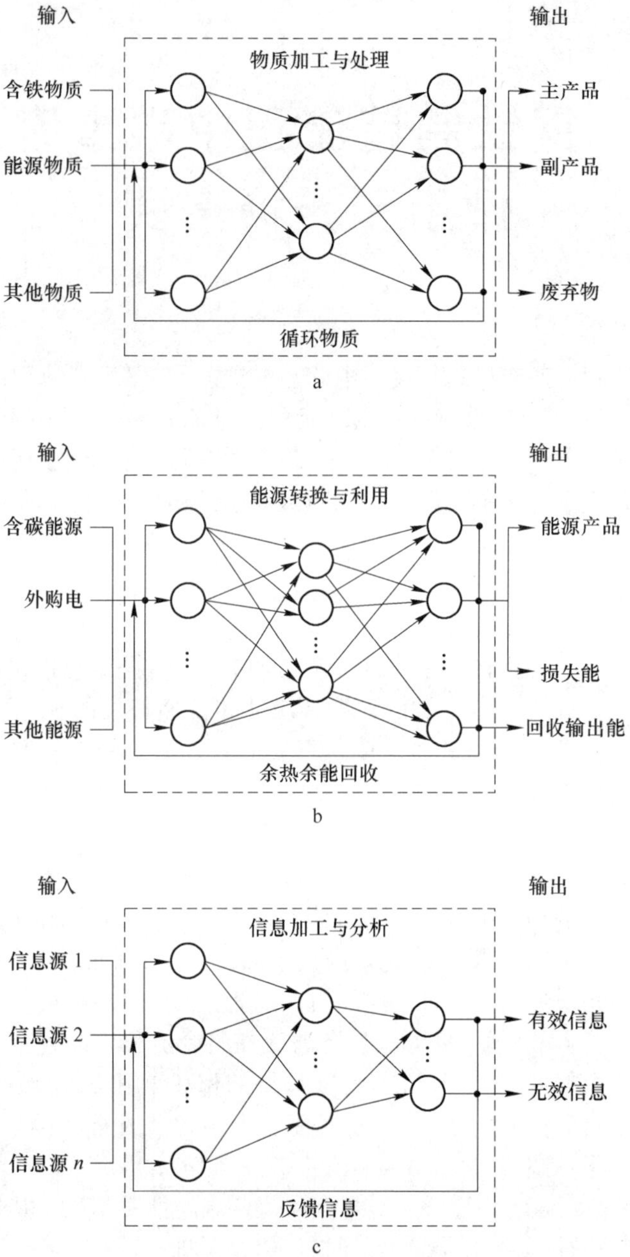

图 2-1 钢铁制造流程中“流”的结构简图

a—物质流；b—能量流；c—信息流

生参数（产量、质量、成本等）的“多因子”性上。

在钢厂生产过程中，铁素物质流是被加工的主体。碳素能量流则作为驱动力、化学反应介质或热介质，并按照工艺要求对物质流进行加工、处理，使其发生位移、化学/物理转换，实现以制造过程中物质、能量“耗散最小化”为核心的多目标优化。例如生产效率高、产品质量优、能源消耗低、过程排放少、生产成本低、环境/生态友好等。由此看出，钢厂作为大尺度的开放系统，其运行模式比一般的化学反应、相变过程或单元操作过程要复杂得多[3]。

2.1.2 流程网络

流程网络是为了适应将开放系统中的“资源流”“节点”和“连接器”整合在一起的物质-能量-时间-空间结构。这个结构要求有静态的合理性特别是体现空间结构（例如总平面布置等），更重要的是要能适应“资源流”在动态运行过程中体现出动态有序性、可连续性、紧凑性。此处所谓的“资源流”包括了输入的原料流、能源流及其相应的信息流等，也包括了运行过程中的物质流、能量流以及相应的信息流，还有输出的产品流、副产品流和各类排放流及其相应的信息流等，见图 2-2。

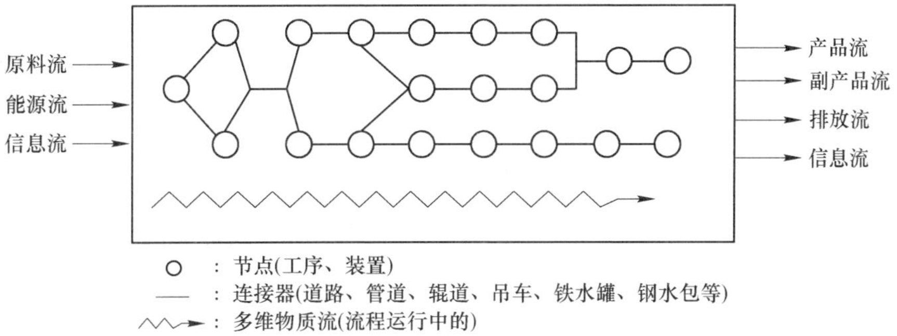

图 2-2 制造流程中流程网络的概念与要素示意图

所谓的“节点”则是包括了在流程网络中的各类功能不同的工序、装置，例如高炉、转炉等。而“连接器”则是指节点与节点的连接的手段、方式、装备等，例如管道、辊道、铁路、吊车、各类车辆、钢水包、铁水包等。因此，也可以将“流程网络”看成是“节点”“连接器”的优化配置及其组成的时-空边界。

若流程网络不合理，往往易导致运行过程中“流”的行为在时间因素方面的无序化或是不时出现混沌状态，进而引起流程调控程序（信息）的被动与混乱。这样必将引起物质流、能量流耗散的增加。

由此可见，钢铁制造流程运行的动态-有序不仅取决于各组元（工序、装置）各自运行的有序性、相对稳定性，而且也受到流程网络的影响、制约和促进，构建合理的流程网络对于钢铁企业的动态-有序运行具有重要作用。因此，本书将选取典型流程结构的钢铁企业构建合理的能量流网络，为提高企业的能源利用效率、挖掘节能潜力提供理论支持。

2.1.3　程序

简而言之，“程序”可以看成是各种形式的“序”和规则、策略、途径的集合。“序”包括了无序和有序，也包括了对某一因子的次第排列。有序的形式又包括了功能序、空间序、时间序以及时空序等。而“规则”则来自不同的要求，不同外部条件以及流程自身的整体功能，例如运行连续化、紧凑化等，就是规则的主要体现。“序”和“规则”的结合就反映出流程中多维物质流的总体调控策略和具体运行途径。

作为一类开放系统，而且是远离平衡状态下的开放系统，钢铁制造流程的动态运行要素是“流”“程序”和“流程网络”，其目标是铁素物质流和碳素能量流通过网络化整合与程序化集成，从相对“混沌”实现动态“有序”，特别通过相关信息流的他组织作用对其进行调控，使之达到更高程度的动态-有序化，进而实现多目标优化。因此，应该系统研究“流”“运行程序”和“流程网络”的优化问题。

2.2　钢铁制造流程中碳素流的作用与能源转换功能

2.2.1　钢铁制造流程功能拓展

钢铁制造流程实质上是物质、能量以及相应信息的流动/演变过程，其动态-运行过程的物理本质是[1]：物质流（主要是铁素流）在能量流（主要是碳素流）的驱动和作用下，按照设定的“程序”，沿着特定的“流程网络”做动态-有序运行，是铁素物质流和碳素能量流在全流程范围内动态演变的过程。

从钢铁制造流程的本质看，可以发现钢铁制造流程具有三个功能，即高效优质的钢铁产品制造、能源高效转换与充分利用和大宗社会废弃物消纳处理-再资源化。

2.2.1.1　高效优质的钢铁产品制造

在尽可能少消耗资源和能源的基础上，高效率地生产出成本低、质量好、排放少且能够满足用户不断变化要求的钢材，供给社会生产和居民生活消费。同时，钢铁产品还必须具有较高的绿色度。

2.2.1.2　能源高效转换与充分利用

能源高效转换/高效利用功能：无论是以高炉—转炉—热轧流程为代表的钢铁联合企业，还是以废钢为主要原料的电炉短流程钢铁企业，实际都是铁-煤化工过程企业，外购电、油、气等作为能源的补充。要实现钢铁制造过程的低能耗，必须做到能源介质（包括煤、电、油和气等）的高效转换和高效利用，终极目标是钢铁制造流程只买煤，不买电，其他能源介质消耗最少。

能源高效转换功能典型实例：在钢铁联合企业中，通过各类冶金装置的转化过程，伴生了大量的可燃气体和高温产成品（例如红热的焦炭等）。特别是伴生了大量的低硫含量的高炉煤气、大量的高浓度 CO 的转炉煤气或熔融还原尾气、大量的富氢的焦炉煤气等。

能源高效利用功能典型实例：在钢铁制造流程中，产生相当数量的高温烟气、蒸汽和热水，集成起来可以推动钢铁企业自发电系统的开发和利用。其中，不少大型钢铁联合企业正在向着只买煤、不买电、不用燃料油的方向发展。在中国年产钢 1000 万吨的钢铁厂，已经配备了 120 万千瓦·时的电站，年发电量约 70 亿千瓦·时。该厂每发 1kW·h 电只需 260~270g 标准煤，其经济-环境效益十分明显。

在电炉短流程钢铁制造流程中，铁素源主要来自社会返回的加工废钢和折旧废钢。有的电炉钢厂回收电炉冶炼过程排放的高温炉气，用以预热废钢，可以达到吨钢节电 100kW·h 的节能效果，这是另一种类型的能源转换形式。

同时，钢厂的低能阶余热、余能可以通过转化为热水等形式，供邻近社区居民生活使用，这是更深层次的能源转换。

2.2.1.3 大宗社会废弃物消纳处理-再资源化

在钢铁制造流程中，回收利用大量废钢铁、废弃塑料、废旧轮胎、社会垃圾和社区废/污水，以降低社会环境负荷，促进资源、能源的循环利用，在不同地域构成工业生态链，逐步实现钢铁制造流程不同类型的生态化转型。

钢铁制造流程三大功能的提出，为新一代可循环钢铁制造流程的建立奠定了基础，也是先进钢厂的设计、建设和运行的理论指导。

2.2.2 钢铁制造流程中碳素能量流的作用

从热力学角度上看：钢铁制造流程是一类开放的、非平衡的、不可逆的、由不同结构-功能的异质单元工序通过非线性耦合所构成的复杂系统，其动态运行过程的性质是耗散过程[3,4]。在钢铁制造流程中，物质流是制造过程中被加工的主体，是主要物质产品的加工实现过程；能量流（主要是碳素流）是制造加工过程中驱动力、化学反应介质、热介质等角色的扮演者[1,3,4]。

钢铁生产流程中，能量流包括碳素化学能、热能、电能、压力能等，其中碳素化学能（碳素流）是主要类型的能源形式。由各类能源介质组成的能量流在钢厂生产流程中既有与物质流（主要是铁素流）相对独立运行的行为，又有相伴而行、相互作用的运行行为。在原料场，铁矿石与煤炭分别储存，构成了铁素物质流和碳素能量流的起始点，在后续的生产工序中，以及工序-工序之间的实际情况则是：铁素物质流在能量流的驱动和作用下沿着给定的流程网络（如总平面图等)，动态有序地实现各类物质-能量转换过程和位移输送过程。其中铁素物质流是被加工的主体，能量流的角色是提供动力并且作为化学反应参与者和加热源等。在生产过程中，能源介质提供的能量大部分伴随着物质流运行，附着在各工序或装置内及输出物质流中。然而，还有一部分能量脱离铁素物质流独立运行，而且几乎每一生产工序都有独立的能量排放流输出。

此外，能量流对物质流的作用还表现在对物质流的驱动、位移，如运输烧结矿的皮带靠电力驱动，运输铁水的火车靠电力或柴油驱动，运输钢坯的辊道靠电力驱动等。当然，能量流对物质流的驱动力不能过大，否则过剩的能量流又可能会导致能量放散。

2.3 钢铁制造流程中碳素流的输入输出及转换形式

碳素流是钢铁制造流程中能量流的主要表现形式，通过分析钢铁制造流程的碳素流的行为，可以较为清楚地解释钢铁制造流程的能量转换过程和能量流变化、回收与耗散过程。

2.3.1 碳素流输入输出分析

钢铁制造流程碳素流分析见图 2-3。

(1) 钢铁冶金过程是铁-煤化工过程，碳素输入主要以单质碳或碳水化合物的形式来源于燃料，包括洗精煤、高炉喷吹煤粉以及烧结用煤粉等，部分以碳酸盐的形式输入，主要来源于熔剂；碳素输出除少量或者微量的碳元素或化合物形式存在于产品中外，最终接近 100%的转变为 CO_2，排入大气。

(2) 碳素的化学变化主要发生在由焦化、烧结、高炉组成的炼铁系统以及转炉炼钢的脱碳过程中，由燃料中的固定碳转变为气态的 CO、CO_2。

(3) 钢铁制造流程中，焦化工序主要是碳素加工转换成可供高炉使用的焦炭和焦炉煤气、焦油的过程，焦炉煤气是重要的二次能源，且可以通过变压吸附等方法制取氢气等清洁能源；高炉炼铁过程中有大约 45%的碳素转变为 CO 进入到煤气中；炼钢过程来自过还原含碳生铁的碳素在吹氧脱碳过程中氧化成 CO、CO_2，其中氧化成 CO 的碳素约占 90%[5]。焦炉、高炉和转炉煤气中碳素剩余化学能的回收利用是碳素流循环的主要途径。

2.3.2 碳素流的转化与能量耗散过程分析

调研国内多家钢铁联合企业后得知，煤炭约占其外购能源 90%以上。可见钢铁制造流程中的能源转换实际上是煤在时间-空间上按照设定的能量流网络传输、转化、利用和回收的动态过程，其核心问题是煤的高效转换及碳素能量流的高效运行问题。

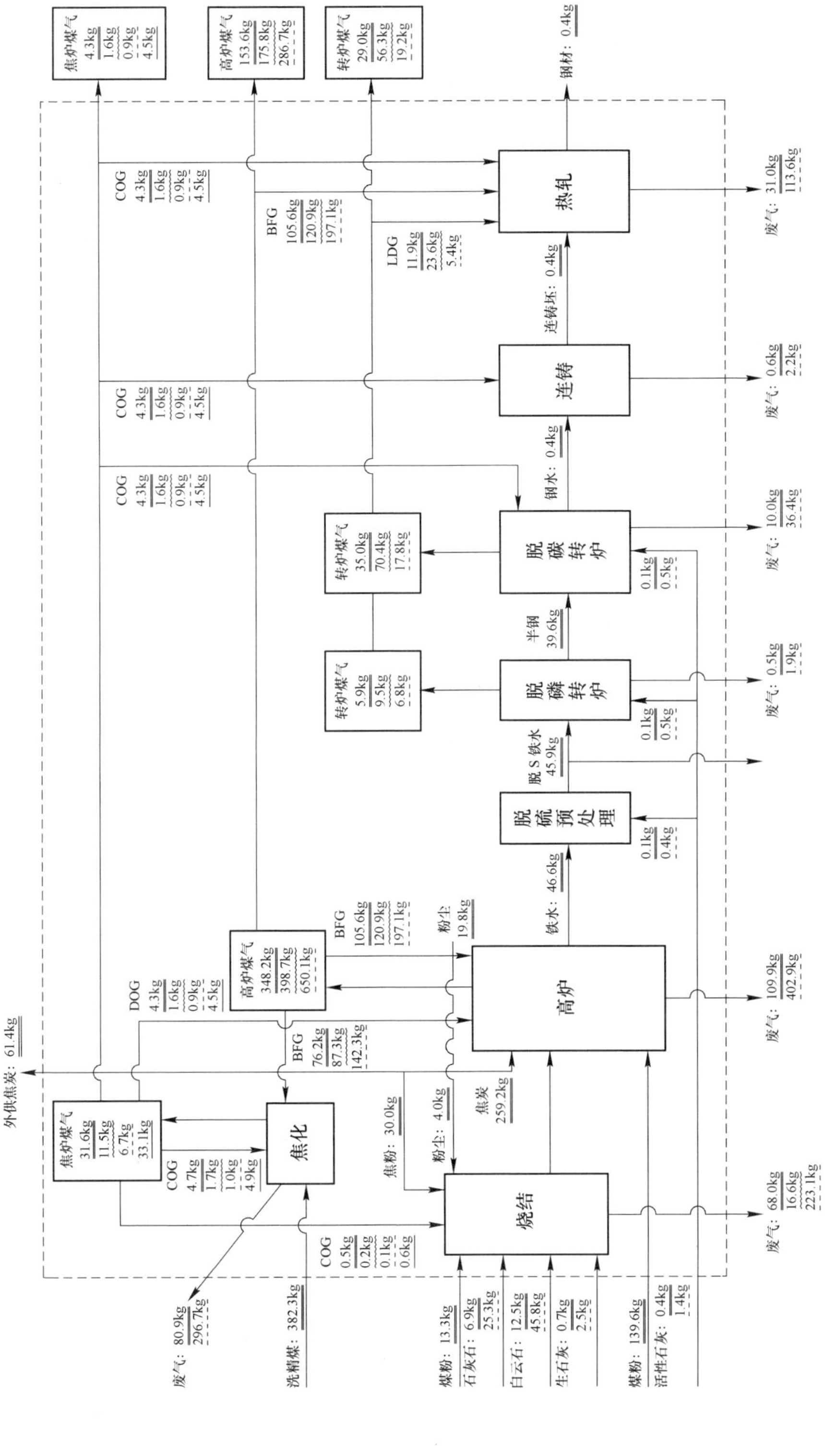

图 2-3　钢铁制造流程碳素流分析（吨钢）

（图中数字不同下划线形式代表不同碳形式，如 C：31.6kg，CO：11.5kg，CO_2 6.7kg，CH_4 33.1kg）

从焦化工序开始，洗精煤中的碳元素被转化为焦炭、焦油、粗苯和焦炉煤气等二次能源（能源一次转换）；焦炭和喷吹煤在高炉内经过燃烧和还原反应转化为铁水中溶解的碳和高炉煤气（能源二次转换）；铁水中溶解的碳在炼钢工序转化为钢水中的溶解碳和转炉煤气（能源三次转换）；焦炉煤气、高炉煤气和转炉煤气经过净化、回收与储存，并用于钢铁制造流程中需要加热的工序，转化为烟气显热或电能（能源四次转换）。在每次能源转换过程中，部分能源还会转化为中间产品或副产品的高温显热，比如烧结矿显热、铁水显热、高炉渣显热、钢水显热、钢渣显热、铸坯显热、钢材余热和各种烟气显热等。

由以上分析可知，煤作为高炉—转炉流程的主要能源，其能源转换机制可以总结如下：煤炭主要以洗精煤、喷吹煤的形式被输入到钢铁制造流程中，各种形式的煤在钢铁生产过程中，经过复杂的物理和化学变化过程被转化为焦炭、煤气及各种烟气余热等独立运行的二次能源和铁水、钢水中溶解的碳以及铁水显热、钢水显热、铸坯显热、热轧材显热等伴随物质流运行的二次能源。可见，能源介质提供的能量除了一部分伴随物质流运行，还有一部分能量脱离物质流独立运行，并且几乎每一个工序都有独立的能量流排放输出。在钢铁制造流程不断提高碳素流的能量转换效率的同时，进一步重视碳素流（能量流）的及时回收和有效循环利用。由于过程中能量损失不可避免，从而形成钢铁制造流程中碳素流（能量流）的衰减、耗散过程（图 2-4）。

通过碳素流、能量流分析可以看出，碳素流主要是以煤的形式开始的，最终将转换为 CO、CO_2 和相应的热量，包括：

（1）副产煤气。钢铁制造流程中，在消耗大量一次能源的同时，产生大量的二次能源，其中绝大部分为副产煤气。吨钢的副产煤气产生量为：焦炉煤气 168.0m^3（折合约 2806MJ）、高炉煤气 1427.6m^3（折合约 4543MJ）、转炉煤气 96.3m^3（折合约 805.7MJ），合计约 8155MJ（折合约 278kgce），约占一次能源消耗总量的 41.5%[6,7]。因此，充分回收利用钢厂副产煤气，减少焦炉煤气、高炉煤气放散和提高转炉煤气回收量对提高钢铁制造流程的能源利用率、降低能源消耗具有重要意义。

（2）化学还原能。碳素的化学还原能主要在高炉炼铁过程，包括铁、硅等氧化物还原和铁水增碳。金属氧化物还原的碳素化学能大约为吨铁水 1165MJ（约吨钢 1155MJ），其中，铁氧化物还原的碳素化学能消耗约为吨铁水 1052MJ（约吨钢 1043MJ）。铁水增碳的化学能约为吨铁水 1568MJ，在转炉炼钢过程转换为钢水物理热和转炉煤气的物理热和化学能。

（3）余热、余能方式。碳素在转换和耗散过程中，除煤气、化学还原能等形式外，更多地体现为产品、副产品等的温度变化上，即过程中以余热的形式表现出来。铁水、钢水、连铸坯等显热主要通过提高工序间的高温热连接水平得以

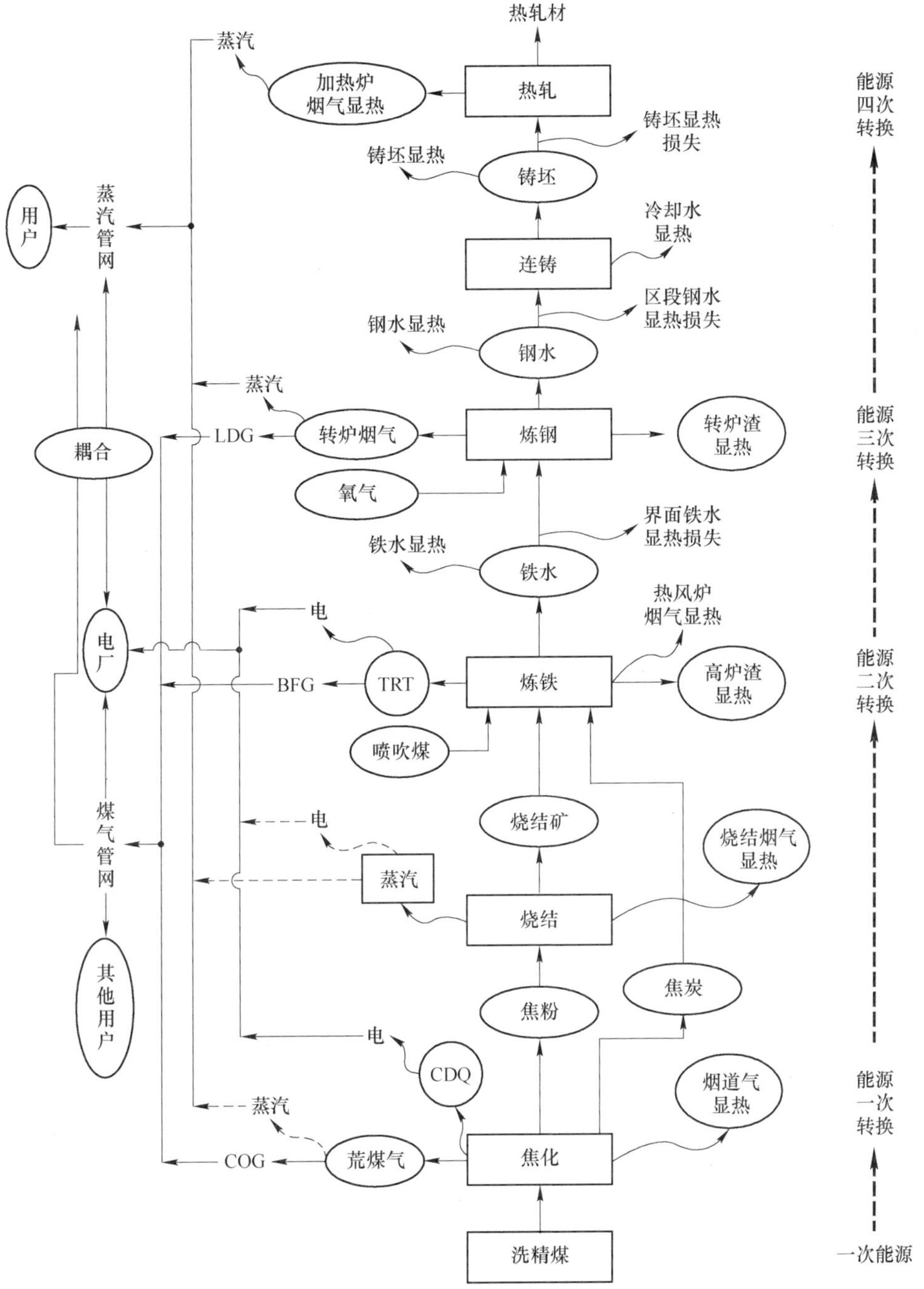

图 2-4 钢铁制造流程碳素流（能量流）的衰减、耗散过程

充分利用。焦炭显热、烧结矿显热、炉渣显热等，需要采取 CDQ 等余热回收技术加以回收。余能则主要是高炉炉顶煤气的动能，可通过炉顶煤气余压发电（TRT）予以回收。钢铁制造流程余热、余能的回收利用，一方面是降低钢铁生产过程能源消耗的途径所在；另一方面，如将钢铁制造流程余热余能回收和剩余煤气利用等集成到发电上来，钢铁制造流程的能源转换功能也得以充分体现。

2.4　碳素流能量流与物质流的关系

在钢铁制造流程中，物质流是制造过程中被加工的主体，是主要物质产品的加工实现过程；能量流是制造加工过程中驱动力、化学反应介质、热介质等角色的扮演者；而信息流则是物质流行为、能量流行为和外界环境信息的反映以及人为调控信息的总和。在制造流程的动态运行过程中，物质流、能量流、信息流相伴而行、相互影响。

从物质流为主体的角度上看，在钢厂制造流程中，物质流始终带着能量流相伴而行。但若从能量流为主体的角度上看，在钢厂生产过程中，能量流并没有全部伴随着物质流运动，有部分能量流会脱离物质流相对独立地运行。因此，能量流与物质流的关系是时而相伴，时而分离。相伴时，相互作用、影响；相离时，又各自表现各自的行为特点。从钢铁制造流程层次的输入-输出运行途径来看，可以分别形成物质流网络和能量流网络，能量流与物质流是时合时分的，两者既相互关联，却又并不完全重合，见图 2-5。

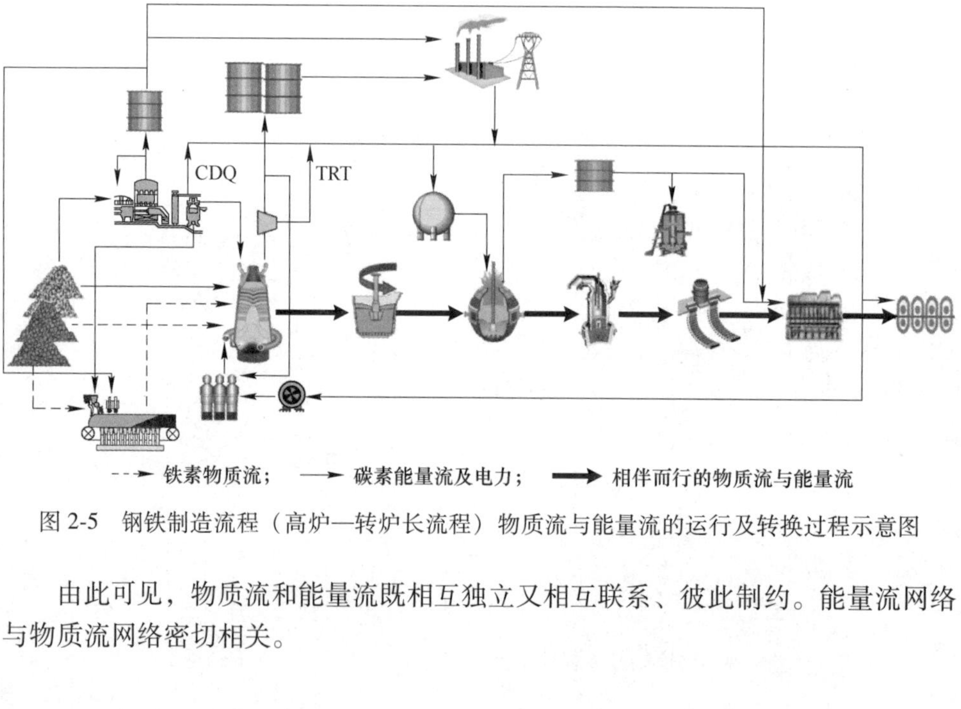

图 2-5　钢铁制造流程（高炉—转炉长流程）物质流与能量流的运行及转换过程示意图

由此可见，物质流和能量流既相互独立又相互联系、彼此制约。能量流网络与物质流网络密切相关。

从局部的工序或装置看，在输入端，物质流和能量流分别输入；在装置内部，则物质流与能量流相互作用、相互影响；在输出端，则往往表现为物质流携带着部分能量流输出，同时产生脱离物质流的不同形式的二次能量流单独输出。这是因为在工序或装置中，在运行过程中出现剩余能量流输出的现象是不可避免的。以高炉炼铁为例（图 2-6）：输入端，烧结矿/球团矿、煤粉、焦炭和鼓风等是分离的，即输入的物质流和能量流是分离的；在高炉内部，烧结（球团）矿和焦炭、煤粉、鼓风相互作用、相互影响，发生燃烧升温、还原反应、成渣脱硫、铁液增碳等过程，完成了液态生铁的生产过程；在输出端，液态生铁和液态炉渣等物质流承载着大部分的能量输出，与此同时大量的高炉煤气带着动能、热能和化学能输出，形式是物质流，而本质上是能量流。同样，在烧结过程、炼焦过程、炼钢过程、轧钢加热炉过程也有类似的现象。

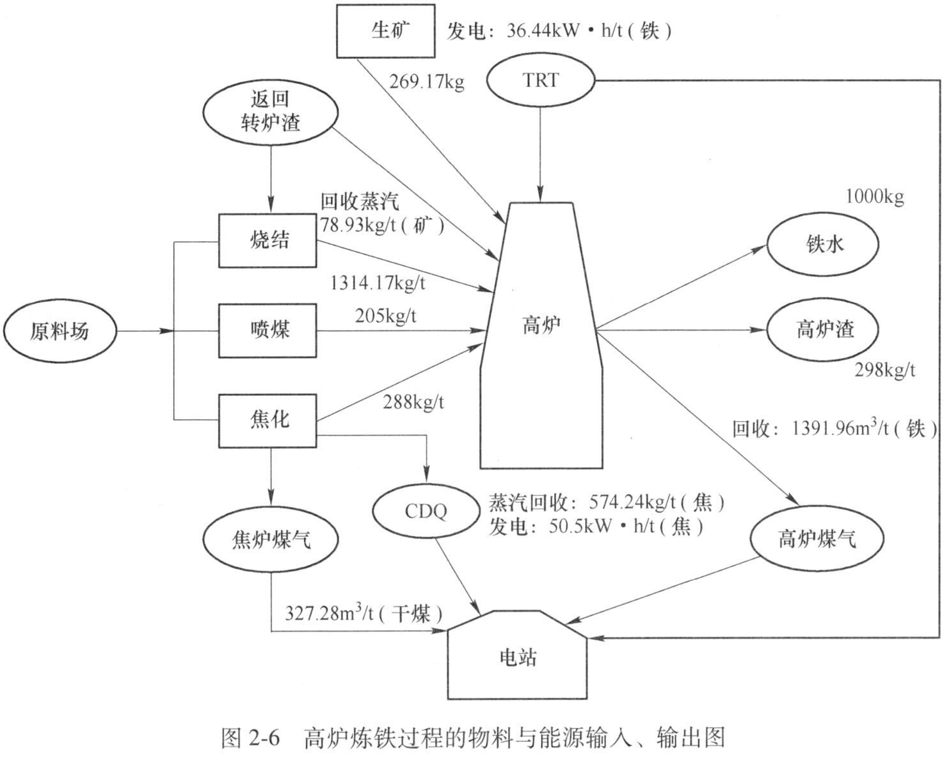

图 2-6 高炉炼铁过程的物料与能源输入、输出图

因此，人们不仅要注意输入端的物质流和能量流的行为，而且也必须注意输出端的物质流和能量流的行为。而在分析钢铁生产过程的能量流行为时，不能仅仅停留在封闭条件下质-能衡算的层面上，因为这只是局限于封闭条件下某一状态、某一时刻的质能衡算，缺乏动态运行的概念，缺乏上游-下游之间的动态关联概念。作为制造流程的行为分析，极有必要进一步确立起开放系统的输入

"流"-输出"流"的动态运行的概念。建立起能量输入-输出概念，不仅涉及能量，而且还能联系到能级、时间-空间等因素；涉及能量流的运行程序；利于构建能量流网络（或称能源转换网络），以利于进一步提高能源利用效率和建立相应的信息调控系统。

以首钢迁钢和京唐钢厂为例，对其物质流网络、能量流网络进行简要分析，见图 2-7~图 2-10。从冶金流程工程学的角度看，首钢迁钢和京唐钢厂的生产规模相当，但京唐钢厂选择 2 座高炉，而非首钢迁钢的 3 座高炉，使整个流程网络的节点数大大减少（图 2-7 与图 2-8 对比），物质流网络和能量流网络变得更简捷、顺畅，在能量流的高效利用上也具有天然优势。因此，钢厂能量流网络优化的前提是物质流网络的优化。

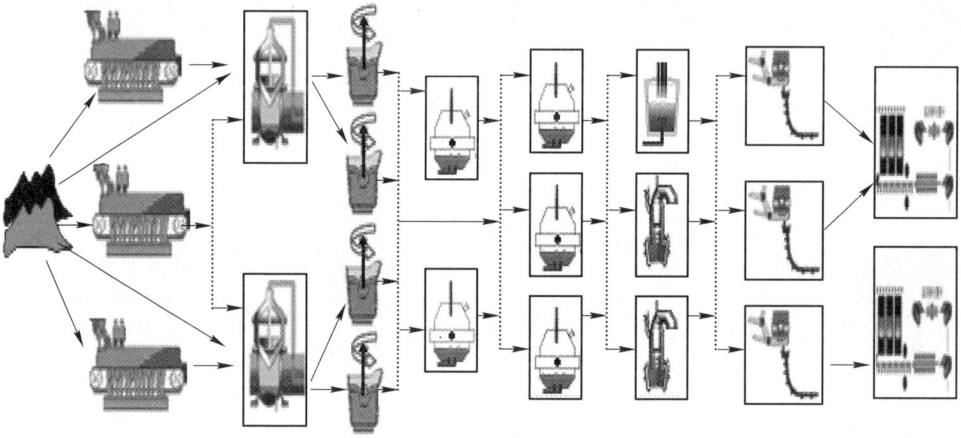

图 2-7　京唐钢厂物质流网络

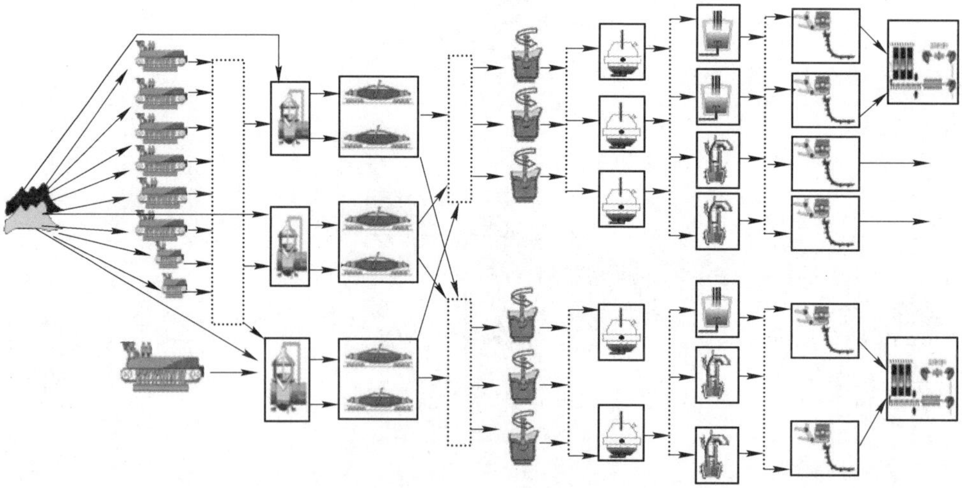

图 2-8　首钢迁钢物质流网络

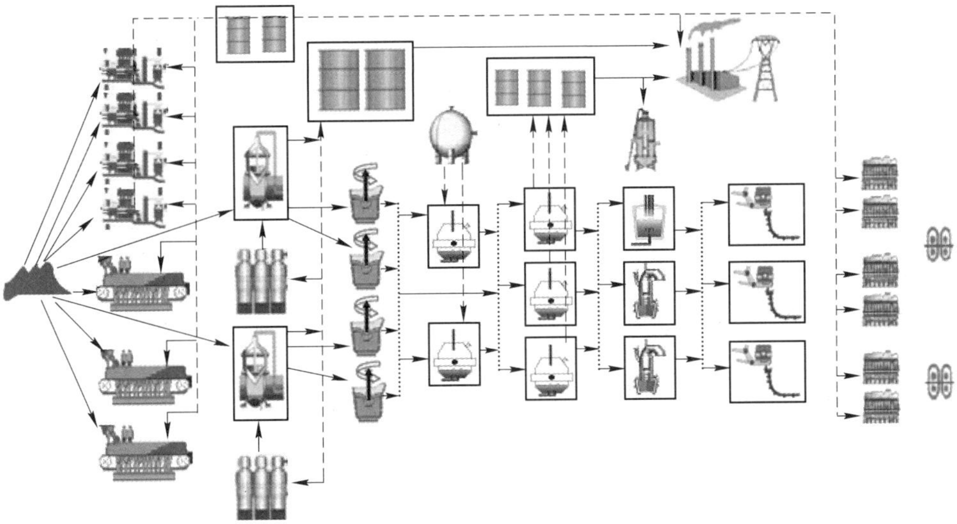

图 2-9 京唐钢厂能量流网络

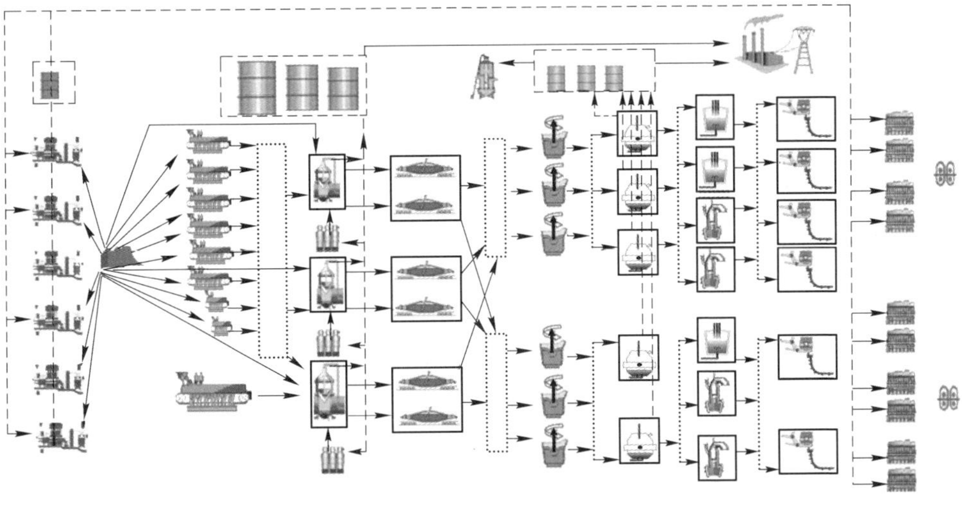

图 2-10 首钢迁钢能量流网络

综合以上分析，钢铁制造流程中的能量流是指能源载体在时间-空间上按照设定的能量流网络传输、转化、利用和回收的动态过程。在钢铁制造流程中，铁素物质流是被加工的主体，碳素能量流作为驱动力、化学反应介质或热介质。因此，有必要关注能量流的运行特征和规律，以实现生产过程效率高、成本低、产品质量优、能源消耗低、过程排放少、环境和生态友好等多目标优化。

当钢铁制造流程中铁素物质流的运行规则（包括“流”“运行程序”和“流

程网络”）确定后，各个“节点”（如工序、装置等）输入和输出的能量之间存在总量或能级的差别，这种差别即是节能潜力。在追求铁素物质流和碳素能量流动态-有序运行过程中，特别是在能量流的有序化运行、网络化回收利用过程中，有可能引发钢铁制造流程整体技术的再提升。

参考文献

[1] 殷瑞钰．冶金流程工程学 [M]．2 版．北京：冶金工业出版社，2009.

[2] 龙妍．基于物质流、能量流与信息流协同的大系统研究 [D]．武汉：华中科技大学，2009.

[3] 殷瑞钰．从开放系统、耗散结构到钢厂的能量流网络化集成 [J]．中国冶金，2010，20(8)：1-14.

[4] 殷瑞钰．钢铁制造流程的能量流行为和能量流网络问题 [J]．工程研究——跨学科视野中的工程，2010，2 (1)：1-4.

[5] 胡长庆．物质流、能量流分析与新一代钢铁制造流程 [D]．北京：钢铁研究总院，2006.

[6] 周继程，郦秀萍，上官方钦，等．钢铁制造流程能源转换机制与能源利用效率分析 [J]．钢铁，2019，54 (4)：76-85.

[7] 周继程，郦秀萍，上官方钦，等．钢铁制造流程能源转换机制与能源管理中心 [C]．钢铁行业能源管理中心建设、运行与升级技术研讨会．安徽马鞍山，2019：234-238.

3 钢铁制造流程中碳素能量流的运行规律

3.1 碳素流输入输出特征与碳排放源分析

钢铁企业的碳素流与能源及环境是密切相关的。碳素流既表现为物质流，也表现为能量流。从能量流角度看，碳素能源是钢铁企业的主要购入能源，能量流的主体；从物质流角度看，碳素以燃料和熔剂的形式输入，最终主要以 CO_2 气体形式输出，排放到周围环境中，因此钢铁流程中碳素流的输入输出与周边环境息息相关。

钢铁生产过程是铁-煤化工过程，碳素主要是以煤的形式开始，在过程中主要通过氧化放热反应发生转化，转化后的产物是 CO（不完全燃烧）和 CO_2（完全燃烧），如果最终产物只有 CO_2，则发生完全反应，碳素能量全部释放；如果最终产物有 CO 和 CO_2，则发生不完全反应，能量部分释放，燃烧产物中还贮存部分能量，但最终还是以 CO_2 的方式排放到周围环境。

目前针对钢铁生产过程的碳排放源主要有两类分类方法[1]：第一种分类方法是将钢铁生产过程的碳排放源直观地划分为：能源、熔剂和炭电极。

（1）能源。它主要是指钢铁生产过程中所使用的化石燃料（如煤、焦炭等）和动力介质（如外购电力、蒸汽、氧气等）。其中碳素能源（化石燃料）如前所述，在钢铁生产过程中主要是被氧化发生燃烧、还原等化学反应转换为 CO 或 CO_2，但最终还是以 CO_2 的方式排放到周围环境；而非碳素能源（动力介质）在钢铁生产过程中，并不直接产生 CO_2 排放，而是在其生产过程中（即上游的动力介质生产工序）产生 CO_2 排放，这部分 CO_2 排放也应算到钢铁企业中来。据估算由能源消耗所引起的 CO_2 排放量，大致能占到钢铁生产过程总 CO_2 排放量的 95%以上。

（2）熔剂。它主要是指钢铁生产过程中所使用的石灰石、白云石等碳酸盐熔剂和熟石灰、轻烧白云石等非含碳熔剂。其中碳酸盐熔剂在钢铁生产过程中会被分解而释放出 CO_2；而非含碳熔剂在钢铁生产过程中，并不产生 CO_2 排放，但在非含碳熔剂的上游生产中会伴随 CO_2 排放，这部分 CO_2 排放也应算到钢铁企业中来。当然，如果非含碳熔剂是由钢铁企业自己生产的，则其 CO_2 排放已经包含在能源中的化石燃料消耗引起的排放中，在熔剂中就不再计算，否则会引起重复计算。

（3）炭电极。由于炭电极是以无烟煤和冶金焦为主要原料生产的导电材料，在电弧炉中其以电弧形式释放电能对炉料进行加热熔化，因此，炭电极的消耗势必要带来 CO_2 排放。

第二种分类方法是将钢铁生产过程的碳排放源分为直接排放、间接排放和碳排放权抵扣，其定义沿用国际钢铁协会定义即：

（1）直接排放。排放源是由报告实体所有或控制的在生产过程中排放的 CO_2，主要包括企业自身消耗化石燃料（煤、焦炭等）、碳酸盐熔剂（石灰石、白云石等）和炭电极等含碳原燃料所产生的 CO_2 排放。

（2）间接排放。报告实体活动所使用的外购资源、能源，在报告实体活动过程中没有产生排放，但其排放是发生在其他实体所控制的排放源上，如外购电力，其排放是由电力生产部门产生的，在钢铁企业使用外购电时计算其 CO_2 排放即为间接排放。主要包括外购电力、蒸汽、氧气等动力介质和熟石灰、轻烧白云石等非含碳熔剂。

需要注意的是非含碳熔剂（熟石灰、轻烧白云石等）如果是钢铁企业自身生产的，则不计算其间接排放，因为钢铁企业在生产非含碳熔剂的过程中所消耗的化石燃料产生的 CO_2 排放已经包含在直接排放中。

（3）碳排放权抵扣。主要是指副产煤气发电外输、冶金渣用作水泥、CO_2 捕集后利用等带来的 CO_2 排放权的抵扣。由于这部分副产品，以电力、水泥原料等的形式在其他企业或行业得到了利用，相应地减少了其他企业或行业的 CO_2 排放量，而这部分减排量就是所谓的碳排放权抵扣，应该计算在钢铁企业中。

3.1.1　钢铁制造流程碳排放源分析——直接排放源

本节将对钢铁企业在工序层次上进行碳素流运行规律分析，确定工序层次上的 CO_2 直接排放源。直接排放只考虑输入输出中的直观碳含量。

3.1.1.1　焦化过程的碳素流

焦化过程中的碳素流主要是指洗精煤在炭化室中加热干馏成焦炭，同时产出焦炉煤气、焦油和粗苯等副产物的过程。此外，加热焦炉用煤气（单一或混合的焦炉煤气、高炉煤气）对炭化室内洗精煤进行间接加热并发生干馏的过程也包含在碳素流中（表 3-1）。

3.1.1.2　烧结过程的碳素流

烧结过程必须在一定的高温下才能进行，而高温是由燃料燃烧所产生的热量来保障的。烧结生产所用燃料包括固体燃料（焦粉、煤粉）和气体燃料（点火煤气），以固体燃料消耗为主。燃料中的碳燃烧后最终将转变为 CO_2、CO，但因固体燃料受烧结混合料中的分布、烧结工艺等因素的影响，部分燃烧不完全，形成烧结粉尘、烧结矿及返矿中的残碳。此外，烧结矿生产中使用的熔剂中，石灰石、白云石等含碳熔剂受热分解，也会带来 CO_2 的直接排放（表 3-1）。

表 3-1 钢铁企业中各工序的碳直接输入输出分析

工序	输入			输出		
	化石燃料	含碳熔剂	其他原料	产品	副产品	其他
焦化	洗精煤、加热焦炉用煤气等	—	—	焦炭	COG、粗苯、焦油等	—
烧结	固体燃料、点火煤气等	石灰石、白云石等	铁矿粉、高炉粉尘、返矿等	烧结矿	—	回收的粉尘、返矿等
炼铁	焦炭、煤粉、热风炉消耗煤气等	石灰石等	烧结矿、块矿、球团矿等	铁水	BFG	高炉渣、回收的粉尘等
炼钢	—	白云石、菱镁矿等	铁水、生铁、块烧结矿（氧化球团）、废钢、铁合金等	钢水	BOFG	钢渣、回收的尘泥等
连铸—热轧	加热用燃料	—	钢水	钢材	—	—

3.1.1.3 炼铁过程的碳素流

碳素是炼铁过程的主要还原剂，由焦炭、喷吹煤粉中的碳转化为 CO、CO_2；在一定条件下，也发生少量的析碳反应。此外，由于铁氧化物还原最初生成的海绵铁具有较高的活性，以及熔铁滴落穿过焦炭层过程具有良好的渗碳条件，因此，会有相当数量的碳发生渗碳反应而溶入铁水。

炼铁过程中碳素主要来源于焦炭和喷吹燃料（煤粉），一小部分来自烧结矿残碳，如添加石灰石等熔剂，则有少量来自碳酸盐分解产生的 CO_2。碳素在炉内发生复杂的物理化学变化后，最终转化为 CO、CO_2 进入煤气中；部分溶解于生铁中，少量进入煤气粉尘中，随煤气逸出炉外。碳素流在炉内以氧化反应为主，大部分进入煤气，有吨铁水 45~50kg 的碳素通过渗碳溶入铁水，吨铁水 6kg 左右的碳素进入到粉尘中；进入煤气中的碳素 50%~55%转化为 CO、45%~50%转化为 CO_2。此外，高炉鼓风也含有一定量的 CO_2，而热风炉也要消耗一定量的煤气（主要是 BFG 和 COG）来对空气进行加热，最终以热风炉废气的形式排出（表 3-1）。

3.1.1.4 炼钢过程碳素流

炼钢过程中，由铁水带入的 4.0%~4.5%的碳将在氧气射流的作用下，快速氧化，大部分碳素以 CO 和 CO_2 的形式进入转炉煤气中，最终钢水中仅含有约 0.08%的碳。此外，炼钢生产中使用的含碳熔剂有白云石、菱镁矿等（表 3-1）。

3.1.1.5 连铸—热轧过程碳素流分析

连铸—热轧过程碳素流主要来自加热用燃料（主要是副产煤气，部分企业使用天然气）。

综上，对钢铁行业和企业来说钢铁生产过程是铁-煤化工过程，碳素的输入端（CO_2 的排放源）主要来源于煤等化石燃料燃烧、石灰石等含碳熔剂的分解以及铁矿石、废钢等原料中的碳氧化消耗。碳素的输出端主要包括副产煤气、焦油、粗苯等副产品、各种炉窑废烟气、炉渣以及钢材产品等所含碳量，见表 3-2。在行业/企业层次上，其输入端均为外购量，输出端均为外卖量。

表 3-2　钢铁企业中的碳直接输入输出分析

项目	输　入			输　出		
	化石燃料	含碳熔剂	其他原料	产品	副产品	其他
钢铁企业	煤、焦炭、石油、天然气等	石灰石、白云石、菱镁矿等	铁矿石、废钢、铁合金、球团、生铁、烧结矿等	钢材、生铁、焦炭等	COG、BFG、BOFG、焦油、粗苯等	高炉渣、钢渣等

3.1.2　钢铁制造流程碳排放源分析——间接排放源

间接排放主要包含外购原燃料、动力介质、非含碳熔剂等的上游生产产生的排放，还包含副产品如高炉渣作水泥、副产煤气发电等带来的排放权抵扣。由于在工序层次上比较复杂，且在工序层次上的计算结果意义不大，不再予以单独分析，只对其企业层次进行分析，见表 3-3。当基于 LCA 概念来计算 CO_2 排放时，要考虑原燃料的采矿、运输等带来的 CO_2 排放，这部分也属于间接排放。

表 3-3　钢铁企业的碳间接输入输出分析

输入（上游生产排放）			输出
动力介质	非含碳熔剂	外购原燃料	排放权抵扣
电力、氧气、氮气、氩气、蒸汽等	消石灰、轻烧白云石等	焦炭、球团、生铁、烧结矿废钢、铁合金等	高炉渣、钢渣作水泥，副产煤气发电等

3.2　工序层次的碳素流运行与能量流分析

钢厂生产过程中，铁素物质流的运行轨迹构成了“物质流网络”——集中地体现在钢厂的总平面图上。实际上总平面图中不仅体现了优化的“物质流网络”，同时也体现了与“物质流网络”相关联的“能量流（碳素流）网络”。这是由于在钢厂生产过程中能量流与物质流既有相互关联的关系，又有相对“独立运行”的状况所引起的。实际上，钢铁生产过程中一部分能量流既伴随物质流在“物质流网络”中运行，另一部分（类型）的能量流又在“能量流网络”中相对

“独立”运行。

殷瑞钰院士在《冶金流程工程学》中指出，钢铁生产过程中为了实现物质流的连续/准连续运行，钢厂制造流程中不同工序和装置在运行过程中分别承担起“推力源”“拉力源”及“缓冲器”等不同角色[2]。而钢铁生产过程中的能量流，特别是“独立”运行的能量流为了保证物质流的连续/准连续运行也必然存在“推力源”“拉力源”及“缓冲器”等角色。“独立”运行的能量流在“能量流网络”的时段节点具有相对不稳定性，而终端节点对输入的能量流则要求高度稳定，例如三种副产煤气的发生量具有不稳定性，而发电站等终端用户对输入的副产煤气则要求高度稳定。因此，必须要有中间缓冲器/缓冲系统以保证能量流从不稳定输出到稳定供应的转换，这就形成了“推力—缓冲—拉力”构成的宏观运行动力学系统（见图 3-1）[3]。

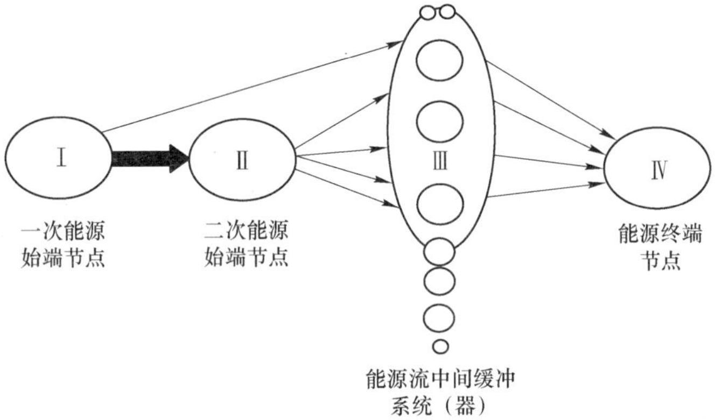

图 3-1 钢厂制造流程中的能量流及其宏观动力学示意图

这种能量流运行的宏观动力学系统的目标，是维持能量流网络的“动态-有序”“连续-紧凑”地运行。它的目的是：保证能量转换效率高，能量流的过程“耗散”最小化和煤气等含能介质近“零排放”。

有一点必须强调的是：在能量流网络中，中间缓冲器的“缓冲”功能对于能量流的利用效率和近“零排放”是十分必要的，即不稳定输出的始端和高效、稳定运行的终端之间要实现动态-有序、连续-紧凑的运行，必须要有合理的管网系统、容量合理的缓冲煤气柜和必要的一次能源补充等中间缓冲系统。

钢铁制造流程中能量流的运行动力学是宏观尺度的过程动力学，其主要研究内容包括：

（1）能量流的表现形式及运行特点；

（2）流程中不同能源转换工序/装置之间的“推力-拉力”关系及其匹配、缓冲和协调能力；

（3）能源终端转换装置的容量、功能及效率优化；

（4）煤气柜等缓冲器的大小及运行方式和规律。

由以上分析可知，独立运行的能量流也存在“推力源”“拉力源”及“缓冲器”等角色。能量流的运行特征是推力、拉力和缓冲的缓冲协调，以追求较高的能量转换效率和煤气等含能介质的放散最小化。

钢铁制造流程系统是由诸多性质（功能）不同的工序、装置构成的，其中每一工序、装置都有自己的独特功能，在制造流程中通过能量、物料的消耗对物质流、能量流进行加工，使之发生转换、转化乃至“突变”。加工、转换、转化、突变可以认为是工序、装置在流程网络中的基本功能，也是不同功能的工序、装置在制造流程网络中得以存在的基本原因[2]。本小节将对钢铁制造流程的主要生产工序或主要装置的功能进行解析，从而分析碳素能量流在工序层面的运行规律。

3.2.1 焦化工序

焦化工序是将洗精煤转换成焦炭、焦炉煤气以及各种化学产品的生产过程，或认为是碳素流转化为固态焦炭和气态碳-氢化合物、液态碳-氢化合物的过程。焦化生产中决定洗精煤消耗和产品、副产品产量的关键参数是煤-焦转换效率（成焦率）和焦炉煤气产率，其主要取决于配加煤种的构成及其性质，特别是挥发分含量。

3.2.1.1 焦化工序的功能解析

从钢铁制造流程的整体看，焦化过程实质是根据铁素物质流这一被加工主体的要求（为高炉冶炼提供优质焦炭），而相应地发生碳素流能源转换过程。由于高炉炼铁工艺中焦炭的不可替代性，焦化工序与钢铁企业能源系统的相互关联性等，决定了焦化工序是整个钢铁制造流程（高炉—转炉长流程）的重要组成部分。从钢铁制造流程的角度分析，焦化工序的功能可以概括为以下几个方面：

（1）高质量冶金焦生产功能。焦化是钢铁生产的起点和基础，焦炭在高炉冶炼过程中的作用主要包括：

1）提供高炉冶炼所需要的大部分热量。

2）提供高炉冶炼所需要的还原剂。

3）高炉料柱的骨架，维持料柱的透气性。

4）生铁形成过程中渗碳的碳源。一方面，焦炭在高炉内的料柱“骨架”作用具有不可替代性；另一方面，焦炭的强度、灰分和P、S含量等方面，对高炉冶炼的资源、能源消耗和技术经济指标的影响是多方面的。

因此，稳定、高质量的焦炭是高炉冶炼强化的基础，而焦炉正是高质量冶金焦的生产装置。

（2）能源转换功能。焦化过程是将各种精煤（或低灰分原煤）按照一定比例配成粒度适当、质量均匀，符合炼焦要求的洗煤料。已经制备好的洗精煤从煤塔放入装煤车，分别送至各个炭化室装炉，然后进行高温干馏炼焦过程。洗精煤在高温干馏过程中除了可以生成可供高炉冶炼使用的焦炭外，还可以转换为焦炉煤气、焦油等副产品。焦炉煤气是钢厂重要的二次能源。焦炉煤气有多种利用方式，如用于钢厂内部用户的加热、发电、制氢、喷入高炉或用于直接还原铁生产等。焦炉煤气不同的利用方式会对钢厂能源系统和相应的能量流网络产生很大影响，甚至在某些情况下会改变现有钢厂的模式和生产效率等。由于推出焦炉的焦炭温度很高，约1050℃，因此带有大量的显热，目前广泛采用干熄焦技术，可回收约80%的红焦显热，产生的蒸汽可供钢厂内部使用或用于发电，从而提高能源转换效率，降低焦化能耗。可见，焦化工序是钢厂最重要的能源转换工序之一。

（3）废塑料等废弃物消纳处理功能。利用焦化工艺处理废塑料技术是传统煤炼焦技术与现代废塑料加工处理和热解油回收技术的有机结合，经过预处理工艺将废塑料制成小团块连同洗精煤装入焦炉，在焦炉中废塑料在1100~1200℃温度且在无氧的气氛下碳化，热分解成焦炭（20%）、焦油/轻油（40%）和焦炉煤气（40%）[4]，产生的焦炭、焦油和煤气可直接利用传统焦化工艺进行处理和回收。

3.2.1.2 焦化工序能量流分析

焦化过程中的物质流主要是洗精煤在配煤、粉碎、装炉、结焦和熄焦等过程的转换和耗散。为实现碳素能量流的转换（煤→焦），炼焦过程中需要消耗一定的能量，主要用于焦炉本体的加热以及相应的动力消耗，具体表现为炭化室内煤料加热消耗的煤气（焦炉煤气或高炉煤气或两者的混合煤气）以及各种机车和提升设备的电力消耗等。加热煤气的热量转化为焦炭、焦炉煤气、化学产品和焦炉烟道废气的显热，并伴随一定的热损失。因此，炼焦过程本身的能源消耗主要是加热炭化室及结焦过程所用的煤气消耗，以及出炉红焦的显热回收利用问题。焦化工序能量流的输入输出见图3-2。

由图3-2可见，在焦炉输入端，物质流（洗精煤（干基）约吨焦1326kg）进入焦炉炭化室；能量流（加热煤气约吨焦118.12kgce）进入燃烧室。在高温干馏过程中，物质流与能量流（主要是煤气燃烧产生的热量）相互作用、相互影响：煤气在燃烧室内燃烧提供炼焦过程所需要的热量，通过炉墙传热，对炭化室内的洗精煤进行间接加热；洗精煤在隔绝空气的条件下依次经过炼焦过程的各个阶段——干燥、开始热解、形成胶质体、固化成半焦、半焦收缩转变为焦炭。在结焦过程中，洗精煤中挥发分生成含有煤焦油、粗苯等化学产品的荒焦炉煤气。

在焦炉输出端，相当一部分能量（主要是物理热）伴随1050℃左右的焦炭从炭化室被推出；还有一部分能量（物理热和化学热）伴随750℃左右的焦炉煤气和气态化学产品从上升管排出焦炉；另外一部分能量（物理热和动能）则伴

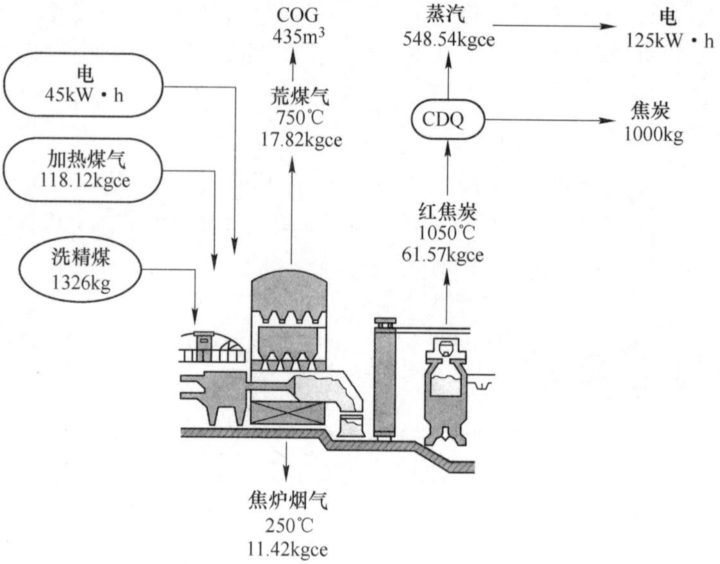

图 3-2　某企业焦化工序吨焦能量流输入输出示意图

随 250℃左右的焦炉烟道废气从烟囱排出[5]。当然，还有一部分能量从焦炉炉体表面耗散于环境中。

焦化工序在钢铁制造流程中具有特殊性，焦化工序不仅是焦炭产品的生产工序，更是钢铁制造流程的能源转换工序。因此，对焦化工序能量流的分析研究，不仅要关注能量流在焦炉输入端的行为，更要关注其在输出端的行为。焦炉煤气作为钢铁制造流程最重要的二次能源（热值最高），应用范围最广，是钢铁制造流程能量流网络的重要组成部分；目前已有成熟技术（CDQ）可以回收利用的红焦显热也是钢铁制造流程能量流网络的重要组成部分之一；其他过程余热（荒煤气物理热、焦炉烟气物理热等）对钢铁制造流程的能量流网络也会产生一定影响，应积极研发回收该部分余热的节能技术。

因此，焦化工序能量流分析的核心问题是能源转换问题，即在一定工艺、原燃料条件下焦炉煤气的优化利用和焦炉加热用煤气热能的有效利用以及过程中产生的余热（红焦物理热、荒煤气物理热、废气物理热等）回收和高效利用。

3.2.1.3　焦化工序理论极限能耗分析

首先，对焦化工序能耗的统计范围进行界定。焦化工序能耗是指备煤车间（不包括洗煤）、炼焦车间和回收车间（煤气净化工段）、厂内部原料煤等的损耗，以及辅助生产系统（机修、化验、计量、环保等）和生产管理、调度指挥系统等所消耗能源量，扣除自身回收利用和外供的能源量，不包括精制，不包含煤气精制和为生产服务的附属生产系统的食堂、浴池、保健站、休息室的能源消耗。其中备煤车间包括贮煤、粉碎、配煤及其除尘、煤调湿等；炼焦车间包括炼焦、熄焦、筛运焦、装煤除尘、出焦除尘和筛运焦除尘等；回收车间包括冷凝鼓风、氨回收、苯回收、脱硫、脱氰、脱萘等工序和酚氰污水处理；干熄焦产出只计到蒸汽，不含发电装置。

焦化工序能耗中，若不考虑回收部分，燃料消耗约占 70.79%，蒸汽消耗约占 18.03%，电力消耗约占 9.64%，其他动力介质约占 1.54%[6]，见图 3-3。

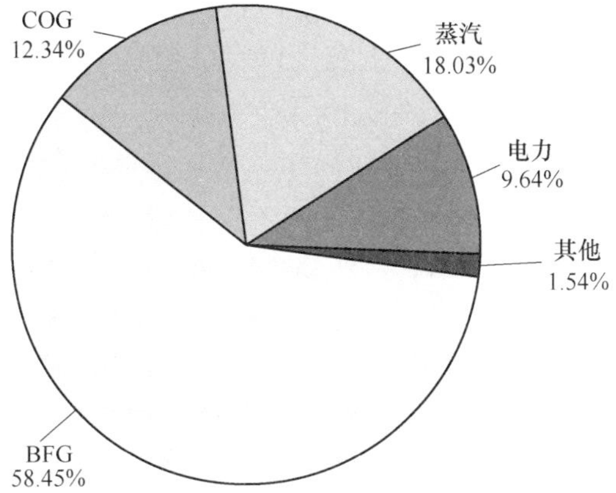

图 3-3 焦化工序能耗构成

由图 3-3 可知，其他动力介质消耗在计算焦化工序极限能耗时可不予考虑。焦化工序的极限能耗消费端将主要考虑燃料消耗量（炼焦耗热量）、蒸汽及电力的消耗；而回收端将主要考虑焦炭和 COG 的显热量。

假设理想工况条件：

（1）进入焦炉的煤，其挥发分全部变为 COG，其余炭全部干馏成焦炭；

（2）焦炉无空气、荒煤气等混入，荒煤气全部转换为净煤气及化产品，上升管煤气的显热部分回收利用到煤调湿（CMC）；

（3）废道烟气显热全部用于入炉煤的预热，且无热损失；

（4）熄焦方式为干熄焦，焦炭显热 100%被回收为蒸汽发电，无热损失；

（5）BFG、COG、电力、工业水、蒸汽、氮气等辅助能源介质消耗最小；

（6）燃烧室热传导效率为 100%，散热为 0。

在理想工况条件下，散热为 0 时，其能源转换差也将为 0，也就是说煤全部转换为焦炭、COG 及其他化产品，从而这一部分物质的潜热在极限能耗中将不用再考虑，只考虑这部分物质对应的显热。因此，在理想工况条件下，焦化工序的极限能耗消费端将主要考虑燃料消耗量（炼焦耗热量）、蒸汽及电力的消耗，而回收端将主要考虑焦炭和焦炉煤气的显热。

理论极限能耗的原始条件：入炉煤干基挥发分含量为 26.5%；红焦炭温度为

1050℃；焦炭和焦炉煤气的比热容分别为1.4kJ/(kg·℃)和1.65kJ/(m^3·℃)。

计算结果表明，在界定的焦化工序能耗统计范围内，理想工况条件下，焦化工序理论极限能耗为吨焦69.54kgce，计算过程见附录中的F1。

3.2.1.4 焦化工序能量流分析结果

通过对焦化工序的功能解析和能量流分析，可以得出以下结果：

（1）焦化工序的能量流是钢铁制造流程的能量流网络重要组成部分，能量流分析的核心问题是能源转换问题，即在一定工艺、原燃料条件下焦炉煤气的优化利用和焦炉加热用煤气热能的有效利用以及过程中产生的余热（红焦物理热、荒煤气物理热、废气物理热等）回收和高效利用。

（2）理想工况条件下，在界定的焦化工序能耗统计范围内，焦化工序的理论极限能耗为吨焦69.54kgce。

（3）焦化过程能量流分析结果表明：焦炉加热用煤气消耗是炼焦过程的主要能源消耗；红焦物理热和荒煤气物理热是炼焦过程的主要热支出，虽然红焦物理热已有CDQ技术进行回收利用，但应注意深入研究提高其回收效果，另外应积极研发回收荒煤气物理热的节能技术，进而提高能源利用效率，降低焦化工序能耗，优化钢铁制造流程的能量流网络。

3.2.2 烧结工序

高炉炼铁生产对原料有一定的要求，包括合理而均匀的粒度、较高的强度、良好的冶金性能等，但是天然或经过简单机械加工的铁矿石往往不具备这样的要求。因此，经过选矿处理后的精矿粉以及钢厂内部的含铁粉尘和其他固体废弃物等需要进行造块处理，从而改善高炉炉料结构和炉料性能以适应高炉冶炼要求，改善高炉冶炼指标。

目前，铁矿粉的造块方法主要有烧结和球团两种。从国内的炉料结构来看，大多采用高碱度烧结矿、酸性球团矿和少部分生矿合理搭配，并以烧结矿为主。烧结工序物料处理量在钢铁联合企业中处于第二位，仅次于高炉炼铁，而能源消耗仅次于高炉炼铁和轧钢工序居于第三位，是现代钢铁制造流程中物质流、能量流通量最大的工序之一。

3.2.2.1 烧结工序的功能解析

烧结工序在现代钢铁制造流程中的作用是至关重要的，不仅为高炉提供满足冶炼需要的一定粒度的烧结矿，而且可以回收处理钢厂生产过程中产生的含铁尘泥和其他固体废弃物。从整个钢铁制造流程的角度分析，烧结工序的功能可以概括为以下几个方面：

（1）细散颗粒铁矿粉的加工处理功能。烧结过程是将各种粉状含铁原料、固体燃料（煤粉、焦粉）、熔剂及返矿等按一定比例进行配料，并配以适当的水分，经混匀制粒后铺到烧结机的台车上，烧结料经煤气在表面点火后，在下部风箱强制抽风作用下，料层内燃料自上而下燃烧并放热，混合料在高温作用下发生一系列物理及化学变化，并产生一定的液相，随着料层温度的降低，液相将矿粉颗粒固结成块。烧结过程可去除结晶水、硫等有害杂质。此外，烧结混合料中加入了高炉冶炼必需的熔剂，将高炉内进行的反应转移到烧结过程中进行，因而承担了部分冶炼任务。

（2）高炉冶炼强化的基础。随着高炉的大型化，高炉冶炼对精料的要求越来越高，生产具有高品位、高强度、优良冶金性能、合理碱度的烧结矿是现代高炉强化冶炼，降低资源、能源消耗的基础。目前大型高炉多使用碱度在2.0左右的高碱度烧结矿，配加部分球团矿和生矿，使入炉矿品位达到60%左右。京唐钢厂5500m^3高炉利用系数可达到2.3t/(m^3·d)以上，入炉焦比降低到300kg/t铁水左右。

（3）含铁废弃物再资源化处理功能。烧结生产不仅可回收利用钢厂内的含铁废弃物，如高炉粉尘、转炉粉尘、钢渣、氧化铁皮等，还可以利用化工行业的硫酸渣等社会含铁废弃物。通过发挥烧结生产的再资源化利用功能，形成含铁物料的有效循环，从而提高资源利用率。

（4）脱硫功能。烧结过程中，来自铁矿粉和燃料的硫，在高温、氧化性气氛下，发生分解、氧化和/或燃烧反应，最终大部分以气态SO_2的形式被脱除，从而减轻了炼铁、炼钢的硫负荷，提高了冶炼的技术经济指标。烧结生产的脱硫率可达到85%以上[7]。

3.2.2.2 烧结工序能量流分析

烧结在钢铁制造流程中，主要体现为铁素物质流在碳素能量流作用下的加工、处理过程，其核心问题是铁素流在烧结过程中的物理、化学变化和矿物形态改变控制以及相应能量流耗散最小化[8]。

烧结工序在生产过程中消耗大量的能源，在钢铁制造流程中仅次于高炉炼铁和轧钢，对其进行能量流分析对减少烧结工序能耗，降低烧结矿成本具有积极意义。烧结过程的碳素能量流以焦粉、煤粉等固体燃料形式与铁矿粉、熔剂等混合，经煤气（由碳素转化而来，是碳素能量流的另外一种形式）点火后，通过烧结机转化为具有一定粒度和良好冶金性能的烧结矿，并排放出CO、CO_2等气体；为了保证烧结过程的效率，投入的能量往往大于理论需要的能量，因此过程中必然产生大量余热，如烧结烟气显热和烧结矿的显热等，见图3-4。

由图3-4可见，在烧结机的输入端，固体燃料（焦粉或煤粉）以及高炉灰和返矿中的残炭在点火煤气的作用下发生燃烧反应，为烧结混合料层中的各种反应提供热量；输入烧结机的能量还包括各种物料的显热及化学反应热等。在烧结机

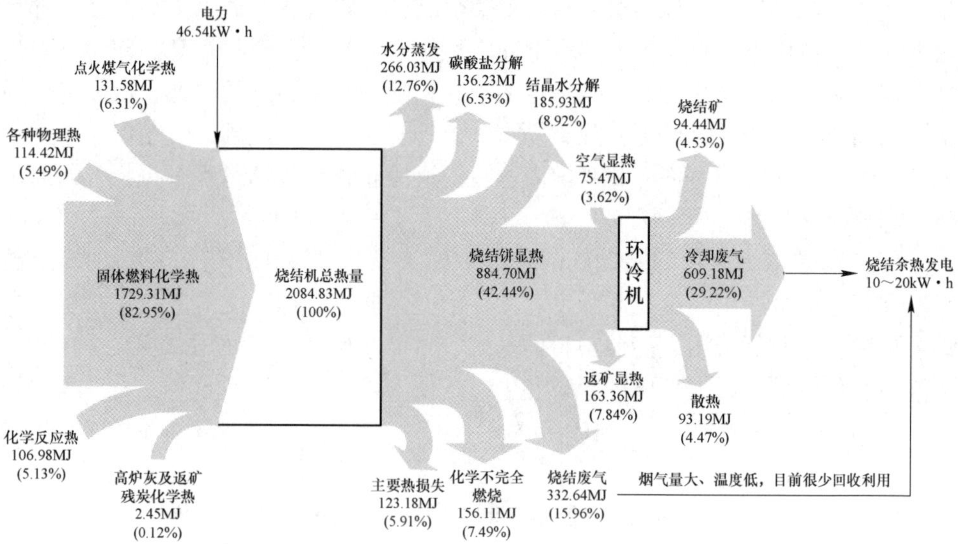

图 3-4 烧结工序吨烧结矿能量流输入-输出示意图

的输出端烧结矿和烧结烟气携带大量的显热，大约占烧结机热收入的 58%，在冷却过程中，每吨烧结矿通过冷却空气带走的热量为 0.55~0.63GJ（高温段冷却废气的温度可达 350~400℃，平均冷却风温可达 150℃），占烧结总能耗的 30%左右[9]，这部分能量可以通过余热锅炉转换为蒸汽，或进一步通过汽轮机转换为电力进行回收利用。因而回收利用好这部分热能，对降低烧结工序能耗具有重要作用。另外，烧结过程中还消耗大量的热量，如游离水的蒸发、结晶水和碳酸盐的分解耗热等；还有一部分化学不完全燃烧损失和炉体及料面的散热损失等。

3.2.2.3 烧结工序理论极限能耗分析

首先，对烧结工序能耗的统计范围进行界定。烧结工序能耗为生产系统（从熔剂、燃料破碎开始，经配料、原料运输、工艺过程混料、烧结机、烧结矿破碎、筛分等到成品烧结矿皮带机离开烧结工序为止的各生产环节）和辅助生产系统（生产管理及调度指挥系统、机修、化验、计量、水处理、烧结除尘和脱硫等环保设施）消耗的能源量，扣除工序回收的能源量。不包括附属生产系统（如食堂、保健站、休息室等）消耗的能源量。

由图 3-5 和能量流分析结果可知，烧结工序的能源结构中，固体燃料消耗和煤气消耗占烧结工序能源消耗的 90%以上，电力消耗占烧结工序能耗的 9%以上，主要用于带动烧结机和冷却机的风机，因此降低烧结机漏风率对降低烧结电耗具有重要意义。烧结过程中产生了大量的余热，主要包括烧结烟气的显热和烧结矿的显热，烧结烟气的温度虽然相对较低，但是由于烟气量大，因此这部分余热资源量也很大。因此，烧结工序理论极限能耗应从降低固体燃料、电力和点火煤气消耗以及充分回收过程中余热着手。

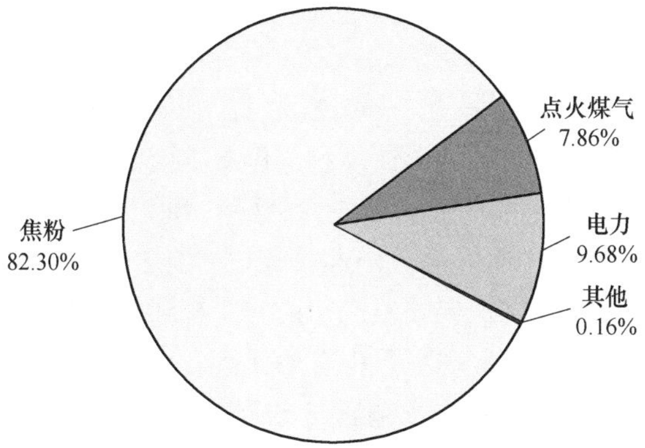

图 3-5 烧结工序能耗构成

理想工况假设如下：

（1）褐铁矿和半褐铁矿的用量占烧结混合料的比例为 12.36%；

（2）熔剂全部采用生石灰；

（3）烧结矿和烧结烟气显热全部回收；

（4）烧结机漏风率为 0。

理论极限能耗的原始条件：烧结矿 FeO 含量 7.36%；烧结烟气 CO 含量为 0.44%；烧结饼和烧结烟气初始温度分别为 750℃、180℃。

计算结果表明，在界定的烧结工序能耗统计范围内，理想工况条件下，烧结工序理论极限能耗（标准煤）为 26.89kg/t，计算过程见附录中的 F2。

3.2.2.4 烧结工序能量流分析结果

烧结工序是钢铁联合企业能量消耗较大的工序之一，通过对烧结工序的功能解析和能量流分析，可以得出以下结果：

（1）烧结工序为高炉冶炼提供粒度合适、冶金性能良好的烧结矿，是高炉冶炼强化的基础；同时，烧结过程中可以消纳钢铁厂内及社会的含铁废弃物，为改善环境、提高资源利用效率做出贡献；另外，烧结过程中可以脱除铁矿石和燃料中的 S，脱硫率达 85%以上，减少了炼铁和炼钢的硫负荷。

（2）理想工况条件下，在界定的烧结工序能耗统计范围内，烧结工序的理论极限能耗（标准煤）为 26.89kg/t。

（3）烧结生产过程中主要消耗固体燃料和点火煤气，占总能耗的 90%以上；其次是电力消耗，约占总能耗的 9%，降低烧结机漏风率是降低烧结工序电耗最重要的手段。

（4）烧结生产在消耗大量能源的同时，产生了大量的二次能源，主要包括烧结矿显热和烧结废气显热，约占烧结总能耗的58%，是钢铁制造流程能量流网络的组成部分之一。因此，这部分热量的回收利用，对降低烧结工序能耗具有重要作用，是烧结工序余热回收利用的重点。

3.2.3　高炉炼铁工序

高炉炼铁生产是将烧结矿等含铁物料与焦炭等由炉顶装入高炉，经风口鼓风（并伴有喷吹燃料）燃烧并发生升温和还原反应，形成液态过还原的含碳生铁和炉渣，并排出含有 CO_2、CO 等成分的高炉煤气的生产过程。炼铁生产的主要目的是用铁矿石经济而高效率地得到温度和成分符合要求的液态生铁。

高炉冶炼过程一方面要实现矿石中金属元素和氧元素的化学分离，即还原过程；另一方面还要实现已被还原的金属与脉石的机械分离，即熔化和造渣过程。过程中控制温度和液态渣铁之间的交互作用，得到温度和化学成分合格的铁水。高炉冶炼的全过程可以概括为：在消耗尽量少的能量条件下，通过受控的炉料及煤气流的逆向运动，高效率地完成还原、造渣、传热及渣铁反应等过程，得到化学成分和温度较为理想的液态金属产品。

3.2.3.1　高炉炼铁工序的功能解析

高炉冶炼过程是碳素能量流在满足铁素物质流的转变过程所需的最基本还原剂、热量和焦炭作为料柱骨架的支撑作用下，充分回收高炉煤气的化学能和动能（余压）等二次能源，从而达到碳素能量流耗散最小化，即其核心问题是满足铁素物质流转变过程的碳素能量流耗散最小化和剩余能量的高效回收利用[10]。现代高炉经过不断的发展，其功能已拓展为[2]：

（1）氧化矿物还原和渗碳功能。高炉以竖炉过程为其主要特征，由于原料处理技术的不断进步，炼焦技术和喷吹煤粉技术的发展，热风系统的不断改进，无料钟炉顶、高压操作以及新一代上料系统的不断开发和应用，特别是高炉大型化技术和一代炉役寿命的不断提高，不同容积高炉的利用系数已可稳定在 2~4t/(m^3·d)，可以说高炉是迄今为止的氧化矿物效率最高的还原装置。由于竖炉过程赖以确立的焦炭料柱的不可取代性及其高温过程顺行的要求，高炉冶炼过程中的氧化物还原过程总是伴随着不同程度的铁水渗碳作用。

（2）连续生产和供应液态金属功能。高炉是以氧化矿物为铁素源的生产流程中生产出液态金属的第一个工序环节，这是转炉炼钢赖以存在的基础。尽管高炉冶炼过程是缓慢的竖炉移动床方式，但其还原出热铁水的方式却是连续的。特别是由于一代炉役寿命延长（已可达 12~20 年）以及大型高炉多出铁口技术的开发，使高炉连续供应热铁水的功能得到更充分的展现。

（3）能源转换功能。高炉过程伴随着巨大的能源消耗和能量转换过程，其特点是将焦炭、煤粉等化学能源转化为高炉产出物（这些产出物都是载能体，包括热铁水、高炉渣、高炉煤气等）的物理显热和化学能。笔者对某企业 3200m^{3}高炉进行能量解析时发现，高炉的最大宗产物不是铁水，而是高炉煤气，解析结果表明该座高炉生产 1t 铁水产生 2.3t 的高炉煤气。然而，高炉作为造气炉的功能（能源转换功能）目前尚未得到充分重视，过多强调的仍是铁水生产功能。而且，随着高炉炉顶煤气余压发电技术（TRT）的开发应用和其他余热、余能回收利用技术的实施，高炉的能源转换功能应得到进一步重视，见图 3-6。

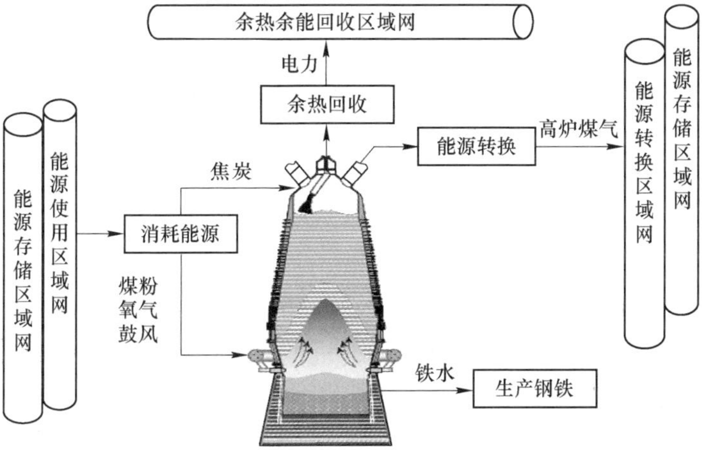

图 3-6 高炉能源转换功能示意图

（4）冶金质量调控功能。一般而言，高炉过程对于产品冶金质量的影响主要体现在对铁水含 S 量、含 Si 量的控制和出铁温度的控制。由于对高炉过程的深入了解以及各类钢铁产品对含 S 量的不同要求，在合理成本条件下，对铁水含 S 量、含 Si 量的优化控制值已经逐步明确，而且可调控。而出铁温度则会对可能进行的后续铁水预处理过程和铁水输送过程有着重要影响，特别是对于需要经过脱硫—脱硅—脱磷处理的工艺过程的产品质量有着明显的影响。因此，高炉热铁水的质量对于钢铁产品冶金质量的调控而言，起着重要的基础作用。

3.2.3.2 高炉炼铁工序能量流分析

高炉炼铁是钢铁联合企业中能源消耗最大的工序，其输入能源介质主要包括焦炭、煤粉、电力等；输出的能量主要是热铁水的显热和潜热、高炉渣的显热、高炉煤气的潜热和显热、喷吹煤的分解热、水分分解热及冷却水带走热量和炉体散热等，某企业 3200m^{3}高炉工序的能量流输入-输出见图 3-7[11]。

碳素能量流是钢铁制造流程能量流的主要表现形式，在高炉炼铁工序中表现得尤为明显，如图 3-8 所示。某企业 3200m^{3}高炉炼铁工序能耗中，煤炭（焦炭、

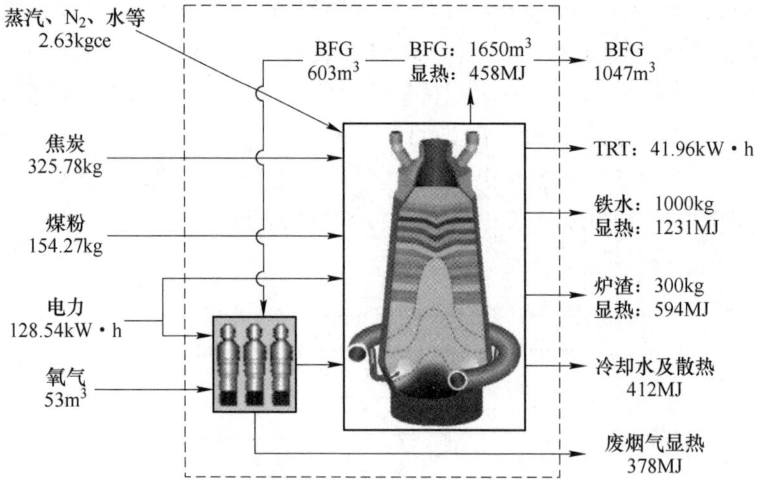

图 3-7　典型高炉炼铁工序吨铁能量流输入-输出示意图

喷吹煤）消耗占 95.31%。由此可见，对炼铁工序能量流的分析主要是对其碳素能量流的分析。

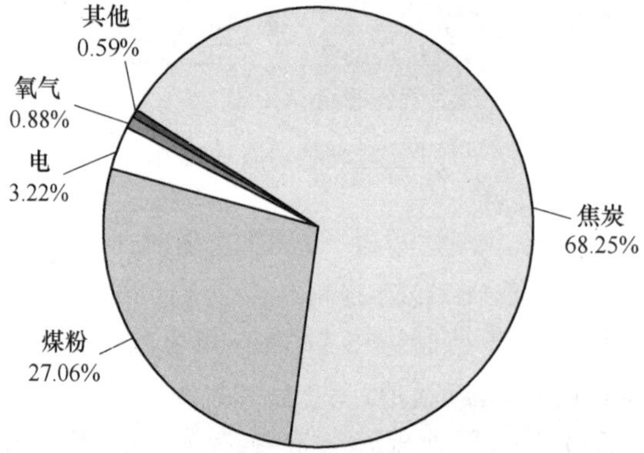

图 3-8　典型高炉炼铁工序能源消耗构成

A　碳素流物理化学变化

碳素在炼铁过程中主要有三种作用：首先，提供高炉冶炼所需要的大部分热量，70%~80%的热量来自碳素的燃烧；其次，提供高炉冶炼需要的还原剂；再次，碳素的主要来源——焦炭作为高炉料柱的骨架；最后，铁水渗碳。因此，高炉内碳素以燃烧反应为主，由焦炭、喷吹煤粉中的 C 转化为 CO、CO_2；在一定条件下也发生少量的析碳反应。此外，由于铁氧化物还原最初生成的海绵铁具有较高的活性，以及熔铁滴落穿过焦炭层过程具有良好的渗碳条件，因此，会有一定数量的碳发生渗碳反应而溶入铁水。

a 碳素的气化反应

碳素气化反应主要发生在燃烧带，为高炉内全部气化碳量的65%~75%。燃烧带以外碳的气化主要是：炉缸内碳与渣液中铁及其他少量元素的氧化物之间和脱硫反应过程中气化；碳在高温下同 CO_2 和 H_2O 发生溶损反应气化。气化反应的产物是 H_2、CO_2。

b 水煤气转换反应

在高炉内 CO、H_2、CO_2、H_2O 四种气体共处于一个容器内，使得还原反应也受到水煤气转换反应的影响。

$$CO + H_2O \longequal H_2 + CO_2$$

c 析碳反应（炭黑沉积反应）

在高炉上部低温区，由于低温下还原生成新相、金属铁、FeO 以及 H_2 等催化剂的作用下，将有一定数量的析碳反应发生，它是碳素溶损反应的逆反应。

$$2CO \longequal C + CO_2$$

d 间接还原与高炉内煤气成分变化

炉缸产生的高温煤气在上升过程中，与下降的炉料发生还原反应和热交换，煤气温度和成分不断发生变化。从风口到1300℃左右的高温区内发生碳素气化反应，是铁氧化物的直接还原区（包括非铁元素的直接还原），煤气中 CO 不断增加，而没有 CO_2 产生。在1000~1300℃的温度区域是以直接还原为主导伴有少量间接还原的铁氧化物混合还原区，CO_2 从无到有，逐渐增多，但此时 CO 仍然增加很快。900~1000℃是以间接还原为主并有少量直接还原的铁氧化物混合还原区，到1000℃时 CO 开始减少，CO_2 继续增加，直至900℃左右，CO、CO_2 才变化缓慢（图 3-9）[12]。

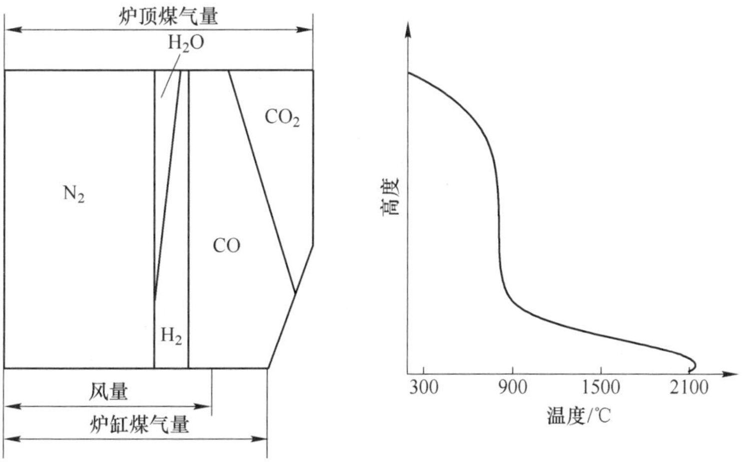

图 3-9 高炉内煤气成分和温度变化

e 渗碳

在块状带与高温块状带内还原出的金属铁呈多孔的海绵状，有较强的活性，能促进析碳反应的进行。碳析出在海绵铁上形成了碳化物 Fe_3C，是固态的渗碳过程，可用 $3Fe + 2CO = Fe_3C + CO_2$ 来表示。固态渗碳过程使金属铁的熔点降低，在高炉内易于变为液态。

碳在铁液中的溶解：已渗碳的固态铁，由于熔点降低，逐渐熔化变成液体，黏附于焦炭表面，使渗碳能大量进行（$3Fe_{液} + C_{焦} = [Fe_3C]$）。

B 碳素流分析

炼铁过程中碳素主要来源于焦炭和喷吹燃料（煤粉），一小部分来自烧结矿残碳；若添加石灰石等熔剂，则有少量来自碳酸盐分解产生的 CO_2。碳素在炉内发生复杂的物理化学变化后，最终转化为 CO、CO_2 进入到煤气中；部分溶解于生铁中，少量进入煤气粉尘中，随煤气逸出炉外。国内某企业 $3200m^3$ 高炉炼铁过程碳素流输入、输出如图 3-10 所示。

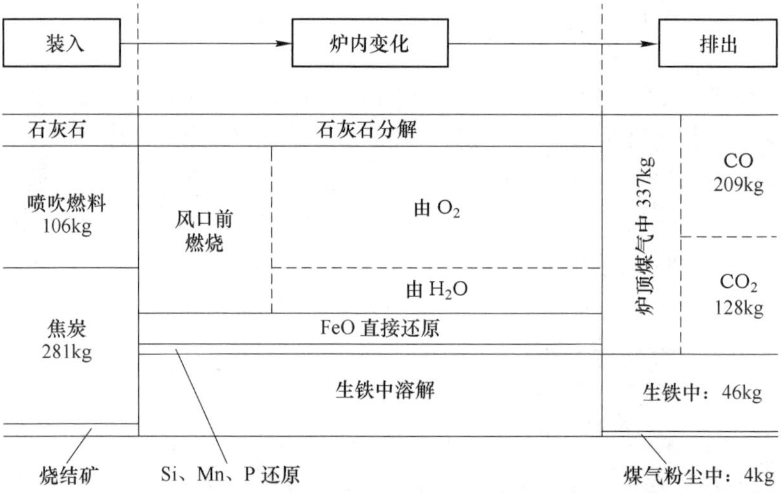

图 3-10 炼铁过程吨铁水碳素流输入、输出

C 铁素流、碳素流相互作用与最低碳素消耗

铁氧化物在高炉内通过两种方式被还原成金属铁，一种是直接通过固体碳还原生成 Fe 和 CO，称为直接还原；另外一种是通过 CO 还原生成 Fe 和 CO_2，称为间接还原。由于直接还原是不可逆反应，不需要过量的还原剂保证，但是该反应是大量的吸热反应，需要燃烧大量的 C 放出热量保证反应的进行；而间接还原则是直接消耗 CO 的反应，因此需要过量的还原剂保证反应的顺利进行。

根据铁氧化物还原的热力学分析，可认为：在高炉内高价铁氧化还原到 FeO 完全是通过间接还原完成的，而 FeO 还原到 Fe 则既有间接还原也有直接还原。

因此，在高炉冶炼过程中，两种反应同时存在。判断其直接还原的发展程度的大小，通常用铁的直接还原度 r_d 指标。其定义为：经直接还原途径从 FeO 中还原出的铁量与被还原的全部铁量的比值[13]。

高炉内碳的消耗既要保证还原剂的需要，也要保证热量的需求。理论碳比就是在既满足还原反应又满足热量消耗的前提下，单位生铁的最低碳素消耗量，实质上是分析单位生铁热量消耗、直接还原度与碳素消耗量的关系。根据国内某企业 3200m^{3}高炉的实际生产数据，绘制了该高炉单位生铁热量消耗、直接还原度与碳素消耗量的关系，如图 3-11 所示。

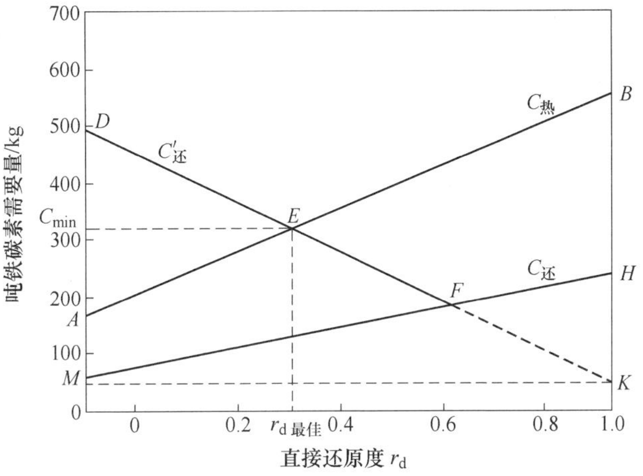

图 3-11 最低碳素消耗与铁的直接还原度

图 3-11 中 *DK* 线为间接还原消耗的碳量，*MH* 线为直接还原消耗的碳量，两者相交于 *F* 点。折线 *DFH* 决定了不同直接还原度条件下还原剂的消耗量，*F* 点为最低还原剂消耗量，此时直接还原与间接还原消耗的碳量相等。*AB* 线是作为发热剂需要的碳量与直接还原度的关系，折线 *DEB* 为同时满足还原剂和热量消耗时碳素量与直接还原度的关系。*E* 点为该条件下最低碳素消耗量。*DFH* 是作为还原剂需要的碳量线，两条线相交处 *E* 点为既能满足热能需要又能满足化学能需要的最低碳比（C_{min}），对应的横坐标为最佳的直接还原度。

3.2.3.3 高炉炼铁工序理论极限能耗分析

首先，对高炉炼铁工序能耗的统计范围进行界定。高炉炼铁工序能耗为生产系统（原燃料供给、鼓风、热风炉、煤粉干燥及喷吹、高炉本体、渣铁处理等系统）和辅助生产系统（生产管理及调度指挥系统、机修、化验、计量、水处理及除尘等环保设施）消耗的能源量，扣除工序回收的能源量。不包括附属生产系统（如食堂、保健站、休息室等）消耗的能源量。

由能量流分析结果可知，高炉炼铁工序的能源结构中，含碳能源消耗占

95.31%，其他能源介质消耗不到5%。由此可见，若要降低炼铁工序能耗必须降低含碳能源消耗，并回收过程中产生的余热及余压能。

假定理想工况：

（1）直接还原度为理论最低碳比对应的直接还原度；

（2）高炉散热损失为0；

（3）热风炉烟气余热全部回收；

（4）炉顶煤气显热和余压能全部回收。

理论极限能耗的原始条件：炉料中由 Fe_2O_3 带入的铁量为吨铁874.66kg；炉料中 MnO_2 含量为0；生铁含碳量为4.62%，硅含量为0.55%。

计算结果表明，理想工况条件下高炉最佳直接还原度为0.37，理论最低碳比为吨铁313.3kg。高炉炼铁工序极限能耗为吨铁354.38kgce，详细计算过程见附录中的F3。

3.2.3.4　高炉炼铁工序能量流分析结果

高炉炼铁过程作为整个钢铁制造流程一个重要的中间环节和基础环节，其必须在考虑减少本工序的碳素流消耗的同时，为后续工序（炼钢）提供足够的剩余能（包括高温铁水的物理能、铁水渗碳的化学能），从而保证后续工序环节的顺利进行。通过对高炉炼铁工序功能解析和能量流分析，可以得出以下结论：

（1）高炉是一个复杂的逆流床反应器，冷含铁炉料从高炉顶部加入，在下降过程中不断被煤气加热和还原，从而高效率地完成还原、造渣、传热及渣铁反应等，最终得到化学成分和温度较为理想的液态金属产品的过程。从钢铁制造流程总体考虑，其能量流分析的核心问题是在满足钢铁制造流程整体对铁水物理、化学性质要求的条件下，兼顾碳素能量流耗散最小化和剩余能量的高效回收和利用。

（2）在理想工况条件和设定的计算条件下，高炉最佳直接还原度为0.37，理论最低碳比为吨铁313.3kg。高炉炼铁工序极限能耗为吨铁354.38kgce。

（3）高炉的最大宗产物不是铁水而是高炉煤气，每生产1t铁水将产生2t左右的高炉煤气。传统高炉作为造气炉的功能没有得到充分重视，到目前为止重点企业还有大约5%的高炉煤气被放散，这不仅浪费了宝贵的二次能源，增加了高炉炼铁成本，还造成了环境污染。

（4）由于高炉煤气是钢厂重要的二次能源，在能源平衡中起重要作用。因此，在一定条件下，不一味追求碳素流消耗的最小化（降低高炉燃料比），而以企业内总的能源平衡和总的经济效益最佳的原则作为出发点，通过流程整体的煤气优化，并与自发电相结合，适当提高副产高炉煤气的产量和质量，充分、合理地发挥高炉的能源转换功能。

3.2.4 转炉炼钢工序

氧气转炉从发明到完善、进而取代平炉经历了 30~40 年的时间过程，现在已经成为使用热铁水炼钢的主要冶炼装置。转炉运行本质是快速、间歇振频式的熔池反应和升温过程，其出钢方式是间歇式的，因此，其运行本质[1]是快速-间歇重复循环式的过程。

3.2.4.1 转炉炼钢工序的功能解析

近年来，在流程整体优化原则指导下，通过对钢铁生产过程中诸多工序的诸多不同功能进行解析，进而对某一或某些功能在诸多工序的实现方式、实现程度进行优化选择、分配或取代以及综合集成，炼钢工序功能随着技术进步发生明显变化，由传统的单一转炉炼钢，演变为铁水预处理—转炉—二次精炼过程[1]（表 3-4）[2]。

表 3-4 转炉炼钢过程工序功能的分解

炼钢过程工序功能	铁水预处理	转炉	二次精炼
脱硅	⊙ ←	○	
脱硫	⊙ ←	○ →	◎
脱磷	⊙ ←	◎	
脱碳	◎ ←	⊙ - - - →	⊙①
升温		⊙ →	◎
脱气		◎ →	⊙
夹杂物形态控制		○ →	⊙
脱氧		○ →	⊙
合金化		◎ →	⊙
纯净化	⊙ ←	◎ →	⊙

注：⊙表示完成该功能的主要工序；◎表示完成该功能的次要工序；○表示在该工序退化的功能。
① 超低碳情况下，真空脱碳更重要。

由表 3-4 可见，由于铁水预处理、二次冶金，特别是连铸等相关工序的发展，氧气转炉已具有以下主要功能：

（1）快速、高效的铁水脱碳功能。对含碳量达 4%以上的高炉铁水进行快速脱碳依然是转炉炼钢的主要任务。氧气转炉由于炉型设计、氧枪设计以及顶-底复吹工艺等技术进步，已使其供氧强度（标准状态）可达 $3m^3/(t \cdot min)$ 以上，纯吹氧时间可缩短到 12~16min/炉，是所有冶金工艺装置中脱碳速度最快的装置。如果铁水经过“三脱”预处理，可以采用“无渣”（少渣）冶炼，则即使 200t 以上容量的转炉也可以采用 $5m^3/(t \cdot min)$ 的供氧强度（标准状态），一炉钢的纯吹氧时间可以缩短到 9min 左右，与高拉速的板坯连铸机协调运行，可极大地提高生产效率。大型氧气转炉（例如120t以上的吨位）与真空处理装置有效地配合在一起，可以高效地生产高质量的低碳、超低碳钢以及超低硫钢，这是现代大型、高效率板带型钢厂赖以建立的基本技术之一。

（2）快速升温功能。氧气转炉由于铁水中C、Si、P以及Fe等元素的氧化反应速度快，因此熔池升温速度也很快，一般可以保证在12～16min内迅速地将熔池金属液的温度由1280～1350℃升高到1640～1680℃，而且还具有一定的熔化废钢的能力。

（3）能源转换功能。氧气转炉依靠铁水的物理热和化学能，通过合理的供氧工艺和转炉煤气、蒸汽回收装置，已成为具有能量转换功能的装置，运行得好的转炉已可回收约$100m^3/t$的转炉煤气和70kg/t左右的蒸汽，使得整个转炉工序消耗的能量可以基本得到补偿，甚至还出现了所谓的“负能炼钢”。就转炉工序而言，大型氧气转炉每吨钢已可收回相当于5～10kgce的能量。

（4）优化的脱磷功能。由于氧气转炉独特的热力学环境和动力学条件，在转炉中适度进行脱磷是一种较为优化的低成本作业。若氧气转炉作为铁水预处理装置，当铁水Si含量低于0.18%和适当的冶炼制度下，就可以在高含碳量铁水的熔池里实现优先脱磷过程。氧气转炉还能较好地处理不同含磷量的铁水。另外，也比较适合冶炼超低磷钢。综观各类冶炼装置的脱磷指标，转炉仍不失为优化的铁水脱磷器。而脱硅、脱硫等已不应是现代氧气转炉的任务。

3.2.4.2　转炉炼钢工序能量流分析

转炉炼钢仍是当代主要的炼钢方法，如前所述，转炉炼钢工序包含的内容已从传统意义上分解为铁水预处理、转炉炼钢和二次精炼过程。转炉炼钢是过还原状态的液态生铁，经适度氧化转变为液体钢、炉气、烟尘和钢渣。在这一过程中，过还原的高温含碳铁液，经吹氧转化为液态钢，液态铁水中的铁素转变为钢水，部分氧化为铁氧化物，成为粉尘和进入炉渣。转炉吹炼过程中，不仅不需要外加热源，而且还能产生一定数量的烟气显热和煤气化学能。高温铁水中的C在氧气的作用下，发生氧化放热反应并产生含CO、CO_2的烟气，该烟气既有热能（>1600℃），又有化学能（CO），可同时回收蒸汽和热值$8360kJ/m^3$以上的转炉煤气。某企业转炉炼钢工序的能耗构成及其能量流输入-输出示意图如图3-12所示。

前已述及，随着铁水预处理和二次冶金技术的发展完善，转炉炼钢的主要任务是脱碳升温（在某些情况下，须承担脱磷任务），来自铁水的碳转变为CO和CO_2以及钢水的物理热，实现与完成脱碳升温任务。

A　碳素流分析

炼钢过程中，铁水中4.0%～4.5%的C将在氧气射流的作用下，快速氧化，最终钢水中仅含C约0.08%。

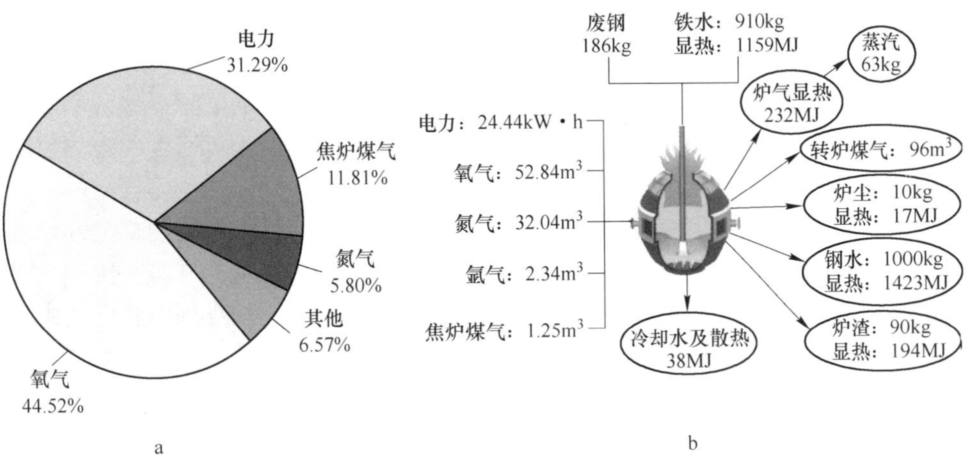

图 3-12 某企业转炉工序能耗构成及吨钢能量流输入-输出示意图

a—转炉工序能耗构成；b—某企业转炉吨钢能量流输入-输出示意图

在整个炼钢过程的吹炼时间内，铁水中的 C 在吹炼过程中迅速减少，但前期和后期脱碳速度慢，中期脱碳速度快。吹炼初期，由于铁水温度低，再加上 [Si]、[Mn] 氧化要与 [C] 争夺氧，C 氧化速度较慢；而随铁水温度升高，吹炼中期，供入熔池中的氧几乎 100%与 C 发生反应，碳氧反应剧烈，脱碳速度达到最大；吹炼后期，铁水中碳含量低，脱碳速度减小。钢水脱碳速度与吹炼时间的关系见图 3-13。

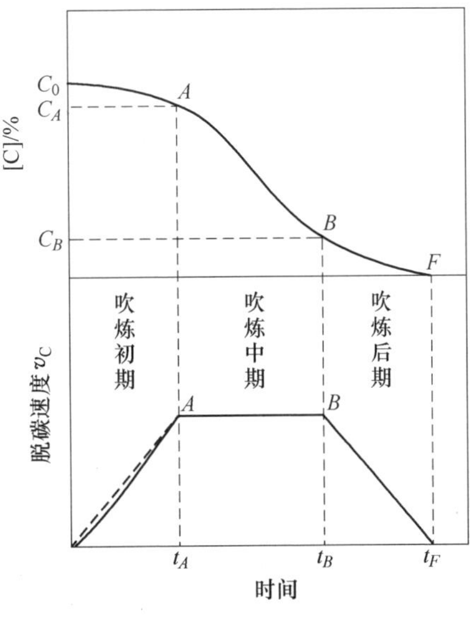

图 3-13 转炉钢水脱碳速度与吹炼时间的关系示意图

B 转炉煤气和余热蒸汽回收

根据冶金反应原理和碳素流分析可知，转炉炼钢过程中铁水中的 C 大部分被氧化，铁水中的 C 与 O 结合后，以 CO 和 CO_2 的形式进入炉气，根据冶炼钢种的不同，仍有少量的 C 留在钢水中。炉气在转炉口处吸入一定量的空气，形成烟气。根据烟气中的 CO、O_2 含量和其他条件，采取相应的技术可回收一定热值的转炉煤气（LDG）。

不同企业根据其回收设备的条件和回收技术的水平，回收的转炉煤气的量和热值又有较大差异。转炉煤气回收量不仅对转炉炼钢工序能耗具有较大影响，而且对全厂的能量流网络的构成具有较大影响。因此，强化转炉煤气回收已成为降低转炉炼钢工序能耗和优化企业能量流网络的最有效手段之一。

根据理论计算分析，转炉炼钢过程产生的二次能源中，转炉煤气潜热占 75%左右，转炉煤气显热占 15%左右，炉渣显热占 10%左右。但是，并非在整个吹氧期都可以回收转炉煤气，在转炉吹炼前期、中期和后期三个时段，CO 生成量及其在烟气中的含量有所不同，如图 3-14 所示，转炉煤气是否回收，取决于烟气中 CO 和 O_2 含量[14]。一般当烟气中 CO 含量不小于 40%时开始回收，当煤气中 CO 含量不大于 35%时停止回收。转炉煤气回收量和蒸汽回收量的主要影响因素包括：铁水含碳量、碳氧化成 CO 和 CO_2 的分配比 λ、空气吸入系数 α 等。

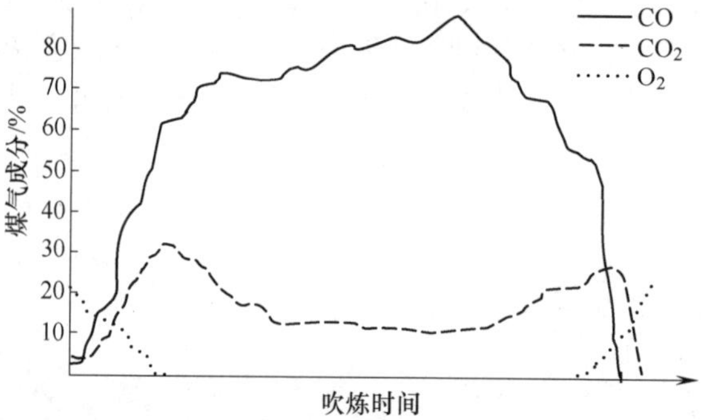

图 3-14 炼钢过程转炉煤气成分变化

根据转炉煤气回收量、蒸汽回收量的计算公式：

转炉煤气回收量为

$$Q_{LDG} = 1.51 \times \beta \times \sum_{i=1}^{2} V_{C_i} \times \lambda \times (1-\alpha) \times \eta$$

蒸汽回收量为

$$Q_{ST} = \gamma\left[\sum_{i}^{n} V_{C_i} \times (T_1 c_{p1} - T_2 c_{p2}) + \alpha\lambda \times \sum_{i}^{n} V_{C_i} \times R\right] / (h_q - h_s) \times \xi$$

式中 β，γ——修正系数；

$\sum_{i=1}^{2} V_{C_i}$ ——铁水中碳和其他含碳物料中碳氧化产生的炉气量之和，m^3/t；

T_1，T_2 ——分别为烟气进入和离开余热锅炉时的温度，℃；

c_{p1}，c_{p2} ——分别为烟气在 T_1、T_2 时的比热容，kJ/(m^3 · ℃)；

R——CO 燃烧发热值，kJ/m^3；

h_q，h_s ——分别为饱和蒸汽、饱和水的比焓，kJ/kg；

ξ ——余热锅炉热效率，%。

根据以上计算公式和对理想工况的定义[15]，碳氧化分配比和空气吸入系数对转炉煤气和蒸汽产生量的影响见图 3-15。

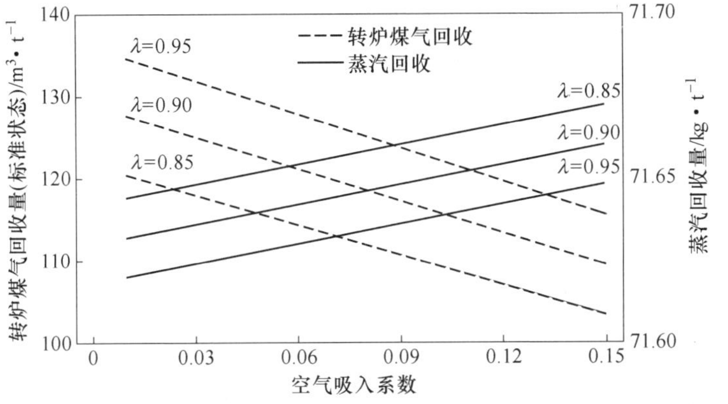

图 3-15 碳氧化分配比和空气吸入系数对转炉煤气和蒸汽产生量的影响

可以得出：转炉烟气中 CO、CO_2 的比例是影响转炉煤气回收量和蒸汽回收量的共同因素。CO、CO_2 的比例受吹炼过程中碳氧化分配比和由于吸入空气发生的二次燃烧的共同影响。碳氧化分配比越大，则产生的煤气中的 CO 浓度越高，热值大；空气吸入量增加，增加了转炉煤气二次燃烧量，造成煤气热值降低，显热增加。从转炉工序能耗和能源效率考虑：碳氧化分配比大，有利于减少氧气消耗，增加煤气潜热，有利于降低转炉工序能耗；对于空气吸入系数而言，空气吸入系数越小越有利于转炉煤气回收；空气吸入系数增大，有利于蒸汽回收。考虑到能源转换过程的效率和能量损失不可避免，尽量降低空气吸入量从而减少转炉煤气二次燃烧量，有利于降低转炉工序能耗，提高能源利用率。

3.2.4.3 转炉炼钢工序能量流分析结果

转炉炼钢工序作为钢铁制造流程的核心工序，能量流分析的核心是在满足钢铁制造流程整体钢水物理、化学性质要求下，加强过程中剩余能量（转炉煤气和余热蒸汽）的回收利用。通过对转炉炼钢工序的能量流分析，可以得出以下结果：

（1）铁水物理热和化学热是炼钢过程的热量来源，铁水温度高低是顺利进行铁水预处理的基本条件和限制因素；转炉冶炼过程中，来自铁水的含碳化学能转换为钢水热量和转炉煤气的潜热、显热；转炉煤气潜热、显热的及时、有效回收利用是提高能源利用率、实现“负能”炼钢的有力保障，也是转炉能源转换功能的充分体现。

（2）转炉工序的余热余能主要有转炉煤气的化学热、转炉烟气的显热。转炉煤气回收量与烟气显热回收的蒸汽量是一对矛盾：转炉煤气回收量大时，蒸汽回收量减少；蒸汽回收量大时，转炉煤气回收量减少。考虑到能源转换过程的效率和能量损失不可避免，应尽量减少转炉煤气的二次燃烧，提高转炉煤气回收量，这对降低转炉工序能耗具有积极作用。

3.2.5 连铸及热轧工序

以铁矿石和煤为主要原料的高炉—转炉生产流程是由化学冶金过程—凝固过程—冶金的物理过程构成的复杂生产体系，连铸机作为钢铁制造流程中连接化学冶金过程和物理冶金过程的中间环节，对于实现全流程的连续/准连续具有重要作用。轧钢是为市场提供商品的工序，因此该工序对于企业的效益来说是非常重要的。

3.2.5.1 连铸及热轧工序的功能解析

连铸、热轧工序的金属收得率和能源消耗对整个钢铁制造流程的铁素物质流、碳素能量流具有显著影响，并且对企业的效益也非常重要。连铸和热轧工序在钢铁制造流程中的功能可以分别概括如下[2]：

（1）连铸。高效凝固器——将液态钢水快速高效凝固成相对钢锭而言更接近成品钢材断面且连续拉坯；优化成型器——获得与热轧机能较好衔接匹配的、经济合理的铸坯断面，从根本上取消初轧、开坯工序，可实现机械化、连续化和自动化作业；终端冶金器——连铸装置既有化学冶金器的内涵又有物理冶金器的作用，两者都直接关联到钢产品质量；节能器——使物质流高速热连接，减少中间加热的能耗和提高成材率，并带来自高炉开始一直到最终成品工序的工艺优化、输送优化的综合节能。

（2）热轧。为了突出加热炉在钢铁制造流程中的作用，将热轧工序功能的解析分解为加热炉的功能解析和轧钢机的功能解析。

1）加热炉。能源转换器——将煤气等燃料的化学能转换为热能用于加热铸坯并使铸坯的温度场均匀化，另外可通过汽化冷却等技术回收过程中产生的余热；缓冲-协调器——加热炉承担着铸坯在不同温度区间和不同时间节奏上的连接作用，其处理能力大小和加热过程时间的快慢，对于促进流程的连续化程度和运行状态具有重要的影响；质量、性能控制器——铸坯的冷却-加热过程对某些钢种的产品质量、性能具有影响，此外，加热炉炉内气氛、温度和时间控制，对钢材的表面质量也会产生影响。

2）热轧钢机。连续形变器——轧件的轧制形变是在一组轧机上按照优化分配-集成的不同形变量连续完成的；组织-性能控制器——连续轧制过程中对温度的控制和形变过程的控制对钢材的组织、性能的优化控制具有影响，并可以在一套连续轧钢装置上实现。

3.2.5.2 连铸及热轧工序能量流分析

连铸工序在钢铁制造流程中出现第二次相变过程，即液态的钢水转变为固态的钢坯，其消耗的能源介质主要是电力，约占工序能耗的50%以上，见图3-16，总能耗约占钢铁联合企业总能耗的1.5%。但是减少铸坯的热量损失对于降低后续轧钢加热炉的能耗具有积极意义。因此，最大限度地减少铸坯热量损失，提高铸坯的出机温度，从而实现高温铸坯热送热装和直接轧制的目的。要稳定地生产出高温连铸坯并满足热送热装和直轧工艺的要求，至关重要的是高拉速技术。

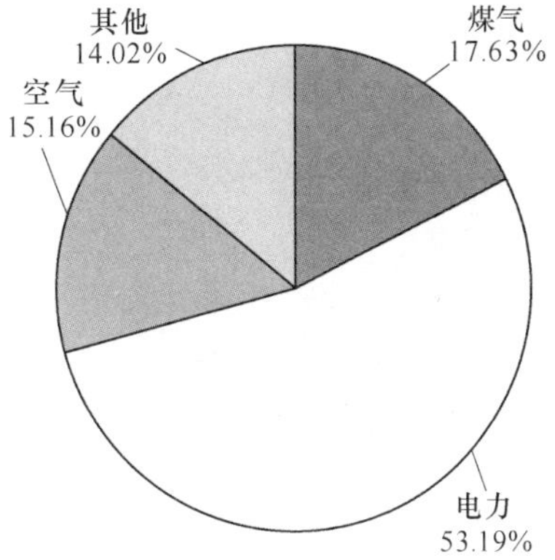

图3-16 典型钢厂连铸工序能耗构成

高浇铸速度一方面是增加铸机生产率的最有效途径，另一方面又是提高铸坯表面出机温度，实现高温连铸坯生产的重要手段[2]。薄板坯连铸-连轧工艺由于铸机拉速快，而且连铸机和加热炉紧密相连，进入隧道式加热炉的铸坯表面温度甚至可以高达1000℃以上（见图3-17）。

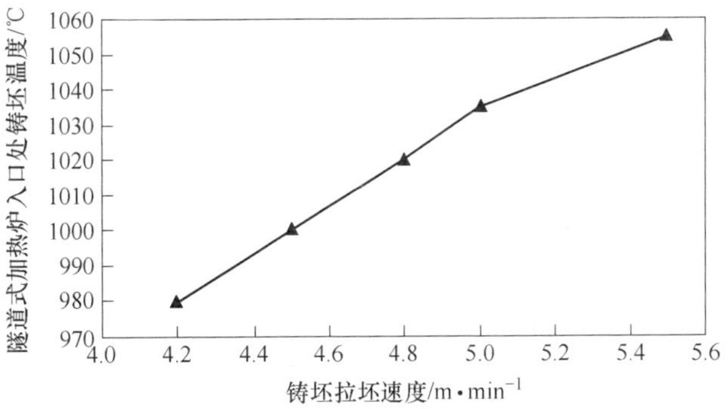

图3-17 某钢厂铸坯拉速与坯表面温度关系

轧钢工序总能耗约占钢铁联合企业能源消耗总量的10%，是钢铁企业重点节能工序之一。由图3-18可见，热轧过程的碳素能量流主要是轧钢加热炉的燃料消耗（主要是副产煤气）约占74%，其次是电力消耗约占23%，而电力消耗则主要与产品规格有关，不作为讨论的重点。

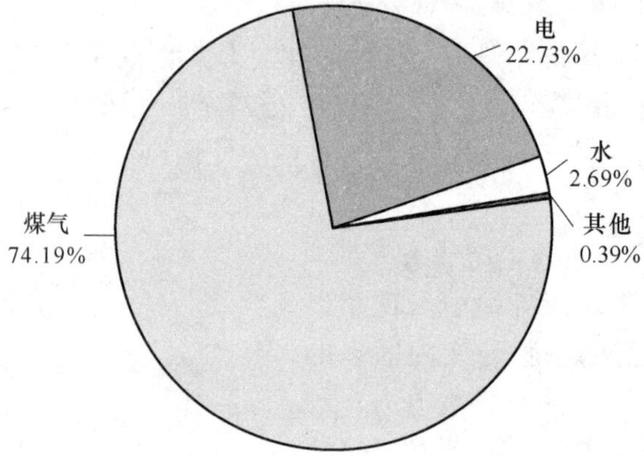

a

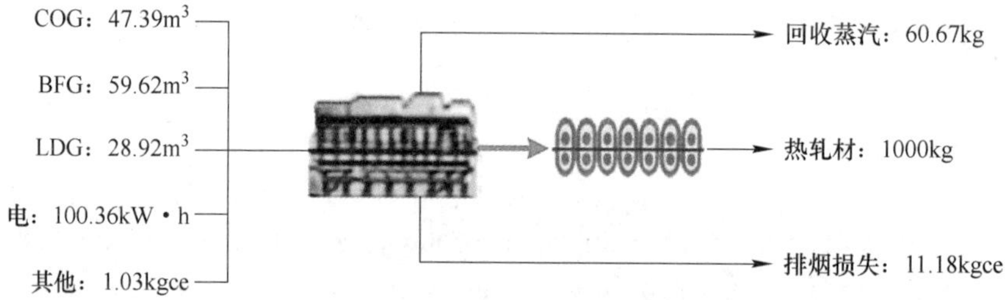

b

图 3-18 某企业热轧工序能耗构成及加热炉吨热轧材能量流输入-输出示意图
a—典型钢厂热轧工序能耗构成；b—典型钢厂轧钢加热炉吨热轧材能量流输入-输出示意图

轧钢加热炉煤气消耗量与铸坯入炉温度和加热的目标温度有很大关系。铸坯的出炉温度与入炉温度的温差越大，则吸收的热量越多，消耗的煤气量也就越大。因此，提高铸坯的热送热装率，可明显提高加热炉的生产率，降低煤气消耗，通过加热炉进行余热、余能的回收利用正逐步强化。

$$\Delta E = c_{out}t_{out} - c_{in}t_{in}$$

式中 ΔE——铸坯在加热炉内获得的热焓，kJ/kg；

t_{in}，t_{out}——分别为铸坯入炉和出炉温度，℃；

c_{in}，c_{out}——分别为钢坯在 0~ t_{in} 间和 0~ t_{out} 间的平均比热容，kJ/(kg・℃)。

由图 3-19[16]可见，不同钢种、不同入炉温度的连铸坯加热至 800℃时，在加热炉内吸收的热量，可以看出，与常温冷坯入炉相比，连铸坯入炉温度为 300℃、600℃、800℃时，吸收的热量分别为常温的 0.8 倍、0.6 倍和 0.3 倍，也就是相应减少吸热量的 20%、40%和 70%，而钢种对铸坯吸收热量的影响不大。因此，采用热送热装、连铸连轧等新技术，提高钢坯的入炉温度，随着钢坯显热回收量的增多，加热炉的单位能耗显著下降。

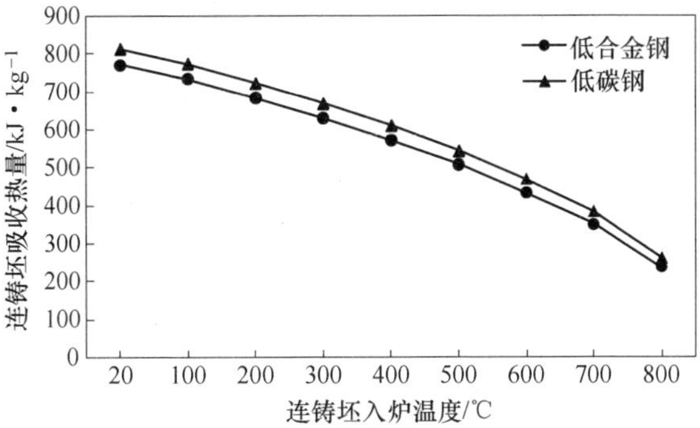

图 3-19 不同温度连铸坯在加热炉内吸收的热量

3.2.5.3 连铸机热轧工序能量流分析结果

通过对连铸及热轧工序的能量流分析，可得出以下结果：

（1）连铸工序消耗的能源主要是电力，通过提高连铸坯的拉速，提高铸坯的出坯温度，为实现连铸坯的热送热装甚至直接轧制奠定基础，从而降低轧钢加热炉的煤气消耗。但是，要稳定生产出高温连铸坯并满足热送热装的要求，高拉速技术是至关重要的。

（2）热轧工序能耗主要是加热炉的煤气消耗和电力消耗，电力消耗主要与产品的规格有关。分析了连铸坯在不同入炉温度时吸收热量的变化，结果表明，入炉温度越高，吸收的热量越少，则消耗的煤气越少。因此，提高连铸坯的热送热装率及热装温度是降低加热炉能耗的重要手段。

3.3 钢铁制造流程不同界面匹配模式的能量流分析

所谓“界面”是相对于钢铁生产流程中烧结、炼铁、炼钢、连铸、热轧、冷轧等主体工序而言的，指的是两相邻工序（或区段）之间的连接部分或过渡过程。界面匹配模式，包括相邻工序之间的衔接-匹配、协调-缓冲技术、物质流的物理和化学性质调控技术及其相关装置（装备）的容量、个数及能力匹配等丰富的内容[2]。

“界面”的含义突出表现在异质异构、功能不同的工序之间的衔接、匹配、缓冲、协同的优化技术；在“界面”处，前后工序之间设计的参数不是完全不同的，而是有可以连接的参数的，“界面”技术就是要将若干连接的参数优化，实际上是体现了时间-空间关联性、质量-能量关联性、信息关联性、容量关联性等，包括温度、时间、流量等。

钢铁生产流程，尤其是高炉—转炉长流程，物质流运行过程中存在多次的相变、温升温降等变化，从原料—烧结—高炉—转炉—连铸—轧钢存在多个界面和亚界面，如粉状原料—烧结界面、烧结—高炉界面、高炉—转炉界面、转炉—连铸界面及连铸与轧钢界面等，其中，铁前或者说是高炉之前的界面是冷衔接，高炉之后的界面是热衔接（高温衔接），而维持高温热衔接则需要更多的能量，因此与冷衔接相比，后续的热衔接界面则显得更为关键和重要。而在热衔接界面中，高炉—转炉界面、连铸—轧钢界面更是界面中的重点环节，因为这两个界面连接了两大相变过程，高炉—转炉是固相到液相，连铸—轧钢是液相到固相及晶相变化等，这两大界面在物质流、能量流的运行过程中都起着关键的作用。

3.3.1 高炉—转炉界面不同匹配模式的能量流分析

就高炉—转炉区段而言，其“界面”是指存在于炼铁、炼钢这两个相对“刚性”工序间的一段相对“柔性”的“界面”，它包含高炉、转炉工序之间多维物质流的衔接、传递、匹配和缓冲等过程，还包含完成这些过程所耗费的时间、占有的空间，及其所属工序、装置、容量、运输设备、路线、调度管理和控制程序等多方面内容[15]。

高炉—转炉区段界面匹配对于钢铁生产流程动态-有序化运行起着重要作用，尤其是对优化铁水运输节奏、铁水入炉温度起决定性作用。同时，高炉—转炉区段工艺技术界面合理与否对减少物料、能源消耗及环境负荷来说，也具有极其重要的作用。

高炉—转炉界面典型匹配模式如图 3-20 所示[17]。

模式Ⅰ由于铁水包容量不一致，中间需要经过一次或多次转换，将铁水倒入与转炉容量相适应的兑铁包中。一般属老厂改造的产物，这一过程中，由于铁水经过一次或多次兑铁过程，因此铁水温降大、倒兑过程粉尘污染大，而且缺少缓冲调节，对于过程稳定性差的中小转炉流程不适宜采用，而新建的钢铁生产流程又没必要采用，已基本被淘汰。

模式Ⅱ是传统大中型钢铁厂炼铁—炼钢区段界面较为普遍采用的模式，具有机动性能好、操作连贯、灵活、保温性能好、稳定性好等优点，而且还具有铁水预处理，调整铁水温度、成分、质量以及缓冲等功能，同时取消了混铁炉及其配套设施。但也存在一定缺陷，比如三脱效果较差，效率低，回硫严重，需建设倒罐坑，工序环节多，投资大，生产效率低等。因此，这一匹配模式合理性开始受到质疑[3]。

模式Ⅲ是近年来新兴起的铁水罐多功能化模式（“一罐到底”模式），即流程采用具备铁水承接、运输、预处理、转炉兑铁多功能倒罐，从出铁场下承接铁水，运到炼钢车间，不经过倒罐，在倒罐中进行铁水预处理后，铁水直接兑入转炉。

高炉—转炉界面匹配模式变迁过程，体现了高炉—转炉区段流程的演进，是

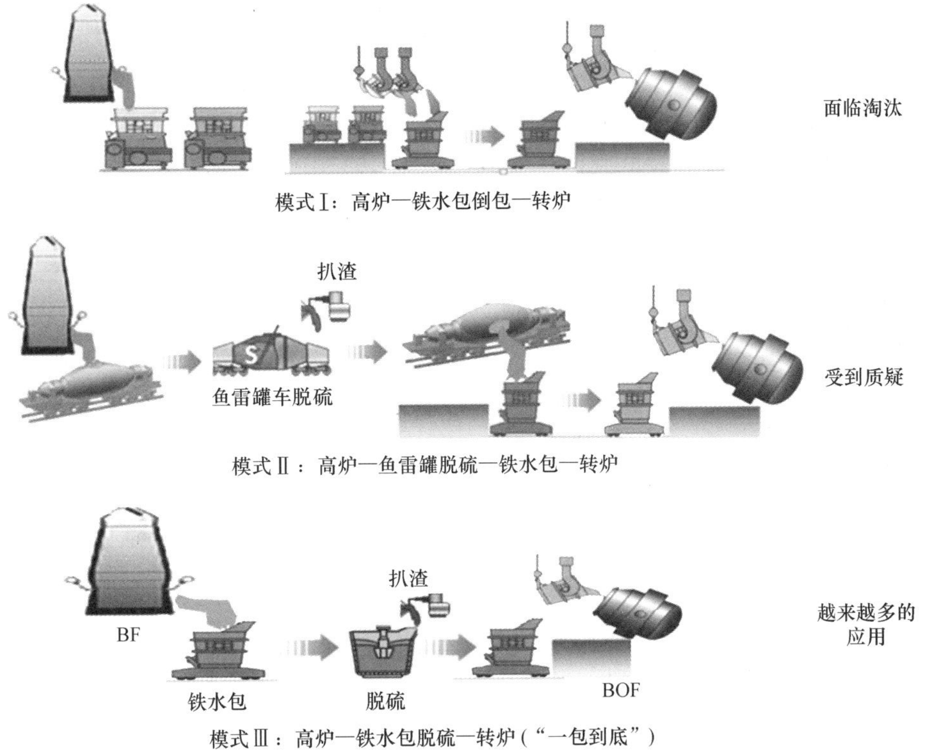

图 3-20 高炉—转炉界面典型匹配模式

高炉—转炉区段工艺技术进步（包括生产效率、能耗、环保等指标）的表现。“一罐到底”界面模式虽是近年来刚刚发展起来的，但实践应用表明，这一匹配模式在提高运行效率、节约运行成本、保障冶金质量及节能减排方面都取得了较好的效果，逐步为诸多钢铁企业所接受，并根据各厂装置和流程特点开发出各具特色的“一罐到底”模式[17]。

根据调研，某企业经过技术改造，取消鱼雷罐车和混铁炉，采用“一包到底”模式后，转炉兑铁水的温度比常规流程提高了83℃，降低了电耗和氧气消耗，吨钢能耗降低了20.93kgce[17,18]。

首钢京唐的应用效果表明，年节能总量1.69万吨标准煤，CO_2减排5.32万吨，粉尘产生量减少4700t[19]。通过进一步优化运行，采用铁水包加盖等措施[20,21]，首钢京唐钢厂“一罐到底”界面模式应用效果得到进一步提升，铁水罐在线个数由24~26个/d降至21~22个/d，铁水罐在线周转次数达到4.5次/d，从高炉出铁到铁水进KR脱硫站的运行过程，铁水温降大大减少，铁水到KR脱硫站的温度在1380℃以上[17,22,23]。

3.3.2　连铸—热轧界面不同匹配模式的能量流分析

连铸—热轧界面，由于铸坯的输送方式不同，大体可以分为冷装流程（主要用于特殊钢种）、热送热装流程和直送流程。不同类型钢种和操作水平，连铸—热轧界面的匹配模式有所差异，构成了连铸—热轧界面匹配模式的多样性。为实现钢铁制造流程的连续化、紧凑化，降低能源消耗，应采用连铸坯热送热装甚至直接轧制工艺。而在实际生产中，应考虑直接轧制（CC—DR）、直接热装轧制（CC—DHCR）、热装（CC—HCR）会同时存在于一个钢厂，且冷装轧制（CC—CCR）难以避免。

连铸坯热送热装和直接轧制工艺都要求在保证良好铸坯质量的前提下，提高铸坯温度。在各种影响因素中，连铸机拉速、二冷制度有显著影响，提高拉速能有效提高连铸坯温度。对于传统板坯连铸机，在高拉速（平均拉速 1.6m/min）、二次弱冷条件下，铸坯出坯温度可达到 1000℃左右。除了上述影响因素外，连铸坯的热装温度与连铸机和加热炉之间的平面布置也有关[24,25]。当连铸机与加热炉的距离较近，则较容易实现热装，甚至直装；当连铸机与加热炉的距离较远，则热装的温度会受到影响。不同衔接方式下的时间、温度分析见表 3-5。不同入炉方式的连铸坯温度变化见图 3-21。由此可见，采用连铸坯热送热装，甚至直装工艺对提高连铸坯的入炉温度具有积极意义，并对降低加热炉的煤气消耗具有重要作用。

表 3-5　各种衔接方式下的铸坯表面平均温度与传搁时间关系

项　目	衔接方式			
	CC—DR	CC—DHCR	CC—HCR	CC—CCR
装炉温度/℃	950～1000	700～900	500～600	<100
出铸机—加热炉时间/min	—	112.4～37.5	596.2～404.2	1136.2～836.2
燃料消耗/GJ·t^{-1}	—	0.33～0.45	0.87～0.98	1.34～1.52

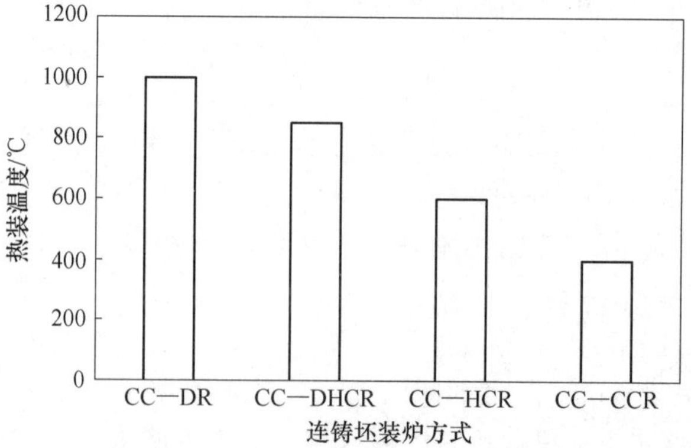

图 3-21　连铸坯—加热炉不同衔接方式下铸坯入炉温度变化

3.4 副产煤气、余热余能及蒸汽网络运行分析

钢铁制造流程的能量流包括一次能源和二次能源。在钢铁生产过程中，钢厂对一次能源的高效利用做了大量的工作，一次能源的节能潜力已非常有限，但是对过程中产生的二次能源的高效回收和合理利用，还有很多潜力。鉴于煤气网络和蒸汽网络在钢厂能量流网络中的重要地位以及钢铁制造流程中余热、余能的产生点多、分散且不适宜集中回收利用等特点，本节针对构建钢铁制造流程能量流网络中的几个关键问题（如副产煤气网络、余热（余能）网络和蒸汽网络）进行分析，旨在为钢铁制造流程能量流网络的构建与优化运行提供重要支撑，最终构建特定生产流程的能量流网络。

3.4.1 副产煤气网络分析

高炉—转炉流程是铁-煤化工过程，碳素流是该流程能量流的主要形式，而副产煤气是碳素流的主体，其生产过程体现了钢铁制造流程的能源转换功能。

钢铁联合企业的能源结构中大约80%为煤炭，煤炭经过转换之后约1/3以上以煤气的形式出现，主要包括焦炉煤气、高炉煤气和转炉煤气。由于三种副产煤气经过的生产工艺不同，其成分和发热值差别较大。焦炉煤气发热值在三种副产煤气中最高，为16000~19300kJ/m^3，主要成分为H_2和CH_4，是洗精煤在焦炉炭化室内绝氧条件下干馏过程中产生的，吨焦产生量为400~450m^3；高炉煤气发热值最低，一般为3000~3800kJ/m^3，主要成分为CO、N_2，是含铁炉料、焦炭及煤粉在高炉中发生燃烧及还原反应产生的，平均吨铁产生量为1400~1800m^3；转炉煤气发热值居中，为7500~8000kJ/m^3，主要成分为CO和CO_2，是转炉钢水吹氧过程中钢水中的C和O_2产生的，平均吨钢产生量为80~120m^3。

不论是从能源的数量，还是从质量上来说，副产煤气是钢铁企业最重要的二次能源，是企业能量流网络的重要组成部分，对能量流网络的运行起着至关重要的作用。因此，本节从钢厂副产煤气的生产、使用和分配及合理使用等方面进行研究，构建钢铁生产长流程的副产煤气网络，为钢铁制造流程能量流网络的构建与优化提供重要支持，最终构建典型钢铁制造流程的能量流网络。

3.4.1.1 副产煤气网络的构成

从副产煤气的结构来看，由于不同企业的生产流程的配套不同，其副产煤气的产量和结构也有所差别，比如有的企业没有焦化厂，因此副产煤气中没有焦炉煤气，而有的企业由于转炉煤气的回收水平不高，因此转炉煤气在三种副产煤气中所占的比例也相对较低。

以国内某钢铁联合企业为例，其副产煤气的生产结构见图3-22。由此可见，该企业的副产煤气的生产结构中高炉煤气所占比例最大，占60.83%；其次是焦炉煤气占29.86%；转炉煤气所占比例最低为9.31%。高炉煤气、焦炉煤气和转炉煤气的比例大约为6∶3∶1。

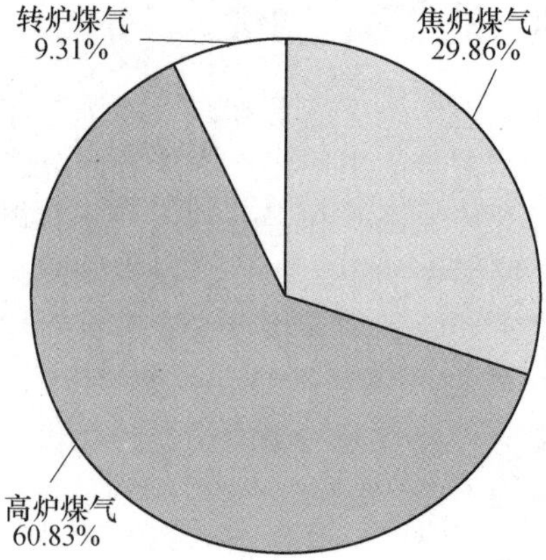

图 3-22　某钢铁联合企业副产煤气生产构成

该企业的煤气消耗组成见图 3-23。由此可见，主体生产工序中炼铁工序、轧钢工序和焦化工序占煤气消耗总量的一半以上，比例为 57.07%，烧结工序、球

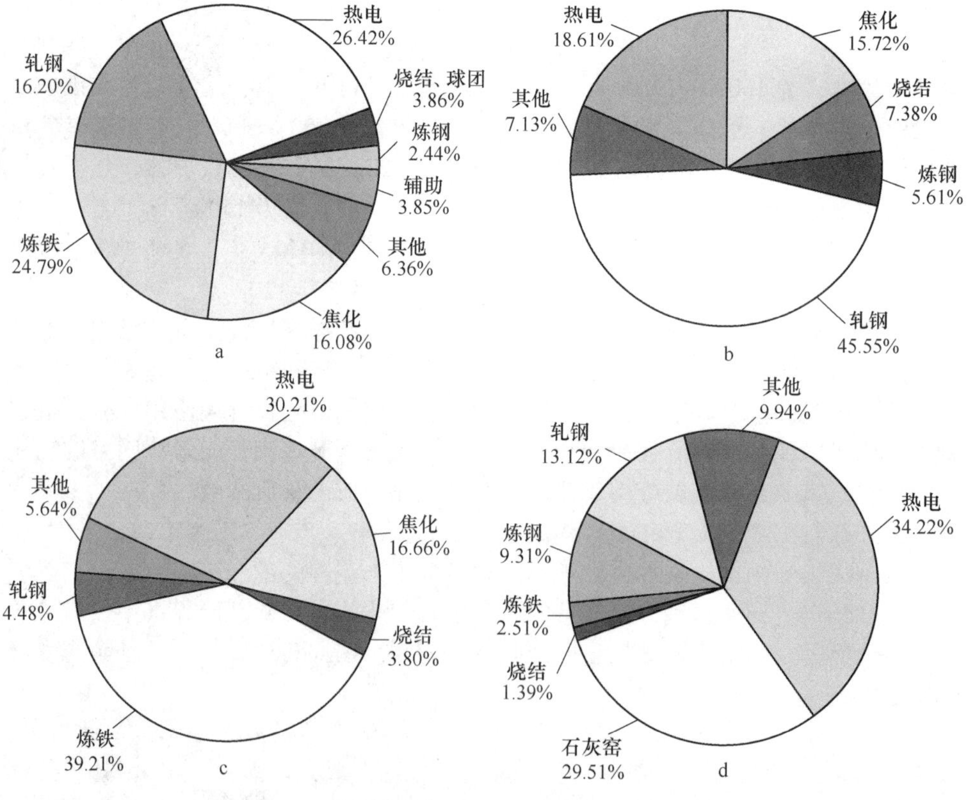

图 3-23　某钢铁联合企业三种副产煤气用户组成

a—副产煤气用户；b—焦炉煤气用户；c—高炉煤气用户；d—转炉煤气用户

团工序和炼钢工序仅占6.30%，其他辅助工序占3.85%，另外富余26.42%的煤气用于热电厂。

由于三种副产煤气的热值不同，其各自的用户组成也有所差别。可见，除热电厂外，焦炉煤气的主要用户是轧钢加热炉，高炉煤气的主要用户为炼铁工序的热风炉，转炉煤气的主要用户是石灰窑。近年来，随着钢厂的节能工作做得越来越好，多余的副产煤气也越来越多，当前主要用于热电厂，也有少部分企业开始考虑煤气资源化利用，比如焦炉煤气制氢、制取甲醇等。

3.4.1.2　副产煤气网络的物理结构模型

图3-24为典型钢铁联合企业的副产煤气网络物理结构。

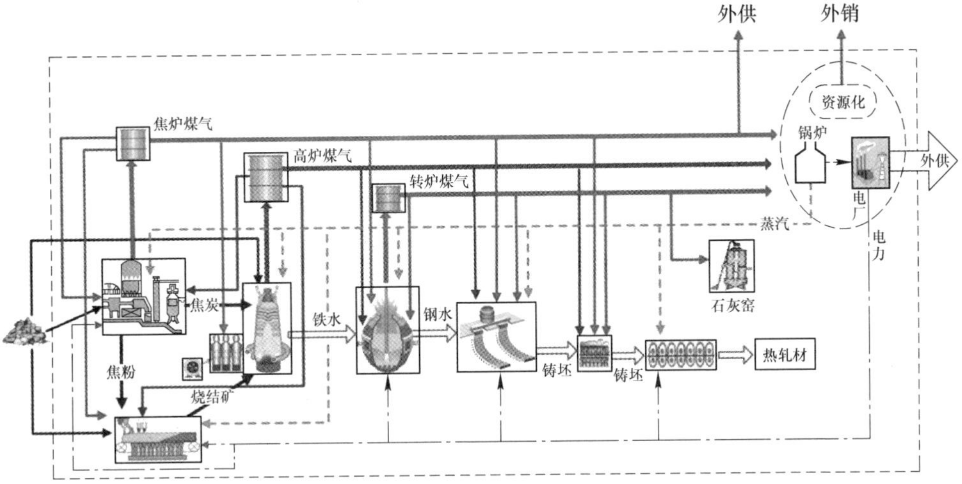

图3-24　典型钢铁生产长流程副产煤气网络物理结构

由图3-24可见，钢铁企业副产煤气网络由始端节点（煤气的产生工序或设备）、终端节点（煤气的用户）以及连接器（煤气的煤气柜、输送管网等）构成。钢铁企业的副产煤气网络的始端节点主要包括焦炉、高炉和转炉；终端节点主要包括各种煤气用户，如焦炉、烧结机、热风炉、钢包和中间包烘烤、加热炉以及燃气锅炉等；连接器则主要指煤气柜和煤气管网。有些工序既是网络的始端节点，又是终端节点，比如焦化工序和炼铁工序。由于钢铁生产的特点，决定了钢厂副产煤气网络的复杂性，不论是其始端节点，还是终端节点，其分布较为广泛，主要与企业的平面布置图有关。

钢铁联合企业的副产煤气首先保证工艺生产过程中的燃料供应，富余煤气则主要通过锅炉产生蒸汽供工艺、汽轮机、鼓风机或真空泵使用，部分企业则用富余的焦炉煤气制取氢气或甲醇。由图3-24可见，外界输入的含碳能源在钢铁生产过程中，经过加工转换产生的焦炉煤气、高炉煤气和转炉煤气一部分供给焦炉、烧结机、热风炉和加热炉作为燃料，保证钢铁生产过程的正常进行；另一部分则供给锅炉产生蒸汽供给工艺需要或汽轮机发电。

3.4.1.3 副产煤气网络的能量流分析

A 副产煤气网络的能量流模型

根据钢铁联合企业生产情况，将生产流程划分为焦化、烧结、炼铁、炼钢、连铸、热轧等 n 个主生产工序和 n' 个辅助生产工序（自备电厂、动力厂等），其中，每个工序又分为 l 个生产单元。从煤气的回收量、需求量预测入手，分析钢铁联合企业的煤气供需情况。

a 副产煤气网络始端节点的能量流模型

钢厂副产煤气网络的始端节点，主要指焦炉煤气、高炉煤气和转炉煤气的产生设备，即焦炉、高炉和转炉。煤气网络始端节点的能量流模型主要指三种副产煤气的产生量及回收量计算模型。

（1）焦炉煤气。焦炉煤气产量的计算，通常根据结焦时间进行计算：

$$S_{\mathrm{COG}} = \frac{n_{\mathrm{z}} \times n_{\mathrm{k}} \times G_{\mathrm{m}} \times B \times H_{\mathrm{COG}} \times \tau_1}{\tau_2}$$

$$S'_{\mathrm{COG}} = \frac{n_{\mathrm{z}} \times n_{\mathrm{k}} \times G_{\mathrm{m}} \times B \times H_{\mathrm{COG}}}{\tau_2}$$

式中 S_{COG}，S'_{COG}——分别为焦炉煤气的年产生量（kJ/a）和小时产生量（kJ/h）；

n_{z}，n_{k}——分别为焦炉的座数和每座焦炉的孔数；

G_{m}——每孔装入的干煤量，t/孔；

B——每吨干煤的焦炉煤气产率，m^3/t(干煤)；

τ_1，τ_2——分别为焦炉的年工作小时数和结焦时间，h；

H_{COG}——焦炉煤气的低位发热量，kJ/m^3。

焦炉煤气的低位发热量 H_{COG}(kJ/m^3）按下式计算：

$$H_{\mathrm{COG}} = 4.18 \times (30.19 \times \mathrm{CO} + 25.8 \times \mathrm{H_2} + 141.15 \times \mathrm{C}_m\mathrm{H}_n \times \mathrm{H_2S} + 85.6 \times \mathrm{CH_4})$$

式中 CO，H_2，C_mH_n，H_2S，CH_4——焦炉煤气中各组分的体积分数，%。

（2）高炉煤气。高炉煤气产量的计算，通常有三种计算方法。

1）根据高炉冶炼强度进行计算：

$$S_{\mathrm{BFG}} = i \times V \times B \times H_{\mathrm{BFG}} \times D$$

$$S'_{\mathrm{BFG}} = \frac{i \times V \times B \times H_{\mathrm{BFG}}}{24}$$

式中 S_{BFG}，S'_{BFG}——分别为高炉煤气的年产生量（kJ/a）和小时产生量（kJ/h）；

i——高炉冶炼强度，t/(m^3·d)；

V——高炉有效容积，m^3；

B——焦炭的高炉煤气产率，m^3/t；

D——高炉年工作天数，d；

H_{BFG}——高炉煤气低位发热量，kJ/m^3。

高炉煤气的低位发热量 $H_{BFG}(kJ/m^3)$ 按下式计算：

$$H_{BFG} = 4.18 \times (30.19 \times CO + 25.8 \times H_2 + 55.36 \times H_2S + 85.6 \times CH_4)$$

式中 CO，H_2，H_2S，CH_4——高炉煤气中各组分的体积分数，%。

2）根据高炉焦比进行计算：

$$S_{BFG} = c \times G \times B \times H_{BFG} \times D$$

$$S'_{BFG} = \frac{c \times G \times B \times H_{BFG}}{24}$$

$$G = k \times V$$

式中 c——焦比，t/t(铁)；

G——高炉生铁日产量，t/d；

k——高炉有效容积利用系数，$t/(m^3 \cdot d)$。

3）根据高炉鼓风量进行计算：

$$S_{BFG} = (1.35 \sim 1.38) \times Q \times H_{BFG}$$

式中 Q——高炉鼓风量，m^3/h。

（3）转炉煤气。转炉煤气产量通常按下式计算：

$$S_{LDG} = G \times B \times H_{LDG} \times \eta$$

$$S'_{LDG} = \frac{G \times B \times H_{LDG} \times \eta}{\tau}$$

式中 S_{LDG}，S'_{LDG}——分别为转炉煤气的年产生量（kJ/a）和小时产生量（kJ/h）；

G——氧气转炉年产钢量，t/a；

B——转炉煤气的实际回收量，m^3/t；

H_{LDG}——转炉煤气的低位发热量，kJ/m^3；

η——转炉煤气回收率，%；

τ——转炉年工作小时数，h。

转炉煤气的低位发热量 $H_{LDG}(kJ/m^3)$ 按下式计算：

$$H_{LDG} = 4.18 \times (30.19 \times CO + 25.8 \times H_2)$$

式中 CO，H_2——转炉煤气中各组分的体积分数，%。

（4）副产煤气回收量模型。钢厂副产煤气的回收量是指在统计期内钢厂回收的 COG、BFG 和 LDG 的数量，该值是统计期内（一年、一个月、一天或一小时）煤气流量的均值。而钢厂各生产单元的流量均随时间变化，因此，煤气回收量的大小，实际上是单位时间流量的统计均值。

$$G_i^g = \int_{t_0}^{t_1} \sum_{j=1}^{n} \sum_{k=1}^{3} b_k \cdot g_{i,j}^k(t)\,dt$$

$$G^{g}=\sum_{i=1}^{n}G_{i}^{g}$$

式中 $g_{i,j}^{k}(t)$——第 i 工序第 j 生产单元回收的第 k 种煤气量，m^3/h；

b_k——第 k 种煤气的发热值或折标准煤系数，kJ/m^3 或 $kgce/m^3$；

k——煤气种类，包括焦炉煤气、高炉煤气、转炉煤气；

G_i^g——第 i 工序回收煤气量，GJ 或 kgce；

G^g——统计期内企业各生产工序回收的煤气总量，GJ 或 kgce；

t_0，t_1——分别为统计期的起始时间点和终止时间点，min 或 h。

因此，该企业小时回收的第 k 种煤气量可表示为 $\sum_{i=1}^{n}\sum_{j=1}^{l}g_{i,j}^{k}(t)$，回收煤气的总热量为 G^g。

b 副产煤气网络终端节点的能量流模型

由于不同煤气的生产过程、工艺条件不同，其成分和发热值有较大差别。高炉煤气的特点是发热值较低，产出波动大，尤其是高炉休风或发生待料时；高炉煤气的主要用户是高炉热风炉、焦炉、锅炉以及和焦炉煤气混合后用于轧钢加热炉等。焦炉煤气发热值较高，不论是优质的气体燃料，还是理想的化工原料，焦炉煤气经净化后供给烧结、炼铁、炼钢和轧钢等用户，是钢铁联合企业不可缺少的高发热值燃料。转炉煤气发热值居于高炉煤气和焦炉煤气之间，是很好的冶金炉窑燃料，由于转炉煤气含硫量低，主要用于石灰窑焙烧石灰以及用于轧钢加热炉和电站锅炉等用户。

煤气网络终端节点的能量流模型，可以定义为煤气需求量模型，即在同一统计期内，煤气网络终端节点（即煤气用户）对焦炉煤气、高炉煤气和转炉煤气的使用量，该值也是统计期内煤气流量的均值。终端节点煤气流量随着时间是变化的，因此煤气使用量的大小，实际上也是单位时间煤气流量的统计均值。

$$G_{i}^{c}=\int_{t_0}^{t_1}\sum_{j=1}^{n}\sum_{k=1}^{m}b_{c-k}\cdot g_{i,j}^{c-k}(t)\,dt$$

$$G^{c}=\sum_{i=1}^{m}G_{i}^{c}$$

式中 $g_{i,j}^{c-k}(t)$——第 i 工序第 j 生产单元消耗的第 k 种煤气量，m^3/h；

b_{c-k}——第 k 种煤气的发热值或折标准煤系数，kJ/m^3 或 $kgce/m^3$；

m——使用煤气种类，有 COG、BFG、LDG 或混合煤气；

G_i^c——第 i 工序消耗煤气量，kgce 或 GJ；

G^c——统计期内企业主生产工序消耗的煤气量，kgce 或 GJ。

因此，主生产工序小时消耗的第 k 种煤气量可表示为 $\sum_{i=1}^{n}\sum_{j=1}^{l}g_{i,j}^{c-k}(t)$，消耗

的煤气总热量为 G^c。

B 副产煤气的使用原则及使用顺序分析

焦炉煤气、高炉煤气和转炉煤气的数量和热值差别都很大，因此，根据三种副产煤气的数量、热值和用户需求，按照不同品质煤气的最佳利用方式和优先使用顺序，实现煤气“按质用能、热值对口、有序利用”，最大限度地提高煤气资源的使用效率。

钢厂中将两种或三种煤气混合后供给用户的现象非常普遍，主要原因是高炉煤气热值低、数量大，而焦炉煤气热值高、数量小，两者混合后可以满足用户数量和热值的要求。虽然从能量守恒的角度来看，煤气混合后，能量没有损失，但是从能量品质的角度来看，混合过程是一个不可逆的熵增过程。在这个过程中，不可避免地有部分㶲转化炕，使能量的品质下降。因此，钢厂最好不使用混合煤气，而是使用单一煤气，这样能质的利用效率最高。

设高炉、焦炉煤气混合系统为稳定流动系统，根据㶲平衡关系：

$$E_{x,H_C} + E_{x,H_B} - E_{x,H_M} = E_{x,L}$$

式中 E_{x,H_B}，E_{x,H_C}，E_{x,H_M}——分别表示高炉煤气、焦炉煤气和混合煤气的㶲，kJ/mol；

$E_{x,L}$——㶲损失，kJ/mol，$(H_C - T_0S_C) + (H_B - T_0S_B) - (H_M - T_0S_M) = E_{x,L}$；

H_B，H_C，H_M——分别为高炉煤气、焦炉煤气和混合煤气的焓值，kJ/mol；

S_B，S_C，S_M——分别为高炉煤气、焦炉煤气和混合煤气的熵，kJ/(mol·K)；

T_0——环境温度，K。

则高炉煤气和焦炉煤气绝热混合过程造成的㶲损失为

$$E_{x,L} = T_0\Delta S$$

式中，$\Delta S = S_M - (S_B + S_C)$ 为高炉煤气与焦炉煤气混合前后的熵增，kJ/(mol·K)。

根据各组分气体等温等压混合过程，可得混合前后熵变为

$$\Delta S = nR\ln V - R\sum_i n_i \ln V_i = - nR\sum_i \beta_i \ln \frac{V_i}{V}$$

则高炉、焦炉煤气混合过程的熵增为

$$\Delta S = \frac{R}{22.4}\sum\left[V_B\beta_B^i\ln\beta_B^i + V_C\beta_C^i\ln\beta_C^i - (V_B\beta_B^i + V_C\beta_C^i)\ln\frac{V_B\beta_B^i + V_C\beta_C^i}{V_B + V_C}\right]$$

式中 V_B，V_C——分别为高炉煤气和焦炉煤气的体积，m^3；

β^i——摩尔分数，且 $\sum_i \beta^i = 1$，其中上角标表示组成煤气的第 i 种组分；

下角标 B，C——分别代表高炉煤气和焦炉煤气。

于是，高炉、焦炉煤气混合过程㶲损失为

$$E_{x,\mathrm{L}}=\frac{T_0R}{22.4}\sum\left[V_\mathrm{B}\beta_\mathrm{B}^i\ln\beta_\mathrm{B}^i+V_\mathrm{C}\beta_\mathrm{C}^i\ln\beta_\mathrm{C}^i-(V_\mathrm{B}\beta_\mathrm{B}^i+V_\mathrm{C}\beta_\mathrm{C}^i)\ln\frac{V_\mathrm{B}\beta_\mathrm{B}^i+V_\mathrm{C}\beta_\mathrm{C}^i}{V_\mathrm{B}+V_\mathrm{C}}\right]$$

因此，用户优先使用单一煤气，如高炉煤气供给热风炉、蓄热式加热炉、CCPP 使用，一是提高燃料利用效率，使得低发热值煤气得到充分利用；二是减少混合过程的㶲损失；三是降低管网、混合站等设施的建设费用。

转炉煤气就近使用，通过对燃烧器改造，使烤包烧嘴满足燃烧转炉煤气的要求，提高烘烤效率，炼钢厂钢包烘烤、连铸中间包烘烤等均使用转炉煤气，莱钢、本钢等钢铁联合企业均采用转炉煤气烘烤铁水包、钢包。另外，由于转炉煤气含硫量低的特点，决定了其最佳用户是石灰窑。

焦炉煤气产量相对稳定，各种参数波动小，发热值高，毒性较小，主要用于发热值要求高的设备加热使用，如烧结机点火、轧钢等，多余部分考虑再资源化制氢、甲醇等。

C　富余煤气量分析

随着钢厂生产水平及节能技术的提高，在生产流程不变的情况下，煤气富余量越来越多。另外，由于生产运行的不稳定，钢厂的煤气产生量和消耗量随时间变化很大，所以研究其富余量必须以小时为时间单位。这里所指煤气的富余量是指单位时间内（1h）钢铁企业回收的煤气量扣除主工序（包括焦化、烧结/球团、炼铁、炼钢、热轧、冷轧等）消耗量后剩余的部分，可表示为

$$g^{\mathrm{s}-k}(t)=\sum_{i=1}^{n}\sum_{j=1}^{l}g_{i,j}^{k}(t)-\sum_{i=1}^{n}\sum_{j=1}^{l}g_{i,j}^{\mathrm{c}-k}(t)$$

煤气的富余量是随着生产的波动而变化的，因此，存在最大值和最小值。例如，当高炉正常生产时，焦比、喷煤比、富氧率以及燃料的质量和在高炉内的利用程度、高炉利用系数等因素都较为稳定，高炉煤气的产量和质量相对是稳定的；而当高炉检修或发生故障时，高炉将减风或休风，这时煤气的产量会发生不同程度的变化甚至没有高炉煤气产生。再如，加热炉的生产一般是连续的，但是当加热炉检修时，对于煤气的需求量将急剧下降。综合考虑诸如此类因素，可以确定煤气的小时最大和最小富余量。

最大值：　$$g_{\max}^{\mathrm{s}-k}(t)=g_{\max}^{k}(t)-g_{\min}^{\mathrm{c}-k}(t)$$

最小值：　$$g_{\min}^{\mathrm{s}-k}(t)=g_{\min}^{k}(t)-g_{\max}^{\mathrm{c}-k}(t)$$

式中　$g^{\mathrm{s}-k}(t)$——统计期内第 k 种煤气的小时富余量，$\mathrm{m^3/h}$；

$g_{\max}^{\mathrm{s}-k}(t)$，$g_{\min}^{\mathrm{s}-k}(t)$——分别为第 k 种煤气的小时最大和最小富余量，$\mathrm{m^3/h}$；

$g_{\max}^{k}(t)$，$g_{\min}^{k}(t)$——分别为第 k 种煤气的小时最大和最小产生量，$\mathrm{m^3/h}$；

$g_{\max}^{\mathrm{c}-k}(t)$，$g_{\min}^{\mathrm{c}-k}(t)$——分别为主生产系统第 k 种煤气的小时最大和最小消耗量，$\mathrm{m^3/h}$。

由于煤气产生量、消耗量的波动引起煤气富余量大幅度波动，是产生量和消耗量波动的叠加，造成企业煤气管网压力波动频繁。实际上，许多自然现象的分布都具有一定的规律，称为分布规律，因此，钢铁联合企业在生产过程中富余的煤气量也有其分布规律，基本上符合正态分布。用数理统计理论来研究和分析煤气的合理利用对企业制定长远发展规划很有必要。如宝钢利用正态分布概率计算每年供给自备电厂富余高炉煤气波动量与时间频数之间的关系，研究和确定自备电厂的规模及机组台数，确定锅炉掺烧高炉煤气的经济混烧比，尽可能不使煤气放散。

由 $g^{s-k}(t)$ 计算式可知，给定统计期内各种煤气的富余量样本，即第 k 种富余煤气量第 i 个样本，根据统计学理论有

样本平均值：

$$\bar{g}^{s-k}(t)=\frac{1}{n}\sum_{i=1}^{n}g_i^{s-k}(t)$$

样本标准差：

$$S=\sqrt{\frac{1}{n-1}\sum_{i=1}^{n}[g_i^{s-k}(t)-\bar{g}^{s-k}(t)]^2}=\sqrt{\frac{1}{n-1}\sum_{i=1}^{n}[(g_i^{s-k}(t))^2-n(\bar{g}^{s-k}(t))^2]}$$

由于 $\bar{g}^{s-k}(t)$ 为均值的无偏估计，S 为离差值的无偏估计，所以有

均值：
$$\mu=\bar{g}^{s-k}(t)=\frac{1}{n}\sum_{i=1}^{n}g_i^{s-k}(t)$$

标准偏差：$\sigma=S=\sqrt{\frac{1}{n-1}\sum_{i=1}^{n}[(g_i^{s-k}(t))^2-n(\bar{g}^{s-k}(t))^2]}$

单位时间内富余煤气量与时间的关系呈正态分布，即 $X\sim N(\mu,\sigma^2)$，令 $x=g^{s-k}(t)$，则单位时间煤气富余量的概率密度可表示为

$$f(x)=\frac{1}{\sqrt{2\pi}\sigma}e^{-\frac{(x-\mu)^2}{2\sigma^2}}$$

式中 $\bar{g}^{s-k}(t)$ ——第 k 种富余煤气量的样本平均值，m^3/h；

$g_i^{s-k}(t)$ ——第 k 种富余煤气量的第 i 个样本，m^3/h；

n ——样本个数；

x ——单位时间富余煤气量，m^3/h；

$f(x)$ ——单位时间富余煤气量出现的时间概率。

单位时间富余煤气量的累积概率可表示为

$$F(x)=\frac{1}{\sqrt{2\pi}\sigma}\int_a^b e^{-\frac{(x-\mu)^2}{2\sigma^2}}dt$$

由上式可见，富余煤气量随变量 x 而变，当已知时间 a、b 及平均流量，即可求出 $[a, b]$ 时间内的富余煤气量，如图 3-25 所示。若将由零到最大流量这一

波动范围分成几个区间，即可求出各区间的煤气量，也就得到煤气波动规律。该式对于分析钢铁联合企业冬、夏季煤气波动情况有重要意义。

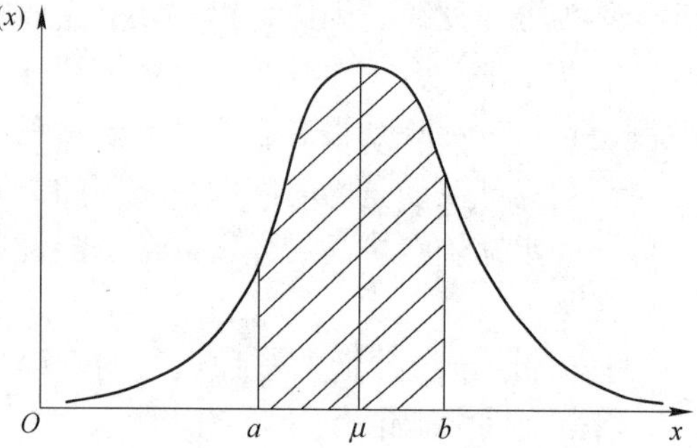

图 3-25　富余煤气单位时间正态分布示意图

根据富余煤气波动规律，建立起钢铁联合企业富余煤气与企业自备电厂间的产、消平衡。欲将企业出现的富余煤气波动量，基本上由自备电厂锅炉来调节吸收，则其燃烧的煤气量应为 $g_{\max}^{s-k}(t)$，在选择锅炉能力时应考虑当一台检修时，也无煤气放散。

3.4.1.4　富余煤气的使用方式分析

由上文分析可知，钢厂副产煤气的产生点、用户都很多，也有多种转换利用方式。随着钢厂的节能工作的深入开展，除了满足主体生产工序之外的富余煤气量也越来越多。现在企业不仅追求煤气的低放散率，而且越来越注重对煤气价值的高效率利用。主要从两个方向开展：一是强化利用其热值，即提高煤气的燃烧效率和发电效率；另一个方向是注重开发副产煤气中 C 和 H 元素的价值，即煤气的资源化利用，以副产煤气为主要原料生产多种化工产品，比如氢气、甲醇等。

A　燃料化利用——富余煤气发电

燃料化利用是富余煤气的常规使用方式，随着节能工作的深入开展，工艺生产过程中的用能优化，钢厂富余煤气量越来越多，富余煤气发电成为燃料化利用富余煤气的重要方式。然而，富余煤气发电方式以及机组容量的选择一直存在争议，也成为进一步提高富余煤气利用效率必须进一步讨论的问题。

关于富余煤气发电，有人曾提出“有多少（富余）煤气发多少电”的观点，也有专家提出“只买煤不买电”的掺烧方式。前者因为钢厂富余煤气量波动大，一般以全烧煤气的燃气锅炉作为缓冲用户，而在负荷发生变化时，燃气锅炉的效率极低；其次，由于燃气锅炉出力不大，负荷调节有限，所以煤气消耗量调节范围不大，当煤气波动较大时，必然导致煤气大量放散。后者由于政策上的原因，发展受到限制。综上分析，富余煤气发电应根据煤气小时富余量的大小，选择合理的发电模式，合理配置发电机组，从而降低煤气放散，提高发电效率。

目前，钢铁企业中常用的煤气发电方式有：（1）纯烧煤气锅炉—蒸汽轮机发电方式；（2）掺烧煤气燃煤锅炉—蒸汽轮机发电方式；（3）燃气—蒸汽联合循环发电方式（CCPP）。

a 纯烧煤气锅炉—蒸汽轮机发电方式

蒸汽轮机发电技术已经非常成熟，并且可以利用各种热值、压力的燃气，但其热效率只有25%~30%，且系统复杂、集成度低，建设周期长，大修困难，占地大，维护复杂。目前，国内纯烧煤气的锅炉容量大小不等，有25t/h的中压小锅炉，也有130~220t/h的高温高压锅炉，配备的发电机组一般低于60MW。

燃气锅炉是煤气的缓冲用户之一，但其缓冲能力相对有限。当煤气消耗量减小时，锅炉的出力低于额定的蒸发量，炉内传热发生变化，使各项热损失所占的百分比也都发生变化。锅炉热效率最佳效率区在额定蒸发量的85%~100%范围内，低于80%的负荷下运行或短时超出100%负荷运行，锅炉效率将急剧下降。一般情况下，燃气锅炉的煤气消耗量不能低于设计消耗量的15%，否则，锅炉乃至整个发电系统的效率都会急剧下降。

b 掺烧煤气燃煤锅炉—蒸汽轮机发电方式

由于燃气锅炉—蒸汽轮机发电的效率低，煤气消耗量的可调性小，所以很多大型钢铁联合企业多采用掺烧煤气燃煤锅炉—蒸汽轮机方式利用富余煤气发电。掺烧煤气燃煤锅炉—蒸汽轮机发电机组装机容量都比较大，发电效率明显高于燃气锅炉—蒸汽轮机发电方式。

掺烧煤气燃煤锅炉的燃料以煤为主、煤气为辅，煤气消耗量的调节范围为0%~30%（有的设计值达65%，如宝钢的1号、2号锅炉，但实际运行中基本在30%以下），是钢铁企业可靠的煤气缓冲用户，且掺烧煤气后，对发电效率影响不大。以宝钢3号发电机组为例，当掺烧高炉煤气比例为0%、20%和40%时，发电效率为39.3%、38.5%和37.4%。

c 燃气—蒸汽联合循环发电方式（CCPP）

CCPP是热电转换效率较高的用于钢铁行业副产煤气发电的系统，与常规锅炉发电机组相比，提高近10个百分点，可达45%以上，发电成本大为降低，节能效果显著。在保证煤气供应量稳定充足的前提下，应采用装机容量较大的CCPP。

在常规蒸汽发电中，锅炉产生蒸汽用来发电是利用蒸汽朗肯热力循环来做功，做功发电是利用蒸汽的状态变化来完成的。燃料燃烧产生的高温烟气（1200~1600℃）只用于加热蒸汽（一般450~560℃），然后由蒸汽驱动汽轮机发电。此时，高温烟气的做功能力（温度差和压力能，即燃气勃莱敦热力循环的做功能力）被浪费掉了，而CCPP装置，有燃气—蒸汽两个热力循环，即燃气勃莱敦热力循环和蒸汽朗肯热力循环，燃气—蒸汽联合循环焓熵图见图3-26[26]。

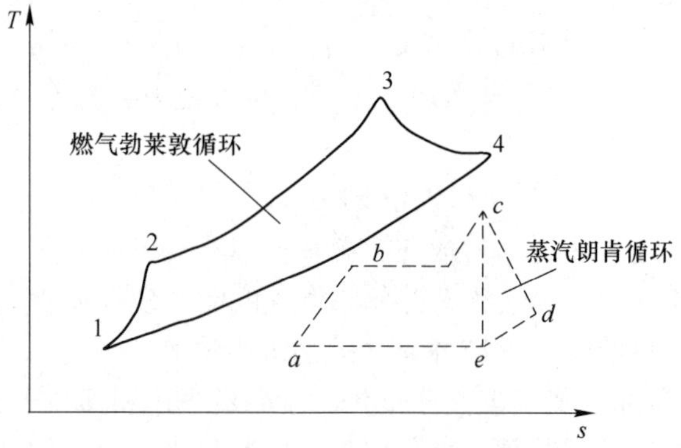

图 3-26 燃气—蒸汽联合循环焓熵图

1—2 为空气在压气机中的压缩构成；2—3 为空气和燃料在燃烧室内的燃烧过程（工质吸热）；3—4 为燃气在燃气透平中的膨胀做功过程；4—1 为燃气轮机排气放热过程

在燃气勃莱敦热力循环中，燃料燃烧产生的高温高压烟气在状态变化时可以做功发电，而燃气勃莱敦循环排出的较高温度（500～600℃）的烟气仍然可以用来加热蒸汽至 450～540℃用于发电，因此，CCPP 是将燃气勃莱敦热力循环和蒸汽朗肯热力循环联合起来，使燃料的热能既参与燃气轮机的循环又参与蒸汽轮机和锅炉组成的朗肯循环，利用了烟气和蒸汽的做功能力发电，达到很高的热电转换效率。

d 热电联产

当发电厂凝汽式机组只输出电能，供热锅炉设备只供应蒸汽和热水时，电能和热能是分别生产的，称为热电分产，如图 3-27 所示；若发电厂的汽轮机的排汽压力设计成热用户所需的压力（背压式汽轮机），蒸汽经汽轮机做功后再供热用户使用，使蒸汽的冷凝热在热用户得到进一步利用，这样把热、电生产有机地结合起来，就构成热电联产，如图 3-28 所示。热电联产的最大特点是朗肯循环中存在的冷凝热损失在热用户中得到了有效利用，从而使发电煤耗极大地降低。由于热电联产使能源得到梯级利用，基本做到能质匹配，所以它是有效利用热能的一种重要途径。

热电联产一般有两种方式：背压式和抽汽式。背压式热电联产系统中，汽轮机的排汽压力设计成热用户所需的压力（背压式汽轮机），蒸汽经汽轮机做功后再供给热用户使用，使蒸汽的冷凝热在热用户得到进一步利用，冷凝水再由水泵回供至锅炉，如图 3-28a 所示。这种联产方式要求电负荷和热负荷完全匹配，应变能力较差。因此，多数的热电联产是采用图 3-28b 所示的抽汽式，从汽轮机中部抽出一部分经做功后将尚具有一定压力的蒸汽供给热用户，其余部分继续在汽轮机内膨胀到低压，最后在冷凝器中冷凝成水。这种联产方式下，只有抽汽供热

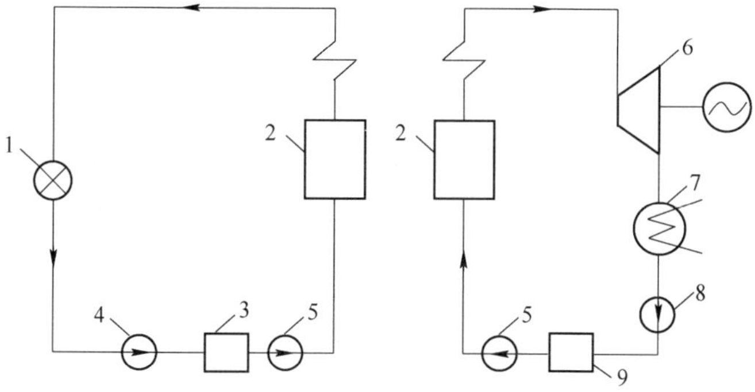

图 3-27 热电分产示意图

1—热用户；2—锅炉；3—回水箱；4—回水泵；5—给水泵；6—汽轮机；
7—凝汽器；8—凝结水泵；9—给水箱

的那部分蒸汽才是热电联产，蒸汽实现梯级利用，其余部分蒸汽只是单纯发电，但抽汽量可根据用户需要进行灵活调节。

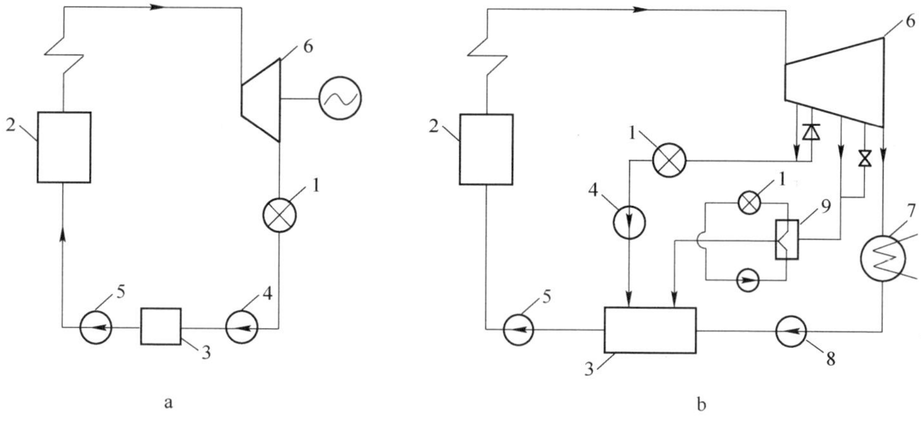

图 3-28 热电联产示意图

a—背压式热电联产；b—抽汽式热电联产
1—热用户；2—锅炉；3—回水箱；4—回水泵；5—给水泵；6—抽汽式汽轮机；
7—凝汽器；8—凝结水泵；9—热网加热器

与热电分产相比，热电联产的优越性体现为总燃料消耗量的大幅降低。

若某钢铁企业年总发电量为 NkW · h，年总供热量为 QkJ，则热电分产时的总耗煤量为

$$B_{\mathrm{I}} = bN + \frac{3.412 \times 10^{-5} Q}{\eta_{\mathrm{n1}} \cdot \eta_{\mathrm{b1}}}$$

热电联产时的总耗煤量为

$$B_{\mathrm{II}} = \frac{0.123N}{\eta_{eb} \cdot \eta_{b2}} + \frac{3.412 \times 10^{-5}Q}{\eta_{n2} \cdot \eta_{b2}}$$

以上两式中，B_{I} 为热电分产的总耗煤量，kgce；B_{II} 为热电联产的总耗煤量，kgce；b 为独立电站发电的标准煤耗，kgce/(kW·h)；η_{n1}、η_{n2} 分别为热电分产和热电联产的供热网络效率；η_{b1}、η_{b2} 分别为热电分产和热电联产的锅炉热效率；η_{eb} 为热电站的机电效率。

则热电联产的燃料节省量为

$$\Delta B = B_{\mathrm{I}} - B_{\mathrm{II}}$$

即

$$\Delta B = \left(b - \frac{0.123}{\eta_{eb} \cdot \eta_{b2}}\right) \cdot N + 3.412 \times 10^{-5}Q\left(\frac{1}{\eta_{n1} \cdot \eta_{b1}} - \frac{1}{\eta_{n2} \cdot \eta_{b2}}\right)$$

发展热电联产可以提高燃料的热能利用率，节约燃料消耗。与热电分产相比，热电联产的优越性体现为总燃料消耗量的大幅降低。钢厂的自备电厂以发电为主，供热为辅，因此，其热电联产的规模大小应以蒸汽的需求量（扣除利用余热回收的蒸汽量）来确定。

由此，根据煤气发电方式不同，各类机组的发电效率可见表 3-6 和表 3-7。表中数据来源于各主要钢铁企业统计数据、火力发电设计手册及其他相关文献。

表 3-6　不同煤气发电机组的发电煤耗与发电效率（不考虑热电联产）

发电机容量/MW	纯烧煤气方式		掺烧煤气燃煤方式		CCPP	
	发电煤耗/kgce·(kW·h)$^{-1}$	发电效率/%	发电煤耗/kgce·(kW·h)$^{-1}$	发电效率/%	发电煤耗/kgce·(kW·h)$^{-1}$	发电效率/%
3	0.540	22.8	—	—	—	—
6	0.520	23.6	—	—	—	—
12	0.500	24.6	0.480	25.6	—	—
25	0.450	27.3	0.440	27.9	—	—
50	0.425	28.9	0.420	29.3	0.293	42
100	—	—	0.400	30.7	0.273	45
110	0.410	30.0	—	—	—	—
125	—	—	0.375	32.7	—	—
150	—	—	0.350	35.1	0.267	46.0
300	—	—	0.330	37.2	0.256	48.0
350	—	—	0.320	38.4	—	—

表 3-7 不同煤气发电机组的发电煤耗与发电效率（全部热电联产）

发电机容量/MW	纯烧煤气方式		掺烧煤气燃煤方式		CCPP	
	发电煤耗/kgce·(kW·h)$^{-1}$	发电效率/%	发电煤耗/kgce·(kW·h)$^{-1}$	发电效率/%	发电煤耗/kgce·(kW·h)$^{-1}$	发电效率/%
3	0.272	45.2	—	—	—	—
6	0.244	50.5	—	—	—	—
12	0.235	52.3	0.223	55.2	—	—
25	0.221	55.6	0.214	57.5	—	—
50	0.218	56.4	0.204	60.2	0.173	71.0
100	—	—	0.200	61.5	0.170	72.5
110	0.202	61.0	—	—	—	—
125	—	—	0.192	64.0	—	—
150	—	—	0.186	66.2	0.167	73.5
300	—	—	0.180	68.5	0.164	75.0
350	—	—	0.174	70.5	—	—

注：掺烧煤气发电方式的发电效率按最大掺烧量统计，热电联产的节能量按全部计在“发电”一项上统计。

由表可知，纯烧煤气发电方式的发电效率较低，即使是110MW的机组，发电效率也仅达到30.0%，发电煤耗为0.410kgce/(kW·h)；而低于50MW的小机组，则效率更低，如3MW的小机组，发电煤耗高达0.540kgce/(kW·h)，发电效率仅为22.8%。而掺烧煤气燃煤发电方式的发电效率则有一定幅度的提高，尤其是300MW以上的大机组，发电煤耗仅为0.320kgce/(kW·h)，发电效率高达38.4%。同时，无论纯烧煤气发电还是掺烧煤气燃煤发电方式，小机组的效率明显低于大机组。这是因为小火电机组设计容量小、蒸汽的参数属中温中压（蒸汽压力为4~10MPa），因此机组的发电效率低，煤耗高；而大机组设计容量大，采用的金属材质性能较高，蒸汽参数一般亚临界（16~19MPa、538℃/538℃）、超临界（25.4MPa，538℃/566℃）甚至超超临界（25.4MPa、566℃/566℃），因而发电煤耗较低，发电效率较高。而CCPP则由于采取了不同的循环方式，发电煤耗进一步下降，发电效率进一步提高：50MW的CCPP发电机组发电效率可达42.0%，发电煤耗仅为0.293kgce/(kW·h)；300MW的CCPP发电机组发电效率高达48.0%，发电煤耗仅为0.256kgce/(kW·h)。

以上分析，均是指发电机组发电而不供热的情况下的效率，若采用热电联产，则根据热电联产的程度不同，发电效率将有不同幅度的提升。如果全部电力均采用热电联产方式，且将节能量全部记在“发电”一项上，则小于50MW纯烧煤气及掺烧煤气燃煤发电机组的发电效率可达45%以上，而100MW以上的发电机组全部电力采取热电联产，则发电效率可达70%左右，如表3-7所示。

钢铁企业煤气发电到底采用哪种发电方式，热电联产的规模多大？这不仅要考虑各种煤气发电方式的特点、热电联产的优势，而且要考虑企业的规模、煤气的富余量及其波动情况等多方面问题。

e　煤气发电机组选择的基本原则分析

钢铁企业的自备电厂到底选择哪种方式发电，需要根据煤气小时富余量的大小来确定。基本的选择原则是：

（1）企业煤气小时富余量较多时，优先选择发电效率高的CCPP发电机组，但应注意，CCPP机组要求煤气能够连续稳定供应，因此富余煤气量要能保证CCPP机组的"刚性"需求[27,28]；其余煤气富余量选择掺烧煤气燃煤锅炉—蒸汽轮机发电机组作为缓冲用户；一般不选择效率低、缓冲能力差的纯烧煤气—蒸汽轮机发电机组。

（2）企业煤气小时富余量相对较少时，不能满足小容量的CCPP发电机组的煤气需要时，应优先选择掺烧煤气燃煤锅炉—蒸汽轮机发电机组。

为了实现煤气的近零放散，如果选择CCPP及掺烧煤气燃煤锅炉—蒸汽轮机发电机组作为发电方式，则各发电机组的大小及煤气消耗能力要满足以下原则：

1）为了使CCPP稳定运行，必须保证：

$g_{\min}^{s-k}(t) \geqslant g^{\mathrm{CCPP}-k}$（$g^{\mathrm{CCPP}-k}$ 为CCPP的第 k 种煤气小时消耗量）

2）为了实现煤气的近零放散，必须满足：

$g_{\max}^{s-k} - g^{\mathrm{CCPP}-k} \approx g_{\max掺烧量}^{k}$（$g_{\max掺烧量}^{k}$ 为燃煤锅炉第 k 种煤气小时最大掺烧量）

$g^{s-k} - g^{\mathrm{CCPP}-k} \approx g_{正常掺烧量}^{k}$（$g_{正常掺烧量}^{k}$ 为燃煤锅炉第 k 种煤气小时正常掺烧量）

由此可见，对于大型钢铁联合企业来说，其煤气富余量较多，应优先选择装机容量较大的CCPP机组，并以掺烧煤气燃煤锅炉—蒸汽轮机发电机组作为煤气的缓冲用户。对于中小企业来说，需要根据生产规模来确定：粗钢产量较高的企业可选择装机容量适当的CCPP机组，辅以掺烧煤气燃煤锅炉—蒸汽轮机发电机组作为煤气的缓冲用户；粗钢产量较低的企业选择掺烧煤气燃煤锅炉—蒸汽轮机发电机组。

B　再资源化利用——制氢、制甲醇

随着蓄热式技术、连铸连轧技术、燃用低发热值煤气发电等节能技术的发展，弥补了低发热值煤气燃烧温度低的不足，焦炉煤气用量大幅度降低，焦炉煤气出现大量富余。目前，钢厂富余的焦炉煤气多被送往自备电厂发电，但焦炉煤气发电成本较高，根据一些焦化厂利用焦炉煤气发电的成本核算结果表明，$1m^3$焦炉煤气仅能产生1kW·h电[29]，因此，合理利用焦炉煤气成为新的议题。

殷瑞钰院士在第六次"工程前沿"研讨会中指出，目前副产煤气利用方式是燃料化，未来副产煤气利用方式将是资源化—制取氢气、甲醇（CH_3OH）或二甲醚（CH_3OCH_3）等[30]。富余的高发热值煤气建议走资源化道路，将多余的焦炉煤气生产化工产品或直接还原铁产品。不少研究者[29,31~33]研究了钢铁企业副产煤气的再资源化利用，因焦炉煤气 H_2 和 CH_4 含量高，利用形式主要有：制氢、生产甲醇和天然气等化工原料和产品。

a 焦炉煤气制氢

工业制氢目前是以天然气、石油和煤为原料，在高温下使之与水蒸气反应或用部分氧化法制得（图 3-29）。而钢铁企业（或炼焦厂）产生的副产煤气——焦炉煤气含有 50%~60%的 H_2，是非常好的制氢原料气。目前钢厂主要还是将焦炉煤气用做燃料，煤气的资源化利用途径需引起重视。

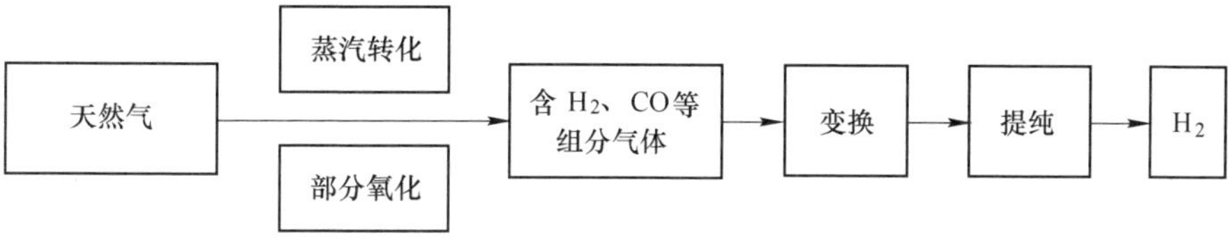

图 3-29 天然气制氢工艺技术路线

焦炉煤气不仅是优质的气体燃料，还是理想的化工原料。焦炉煤气富含 50%~60%的 H_2，20%~30%的 CH_4，是非常好的制氢原料气。采用焦炉煤气制氢，只需按现有煤气处理工艺，将其中的有害杂质去除，即可通过变压吸附技术提取出高纯度（99.99%）的氢气（图 3-30），按此流程 1m^3的焦炉煤气可制取约 0.44m^3的氢气[29]。与天然气制氢相比，省去了蒸汽转换或部分氧化等 CH_4 裂解过程，从而省去了这一工艺过程的能源消耗，比直接使用较贵的天然气和煤炭等制氢更加经济，是大规模、高效、低成本地生产廉价氢气的有效途径，对于缓解我国能源紧张、促进环境改善和钢铁工业生态化转型，具有重要的社会效益和经济效益。

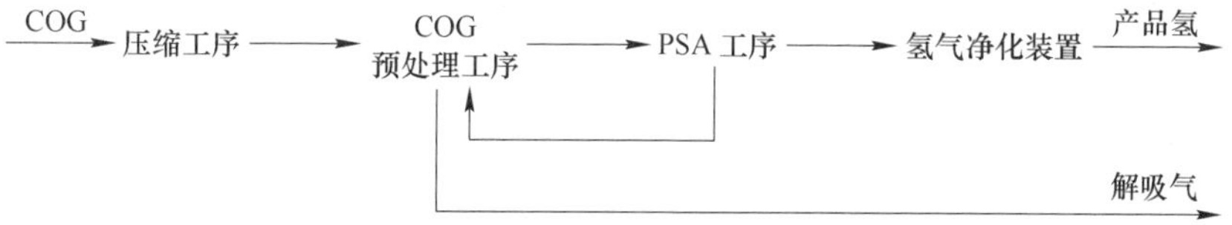

图 3-30 焦炉煤气制氢装置的工艺流程框图

b 焦炉煤气、转炉煤气制甲醇

焦炉煤气中 CH_4 含量为 26%~28%，只要将焦炉煤气中的甲烷转化成 CO 和 H_2，即可满足甲醇合成气的要求，焦炉煤气合成甲醇，技术上可行，经济上合理，是焦炉煤气再资源化的一个重要途径。另外，焦炉煤气（COG）和转炉煤气（LDG）分别是富含 H_2、CO 的气体，而 H_2 和 CO 是甲醇的重要原料，因此可以利用COG和LDG来制取甲醇。相对于传统的制取方法而言，以COG和LDG为原料生产甲醇，具有极大的成本优势。此外，相对于煤气作燃料而言，以COG和LDG为原料生产甲醇，实现了煤气资源的高附加值利用。

根据COG和LDG的气体成分特点，在技术上存在三种可行的工艺路线，分别是单独采用焦炉煤气制甲醇工艺、焦炉煤气提氢加转炉煤气提CO制甲醇工艺、焦炉煤气和转炉煤气制甲醇工艺，其主要技术特点和问题见表3-8。

表3-8 焦炉煤气、转炉煤气制甲醇工艺技术路线方案比较

方　案	技术特点
方案一：焦炉煤气单独制甲醇工艺	工艺技术成熟，国内独立焦化厂已经有同类装置； 焦炉煤气氢多碳少，原料利用率低，单耗高
方案二：焦炉煤气提 H_2 加转炉煤气提CO制甲醇工艺	需要建两套吸附装置，投资大； 合成甲醇不需要建转化装置； 只提取两种有用组分，其他组分未得到有效利用
方案三：焦炉煤气和转炉煤气制甲醇工艺	原料利用率高，结构较为合理，单耗低

3.4.2 余热、余能网络分析

钢铁生产过程中消耗的一次能源（煤等），几乎都要经过转换过程变成需要的能源之后再加以利用，在此过程中不可避免地产生了大量的余热、余能。因此，分析和研究余热、余能的回收与利用对研究钢铁制造流程能量流网络具有重要意义。

本节将对余热资源的回收与利用过程进行分析，应用能级分析方法，研究能量流的输入-输出关系，为构建和优化能量流网络提供支撑。合理地利用余热资源，意味着既要在数量上充分利用余热资源，又要使已经利用了的余热在能质或能级上损失最小。然而，这两个目标很多情况下不能同时满足，因此如何权衡，则需要企业根据自身的实际情况进行合理调整。

3.4.2.1 余热、余能资源的界定

由于钢铁生产长流程是不同生产工序串联而成的，前一工序的产品将作为后一工序的原料，同时由于工艺要求和生产条件的限制，个别工序的产品需要由高温冷却之后才可进入下一工序进行生产（图3-31），因此过程中势必有大量的余热产生。以烧结工序为例，烧结机尾的烧结矿温度约为850℃，而由于高炉炉顶设备的限制，炉顶矿槽的烧结矿温度一般为50℃左右，因此，高温烧结矿必须冷却以后才可装入高炉，这部分显热必须回收，否则将造成极大的浪费。

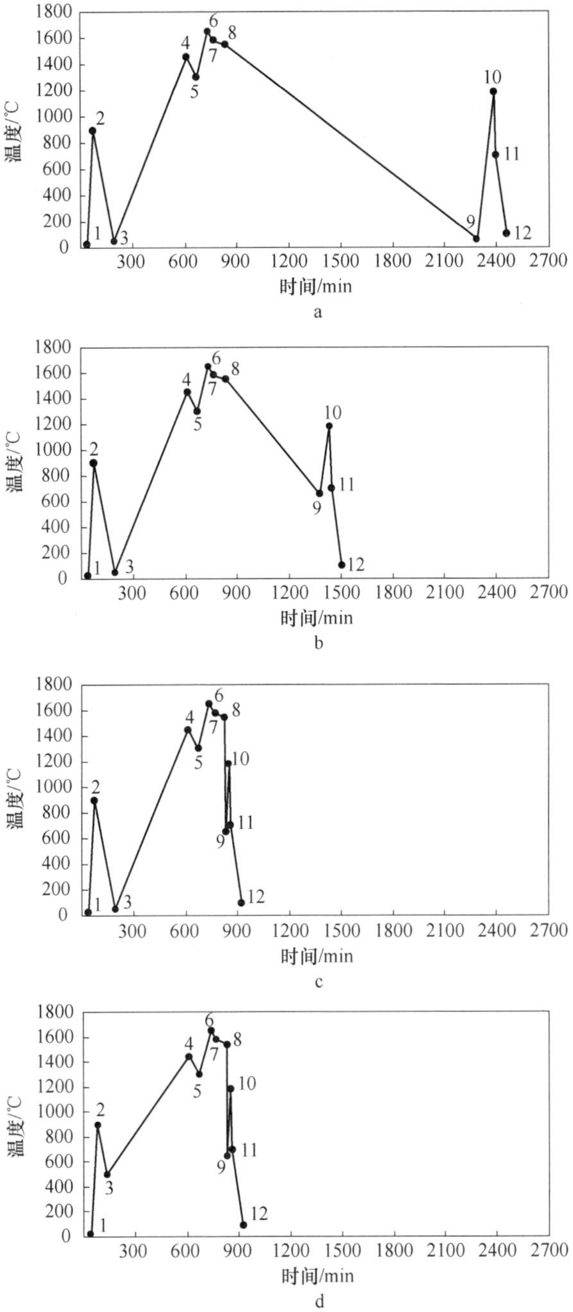

图 3-31　钢铁制造流程温度随时间的变化示意图

a—连铸—冷装流程；b—连铸—热送热装流程；c—薄板坯连铸连轧流程；d—烧结矿热装流程

1—原料；2—烧结；3—矿槽；4—高炉出铁；5—铁水预处理；6—转炉出钢；7—精炼；8—连铸；9—板坯库；10—加热炉；11—轧制—卷取；12—成品库

另外，各单元工序在生产过程中，除了产品带出显热外，还会产生大量的中低温烟气和高温炉渣等，这也是钢铁生产过程中余热资源的重要组成部分。因此，本节讨论的构建的余热、余能网络主要包括主体生产工序的产品显热、过程中产生的烟气及炉渣等的显热和高炉煤气的余压能，不包括副产煤气的化学能和设备冷却水的低温余热。另外，对于铁水显热、钢水显热等伴随物质流运行的余热不在本节讨论范围之内。

3.4.2.2 余热、余能网络的构成

所谓“网络”是由“节点”和“连接器”按照一定的图形整合起来的系统，对钢厂生产流程的余热、余能网络而言，其“节点”就是产生和回收余热、余能的工序或设备，“连接器”则是连接余热、余能产生工序/设备和其回收设备的管道或路径。典型的高炉—转炉长流程的余热、余能网络节点及回收利用情况，见图 3-32。

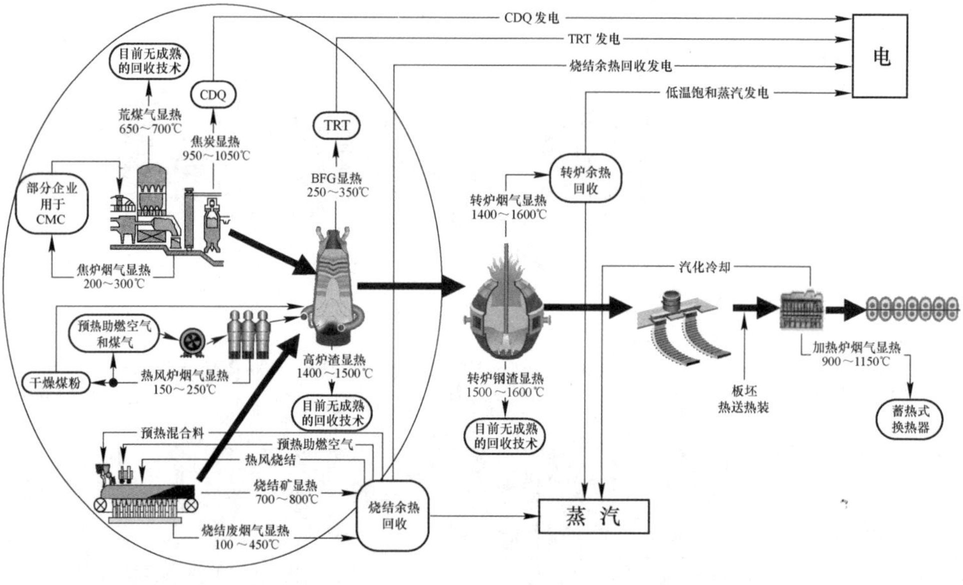

图 3-32 钢铁制造流程余热、余能产生点及回收利用方式示意图

由图 3-32 可见，铁前系统（焦化工序、烧结工序和高炉炼铁工序）的余热、余能节点多，其网络结构相对复杂，是余热、余能回收的重点。从余热、余能资源的数量上看，铁前系统的余热、余能资源产生量约占钢铁制造流程余热、余能资源产生总量的 74.17%。其中，焦化工序约占 12.82%、烧结工序约占 20.29%、高炉炼铁工序约占 41.06%，而转炉炼钢和轧钢工序各约占 11.97% 和 13.86%，详见图 3-33。从余热、余能资源的质量（㶲）上看，铁前系统仍是余热、余能资

源回收的重点，铁前系统的余热、余能㶲量约占总㶲量的 69.24%。其中，焦化工序约占 17.59%、烧结工序约占 18.30%、高炉炼铁工序约占 33.35%。另外，转炉炼钢和轧钢工序各约占 18.75%和 12.01%，详见图 3-34。由以上分析可以得出，不论从余热、余能产生的数量上还是质量上，铁前系统都是余热、余能资源产生和回收的重点。

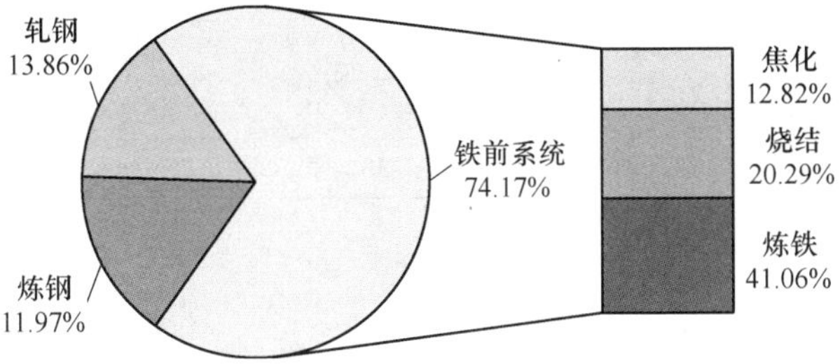

图 3-33 钢铁制造流程余热、余能资源产生量的构成

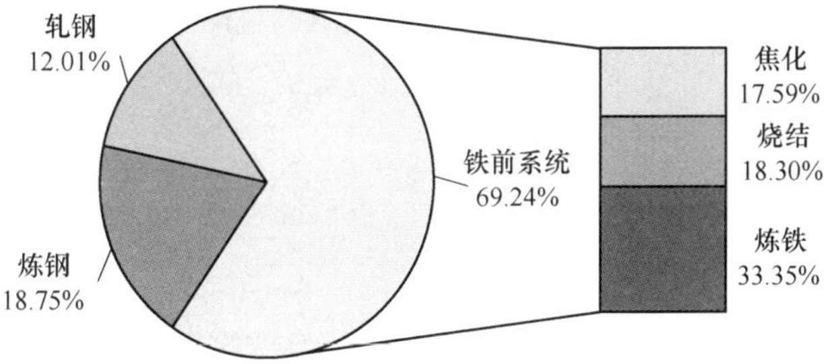

图 3-34 钢铁制造流程余热、余能资源产生量（㶲）的构成

另外，根据余热资源的不同温度，可将钢铁制造流程余热网络分成高温、中温和低温三个层次的网络。由 3.4.2.1 节对余热资源界定可知，本节关于余热网络的研究对象主要为中间产品显热、高温炉渣以及烟气显热，不包括冷却水的显热。钢铁生产过程中的中间产品及高炉渣和转炉渣等的温度较高，基本在 800℃以上，因此可以归为高温层次的余热网络。而钢铁生产过程中不同工序/装置的烟气温度差别较大，本节根据烟气温度的高低，将其分为高温烟气（>600℃）、中温烟气（250~600℃）和低温烟气（<250℃）。当然，这种划分具有一定主观性，实际中并不存在严格的温度界限，只是便于分析而给出的一个温度范围而已。

钢铁生产过程中产生的烟气种类多、温度范围广，不同温度的烟气利用方式也不相同，表 3-9 给出了钢厂常见的工艺烟气温度及利用方式。

表 3-9　钢厂常见的工艺烟气温度及利用方式

工序	烟气名称	烟气温度/℃	利用方式	备注
焦化	焦炉烟气	200~250	CMC	低温
	焦炉荒煤气	650~700	无	高温
烧结	烧结烟气	100~450	干燥、预热	中、低温
高炉炼铁	热风炉烟气	150~200	干燥、预热	低温
	高炉煤气	200~300	TRT	低温
转炉炼钢	转炉烟气	1400~1600	汽化冷却	高温
热轧	加热炉排烟	150~450	预热	中、低温

3.4.2.3　余热、余能网络的能量流模型

A　余热、余能回收利用系统的能量流分析

a　余热利用系统

影响余热资源回收利用水平的主要因素有：设备条件、余热资源的温度和流量、用户需求及环境温度等；余热资源根据其温度水平的不同，其利用方式主要有三种：热利用、动力利用、热-动力联合利用，见图 3-35[34]。

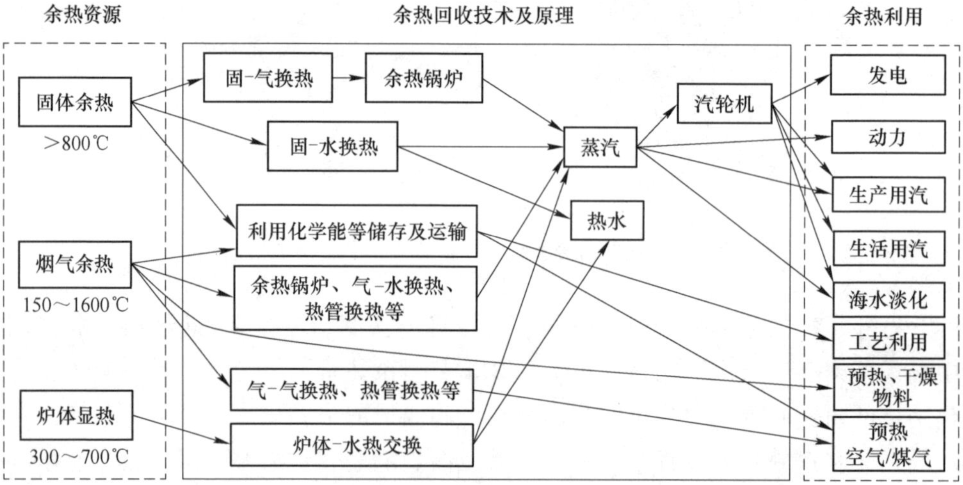

图 3-35　钢厂余热资源利用方式

由于余热资源本身的特点决定了余热回收时应注重时效性和匹配原则。时效性是指余热资源必须及时加以利用，因为钢铁生产过程是一个能量在时间和空间上的耗散过程，利用不及时会造成能量耗散贬值。匹配的原则是指余热与用户不仅数量匹配，而且质量匹配，即在提高余热回收利用效率的同时，应该注意减少用户与余热资源的能级差。因此，出现了余热回收利用的上述三种方式。

不同余热资源的回收利用方式及影响余热回收利用水平的影响因素可在图3-36所示的余热回收利用系统中体现。由图3-36可见，当没有汽轮机T时，能量流沿着“*a-c-d-e-a*”的路径流动，属于热利用；当没有抽汽供热时，能量流沿着“*a-b-c-e-a*”的路径流动，属于动力利用；当无凝汽器C时，能量流沿着“*a-b-c-d-e-a*”的路径流动，属于热-动力联合利用。图3-36中，Q_1、E_1、T_1分别为输入给系统的余热资源的热量、㶲量及其平均温度，Q_2、E_2、T_2分别为输送给热用户的热量、㶲量及其平均温度，W为系统输出的机械功，T_0为环境温度。

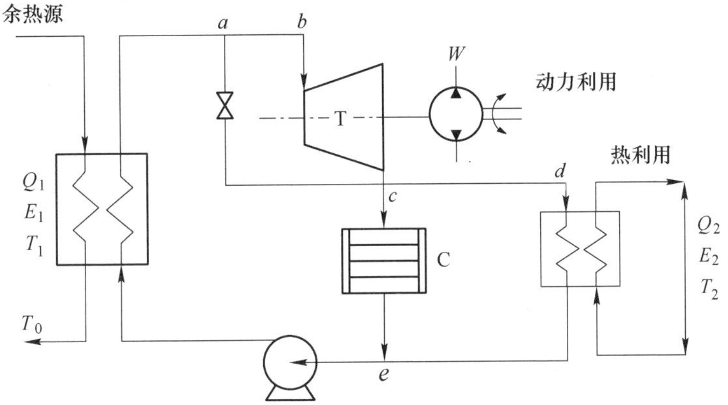

图3-36 钢厂余热回收利用系统的能量流示意图

输入系统的余热资源的能级为

$$\lambda_{in} = \frac{E_1}{Q_1}$$

用户的能级，即回收利用能量的能级为

$$\lambda_{out} = \frac{W + E_2}{W + Q_2}$$

系统输入-输出的能级差为

$$\Delta\lambda = \lambda_{in} - \lambda_{out}$$

由此可见，系统的能级差Δλ的大小表明了余热利用系统损失的大小，也反映了系统输出的多少。Δλ较小的方案非但在“按质用能”方面较为优越（因为损失较小），而且在余热量方面也比较充分（$W + E_2$较大）。所以，Δλ可以用来比较余热资源相同时各种余热回收利用方案的优劣，是衡量余热资源合理利用程度的定量指标。

b 余能利用系统

本节讨论的余能利用系统主要是指高炉炉顶煤气的余压能，目前主要通过TRT装置进行回收利用。高炉炉顶煤气余压的回收方式是将净化后的高炉煤气通过气体透平，推动透平叶轮高速旋转对外做功，带动发电机发电。高炉煤气在透平内膨胀降压，从而回收了压力能[35]。炉顶气体余压能的回收系统见图 3-37。

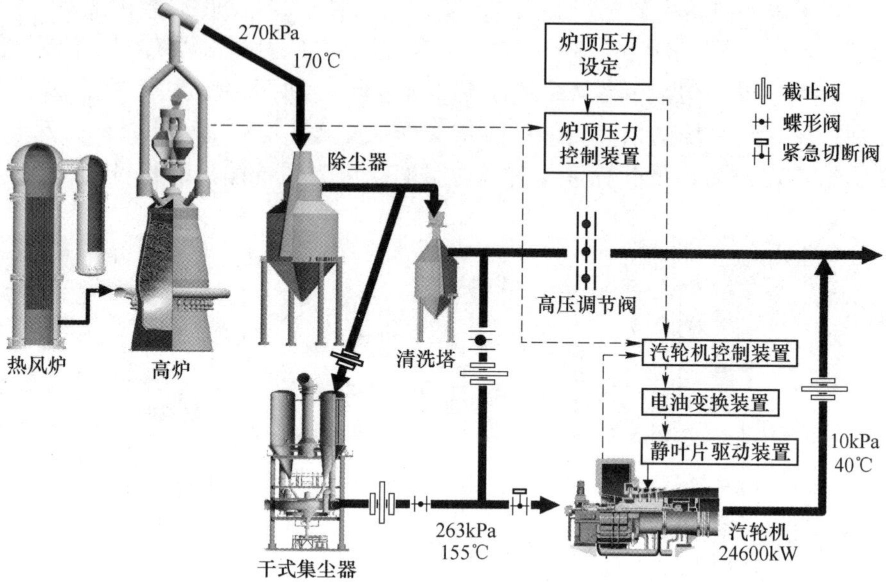

图 3-37　高炉煤气余压回收系统

由能量转换理论可知，气体经过透平绝热膨胀时，具有的最大做功能力（W_{max}）为进口与出口的㶲之差，当把高炉煤气视为理想气体时，则

$$W_{max} = c_p \times T_1 \times \left[1 - \left(\frac{p_2}{p_1}\right)^{\frac{k-1}{k}}\right]$$

式中　W_{max}——高炉煤气具有的最大做功能力，kJ/m^3；

c_p——高炉煤气的定压比热容，$kJ/(m^3 \cdot K)$；

T_1——透平入口处高炉煤气的热力学温度，K；

p_1，p_2——分别为透平入口和出口的高炉煤气的绝对压力，MPa；

k——高炉煤气的定熵指数，可取 $k = 1.384$。

由此可见，透平入口的高炉煤气压力越高，它具有的做功能量越大。同时，应尽可能降低从高炉出口至透平前的压力损失和温降。

实际的气体透平内总会存在各种不可逆损失，例如高炉煤气流动时的摩擦等损失，实际所能做出的功将小于理论最大功。它与理论功的比值称为透平效率 η。同时，对实际的绝热膨胀过程，对外的做功量仍可根据上式计算。因此，$1m^3$高炉煤气实际做出的功可表示为

$$W = \eta \times c_p \times T_1 \times \left[1 - \left(\frac{p_2}{p_1}\right)^{\frac{k-1}{k}}\right]$$

当流经透平的高炉煤气量为 V (m^3/s) 时，则透平所能发出的功率为

$$P = \eta \times V \times c_p \times T_1 \times \left[1 - \left(\frac{p_2}{p_1}\right)^{\frac{k-1}{k}}\right]$$

由此可见，透平的功率与高炉的煤气流量和煤气温度成正比。由图 3-38 可见，在透平入口煤气温度和出口煤气压力一定的条件下，煤气流量越多，则透平的出力越大；而在煤气流量及出口压力一定的条件下，煤气温度越高，则透平的出力越大；另外，从图 3-38 可以看出，在煤气流量及温度一定的条件下，入口煤气压力越高，则透平的出力也越大。

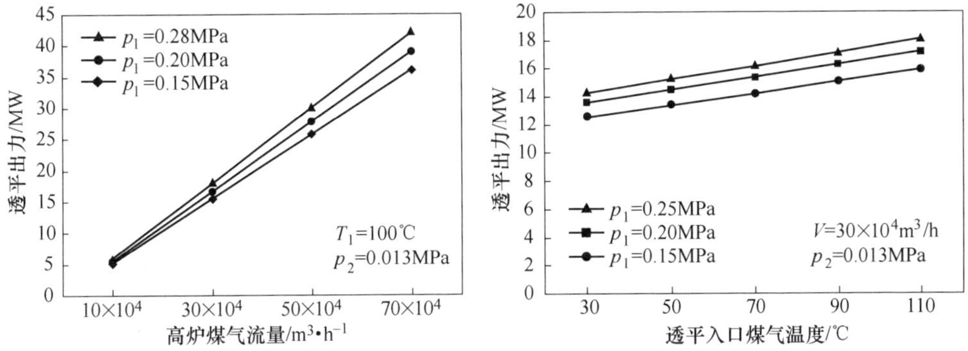

图 3-38 TRT 透平出力与高炉煤气流量、入口压力及温度的关系

由以上分析可以得出，对于大高炉安装 TRT 回收装置的应用效果较好。为了提高高炉炉顶煤气余压能的回收量，应尽可能提高透平入口处的煤气压力和温度。因此，应用高炉煤气干法除尘技术对于提高煤气的余压能具有积极意义。

B 余热回收利用系统的能级分析

由以上分析可知，余热资源的回收利用方式主要有三种，即热利用、动力利用和热-动力联合利用。为了分析回收的余热资源中动力利用和热利用的比例关系，可以用“动力利用的分配比”（R）表示：$R = \frac{W}{Q_2}$。

余热资源、余热资源热利用㶲的计算公式分别为

$$E_1 = Q_1 \times \left(1 - \frac{T_0}{T_1}\right)$$

$$E_2 = Q_2 \times \left(1 - \frac{T_0}{T_2}\right)$$

余热资源以动力利用回收时，其能量属于“高级能”，其数量与质量是统一的，即其㶲量也为 W。因此，由以上公式可以得出余热回收系统输入-输出的能级差的绝对值，即

$$|\Delta\lambda| = \left| \frac{T_0}{T_1} \times \left[\frac{T_1}{(1+R) \times T_2} - 1 \right] \right|$$

由此可见，余热回收系统输入-输出的能级差是 T_1、T_2 和 R 的函数。当 $R = 0$ 时，即为纯热利用方案，此时 $|\Delta\lambda_0| = \left| \frac{T_0}{T_2} - \frac{T_0}{T_1} \right|$，说明余热资源利用方案的优劣只与系统输入-输出的能量流的温度有关。“温度对口”是余热资源实施热利用时应遵循的基本原则；当 $R \to \infty$ 时，即为纯动力利用方案，此时 $|\Delta\lambda_\infty| = \left| -\frac{T_0}{T_1} \right|$，说明余热资源动力利用方案的优劣只与输入给系统的能量流的温度有关，即与余热源的温度有关，余热源的温度越高，实施动力利用越合理；当 $0 < R < \infty$ 时，则为热-动力联合利用。

3.4.2.4　余热网络的构建与优化

A　余热资源回收利用的合理性探讨

当钢铁生产工艺不变时，其过程中的余热源的温度基本上固定不变，此时余热资源的合理利用程度将主要由余热利用方式 R 来决定。以下将根据 3.4.2.3 节的分析结果探讨余热资源回收利用的合理性。

设 $\varepsilon = \frac{T_1}{T_2}$，根据系统输入-输出的能级差与余热利用方式 R 的关系曲线，讨论余热资源回收利用的合理性。

（1）当 $\varepsilon > 2$ 时的情况，即 $T_1 > 2T_2$，此时，可得如图 3-39 所示的曲线。

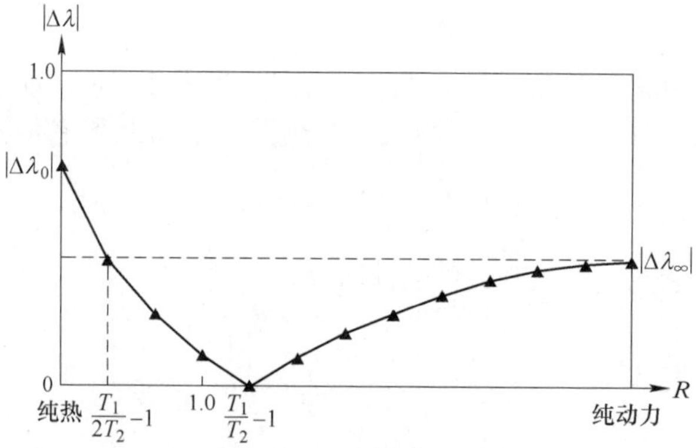

图 3-39　余热利用方式对能级差的影响（$\varepsilon > 2$）

由图 3-39 可见，$\varepsilon > 2$ 时，余热资源的回收利用方式对能级差 $|\Delta\lambda|$ 的影响可以分为以下三种情况：

1）当$R>\frac{T_1}{2T_2}-1$时，$|\Delta\lambda|<|\Delta\lambda_\infty|<|\Delta\lambda_0|$，此时，热-动力联合利用优于纯动力利用，而纯热利用最不合理。

2）当$R=\frac{T_1}{2T_2}-1$时，$|\Delta\lambda|=|\Delta\lambda_\infty|<|\Delta\lambda_0|$，此时，热-动力联合利用和纯动力利用合理性相同，并均优于纯热利用。

3）当$0<R<\frac{T_1}{2T_2}-1$时，$|\Delta\lambda_\infty|<|\Delta\lambda|<|\Delta\lambda_0|$，此时，应优先采用纯动力利用，其次是热-动力联合利用，最不合理的是纯热利用。

由此可见，当余热资源的能级相对于热用户的能级较高时，余热利用方案中，动力利用要占一定比例，换言之，作纯热利用（$R=0$）是不合理的。

（2）当$\varepsilon=2$时的情况，即$T_1=2T_2$，此时，可得如图3-40所示的曲线。

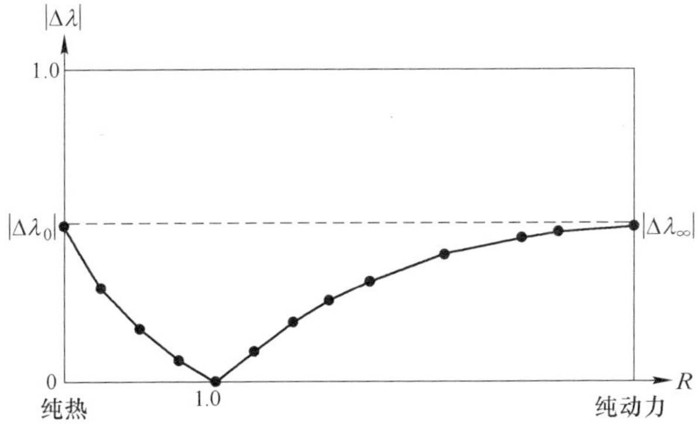

图3-40 余热利用方式对能级差的影响（$\varepsilon=2$）

由图3-40可见，在这种情况下，总是$|\Delta\lambda|<|\Delta\lambda_\infty|$，$|\Delta\lambda_0|=|\Delta\lambda_\infty|$，因此，此时热-动力联合利用最为合理，纯热利用和纯动力利用的合理性相同。

（3）当$1<\varepsilon<2$时的情况，即$T_2<T_1<2T_2$，此时，可得如图3-41所示的曲线。

由图3-41可见，$1<\varepsilon<2$时，余热资源的回收利用方式对能级差$|\Delta\lambda|$的影响可以分为以下三种情况：

1）当$0<R<\frac{2(T_1-T_2)}{2T_2-T_1}$时，$|\Delta\lambda|<|\Delta\lambda_0|<|\Delta\lambda_\infty|$，此时，热-动力联合利用优于纯热利用，而纯动力利用最不合理。

2）当$R=\frac{2(T_1-T_2)}{2T_2-T_1}$时，$|\Delta\lambda|=|\Delta\lambda_0|<|\Delta\lambda_\infty|$，此时，热-动力联合利用和纯热力利用合理性相同，并均优于纯动力利用。

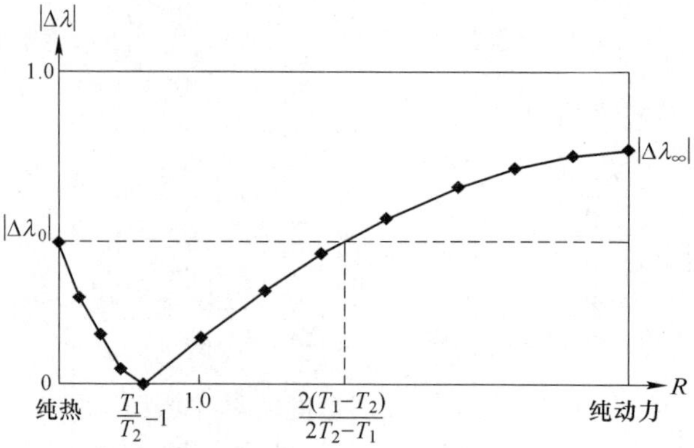

图 3-41　余热利用方式对能级差的影响（$1 < \varepsilon < 2$）

3）当 $R > \dfrac{2(T_1 - T_2)}{2T_2 - T_1}$ 时，$|\Delta\lambda_0| < |\Delta\lambda| < |\Delta\lambda_\infty|$，此时，纯热利用最为合理，其次是热-动力联合利用，而纯动力利用仍最不合理。

由此可见，当余热资源的能级不高时，余热利用方案中，热利用要占一定比例，换言之，作纯动力利用（$R\to\infty$）是不合理的。

对于一个余热回收利用系统，此时 $T_1 > T_2$，上述 1）~3）概括了所有的情况。为了直观分析当 ε 变化时，余热不同利用方式对能级差的影响，特对 ε 进行赋值，根据上述的分析结果，分别取 1.5、2.0 和 2.5，此时可以得到图 3-42。

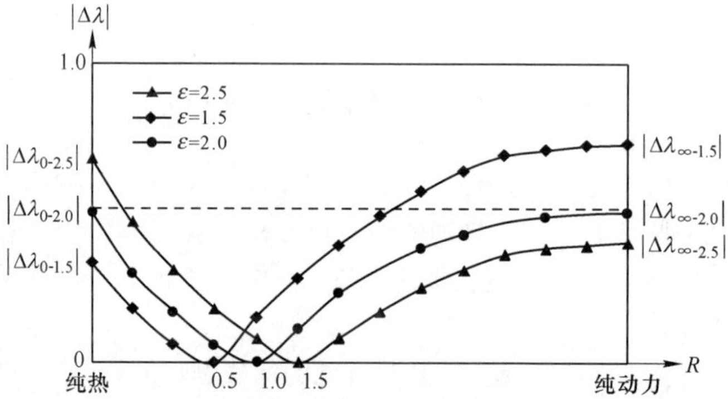

图 3-42　能量流温度和余热利用方式对能级差的影响

由图 3-42 可见，当 ε 改变时，随着余热源温度的增加，纯动力利用或以动力利用为主的联合利用（靠近图 3-42 的右侧）的能级差逐渐变小，即余热回收利用的合理程度逐渐提高。相反，随着余热源温度的增加，纯热利用或以热利用为主的联合利用（靠近图 3-42 的左侧）的能级差逐渐增大，也就是说余热回收利用的合理程度逐渐下降。

通过以上分析可以得出以下结果：

（1）在大多数情况下，余热资源的热-动力联合利用是最合理的。只有当 $\varepsilon > 2$ 时，且 $0 < R < \frac{T_1}{2T_2} - 1$ 时，纯动力利用优于热-动力联合利用；只有当 $1 < \varepsilon < 2$，且 $R > \frac{2(T_1 - T_2)}{2T_2 - T_1}$ 时，纯热利用优于热-动力联合利用。前一种情况说明，当余热资源的能级相对于热用户的能级较高时，动力利用要占一定比例（即 R 要大）；后一种情况说明，当余热资源的能级相对较低时，热利用要占一定比例（即 R 要小）。

（2）纯动力利用方案与纯热利用方案对余热资源温度的要求。由图 3-39～图 3-42 可见，$\varepsilon = 2$ 时可作为纯热利用与纯动力利用的分界点。当 $\varepsilon > 2$ 时，纯动力利用优于纯热利用；当 $\varepsilon < 2$ 时，纯热利用优于纯动力利用。

钢厂的余热资源可以认为属于恒温热源，因此，由恒温热源的能级计算公式可得

$$\lambda_1 = \frac{E_1}{Q_1} = \frac{Q_1 \times \left(1 - \frac{T_0}{T_1}\right)}{Q_1} = 1 - \frac{T_0}{T_1}$$

当 $\varepsilon = 2$ 时，$\lambda_1 = 1 - \frac{T_0}{T_1} = 1 - \frac{T_0}{2T_2}$。

另外，由于钢铁厂的热用户温度 T_2 与环境温度 T_0 存在此关系：$T_2 \geqslant T_0$，此时，存在 $\lambda_1 = 1 - \frac{T_0}{2T_2} < 1 - \frac{T_0}{2T_0} = 0.5$。

由此可以得出，当余热资源的能级小于 0.5 时，余热回收系统不应采用纯动力利用，纯热利用比纯动力利用合理[6]。

需要说明的是，以上讨论仅仅是从“能级匹配、按质用能”的观点出发，分析影响余热资源回收利用合理程度的相关因素，能级差只是评价能量利用合理性的一个质量指标，是局部的约束性指标，不是全局的最终结果。余热资源回收利用的最佳方案，还应把其置于钢铁厂能量流网络中，从余热资源的数量、品质、用户需求以及生产工艺和装备水平等多方面进行全面的分析评价，才能全面评价能量利用的合理性。

B　余热网络的构建与优化

钢铁生产过程中的余热、余能网络具有节点多、分散且不宜集中回收利用等特点，并且余热资源的温度和产生量也不相同，这也是钢厂不同余热资源的利用方式呈现多样化的重要原因。虽然，很多钢铁企业对可以回收利用的余热资源进行了回收利用，但是回收利用的效果却相去甚远。造成这种情况的原因，除了技术水平之外，最重要的还有回收利用方式的原因。因此，本节将利用上一节的分

析方法和结果对现有技术条件下，对钢厂可以回收利用的余热资源进行分析，讨论主要余热资源的合理利用方式，并结合某钢铁联合企业的实际生产情况，分析其主要余热资源利用方式的合理性，并构建其优化的余热回收利用网络。

a 固体余热资源

钢铁生产过程中的固体余热资源主要包括焦炭、烧结矿以及铸坯等携带的热量。由于铸坯的显热可以热送热装直接带入下一道工序进行回收利用，本节不讨论。而焦炭和烧结矿显热则不能带入下一道工序，当前只能通过气-固换热才能较好地回收利用。目前主要有三种回收利用方式：（1）转换成蒸汽，送至公司蒸汽管网，供全厂使用，即纯热利用；（2）将回收的蒸汽全部转换为电力，即纯动力利用；（3）回收的蒸汽部分用于生产或生活，部分用于发电，即热-动力联合利用。以下利用上述分析方法分析某钢铁联合企业的主要固体余热资源的合理利用方式。

该企业的红焦温度为1050℃（T_1），冷却后的温度为180℃（T_0）；烧结机尾部烧结矿温度为800℃（T_1），冷却后温度为120℃（T_0）；热用户温度为200℃（T_2）。其中，CDQ蒸汽主要用于发电（蒸汽参数为450℃，4.6MPa），小时发电量2.3万千瓦·时；另外抽取少量蒸汽供管网（蒸汽参数最高为1.3MPa，200℃），供管网蒸汽量20t/h。烧结矿余热回收具有特殊性，目前仅回收冷却机高温段烟气的显热，回收的蒸汽全部送至蒸汽管网，供热用户使用，而后段的低温烟气则没有回收利用，假设这部分冷却烟气用于热回收。由以上参数可以计算得出表3-10。

表3-10 某企业固体余热回收能级差指标

余热资源	能级	初始温度 T_1/℃	热用户温度 T_2/℃	环境温度 T_0/℃	纯热利用能级差 $\lvert\Delta\lambda_0\rvert$	纯动力利用能级差 $\lvert\Delta\lambda_\infty\rvert$	该企业 $\lvert\Delta\lambda\rvert$
焦炭显热	0.68	1050	200	180	0.73	0.17	0.25
烧结矿显热	0.51	800	160	120	0.60	0.15	0.6

由表3-10可见，对于焦炭余热利用而言，此时 $T_1>2T_2$，并且 $R=1.25<[T_1/(2T_2)]-1=1.63$。企业现有利用方式的能级差为0.25，若采用纯动力利用与纯热利用时的能级差分别为0.17和0.73。对于烧结矿余热利用而言，该企业采用的纯热利用，能级差为0.60，若纯动力利用的能级差为0.15。

由此可见，该企业现有的干熄焦蒸汽利用方式不合理，最合理的利用方式应为将干熄焦蒸汽全部用于发电，采用纯凝式发电机组，而烧结矿余热利用方式也不合理。通过计算，烧结冷却机250℃以下的冷却烟气合理利用方式应为返回烧结机直接热利用，用于干燥物料或热风烧结，而对于400℃左右的高温段烟气则采用纯动力利用，按照能级匹配的原则，实现逐级回收、温度对口、梯级利用。

b 废（烟）气余热资源

钢铁生产过程中的废（烟）气余热资源主要包括焦炉烟气、烧结烟气、转炉烟气和加热炉烟气余热等，温度范围在150~1600℃之间，分布范围较广，目前600℃以上的高温烟气利用较好，而250℃以下的低温废气利用较差，多数企业并未回收利用。对于废（烟）气余热资源的回收利用方式主要有三种：（1）直接热利用；（2）转换成蒸汽，送至公司蒸汽管网，供全厂使用；（3）将回收的蒸汽全部转换为电力。前两种利用方式属于纯热利用，第三种利用方式为纯动力利用。

利用上述分析方法分析某钢铁联合企业的主要废（烟）气余热资源的合理利用方式。该企业主要废（烟）气余热资源的温度、相关参数及计算结果见表3-11。

表 3-11 某企业废（烟）气余热回收能级差指标

余热资源	能级	初始温度 T_1/℃	热用户温度 T_2/℃	纯热利用能级差 $\|\Delta\lambda_0\|$	纯动力利用能级差 $\|\Delta\lambda_\infty\|$	该企业 $\|\Delta\lambda\|$
焦炉烟气显热	0.26	230	150	0.19	0.35	0.19
烧结烟气显热	0.31	220	60	0.29	0.13	0.29
热风炉烟气显热	0.29	250	150	0.21	0.32	0.21
转炉烟气显热	0.65	1600	200	0.66	0.10	0.66
加热炉烟气显热	0.4	300	200	0.17	0.33	0.17

根据上文对烟气温度的界定，只有转炉烟气属于高温烟气，其他烟气均为低温烟气。目前该企业所有的烟气显热均是采用纯热利用，由计算结果可知，焦炉烟气、烧结烟气、热风炉烟气以及加热炉烟气显热采用纯热利用方式优于纯动力利用方式，能级差相对较小，但是转炉烟气显热采用纯热利用时的能级差为0.66，比采用纯动力利用时高出0.57。因此，该企业在转炉烟气余热利用方式上还有优化的潜力。

该企业有3座120t转炉年产420万吨钢水，2套130t RH真空精炼炉，年处理钢水145万吨。转炉烟气温度1600℃（T_1）；环境温度设为150℃；转炉蒸汽参数为1.2MPa，205℃；管网蒸汽参数为1.0MPa，195℃（T_2）。一座转炉冶炼周期为35min，吹氧的16min内产汽量按18t计，其他19min不产汽，直至进入第二个冶炼周期的吹氧过程，则蒸汽的平均流量为1.13t/min(67.5t/h)，其中2套RH的平均耗汽量为50t/h，其余蒸汽并入公司蒸汽管网。由以上参数可以得出：$|\Delta\lambda|=0.33$，$|\Delta\lambda_\infty|=0.23$，$|\Delta\lambda_0|=0.68$。此时，$T_1>2T_2$，且 $R=0.63<T_1/2T_2-1=1.0$。

考虑到转炉冶炼属于间歇操作，转炉烟气间歇产生，如果一座转炉对应一套RH或一套发电机组，虽然在蒸汽的数量上可以满足要求，但是不能保证RH和发电机组对蒸汽的稳定供应要求，同时发电机组的容量也受单座转炉蒸汽量的限制。因此，多座转炉回收的蒸汽集中用于 RH 或发电机组，既可以保证用户对蒸汽的稳定性供应要求，又可以建设较大的发电机组，取得更高的发电效率。

c 余热网络的优化原则及应用

钢铁企业余热网络的节点数目多、分布广、资源的数量及品质也相差甚远，通过以上分析可得，不同余热资源的合理利用方式也有所区别：对于高温余热应尽量采用纯动力利用；低温余热应尽量采用纯热利用；而中温余热则应根据用户的需要采用热-动力联合利用。

对于焦炭显热应采用纯动力利用，避免蒸汽轮机抽汽，以达到更低的能级差，余热利用最为合理，获得更高的发电效率和更多的电力；焦炉烟气、热风炉烟气和加热炉烟气余热则应采用纯热利用最为合理；转炉烟气余热回收的蒸汽，应采用纯动力利用，为了确保用户用汽的稳定和安全，可采用多座转炉回收的蒸汽集中用于动力用户。

烧结过程的余热资源具有特殊性，即温度分布范围较广（100~800℃），对于烧结余热回收目前主要有两种利用方式：(1) 将烧结机烟气和环冷机烟气余热直接引入到烧结料层，用于混合料的干燥和预热；(2) 将高温段烟气余热通过余热锅炉回收蒸汽，并将其送入公司蒸汽管网供烧结工序和全厂使用或用于发电。

对于烧结余热利用的基本原则应按照能级匹配的原则，逐级回收、温度对口、梯级利用，在热量供求方面最大程度地实现“量”与“质”的匹配，力求能级差最小，㶲效率最高。因此，本节拟对不同品位的烧结余热资源进行分级回收：对于高温余热（冷却机前段冷却烟气）实施动力回收，通过余热锅炉回收蒸汽，并通过汽轮机带动发电机，全部将其转换为电力；中温余热（冷却机中段冷却烟气和烧结烟气）直接用于热回收，用于干燥和预热混合料、点火炉的助燃空气和热风烧结等。

由表 3-12 可见，烧结余热直接热利用与分级回收、梯级利用的㶲效率的差距。因此，在现有技术条件下，300℃以下的烧结机烟气和冷却机废气余热应尽量返回烧结机直接利用，而 300℃以上的废（烟）气余热则采用动力回收。

表 3-12 烧结余热不同热回收方式的节能效果

余热资源回收方式	㶲效率/%
烧结余热直接热利用	17.85
烧结矿余热分级回收、梯级利用	32.89

通过以上分析对该钢铁联合企业的余热回收利用网络进行初步优化，优化前后的余热回收利用网络分别见图 3-43 和图 3-44。

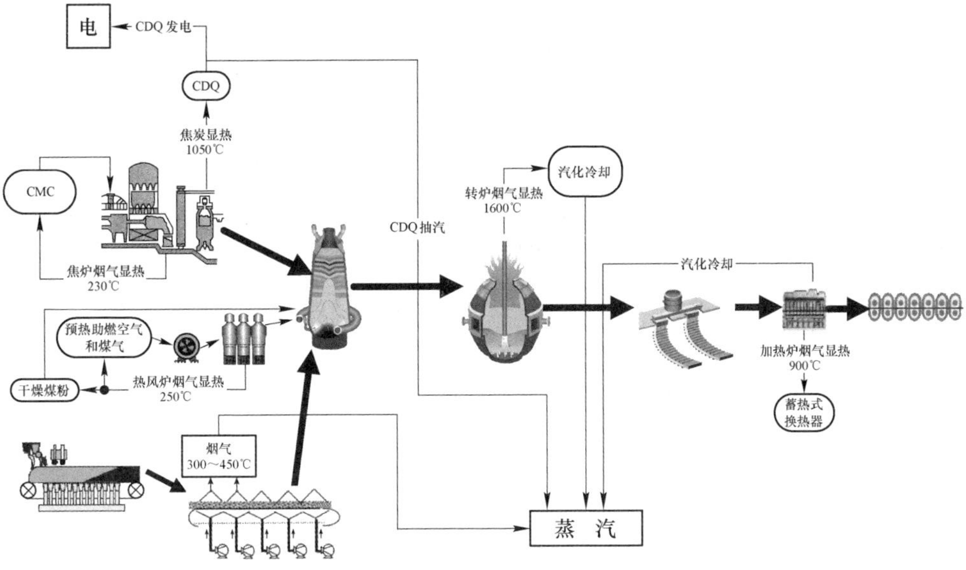

图 3-43 某钢铁联合企业余热回收利用网络现状

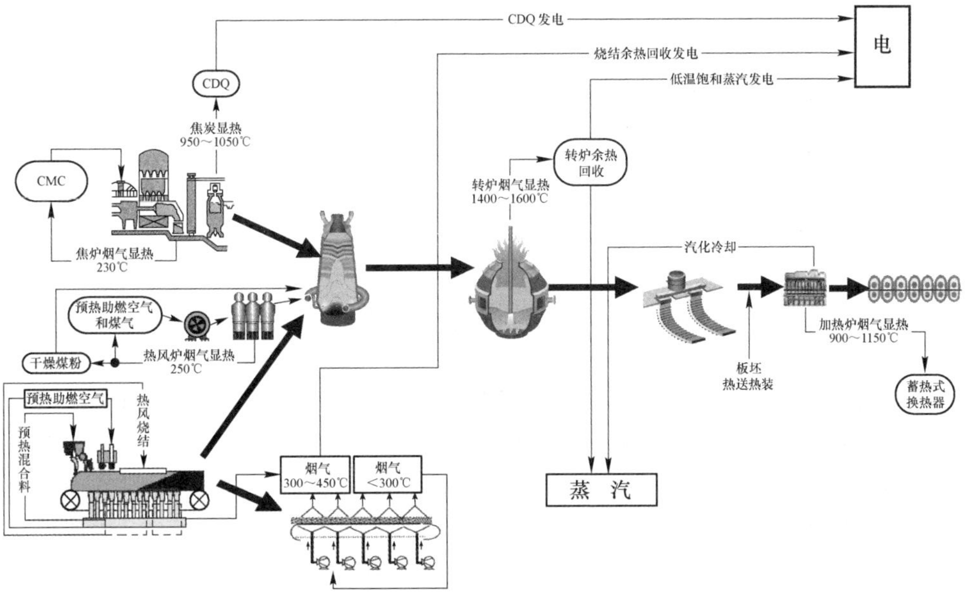

图 3-44 某钢铁联合企业优化后余热回收利用网络

由图 3-43 和图 3-44 可见，余热网络的优化主要体现在余热回收利用方式的不同。

优化前：焦炭显热采用热-动力联合利用方式，即 CDQ 蒸汽一部分用于汽轮机发电，还有一部分蒸汽被送至蒸汽管网供热用户使用，此时该企业的焦炭余热回收利用方式的能级差为 0.25；烧结矿显热和转炉烟气显热均采用纯热利用，其能级差分别为 0.60 和 0.66。

优化后：焦炭显热回收的蒸汽全部用于发电，采用纯动力利用，其能级差为 0.17；烧结矿显热理论上应采用纯动力利用，此时的能级差为 0.15，但是由于当前烧结矿冷却工艺限制了这种利用方式，因为采用环冷机或带冷机冷却烧结矿，导致冷却烟气温度分布不均，前段冷却烟气可以达到 400℃左右，而后段冷却烟气温度仅为 100℃左右，此时采用纯动力利用则是不合理的。合理的利用方式为，高温段烟气采用纯动力利用，后段低温冷却烟气采用纯热利用方式，此时的能级差达到 0.24 即为比较合理。对于转炉烟气显热采用纯动力利用时，其能级差为 0.1，最为合理。

因此，从能级匹配的角度，建议焦炭显热、烧结矿显热及转炉烟气显热采用纯动力的方式进行回收利用。由此可见，对于钢铁生产过程中余热资源的利用，应充分考虑余热资源的品质，按照能级匹配的原则，逐级回收、温度对口、梯级利用，尽可能实现“量”与“质”的匹配，力求能级差最小，提高余热资源的回收利用效率。

3.4.3　蒸汽网络分析

蒸汽是钢铁企业重要的能源介质之一，也是能量流网络的重要组成部分。蒸汽是除了煤气、电力外，钢铁企业消耗量第三位的能源介质，其地位不容忽视。根据对多家大中型钢铁企业的调研结果，由于企业蒸汽利用水平和余热回收水平不同，蒸汽在占钢铁企业总能耗的 5%~10%范围内波动，而回收利用的余热蒸汽量占蒸汽总量的 30%~95%不等。蒸汽系统的安全、稳定运行是企业安全、稳定、长周期运行的基础，其转换效率直接影响企业的能耗水平和能源成本。因此，优化蒸汽系统，合理生产和使用蒸汽，将对企业的系统节能发挥重要作用。

钢铁生产过程中，许多生产环节都需要蒸汽作为热源或动力源，不同环节对蒸汽的品位要求不同，对蒸汽的需求量也不相同。为了满足不同用户的使用要求，蒸汽管网的运行压力往往高于用户的需求，在使用过程中大量的高品质蒸汽需要减温减压以满足用户需求，由此造成了巨大的能量损失，整个系统的使用效率低下。另外，由于蒸汽本身的特点决定了其不易储存、不宜长距离运输，而且在使用过程中产生大量的冷凝水，对环境造成了一定的污染。此外，蒸汽系统与钢厂的煤气系统、电力系统具有紧密的联系，蒸汽系统利用合理与否会对煤气系统和电力系统造成影响，因此研究蒸汽系统的利用合理性对钢厂煤气系统和电力系统的优化利用具有积极意义。本节从钢厂蒸汽的生产、使用和分配及合理使用等方面进行研究，构建钢铁生产长流程的蒸汽网络，为钢铁制造流程能量流网络的构建与优化运行提供重要支撑，最终构建钢铁制造流程的能量流网络。

3.4.3.1 蒸汽网络的构成

钢铁企业蒸汽网络由蒸汽的始端节点（蒸汽的产生工序或设备）、终端节点（蒸汽的用户）以及连接器（蒸汽的输送管网等）构成。钢铁企业的蒸汽网络的始端节点主要包括余热锅炉、燃气/燃煤/掺烧煤气的燃煤锅炉和热电厂锅炉或汽轮机；终端节点主要包括各主体生产工序、食堂、浴室以及发电厂；连接器则主要指蒸汽管网。不论是蒸汽的始端节点还是终端节点，其分布较为广泛，主要与企业的平面布置图有关。

从蒸汽结构来看，由于不同企业的蒸汽利用和余热回收水平不同，其蒸汽的结构也有所差别，以某钢铁联合企业为例，其蒸汽结构见图 3-45。由此可见，该企业的蒸汽结构中锅炉蒸汽占 71.97%，其中纯烧煤气锅炉占 26.52%，热电厂的掺烧煤气的燃煤锅炉抽汽占 45.45%；而余热蒸汽仅占蒸汽总量的 24.98%，其主要原因是烧结余热蒸汽和 CDQ 蒸汽全部用于发电，未计入总量中。

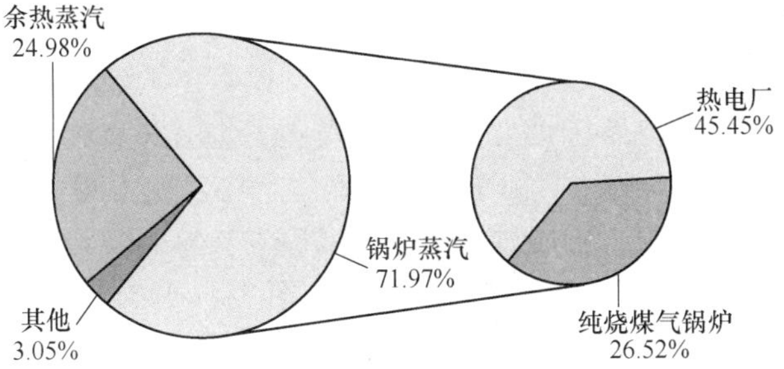

图 3-45 某钢铁联合企业蒸汽产生结构

另外，从蒸汽的品质划分，钢铁生产过程中产生及消耗的蒸汽主要包括中压蒸汽和低压蒸汽，其中中压蒸汽（>1.0MPa）主要用于高炉鼓风和真空精炼，而低压蒸汽（0.3~1.0MPa）的用途较广，主要用于企业的工艺加热、食堂与浴室等生活设施。中压蒸汽主要由热电厂锅炉及焦化厂的干熄焦设备产生，低压蒸汽主要来自烧结、转炉及加热炉的余热回收。蒸汽消耗用户遍布全厂，除了生产用汽外，还有生活用汽，而且因工序不同而对蒸汽品位的需求不同。其中中压蒸汽基本用于生产，主要有三种使用方式：一是直接用于生产；二是经发电设备产生电能，最后转化为低压蒸汽或凝结水；三是经减温减压后输入低压蒸汽管网。与中压蒸汽网络相比，低压蒸汽网络更复杂，低压蒸汽除用于生产外，还有众多的生活用户。

国内某钢铁联合企业的蒸汽消耗组成见图 3-46。由此可见，中压蒸汽的消耗量仅占消耗总量的 19.48%，而低压蒸汽占总量的比例则高达 61.95%，另外蒸汽的不平衡及损失量则高达18.57%。由此可见，低压蒸汽的利用是否合理直接影响全厂蒸汽的供应和放散。因此，对于蒸汽网络的构建与优化研究，低压蒸汽的优化利用和减少不平衡及损失量是蒸汽网络的研究重点。

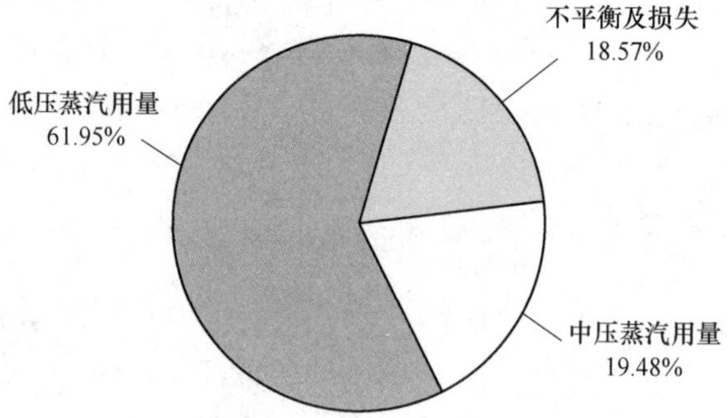

图 3-46　某钢铁联合企业蒸汽消耗结构

3.4.3.2　蒸汽网络的物理结构模型

蒸汽网络物理结构的描述是构建钢铁企业蒸汽网络的基础。因此，物理结构既要从全局上把握系统的描述，又要兼顾各单元设备在系统中的功能与地位。

钢铁联合企业的蒸汽系统是为工艺生产提供工艺用汽和加热热源，一般多以低于1.3MPa的低压蒸汽为主。由于钢铁生产过程中产生大量的副产煤气，除工艺生产需要外，富余的煤气则通过纯烧煤气锅炉或者掺烧煤气的燃煤锅炉产生中压或更高压力的蒸汽用于发电或汽动风机等。图3-47为某典型钢铁联合企业的蒸汽网络示意图。

由图3-47可见，钢铁企业蒸汽系统包括产生、输送、分配、使用和回收等多个环节，它们之间相互联系、相互影响。调研多家企业发现，钢铁企业蒸汽系统的特点可以总结如下：

（1）蒸汽产生源多，包括燃气锅炉、各工序的余热锅炉、电站锅炉以及汽轮机抽汽等。

（2）蒸汽用户多，包括生产用户和生活用户，并对蒸汽压力需求不同，蒸汽使用量随季节波动大。

（3）能源结构复杂，包括煤炭、各种副产煤气及过程余热。

（4）蒸汽管网复杂、输送距离远。蒸汽的产生源分散，用户分散，再加上不同用户对蒸汽的需求不同，因此蒸汽难免需要远距离输送，蒸汽管网纵横交织、错综复杂。

（5）有些生产工序既是蒸汽的产生源，又是蒸汽的用户，比如焦化工序、炼钢工序等。

这些特点均决定了蒸汽系统具有一定的复杂性，此外，由于蒸汽能耗在钢铁

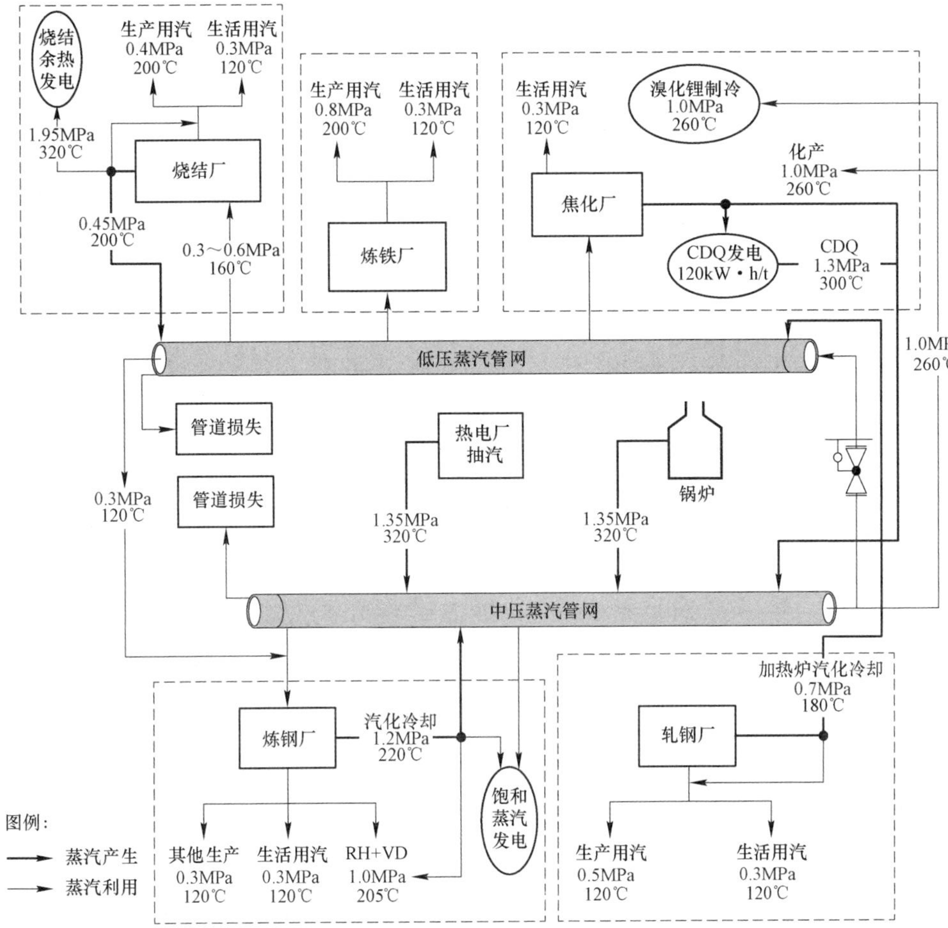

图 3-47　典型钢铁生产长流程蒸汽网络构成

企业中所占的比例相对较小而且是辅助系统，长期不被重视，因此蒸汽系统存在着许多问题，系统效率低，能源浪费严重。

根据钢铁企业蒸汽网络各部分的物理功能，可将其分为转换子系统、输送子系统和用户子系统，三个子系统之间相互制约、相互影响。蒸汽网络的物理结构模型见图 3-48。

（1）转换子系统。转换子系统是指产汽设备和转换设备，其功能是将不同形式的能量转换为钢铁生产过程中需要的蒸汽，主要包括余热回收设备、蒸汽动力设备、减温减压设备及热电机组。

（2）输送子系统。输送子系统主要是指蒸汽输送管网，其功能主要是将转换产生的蒸汽输送至各个用户。

（3）用户子系统。用户子系统是指蒸汽用户组成的系统，包括生产用户和

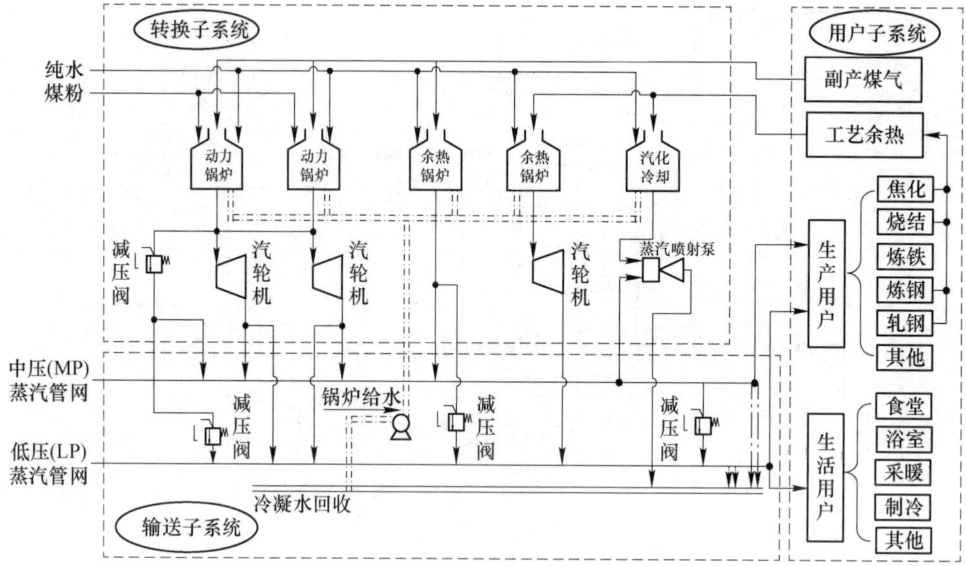

图 3-48　钢铁企业蒸汽网络物理结构模型

生活用户两类。

当然，划分蒸汽网络物理结构的角度是多种多样的，比如按蒸汽的来源、蒸汽的种类等，但是按蒸汽的物理功能来划分和描述蒸汽网络的物理结构是比较合理的。因为蒸汽网络的各部分物理意义清晰，能够为蒸汽的流结构模型奠定基础。

3.4.3.3　蒸汽网络的特点及存在的问题

蒸汽自身的特点决定了其不易储存、不宜长距离运输，而且在使用过程中产生大量的废水。钢厂为保证正常的生产和生活，产生的蒸汽量总是大于生产和生活所需的蒸汽量，由此导致蒸汽网络诸多问题，不但不利于企业的能源节约，有时还无法避免地导致蒸汽放散，造成能源浪费。通过对国内钢厂的蒸汽调研，总结出钢厂蒸汽网络存在以下特点和问题。

（1）蒸汽的损失量及不平衡量较大，并呈季节性变化。除了蒸汽本身的特点（不适合长距离输送、存在管损、在输送的过程中品质降低等）导致蒸汽的损失外，还有其他非常重要的因素影响蒸汽损失量的大小，如产生的蒸汽压力与蒸汽管网的运行压力的关系、用量与产生量的关系、用户与产生源的距离、管网的运行压力、蒸汽的计量水平等。由于调研数据中无法将不平衡量与损失量分开，因此以下所描述的蒸汽损失量及损失率均包括不平衡量和实际损失量两部分。

2010 年某企业蒸汽损失量及损失率见图 3-49。由图 3-49 可见，蒸汽损失量呈季节性变化，冬季、春季、夏季的损失量相对较大，初步分析认为，由于冬

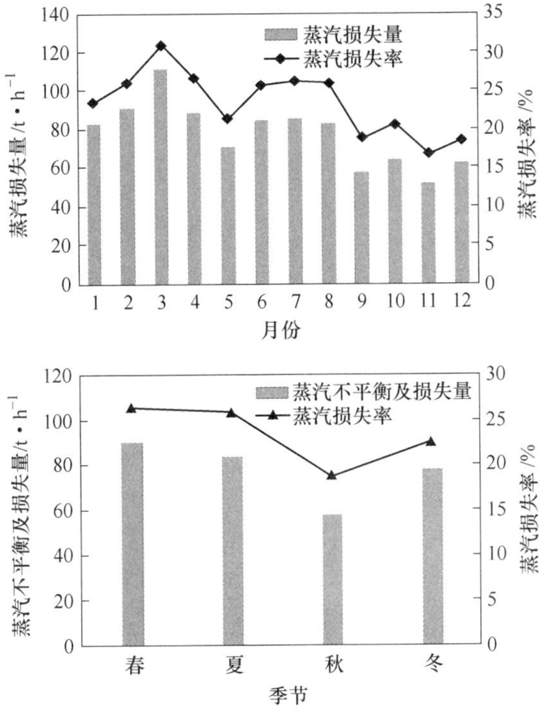

图 3-49 2010 年某企业蒸汽不平衡及损失量随月份和季节的变化趋势图

季、春季的生活用汽增加，但是由于部分用户没有计量，因此在统计时将该部分蒸汽消耗归入不平衡量。另外，夏季由于并网的压力相对较高，回收的余热蒸汽因压力低而无法并网，导致放散。2010 年蒸汽平均损失量为 77.26t/h，平均损失率为 23.39%，其中蒸汽损失最大的月份为 3 月，其损失量为 110.99t/h，损失率达 30.65%；损失最小的月份为 11 月，其损失量为 51.62t/h，损失率为 16.63%。如果将损失降到 11 月份的水平，则全年可减少蒸汽损失 23.08 万吨，相当于一能源 20t/h 锅炉 2010 年全年的蒸汽产量，还剩余 5.56 万吨。按全部是饱和蒸汽计，则年减少蒸汽损失带来的经济效益达 1384.8 万元。

（2）冬季、夏季蒸汽需求与供应差别大。由于蒸汽的使用量受用户的制约而呈季节性变化，图 3-50 显示某企业 2010 年蒸汽的使用量与供应量随月份、季节的变化情况。2010 年 3 月份的蒸汽小时产生量为 362.07t/h，而 9 月份为 306.33t/h，相差 18.20%。若以 2010 年的平均蒸汽产生量 330.31t/h 为基准，则全年可以挖掘蒸汽的潜力达 27.83 万吨。热电厂的抽汽量随季节性变化更为明显，冬季、春季抽汽量大，夏季、秋季抽汽量相对较少，见图 3-51。2010 年 1 月份抽汽量为 171.06t/h，9 月份为 129.27t/h，相差 32.33%。若以 2010 年热电厂的平均抽汽量为基准，则全年可以减少电厂抽汽 18.35 万吨，按 1t 蒸汽可发电

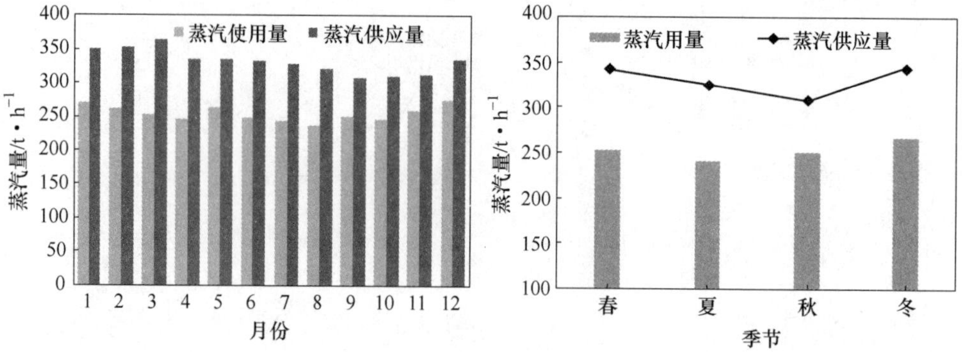

图 3-50 2010 年某企业蒸汽供应量与蒸汽使用量随月份和季节的变化趋势图

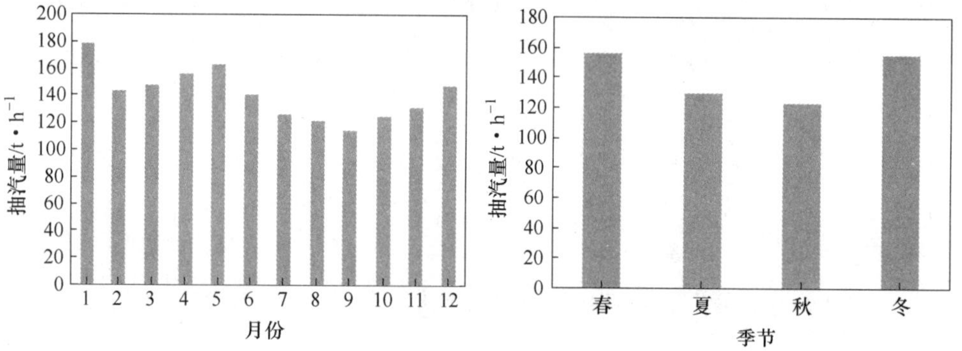

图 3-51 2010 年某企业热电厂抽汽量随月份和季节的变化趋势图

0.24kW·h 计，则全年可多发电 4.4 万千瓦·时。

（3）余热蒸汽回收受季节性影响。随着节能意识的提高，各企业加强了对余热蒸汽的回收利用，尽可能多地回收余热蒸汽。这不仅可以提高能源的利用效率、降低企业能耗，而且在满足蒸汽用户的同时，还能为企业创造良好的经济效益。

夏季由于气温较高，余热蒸汽的回收量也相对较大，见图 3-52。另外，由于夏季蒸汽管网的运行压力相对较高，导致部分余热蒸汽无法上网，再加上蒸汽用户比冬季少等原因，导致回收的余热蒸汽又白白放散损失，造成巨大的经济浪费。

（4）蒸汽不能按质用能和梯级利用。根据能源高效利用的思想，蒸汽生产应根据蒸汽用户的需求而变化，应尽量满足“温度对口、梯级利用”的原则。蒸汽在生产时，尤其是余热蒸汽应根据余热资源的“数量”和“质量”以及用户对蒸汽参数的需求，在供需之间尽量做到能级匹配，在符合技术和经济要求的条件下，选择合理的用能工艺和设备，使回收的余热蒸汽发挥最大的经济效益和环境效益。

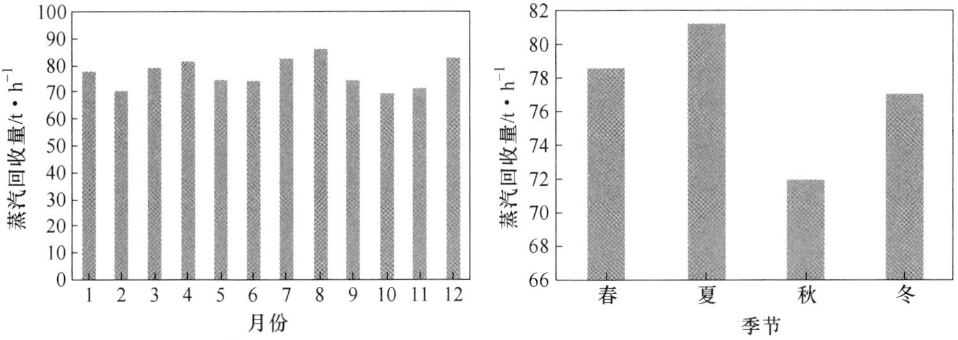

图 3-52　2010 年某企业余热蒸汽回收量随月份和季节的变化趋势图

但是，很多企业在蒸汽利用方面，仍比较粗放，没有做到“按质用能，梯级利用”。前面已经介绍，钢厂的蒸汽消耗除了高炉鼓风和真空精炼等工艺用汽以外，大多数为低压蒸汽用户。因此，从蒸汽网络的始端节点到终端节点，设置了多个减温减压装置，以满足蒸汽用户的要求。图 3-53 给出了某企业蒸汽的产生与使用的匹配关系。可见，该企业蒸汽降级使用比例非常高，中压蒸汽通过减温减压装置降为低压蒸汽的比例高达 62. 44%。这是极其不合理的，造成了巨大的能源浪费。

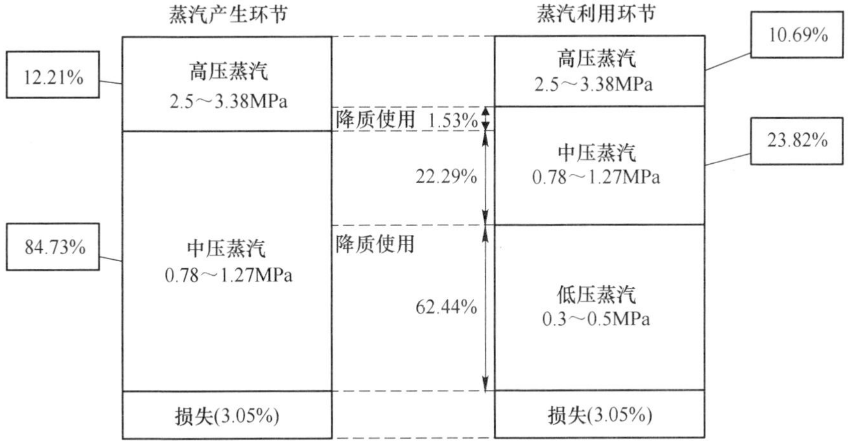

图 3-53　某企业蒸汽产生与使用的匹配关系

（5）蒸汽计量偏差大，计量仪表有待进一步完善。多数企业在蒸汽管理方面比较薄弱，尤其体现在蒸汽计量仪表的配备方面较为薄弱，很多企业的蒸汽仪表只配备到厂级计量，而在厂内具体的蒸汽用户部位的蒸汽仪表配备不完善，甚至没有配备计量仪表，即使有计量仪表，其准确性也没有保证。另外对于蒸汽管道的维护也不够重视，很多管道的保温层破损，势必造成蒸汽在输送过程中的损失。

3.4.3.4 蒸汽网络的能量流分析

钢铁企业的蒸汽网络是为推动工艺过程进行提供所需能量的单元或子网络，是钢铁企业能量流网络的重要组成部分。钢铁工业属于过程工业，具有过程工业的一切特性。过程系统技术是在工艺技术和设备技术之上的一种全局性综合技术。从硬件技术（群）的角度说，包括控制、操作、设计三个层面；从软件技术（群）的角度考虑，包括管理、营销和投资决策三个层面。它们之间存在着密切的相互关系。有学者提出过程系统综合集成的层次结构[36]。过程工业企业活动存在三种状态：

（1）定常生产。定常生产是指在现实的工艺、设备和流程下，在设计给定的原料、产品和操作条件下正常运行。此时只有控制优化问题，即如何保证各参数稳定在优化值。

（2）实际运行。原料、产品需求和加工量均随市场条件而变化，气候等环境条件和设备状况也在变化，且均是偏离设计工况，因而存在着运行优化问题。

（3）再生产。因市场变化（扩大）或技术进步，企业面临不扩容的技术改造（简单再生产）或扩产改造（扩大再生产）的投资决策，因而提出来设计优化问题。

因此，过程系统优化不应片面理解为单纯的控制优化或操作优化，而是应在所有层面、所有状态下的全局运作的总体优化。

该层次结构模型对于钢铁企业的蒸汽网络也完全适用。当然，相对于整个钢铁企业的能量流网络来说，蒸汽网络的功能层次模型相对单一。因此，研究蒸汽网络多层次一体化集成建模，不仅对于指导钢铁企业蒸汽网络全面优化具有实际意义，而且对于整个钢铁企业能量流网络构建的理论和技术研究具有重要的学术意义。

网络的构建离不开对结构的认识，为了实现蒸汽网络多层次一体化集成建模，需要从不同角度建立两种相互连接的系统结构：物理结构、流结构。物理结构是设备和系统硬件物理组元的反映，是系统集成建模与优化的基础；流结构是对软件和硬件技术两方面综合集成的系统构成、静态与动态特性及相互协调关系的描述。

A 蒸汽网络的能量流模型

上述所说的物理结构及其模型描述的是静态的蒸汽网络，而能够使蒸汽网络动态运行的是连接组元的流。蒸汽网络中的流主要是以能量流的形式存在，当然也存在物质流（比如给水）和信息流。本节重点介绍蒸汽网络的能量流模型。

能量流是钢铁企业蒸汽网络中最重要的流，图 3-54 是按照三环节理论构建的蒸汽网络能量流结构模型。

由图 3-54 可见，在蒸汽转换环节中，钢厂副产煤气及外购煤炭等能源通过

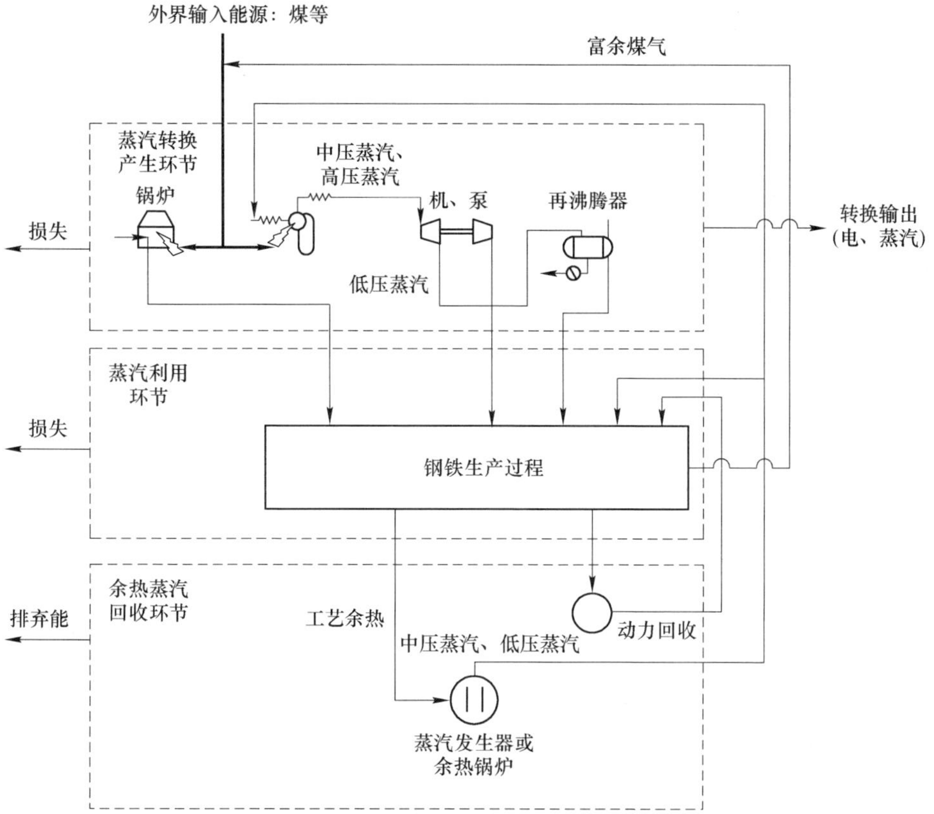

图 3-54　钢铁企业蒸汽网络能量流结构模型

锅炉被转换为蒸汽。需要特别指出的是此处消耗的副产煤气是钢铁主体生产工艺消耗剩余的副产煤气，由于钢厂煤气柜的储存能力有限，因此，这些锅炉是副产煤气重要的缓冲用户，当煤气富余量多时，锅炉消耗的煤气量就多；反之，锅炉消耗的煤气量就少。

中压蒸汽、高压蒸汽通过汽轮机发电，再通过风机、泵等将电能转换为机械能供钢铁生产过程中使用；蒸汽也可以直接带动风机或泵将蒸汽转换为工艺生产需要的机械能。在蒸汽的利用环节，蒸汽转换为机械能用于钢铁生产过程中需要的设备（比如真空泵、风机等）；蒸汽作为热源利用时，将蒸汽的热能用于物料加热或生活设施。在回收环节，钢铁生产过程中产生的余热通过余热锅炉或汽化冷却器等产生蒸汽，回收的蒸汽再次回到蒸汽转换和利用环节，构成一个新的循环。

由以上分析可知，钢铁企业蒸汽网络可以分为转换子系统、输送子系统和用户子系统，因此，分别对其能量流模型进行数学描述。

a　蒸汽网络始端节点的能量流模型

钢厂蒸汽网络的始端节点主要是蒸汽的产生设备，主要包括燃料锅炉、余热锅炉和电厂抽汽。燃料锅炉是当前钢铁企业必备的动力设备，也是钢铁业蒸汽网络转换子系统中的重要组成部分之一，企业配备燃料锅炉的主要原因有三个：一是作为稳定的蒸汽生产源，生产高品位的蒸汽供生产使用；二是作为副产煤气的缓冲用户，消耗企业富余的煤气资源；三是稳定和平衡蒸汽管网压力。余热锅炉是钢铁企业回收生产过程中产生余热的重要转换设备，也是钢铁企业蒸汽网络转换子系统的重要组成部分之一。钢铁企业蒸汽网络转换子系统的另外一个组成部分是电厂抽汽，其抽汽量主要受燃料锅炉的产汽量和余热锅炉的蒸汽产生量以及蒸汽用户使用量的影响，而燃料锅炉和余热锅炉的产汽量可以根据其能量流的输入-输出计算得出。钢厂产生的各类蒸汽的典型参数见表 3-13。

表 3-13　钢厂产生的主要蒸汽典型参数

始端节点	蒸汽压力/MPa	蒸汽温度/℃	备注
CDQ 余热锅炉	4.6	450	中温中压
	9.5	540	高温高压
焦炉烟气余热回收系统	0.4~0.8	175~195	中、低压
烧结余热锅炉	0.4~1.95	150~365	中、低压
转炉汽化冷却系统	0.78~1.3	175~200	中、低压
轧钢加热炉汽化冷却系统	0.78~1.3	175~200	中、低压
高温高压自备电站锅炉	9.81	540	高温高压
中温中压自备电站锅炉	4.6	450	中温中压

（1）燃料锅炉的能量流模型。钢厂的燃料锅炉包括燃煤锅炉、纯烧煤气锅炉和掺烧煤气的燃煤锅炉。随着钢厂节能技术水平的提高，钢厂副产煤气的富余量和余热回收的蒸汽量越来越多，钢厂的燃煤锅炉相对减少。因此，当前钢厂的燃料锅炉主要是纯烧煤气锅炉和掺烧煤气的燃煤锅炉。根据燃料锅炉能量流的输入-输出可以得出：

$$\eta \sum_{i=1}^{k} (b_i B_i) = G_{rl}(h_{gr} - h_{gs}) + G_{ps}(h_{ps} - h_{gs})$$

式中　G_{rl} ——蒸汽产量，t/h；

G_{ps} ——燃料锅炉排污量，一般取 $0.05G_{rl}$，t/h；

B_i ——第 i 种燃料的消耗量，t/h 或 m^3/h；

b_i ——第 i 种燃料的折标准煤系数，kgce/t 或 $kgce/m^3$；

h_{gr}，h_{gs}，h_{ps} ——分别为蒸汽、给水和排污的比焓，kJ/kg；

η ——锅炉效率，%。

上式的左侧为燃料锅炉得到的有效热量，右侧为蒸汽的焓值和排污的焓值。通过上式，可以进一步推导得出燃料锅炉的蒸汽产生量：

$$G_{rl} = \frac{\eta \sum_{i=1}^{k} (b_i B_i) - G_{ps}(h_{ps} - h_{gs})}{h_{gr} - h_{gs}}$$

由此可以看出，影响燃料锅炉蒸汽产生量的主要因素为锅炉的效率、燃料消耗、蒸汽的品质、给水以及排污的热焓。当蒸汽的品质和消耗的燃料一定时，锅炉的效率越高，产汽量越多；当锅炉的效率和消耗的燃料一定时，蒸汽品质越高，则产汽量越少。由于钢铁企业蒸汽的品质根据企业的蒸汽用户需求而定，因此蒸汽的品质基本上是固定不变的，因此，钢厂锅炉产汽量的多少主要与锅炉的效率和燃料消耗量有关，而锅炉的效率则与锅炉的负荷紧密相关。京唐钢厂对其300MW 掺烧煤气的燃煤锅炉的热效率进行了测试[37]，测试结果表明：当纯烧煤粉时，其锅炉热效率最高点出现在 250MW 负荷时；当掺烧煤气时，其锅炉热效率最高点出现在 200MW 时，见图 3-55。由此可见，锅炉的热效率并不是随着锅炉负荷的增加而增加，而是存在一个最佳负荷。最佳效率大约在锅炉额定蒸发量的 85%~100%范围内。低于 80%负荷或短时超过 100%负荷运行，锅炉效率将急剧下降，这就是一般锅炉效率与负荷之间的关系。

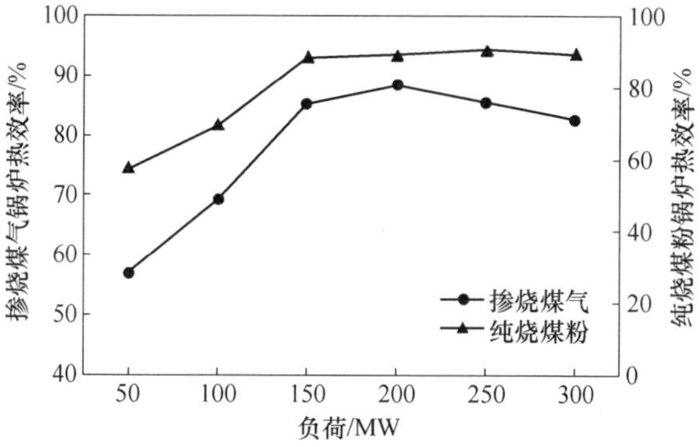

图 3-55 京唐钢厂 300MW 掺烧煤气燃煤锅炉不同负荷下热效率的变化

（2）余热锅炉的能量流模型。余热锅炉与燃料锅炉最主要的区别在于加热热源的不同，余热锅炉的热源主要是生产过程中高温烟气余热，因此，其运行服从于生产工艺。

目前钢厂的余热锅炉主要应用于焦化、烧结、转炉炼钢和热轧等工序，主要回收各工序产生的余热资源，降低工序能耗，同时为企业生产和生活提供蒸汽或直接用于汽轮机发电。由于各个工序的余热资源品质不同，回收的蒸汽差别很大，既有“量”的差异，也有“质”的区别。本节将分析和构建余热锅炉的能量流模型及各工序可产生蒸汽的最高品质。

图 3-56 中，Q_{heat} 和 E_{heat} 分别为余热资源的热量和㶲值；Q_{steam} 和 E_{steam} 分别为回收蒸汽的热量和㶲值；Q_{loss} 和 E_{loss} 分别为余热锅炉表面散热、排烟等损失的热量和㶲值；Q_{pw} 和 E_{pw} 分别为余热锅炉排污损失的热量和㶲值；Q_{water} 和 E_{water} 分别为余热锅炉给水的热量和㶲值；E_{in} 为余热锅炉内部不可逆㶲损失。各种热量和㶲值的单位为 kJ/t 产品或 kJ/h。它们之间存在下列关系：

$$Q_{heat} + Q_{water} = Q_{steam} + Q_{pw} + Q_{loss}$$

$$E_{heat} + E_{water} = E_{steam} + E_{pw} + E_{loss} + E_{in}$$

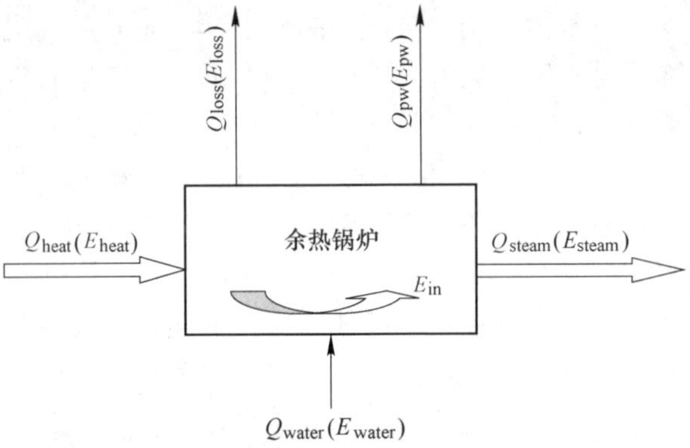

图 3-56　余热锅炉能量流图

则由以上两式可以利用反平衡法测得余热锅炉的热效率 η_Q 和㶲效率 η_E 分别为

$$\eta_Q = 100 - \frac{Q_{pw} + Q_{loss}}{Q_{heat} + Q_{water}}$$

$$\eta_E = 100 - \frac{E_{pw} + E_{loss}}{E_{heat} + E_{water}}$$

则余热蒸汽产量为

$$G_{yr} = \eta_Q \frac{Q_{heat}}{Q_{steam} - Q_{water}} = \eta_Q \frac{Q_{heat}}{\sum h_{steam} - \sum h_{water}} = \eta_Q \frac{V_y C_y (t_{in} - t_{out})}{\sum h_{steam} - \sum h_{water}}$$

式中　V_y——余热烟气量，m^3/t 或 m^3/h；

C_y——余热烟气的平均定压比热容，kJ/(m^3 · ℃)；

t_{in}，t_{out}——余热烟气进、出锅炉的温度，℃；

h_{steam}，h_{water}——分别为锅炉产生蒸汽和给水的热焓，kJ/kg。

由上式可以发现，余热蒸汽的产量与余热资源量和品质、产生的蒸汽品质、锅炉给水热焓以及余热锅炉的效率有关，其中余热资源量和锅炉热效率是影响余热蒸汽产量的主要因素，下面分别对这两个因素进行讨论。

1）余热温度及资源量对蒸汽品质和产量的影响。钢铁生产过程中产生的余热资源温度受工艺条件的限制，比如焦炭的推焦温度、烧结机尾烧结矿的温度、转炉烟气温度等。在其他运行条件相对稳定的情况下，提高锅炉入口废气的温度对增加蒸汽产量和改善热效率均起着关键性作用。入口废气温度越高，在蒸汽参数相同的条件下，锅炉产汽量越多，但是，对于高温固体而言，回收的废气温度越高，则冷却效果会随之下降。所以，干熄炉或烧结冷却机的气体温度需控制在一定的范围之内，使整个系统运行效果最优。比如宝钢在对烧结余热锅炉热平衡测定时发现，锅炉入口废气温度和产汽量几乎呈直线关系[38]。入口废气温度每升高 10℃，则冷却机锅炉产汽量增加 2.7t/h。因此，余热系统可通过采用一次循环，并控制冷却风量，使冷却机入口废气温度控制在 80～120℃之间的方式，提高余热锅炉产汽量。

另外，可回收的蒸汽品质主要受到余热温度的影响，当余热温度越高，则理论可产生的蒸汽品质越高。现有技术条件下，可回收利用的烟气余热中，除了转炉烟气显热外，其他烟气余热均属于中低温余热，因此，产生的蒸汽品质较低。由图 3-57 可知，在不考虑余热资源量，只考虑余热温度的情况下，当烟气余热传给水的温度可达 374℃时，此时回收的蒸汽压力则可达临界压力。

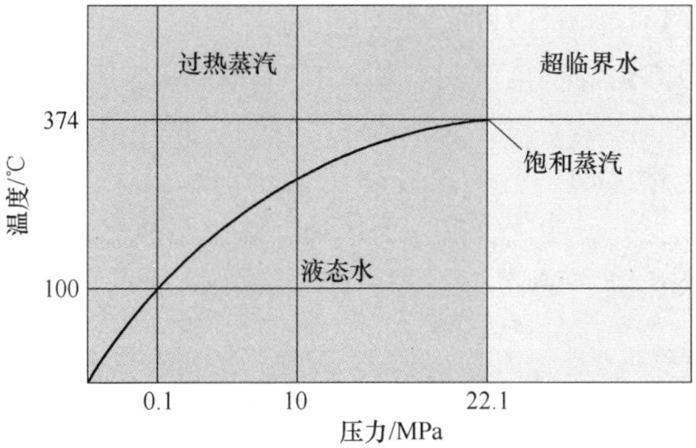

图 3-57　水的压力-温度相图

提高蒸汽压力和温度虽然可以提高蒸汽的㶲值，但是，这将减小烟气与蒸汽之间的传热温差，减少通过每立方米烟气产生的蒸汽量，所以从烟气中回收的㶲值未必增加。因此针对不同的烟气温度，存在一个最佳的蒸汽压力，此时从烟气中回收的㶲最大，见图 3-58。

由图 3-58 可见，烟气的温度越高，则对应的最佳蒸汽压力也越高。对于余热发电而言，并不是回收的蒸汽参数越高越好，发电系统的做功能力与热源的温度参数、热力系统配置及蒸汽参数有关，而蒸汽参数则存在一个最佳值。另外，

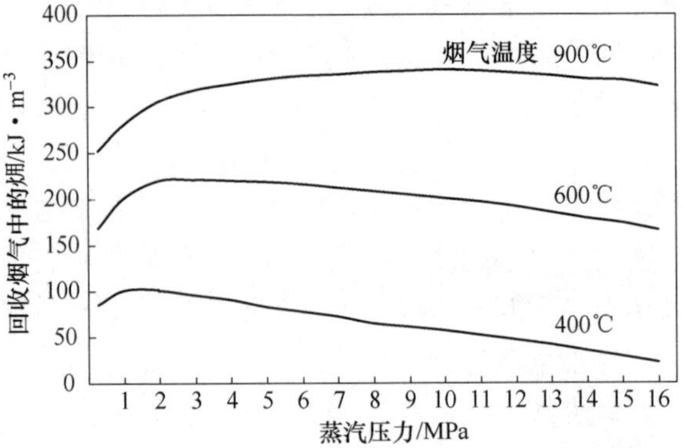

图 3-58 烟气中回收的㶲值与蒸汽压力的关系

对于低于 600℃的烟气余热，回收蒸汽的最佳压力在 2MPa 左右，完全可以满足钢厂的生产和生活需求。

2）锅炉效率对蒸汽产量的影响。锅炉的正常运行是提高蒸汽产量和余热回收效率的重要保障，但是余热锅炉的正常运行除了受自身设备运转的影响之外，还与工艺生产的正常运行与否和蒸汽管网压力有关。工艺设备故障及停机次数较多时，会直接影响蒸汽的回收量。以烧结机为例，停机时间长时，只能关闭锅炉循环风机，暂停锅炉运行；停机时间短时，虽然可以采用限制废气流量、锅炉保压的操作方法，但因热源逐渐降温，使入口废气温度、产汽量均受到较大影响。有的企业回收的烧结余热蒸汽并入公司蒸汽管网，受公司蒸汽管网影响较大。当公司蒸汽管网压力增大时，就会迫使烧结余热锅炉限产或蒸汽放散。特别是夏季，蒸汽用户减少，公司蒸汽管网压力增加，烧结余热蒸汽并网困难，在一定程度上影响了烧结余热蒸汽的回收。转炉烟气和轧钢加热炉余热回收存在同样的问题。

（3）减温减压器的能量流模型。减温减压器的作用是将蒸汽从较高温度和较高压力降低到用户所需要的相对低的温度和压力，蒸汽通过减温减压器时会损失一部分能量，降低做功能力，所以原则上应尽量不使用减温减压器，其能量流模型为

$$G_{in} = \frac{h_{w,\ in} - \varphi \times h_{w,\ out} + h_{s,\ out} \times (\varphi - 1)}{h_{w,\ in} - \varphi \times h_{w,\ out} + h_{s,\ in} \times (\varphi - 1)} \times G_{out}$$

式中 G_{in}，G_{out}——分别为进入和离开减温减压器的蒸汽流量，t/h；

$h_{w,\ in}$，$h_{w,\ out}$——分别为进口、出口水的焓值，kJ/kg；

$h_{s,\ in}$，$h_{s,\ out}$——分别为进口、出口蒸汽的焓值，kJ/kg；

φ——未蒸发水量占总水量的比例，%。

（4）蒸汽产生量的计算模型。由以上分析可知，蒸汽的转换设备主要包括燃

料锅炉及分布在各主体生产工序的余热锅炉，蒸汽的产生量及品位受蒸汽需求量、余热资源量和稳定性的影响而随时间变化。因此，蒸汽产生量的多少，实际上是各始端节点（即各转换设备）单位时间蒸汽流量的统计值，可以用下列各式表示：

$$G_i = \int_{t_0}^{t_1} \sum_{j=1}^{n} \sum_{k=1}^{m} b_k \cdot g_{i,j}^{k}(t)\,\mathrm{d}t$$

$$G = \frac{1}{1000} \sum_{i=1}^{l} G_i$$

式中 $g_{i,j}^{k}(t)$ ——第 i 工序第 j 生产单元生产的第 k 种品位的蒸汽量，t/h；

b_k ——第 k 种品位蒸汽的折标准煤系数，kgce/t；

k ——蒸汽的等级品位，$k=1, 2, 3, \cdots, m$；

G_i ——第 i 工序的蒸汽产量，kgce；

G ——企业统计期内的蒸汽产生总量，tce。

b 蒸汽网络终端节点的能量流模型

钢铁企业蒸汽网络的终端节点主要指各蒸汽用户，主要包括各主体生产工序的生产用户、食堂、浴室以及发电厂，其中发电用蒸汽不作为本节的主要研究内容。因此，本节蒸汽网络的终端节点主要包括主体生产工序的生产用户和生活用户。蒸汽在不同终端节点的用途见表 3-14。由此可见，压强大于 1.0MPa 的蒸汽主要用于焦化化产的氨解析和精馏、高炉鼓风和钢水精炼的抽真空；压强小于 1.0MPa 的蒸汽主要用于加热、干燥和保温。

表 3-14 钢厂蒸汽用途统计

主要用户	不同压强蒸汽对应用途					
	< 0.3MPa		0.3~1.0MPa		>1.0MPa	
	用途	用汽特点	用途	用汽特点	用途	用汽特点
焦化工序	加热	连续	蒸馏、加热	连续	氨解析和精馏	连续
烧结工序	加热、补水	间断	吹扫	间断	—	—
高炉炼铁	保温、休风赶煤气	间断	鼓风调湿	连续	汽动鼓风	连续
炼钢工序	加热、干燥、保温	间断	—	—	抽真空	间断
热轧工序	烘干	间断	加热、干燥	连续	—	—
冷轧工序	加热、保温	间断	加热、干燥	连续	—	—
辅助工序	—	—	加热、干燥	连续	—	—
生活用户	采暖、加热	间断	—	—	—	—

由于本节的研究重点在于流程层次蒸汽网络的构建，蒸汽终端节点如何使用不作为本节的研究重点，因此终端节点的能量流模型只考虑不同品质蒸汽的需求量。蒸汽需求量主要受生产工艺和用户的影响，实际上是各终端节点（即蒸汽用户）单位时间蒸汽流量的统计值，可以用以下两个式子表示：

$$G_i^{c} = \int_{t_0}^{t_1} \sum_{j=1}^{n} \sum_{k=1}^{m} b_k \cdot g_{i,j}^{c-k}(t)\,dt$$

$$G^{c} = \frac{1}{1000} \sum_{i=1}^{l} G_i^{c}$$

式中　$g_{i,j}^{c-k}(t)$ ——第 i 工序第 j 生产单元消耗的第 k 种品位的蒸汽量，t/h；

G_i^{c} ——第 i 工序的蒸汽消耗量，kgce；

G^{c} ——企业统计期内的各终端节点蒸汽消耗总量，tce；

t_0，t_1 ——分别为统计期的起始时间点和终止时间点，min 或 h。

B　富余蒸汽量分析

蒸汽首先要满足蒸汽用户的需求，只有蒸汽产量和消耗量都稳定的前提下，蒸汽的富余量才有可能达到最小。实际情况是，蒸汽的产生和使用时刻发生变化，蒸汽网络是一个动态的平衡，蒸汽富余量也时刻发生变化。钢厂为了保证正常生产，蒸汽供应量通常大于需求量，所以，蒸汽通常是富余的，若不合理利用势必将导致蒸汽放散。因此，如何合理利用富余蒸汽，并通过有效措施高效利用这部分蒸汽，是蒸汽网络需要解决的重要内容之一。

由于生产运行的不稳定及生活需求量的不断变化，钢铁企业的蒸汽发生量和消耗量随时间变化很大，蒸汽剩余量也随时间变化。本节的蒸汽剩余量是指单位时间（1h）内钢铁企业生产的蒸汽量扣除主生产工序（包括焦化、烧结/球团、炼铁、炼钢、热轧、冷轧等）和生活消耗、管网损失后的剩余部分。

连接钢厂蒸汽网络的始端节点和终端节点的单元为连接器，主要指蒸汽管网。蒸汽管网在输送蒸汽的过程中蒸汽的流动为不稳定流动，流动过程中蒸汽受各种因素的影响，一部分影响因素与终端节点（即蒸汽用户）有关，比如蒸汽用户用汽的不稳定性、新接入或切断用户等；还有一些因素与用汽无关，比如有计划或应急接入或关掉汽轮机组、调节汽轮机抽汽量、锅炉燃料及余热品质变化导致的蒸汽品质和数量的变化等。这些因素在管网中随着蒸汽沿着输送管道向前传播，从而导致蒸汽流量、压力和温度随着时间在管网沿线不断发生变化。

蒸汽的损失量包括管网损失和放散损失，由于受蒸汽消耗用户的影响，蒸汽使用量不断变化。如果蒸汽发生量不能及时得到调整，必然会造成蒸汽管网的波动，增大蒸汽管网和放散量损失，由此可见，蒸汽损失量的大小，实际上也是单位时间流量的统计均值。所以第 k 种品位的蒸汽小时损失量可以用下式来表示：

$$G_i^{s} = \int_{t_0}^{t_1} \sum_{j=1}^{n} \sum_{k=1}^{m} b_k \cdot g_{i,j}^{s-k}(t)\,dt$$

$$G^{s} = \frac{1}{1000} \sum_{i=1}^{l} G_i^{s}$$

式中 $g_{i,j}^{s-k}(t)$ ——第 i 工序第 j 生产单元损失的第 k 种品位的蒸汽量，t/h；

G_i^{s} ——第 i 工序的蒸汽损失量，kgce；

G^{s} ——企业统计期内的各终端节点蒸汽损失总量，tce。

由以上分析可知，蒸汽的富余量为

$$\Delta G = G - G^{c} - G^{s} = \frac{1}{1000}\left(\sum_{i=1}^{l} G_i - \sum_{i=1}^{l} G_i^{c} - \sum_{i=1}^{l} G_i^{s}\right)$$

蒸汽网络是否优化，直接体现为富余蒸汽量的多少：当富余蒸汽量为零时，蒸汽网络始端节点与终端节点的蒸汽量和连接器无法避免的损失量平衡，此时蒸汽网络最为合理；当富余蒸汽量大于零时，蒸汽网络始端节点提供的蒸汽量大于终端节点蒸汽需求量与连接器无法避免的损失量之和，当富余的蒸汽参数不满足发电要求时，势必造成蒸汽放散，造成能源浪费；当富余蒸汽量小于零时，说明蒸汽网络始端节点提供的蒸汽量无法满足终端节点，即生产用户的需求，势必影响企业的效益，甚至导致企业无法正常生产运行。因此，钢厂的蒸汽网络应保证全厂正常生产运行的前提下，尽量做到蒸汽网络始端节点与终端节点的蒸汽量和连接器无法避免的损失量平衡，减少放散。

由以上分析可知，影响蒸汽富余量的主要因素包括始端节点蒸汽的产量、终端节点蒸汽的消耗量和连接器蒸汽的损失量。这三个因素又与主要生产工序的钢比系数、工序蒸汽产量（主要是余热回收利用水平）和工序的蒸汽消耗量有直接关系，另外还受到生产的稳定性、生产计划及检修计划等的影响。

通过调研得知，目前多数企业存在蒸汽大量放散的问题。由于蒸汽的产生和使用都是时刻发生变化的，即使以小时为单位，钢厂蒸汽的产生量和使用量也发生变化。比如，主体生产工艺和余热锅炉均正常生产时，蒸汽的产生量基本稳定，但是当生产工艺不稳定或出现故障时，导致锅炉被迫停产，蒸汽的产生量会减少；当蒸汽用户，尤其是蒸汽消耗大户（焦化化产、精炼等）检修或出现故障时，蒸汽的消耗量会发生较大的变化。因此，蒸汽的富余量存在一个最大值和最小值，可以通过下式进行表示：

最小值： $g_{\min}^{a-k}(t) = g_{\min}^{k}(t) - g_{\max}^{c-k}(t) - g_{\max}^{s-k}(t)$

最大值： $g_{\max}^{a-k}(t) = g_{\max}^{k}(t) - g_{\min}^{c-k}(t) - g_{\min}^{s-k}(t)$

式中 $g_{\min}^{a-k}(t)$，$g_{\max}^{a-k}(t)$ ——第 k 种蒸汽的小时最小和最大富余量，t/h；

$g_{\min}^{k}(t)$，$g_{\max}^{k}(t)$ ——第 k 种蒸汽的小时最小和最大产生量，t/h；

$g_{\min}^{c-k}(t)$，$g_{\max}^{c-k}(t)$——主工艺第 k 种蒸汽的小时最小和最大消耗量，t/h；

$g_{\min}^{s-k}(t)$，$g_{\max}^{s-k}(t)$——第 k 种蒸汽的小时最小和最大损失量，t/h。

蒸汽作为能量流网络中重要的能量流，为了保证生产的正常运行，其供应量总是过剩的，所以蒸汽的富余量总为正值，而且蒸汽的剩余量随时间变化大且波动频繁，导致蒸汽放散。蒸汽利用水平的高低，主要体现在钢厂余热蒸汽的利用水平上。解决好余热蒸汽的回收与利用，是减少蒸汽放散的最有效的方式。

参考文献

[1] 上官方钦．钢铁工业企业 CO_2 排放计算方法及评估［D］．北京：钢铁研究总院，2010.

[2] 殷瑞钰．冶金流程工程学［M］．2 版．北京：冶金工业出版社，2009.

[3] 殷瑞钰．冶金流程集成理论与方法［M］．北京：冶金工业出版社，2013.

[4] 袁伟刚．利用焦炉回收废塑料工艺的开发［J］．冶金管理，2007（3）：58-60.

[5] 郑文华，于振东，文相浩．大型焦炉能量流研究［J］．中国冶金，2009，19（11）：40-44.

[6] 周继程．钢铁制造流程能量流网络构建与案例研究［D］．北京：钢铁研究总院，2014.

[7] 金永龙，张军红，徐南平，等．烧结工艺综合节能与环保的现状与意义［J］．冶金能源，2002，21（4）：12-16.

[8] 胡长庆，张玉柱，张春霞．烧结过程物质流和能量流分析［J］．烧结球团，2007，32（1）：16-21.

[9] 叶匡武．烧结过程、球团过程的能量流和优化选择［J］．烧结球团，2010，35（1）：1-6.

[10] 胡长庆．物质流、能量流分析与新一代钢铁制造流程［D］．北京：钢铁研究总院，2006.

[11] 周继程，赵军，张春霞，等．炼铁系统物质流与能量流分析［J］．中国冶金，2012，22（3）：50-55.

[12] 成兰伯．高炉炼铁工艺及计算［M］．北京：冶金工业出版社，1991.

[13] 周传典．高炉炼铁生产技术手册［M］．北京：冶金工业出版社，2008.

[14] 陈家祥．钢铁冶金学（炼钢部分）［M］．北京：冶金工业出版社，1990.

[15] 郦秀萍．高炉—转炉区段工艺技术界面热能工程分析［D］．沈阳：东北大学，2005.

[16] 苑安民，钱惠国，邢跃，等．连铸坯热装对加热炉热效率的影响［J］．冶金能源，2000，19（5）：28-31.

[17] Li Xiuping，Zhang Chunxia，Han Weigang，et al. Optimization of interface material flow operation of BF-BOF section［C］//The 14th Japan-China Symposium on Science and Technology of Iron and Steel Toward the strongest countries for iron and steel technology. Sendai：The Iron and Steel Institute of Japan & The Chinese Society for Metals，2016.

[18] 韩伟刚，郦秀萍，施一新，等．基于排队论“一包到底”模式的在线铁水包数量［J］．钢铁，2013，48（5）：21-24.

[19] 杨春政．新一代钢铁流程运行实践［J］．钢铁，2014，49（7）：30-40.

[20] 韩伟刚，郦秀萍，张春霞，等．铁水包空包加盖保温效果［J］．钢铁，2015，50（12）：

91-94.
[21] 韩伟刚，郦秀萍，张春霞，等．“一包到底”模式中的尾包问题研究［J］．炼铁，2016（5）：53-55.
[22] 韩伟刚，郦秀萍，刘建华，等．首钢京唐 5500m^3 高炉出铁过程铁水温降规律［J］．钢铁，2017，52（6）：13-17.
[23] 周继程，郦秀萍，韩伟刚，等．炼铁-炼钢界面模式与铁水罐多功能化技术及案例分析［J］．钢铁，2017，52（4）：94-98.
[24] 石鑫越．棒线材流程连铸-轧钢区段运行节奏优化及仿真研究［D］．北京：钢铁研究总院，2018.
[25] 石鑫越，郦秀萍，徐霞，等．沙钢连铸-轧钢区段铸坯热送热装工艺实践［J］．铸造技术，2017，38（12）：2998-3002.
[26] 刘旭，孙明庆．钢铁厂燃用低热值煤气燃气-蒸汽联合循环发电装置探讨［J］．钢铁技术，2003（3）：37-44.
[27] 丁毅．现代钢铁企业能源高效转换与精益化运行模式研究［D］．北京：钢铁研究总院，2012.
[28] 丁毅，罗武龙，王琴，等．冶金企业联合循环发电技术的实践与探索［J］．钢铁，2012，47（1）：88-94.
[29] 王太炎．焦炉煤气开发利用的问题与途径［J］．燃料与化工，2004，35（6）：1-3.
[30] 殷瑞钰．中国钢铁工业的回顾与展望［J］．鞍钢技术，2004（4）：1-6.
[31] Peter Diemer，Hans-Jürgen Killich，Klaus Knop，et al. Potentials for utilization of coke oven gas in integrated iron and steel works［J］. Stahl und Eisen，2004，124（7）：21-30.
[32] 李俊岭，温浩，郭占成，等．二甲醚：钢铁厂剩余煤气化工利用的一种较好选择［J］．钢铁，2001，36（12）：66-69.
[33] 王海风，张春霞，胡长庆，等．钢铁企业焦炉煤气利用的一个重要发展方向［J］．钢铁研究学报，2008，20（3）：1-4，12.
[34] 周继程，张春霞，郦秀萍，等．基于能级分析的钢厂余热资源回收利用方式的合理性探讨［J］．钢铁，2013，48（2）：80-85.
[35] 周继程，张春霞，韩伟刚，等．中国高炉 TRT 技术的应用现状和发展趋势［J］．钢铁，2015，50（12）：27-32.
[36] 华赍．应用能量系统优化技术提高企业经济效益［J］．中国能源，1999（8）：27-30.
[37] 穆进章．300MW 煤粉煤气混烧发电锅炉的节能研究［J］．节能，2010（1）：39-42.
[38] 马洛文．宝钢 2 号烧结机生产的节能技术［J］．上海节能，2002（2）：16-17，22.

4 钢铁工业/企业 CO_2 排放计算方法

4.1 钢铁工业 CO_2 排放计算主要方法

有关钢铁工业 CO_2 排放计算方法的研究，目前国际上主要有联合国政府间气候变化专门委员会（Intergovernmental Panel on Climate Change，IPCC）国家温室气体清单 CO_2 排放计算方法、WSA 根据 LCI 研究提出的 CO_2 排放计算方法等。此外，各发达国家也有自己的 CO_2 排放计算方法。

4.1.1 联合国政府间气候变化专门委员会（IPCC）方法

IPCC 是世界气象组织（WMO）及联合国环境规划署（UNEP）于 1988 年联合建立的政府间机构。其主要任务是对气候变化科学知识的现状，气候变化对社会、经济的潜在影响以及如何适应和减缓气候变化的可能对策进行评估。

IPCC 于 2006 年发布《IPCC 2006 国家温室气体清单指南》（以下称《IPCC 指南》），主要是用于国家层面的温室气体排放清单计算[1]，在计算过程中将 CO_2 排放划分为若干个部门，分别计算 CO_2 排放，通过详细的计算规定，避免计算过程中的重复或遗漏。

按照《IPCC 指南》针对钢铁工业 CO_2 排放分析，IPCC 将钢铁生产和冶金焦生产划分在一起，且划分为三个层次：层次一是以产量和基于吨产品 CO_2 排放因子为基础的估算，简单易操作但误差大；层次二是基于过程原燃料消耗实际数据的计算，CO_2 排放因子取 IPCC 缺省值；层次三是与层次二一样，但 CO_2 排放因子取各厂实际值。

但用 IPCC 方法计算得到的结果是直接排放结果，仅为能源（化石燃料，不包含外购电力）和含碳原料消耗引起的，这也是我国进行钢铁工业 CO_2 排放计算时应重点关注的。此外，IPCC 方法的流程边界是只包含烧结、焦化、炼铁、炼钢等，不包含连铸、轧钢和发电厂、制氧厂、石灰窑等辅助生产工序，如此计算得到的 CO_2 排放结果，并不能作为钢铁联合企业的 CO_2 排放结果。

4.1.2 国际钢铁协会 CO_2 排放计算方法

1996 年国际钢铁协会进行了从“摇篮到大门”的 LCI 研究，其研究包括了从原燃料开采、运输、钢厂内的产品生产过程，并考虑了副产品在钢厂外部回收再利用的抵扣，但不包括下游产品的制造、使用和废钢回收等。它是以各个分工序为单位，配以全厂物料衡算予以验证。此后，国际钢铁协会又推出了简化后的 CO_2 排放计算版本，它是在整个企业层次上来考虑输入输出的。两个版本在系统边界、计算方法的比较见表 4-1。

表 4-1　国际钢铁协会两个版本的比较

项目	第一版[3]	第二版[4]
系统边界	包含从所有原燃料开采、运输、钢厂内的产品生产过程产生的直接排放、间接排放和排放权抵扣	包含钢厂内的产品生产过程产生的直接排放、间接排放和排放权抵扣；还包含部分能源（焦炭和油类）的上游生产间接排放；此外不包含原燃料运输产生的排放，见图 4-1
计算方法	以各个分工序为单位，在工序层次上考虑输入输出	以整个企业为单位进行计算，在企业层次上考虑输入输出
备注	此方法是可靠的，涵盖了整个钢铁企业的各个细节，但还存在两个问题： （1）所要求的数据量大，需要填报 31 个大的数据表，而且相互之间联系紧密，在填报计算过程中需要全厂所有部门来配合提供，若部门之间协调不好就容易出错。如在焦化工作表中，进行碳不平衡自动检查评价时，以输入煤的总碳量为基础与最终要输出的碳含量相比：焦炭+焦炉煤气+粗苯+焦油+焦粉，如果不平衡大于 1%，则显示出错信息，从而计算无法继续进行。 （2）个别数据在多数企业目前没有统计，如原料或产品的运输方式和距离等	考虑比较周全，简便且可操作性较强。但还存在如下问题： （1）为了方便操作，从而产生的系统边界界定范围考虑不全面的问题。如没有考虑产品粗钢的抵扣、煤炭和铁合金等的上游排放、我国常用的大宗铁合金（锰铁、硅铁等）。 （2）能源种类的划分与我国实际不一致。如软件的煤种划分为 6 个，主要是按工序和用途分类的（炼焦煤、高炉喷吹煤、烧结/转炉用煤、动力煤、电炉用煤和熔融还原/直接还原铁用煤），而我国钢铁企业主要是按煤炭种类划分的（洗精煤、无烟煤、烟煤、动力煤、原煤、劣质煤），表面上软件的划分是合理的，但在实际生产中，每种用途的煤是不断变化的，不可能每配一次煤去测一次排放因子。 （3）软件虽然允许企业根据实测改变主要能源的碳含量和热值，但并不是所有的都能改，不是很合理

$$CO_2\ 排放总量 = 直接排放 + 间接排放 - 碳排放权抵扣$$

直接排放[2]是指排放源是由报告实体所有或控制的在生产过程中排放的 CO_2，即企业自身消耗化石燃料和熔剂等所产生的 CO_2 排放。

间接排放是指报告实体活动所使用的外购资源、能源，在报告实体活动过程中没有产生排放，但其排放是发生在其他实体所控制的排放源上，如外购电力，其排放是由电力生产部门产生的，在钢铁企业使用外购电时计算其 CO_2 排放即为间接排放。

碳排放权抵扣是指副产煤气发电、冶金渣用作水泥、CO_2 捕集后外卖生产啤酒等带来的 CO_2 排放权抵扣。

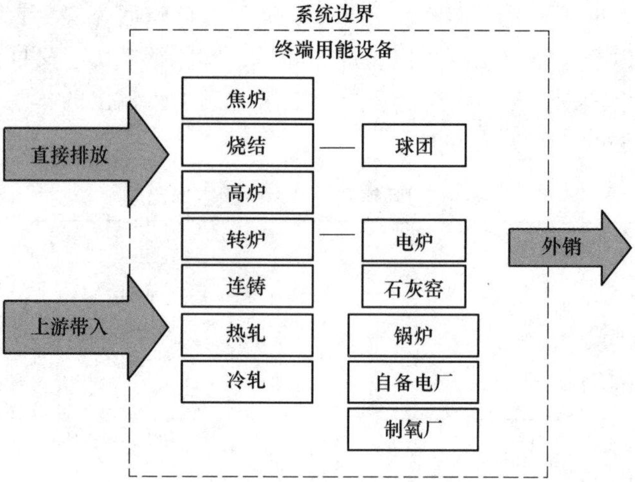

图 4-1 国际钢铁协会 CO_2 排放计算系统边界

4.1.3 WRI 和 WBCSD 开发的钢铁行业 CO_2 排放计算工具

WRI 和 WBCSD 共同开发了钢铁行业 CO_2 排放计算工具。该计算工具为直接排放的计算提供了两种计算方法[5]。

一种方法是已知还原剂的使用量，利用原料消耗数据乘以 CO_2 排放因子来计算 CO_2 的直接排放，计算口径包括还原剂（煤、焦炭等）、含碳熔剂（石灰石、白云石等）、高炉添加剂（球团、PVC 等）、炼钢生产（生铁、废钢等）等。另一种方法是在不知道还原剂用量的情况下，利用生产数据（钢或铁的产量和含碳熔剂消耗量）直接乘以相应产品的大致排放系数来计算。显然第二种方法属于估算。

另外对外购电力、蒸汽、热及其他包括运输等的间接排放也进行了计算；最后两种方法都还要利用其产品和副产品的输出来调整其直接排放的结果，包括含碳副产品（BFG、COG、BOFG、残余燃料油、焦油等）、金属产品（生铁、粗钢）的抵扣。

该计算工具考虑比较周全，但是其要求的数据量也比较大。另外，其能源种类的划分及能源碳含量、热值的缺省值（大部分基于 IPCC）也与我国实际不完全符合。它是以 IPCC 为基础开发的，在企业层面上计算，互动性比较强；此外，该工具暂不可得，无法进一步分析。

4.1.4 日本钢铁工业 CO_2 排放计算方法

日本钢铁工业目前使用的能源和 CO_2 排放量统计主要有钢铁工业和国家法律两个层次上的统计，见表 4-2。

表 4-2 日本钢铁工业目前使用的能源和 CO_2 排放量统计方法

	统计评价方法	目　　的	低位发热值/高位发热值
钢铁工业	APP 项目 2：钢铁工业节能相关指标概述	国际对标	低位
	铁钢联盟自愿行动计划	日本钢铁工业能源效率管理；评估应对全球气候变暖的进展	高位
	能量平衡	评价不同流程的效率及技术指标	低位
国家法律	综合能源统计[6]	日本全国能源平衡管理及计算由能源引起的 CO_2 排放量	高位
	节约能源法	推广节约能源进展	高位
	温对法	推进应对全球变暖措施	CO_2 排出量
	统计法	国家的官方统计数据（使用量和发生量）	无说明

注：日本的各种方法除文献［6］外均来自国际交流资料。

在能源统计上，日本根据其统计结果的目的、用途有不同的统计评价方法，不同的边界条件，而且能源转换系数所采用的发热值也不同（有的选用低位发热值，有的选用高位发热值）。此外，不同的统计评价方法其能源转换系数也不尽一致（如炼焦煤，见表 4-3），也就使统计结果之间不可比。

表 4-3 不同 CO_2 排放量统计方法炼焦煤的能源转换系数和 CO_2 排放因子对比

项　　目	排放因子	能源转换系数	排放因子
单位	$kgCO_2/GJ$	GJ/t	tCO_2/t
铁钢联盟自愿行动计划/综合能源统计	89.9	29.1	2.6152
节能法/温对法	89.8	28.9	2.5981

而在 CO_2 排放量统计上，主要有四类：铁钢联盟自愿行动计划、综合能源统计[6]、节能法和温对法，同样的也是根据其统计结果的目的、用途有不同的统计评价方法，不同的统计口径（见表 4-4）。

表 4-4 不同 CO_2 排放量统计方法的统计口径对比

CO_2 排放量统计方法	统　计　口　径
铁钢联盟自愿行动计划	化石燃料（煤、石油、煤气等）、动力介质、含能副产品
综合能源统计	化石燃料（煤、石油、煤气等）
节能法/温对法	化石燃料（煤、石油、煤气等）、外购电、蒸汽及废弃物的利用（如废塑料、废轮胎等）、含能副产品

可见综合能源统计主要是在全国层面上的平衡计算，为避免重复计算，钢铁工业主要计算由能源消耗引起的 CO_2 直接排放量（只包含化石燃料）；日本铁钢联盟自愿行动计划主要是用来评估能源效率及钢铁工业应对气候变暖进展，其主要计算能反映企业能效水平的化石燃料消耗带来的直接排放和外购动力介质消耗带来的间接排放以及部分含能副产品的抵扣；节能法/温对法主要用来促进企业实施节能减排措施，故其计算要包含一切对节能减排有促进作用的消耗引起的 CO_2 排放，包括化石燃料消耗带来的直接排放和外购电、蒸汽等（其余外购动力介质没有考虑）消耗带来的间接排放及废弃物的利用（如废塑料、废轮胎等）、部分含能副产品的抵扣。

而不同统计评价方法由于能源转换系数不同，其 CO_2 排放因子在实物量单位上也不尽一致（如炼焦煤）。

可见，日本钢铁行业层面上的 CO_2 排放均不考虑熔剂消耗、原燃料上游生产及产品抵扣对排放的影响。此外，值得我们注意的是，日本钢铁工业根据其不同的目的和用途，采取了多种不同的 CO_2 排放统计方法，这是值得我国钢铁工业借鉴的。

由上文分析可以看出，钢铁工业/企业 CO_2 排放的计算原理是根据碳平衡原理[7]，通过平衡系统内碳的输入与输出，计算系统内氧化的碳的数量，然后折算为 CO_2。即

$$CO_2\text{ 排放量} = (\sum\text{碳输入} - \sum\text{碳输出}) \times 44/12$$

对比分析各种 CO_2 排放计算工具，其主要区别在于系统边界及 CO_2 排放因子（碳含量）的确定上（见表 4-5、表 4-6）。

表 4-5　国际上钢铁行业主要的 CO_2 排放计算工具对比

计算工具	方法	系统边界	计算时考虑的原燃料及产品、副产品					备　注
			化石燃料	其他原料	动力介质	产品、副产品	上游	
IPCC[1]	直接排放	焦化、烧结、炼铁、炼钢	√	含碳原料	×	√	×	用于各国的行业温室气体排放清单计算
综合能源统计[6]	能源消耗引起的直接排放	钢铁工业	√	×	×	×	×	日本在全国层面上的行业平衡计算
铁钢联盟自愿行动计划	能源消耗引起的排放	钢铁企业	√	×	√	部分含能副产品	×	日本在企业层面上计算，评估能效水平及钢铁工业应对气候变暖进展
节能法/温对法			√	废弃物利用抵扣	电、蒸汽	部分含能副产品	×	日本在企业层面上计算，推动企业实施节能减排措施

续表 4-5

计算工具	方法	系统边界	计算时考虑的原燃料及产品、副产品					备注
			化石燃料	其他原料	动力介质	产品、副产品	上游	
WSA 第一版[3]	直接排放+间接排放-碳排放权抵扣	钢铁企业	√	√	√	√	√	WSA 在企业工序层面上计算，相对复杂
WSA 第二版[4]			√	√	√	√	部分	WSA 在企业层面上计算，可操作性强
WRI/WBCSD[5]			√	含碳原料	电、蒸汽	√	×	WRI、WBCSD 基于 IPCC 开发的，在企业层面上计算，互动性比较强

注：“√”表示计算时考虑，“×”表示计算时没有考虑。“部分”表示没有完全考虑，如 WSA 第二版只考虑部分化石燃料（即除煤外的焦炭和油品）的上游排放。

表 4-6 不同来源的主要燃料 CO_2 排放因子对比

项目	单位	WSA 第二版	IPCC	WSA 第一版	日本
		tCO_2/单位			
炼焦煤	t	3.0590	2.6677	3.0067	2.5981~2.6152
焦炭	t	3.2570	3.0433	3.2267	3.2426
重油	m^3	2.9070	2.9693	3.1803	2.7096~2.9877
轻油	m^3	2.6010	2.7631	2.8190	2.6234
煤油	m^3	2.4810	2.8380	2.9185	2.4908
LPG	t	2.9850	2.9832	2.8923	3.0040
原燃料基准		干	湿	干	湿

注：日本和 IPCC 的燃料 CO_2 排放因子是根据对比 WSA 的值，推测其为湿基。

可见不同来源的 CO_2 排放计算方法其所包含的边界差异很大，具体如下。

（1）针对行业的 CO_2 排放计算有两类，一类是 IPCC 方法，另一类是日本综合能源统计方法。共同点在于两者均是计算直接排放；区别在于日本综合能源统计方法只计算其由能源消耗引起的直接排放，不考虑含碳熔剂、其他原料及产品、副产品等；而 IPCC 方法在计算时考虑了所有的含碳排放源，但其系统边界并不是整个钢铁企业，而是只包含焦化、烧结、炼铁、炼钢，不包含轧钢等主生产工序及辅助动力系统。可见，两种方法均不能很好地反映我国钢铁工业的直接排放。

（2）针对企业的排放计算也有两类，一类是日本提出的由能源消耗引起的排放，另一类是以国际钢铁协会为代表的“直接排放+间接排放-排放权抵扣”。共同点在于它们的流程边界都是包含整个钢铁企业的。区别在于能源消耗引起的排放计算时只考虑能源相关的原燃料消耗及产品、副产品抵扣，而“直接排放+

间接排放-碳排放权抵扣”计算时要考虑原燃料的直接排放，外购熔剂、动力介质等的间接排放，产品、副产品的碳排放权抵扣。可以说，由能源消耗引起的排放是“直接排放+间接排放-碳排放权抵扣”的一部分。

1）由能源消耗引起的排放。日本所提出的针对企业的由能源消耗引起的排放还分为两种，铁钢联盟自愿行动计划和节能法/温对法。两者主要区别在于节能法/温对法只考虑外购电力和蒸汽两项动力介质，而铁钢联盟自愿行动计划还考虑外购氧气等动力介质；节能法/温对法还考虑了废弃物利用的排放抵扣。此外，两者在含能副产品方面都没有考虑全面，如粗苯没有考虑。可以说，由能源消耗引起的排放可以用来评估钢铁企业/工业的能源效率，对应我国的吨钢综合能耗概念，是值得借鉴的。

2）直接排放+间接排放-碳排放权抵扣。“直接排放+间接排放-碳排放权抵扣”又可以分为三种，WSA 第一版、WSA 第二版和 WRI/WBCSD。共同点在于系统边界都是包含整个钢铁企业。区别在于 WSA 第一版考虑了全部原燃料的上游生产排放，且是在工序层次上进行计算，计算复杂，不易操作；WSA 第二版简化了第一版的内容，在企业层次上进行计算，但只考虑了部分原燃料的上游生产排放，相对而言，可操作性增强了；而 WRI/WBCSD 所提供的方法是以 IPCC 方法为基础开发的，在企业层次上进行计算，但计算时所包含的原燃料边界不如 WSA 齐全（如外购熔剂只计算含碳熔剂的直接排放，外购动力介质只考虑电和蒸汽），此外，它互动性比较强，允许企业增减燃料项，人为因素影响大，不同人应用时其最终计算结果波动大。可以说，WSA 的两种方法是基于 LCA 来考虑的，比较合理，可以借鉴。

对比表 4-6 不同来源的主要燃料 CO_2 排放因子发现：

（1）不同来源的 CO_2 排放因子差异显著（如炼焦煤变化范围为 2.5981～3.0590tCO_2/t，相差 0.4609tCO_2/t），原因有二：首先，CO_2 排放因子的基准不一样，WSA 两版计算工具已明确指出其 CO_2 排放因子为干基，而 IPCC 根据其 CO_2 排放因子值推测为湿基，日本没有明确指出，对照 IPCC，估计也为湿基。就炼焦煤而言，湿基的 CO_2 排放因子大致为干基值的 90%；其次，各个国家或地区的能源品质有所差异。

（2）对比 WSA 的两版 CO_2 排放因子发现，即使是同一组织所提供的原燃料 CO_2 排放因子也是会有波动的。

为此，如何确定可靠的原燃料及产品、副产品等的 CO_2 排放因子是值得关注的。

4.2　我国钢铁工业 CO_2 排放计算方法

我国“钢铁工业”在 20 世纪八九十年代是广义的概念（冶金工业部管辖），不仅是钢铁生产企业，还包括矿山采选、炭素、铁合金和耐火材料等辅助行业（图 4-2）。目前所说的钢铁工业的范畴主要包括钢铁生产企业，界定范围与国际接轨。

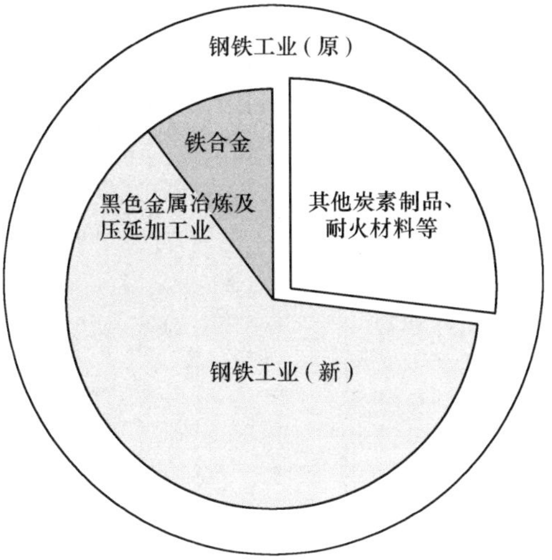

图 4-2 黑色金属冶炼及压延加工业与钢铁工业口径的差异

可以说，“钢铁工业”的定义和范畴一直在变化，统计的范围也随之在不断地变化。目前实际上的钢铁工业的定义（范畴）越来越趋向于钢铁生产企业。

国家统计局的《中国能源统计年鉴》中“黑色金属冶炼及压延加工业”与原来“钢铁工业”的统计口径有差别。在《中国能源统计年鉴》中将原钢铁工业中的炭素制品归到石墨及其他非金属矿物制品制造业中，而将耐火材料归到耐火材料制品制造业中，采矿、选矿归入采矿业。若以原来的钢铁工业作为整个圆饼，则黑色金属冶炼及压延加工业应仅是其中的一部分。

但是，“黑色金属冶炼及压延加工业”包括钢铁生产企业和铁合金生产企业两部分，这一范围基本上和目前实际所说的“钢铁工业”的概念接近。如把铁合金企业部分分出来，剩余的部分则与新的“钢铁工业”是一致的。

因此，这里的“钢铁工业”是指黑色金属冶炼及压延加工业剔除铁合金部分。此外，本书认为，钢铁工业的产品主要有焦炭、生铁、钢材等。

明确了钢铁工业的边界后，在综合比较国际钢铁工业 CO_2 排放计算方法后，提出对钢铁工业层面的 CO_2 排放计算重点关注直接排放和由能源消耗引起的 CO_2 排放[7,8]。

4.2.1 钢铁工业 CO_2 直接排放

4.2.1.1 定义和作用

钢铁工业的 CO_2 直接排放是指排放源是由钢铁工业所有或控制的在生产过程中排放的 CO_2。它是以 IPCC 方法[1] 为基础的，在对其系统边界进行完善和细化后提出的。碳输入端主要包括化石燃料、含碳熔剂及其他含碳原料消耗产生的 CO_2 排放；碳输出端主要包括各种含碳产品和副产品带走的 CO_2 排放；为避免与发电行业的重复计算，未包括外购电力等动力介质、外部运输等，主要进行钢铁工业内部的 CO_2 直接排放量计算。它可以用于全国层面上的 CO_2 排放平衡计算。

4.2.1.2 系统边界

钢铁工业的 CO_2 直接排放的系统边界如图 4-3 所示。

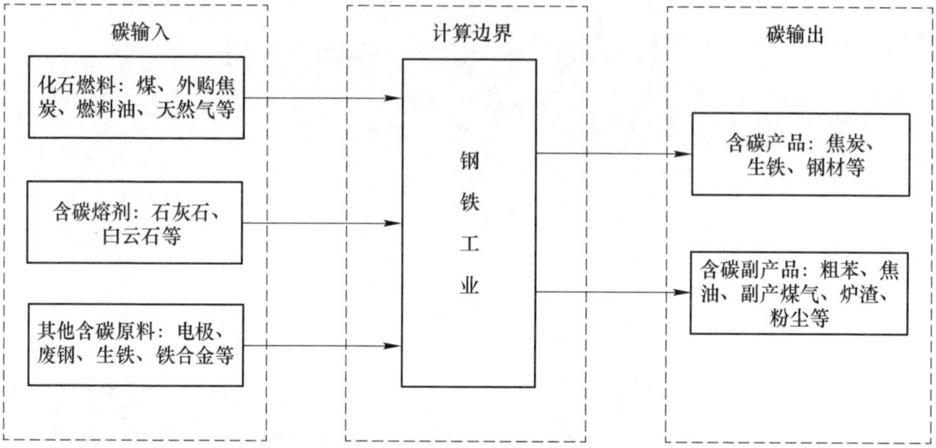

图 4-3 钢铁工业 CO_2 直接排放系统边界示意图

4.2.1.3 计算公式

钢铁工业 CO_2 直接排放量的计算公式：

$$E_{CO_2}^{ID} = \sum_{g=1}^{g=n} F_g \times EF_{dg} + \sum_{h=1}^{h=n} FA_h \times EF_{dh} + \sum_{i=1}^{i=n} M_i \times EF_{di} - \sum_{j=1}^{j=n} P_j \times EF_{dj} - \sum_{k=1}^{k=n} BP_k \times EF_{dk} \tag{4-1}$$

式中 $E_{CO_2}^{ID}$——钢铁工业 CO_2 直接排放量，tCO_2；

F_g——碳输入端各种含碳化石燃料 g 消耗数量，包括洗精煤、喷吹煤、动力煤、重油、天然气、汽油、柴油等钢铁工业使用的各种一次能源介质及外购焦炭，tce、TJ、t；

EF_{dg}——第 g 种含碳化石燃料的 CO_2 直接排放因子，tCO_2/tce，tCO_2/TJ，tCO_2/t；

FA_h——碳输入端各种含碳熔剂 h 消耗数量，包括钢铁工业生产消耗的石灰石、白云石、蛇纹石等（其在钢铁工业内部的加工过程中由于能源消耗产生的 CO_2 排放已计入能源消耗产生的 CO_2 排放中，而对于外购的生石灰、烧白云石等生产的能源消耗产生的 CO_2 排放则没有计入钢铁工业的直接排放），t；

EF_{dh}——第 h 种含碳熔剂的 CO_2 直接排放因子，tCO_2/t；

M_i——碳输入端其他各种含碳原料 i 消耗数量，包括电极、废钢、铁合金等，t；

EF_{di}——第 i 种其他含碳原料的 CO_2 直接排放因子，tCO_2/t；

P_j——碳输出端各种含碳产品 j 外销数量，主要包括外售钢材、生铁、焦炭等的含碳部分，暂不考虑生铁的进出口，t；

EF_{dj}——碳输出端第 j 种含碳产品的 CO_2 直接排放因子（其所携带的碳转换成 CO_2 排放因子），tCO_2/t；

BP_k——碳输出端各种含碳产品 k 外销数量，包括焦油、粗苯、外供给其他行业的煤气以及炉渣、粉尘等副产品，t；考虑到炉渣中含碳量较低，粉尘大部分得到循环利用，以及数据来源原因，暂时忽略不计；另外根据目前数据来源、各因素所占比例等，在钢铁工业直接排放计算时暂只计算焦油和粗苯；

EF_{dk}——碳输出端第 k 种含碳副产品的 CO_2 直接排放因子（其所携带的碳转换成 CO_2 排放因子），tCO_2/t。

4.2.1.4 数据要求及说明

数据要求及说明见表 4-7。

表 4-7 钢铁工业 CO_2 直接排放计算数据要求及说明

项目	种类	数据要求	备注
输入端	化石燃料	权威部门的统计数据	（1）固体实物量要求干基；（2）若没有权威部门的统计数据，可取调研值或经验值
	含碳熔剂	主要是石灰石和白云石，取行业权威部门统计数据	
	其他原料	权威部门的统计数据	
输出端	产品	权威部门的统计数据	
	副产品	主要是焦油和粗苯，取行业的统计值和相关权威统计数据	

4.2.1.5 CO_2 排放因子

计算钢铁工业直接 CO_2 排放时所采用的 CO_2 排放因子为 CO_2 直接排放因子，它是指每单位各种含碳原燃料及产品、副产品所含的碳量，转换为 CO_2 后的系数。它是钢铁工业直接 CO_2 排放计算的关键系数，它的准确性直接影响计算结果。因此客观上要求实测各种原燃料的干基碳含量，详见 4.4 节。

4.2.2 钢铁工业由能源消耗引起的 CO_2 排放

4.2.2.1 定义和作用

钢铁工业由能源消耗引起的 CO_2 排放是指在钢铁工业的边界内和能源相关的

CO_2 排放。它是借鉴日本综合能源统计[6]的能源消耗引起的直接排放计算方法，在对其系统边界进行完善和细化后提出的。碳输入端主要包括化石燃料消耗引起的直接排放（等同于能源消耗引起的直接排放，这也是日本综合能源统计所包含的内容，同时也是钢铁工业 CO_2 直接排放计算中的一部分），外购动力介质的上游间接排放；碳输出端主要包括含能产品、副产品以及动力介质的 CO_2 排放抵扣。

利用该方法得到的计算结果可对应于我国钢铁工业吨钢综合能耗的概念，因此，可以用来评估钢铁工业的能源效率，从而促进钢铁工业实施节能减排以及应对气候变暖工作的开展。

4.2.2.2　系统边界

该方法的系统边界如图 4-4 所示。

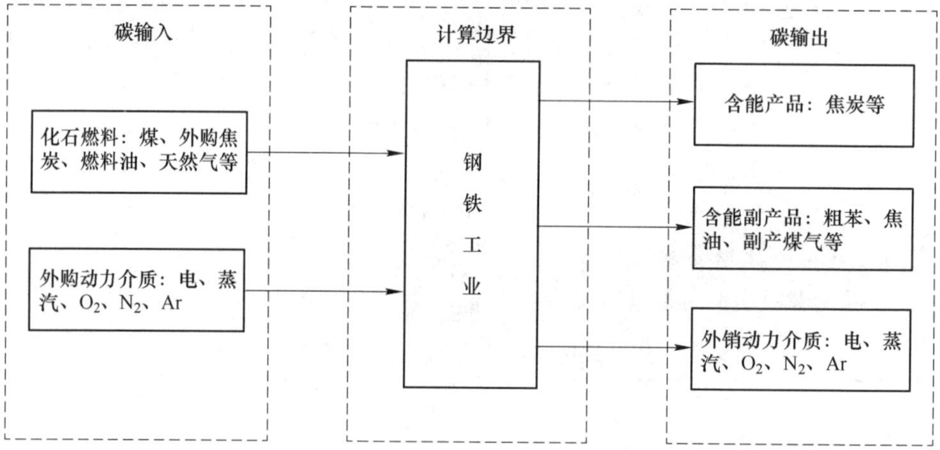

图 4-4　钢铁工业由能源消耗引起的 CO_2 排放系统边界示意图

4.2.2.3　计算公式

钢铁工业由能源消耗引起的 CO_2 排放的计算公式：

$$E_{CO_2}^{IE} = \sum_{g=1}^{g=n} F_g \times EF_{dg} + \sum_{h=1}^{h=n} DM_h \times EF_{idh} - \sum_{i=1}^{i=n} P_i \times EF_{di} - \sum_{j=1}^{j=n} BP_j \times EF_{dj} - \sum_{k=1}^{k=n} DM'_k \times EF_{idk} \tag{4-2}$$

式中　$E_{CO_2}^{IE}$——钢铁工业由能源消耗引起的 CO_2 排放量，tCO_2；

F_g——碳输入端各种化石燃料 g 消耗数量，包括洗精煤、喷吹煤、动力煤、重油、天然气、汽油、柴油等钢铁工业使用的各种一次能源介质及外购焦炭，tce、TJ、t；

EF_{dg}——第 g 种含碳化石燃料的 CO_2 直接排放因子，tCO_2/tce，tCO_2/TJ，tCO_2/t；

DM_h——碳输入端各种动力介质 h 消耗数量，kW·h，t，m^3，包括外购电力、蒸汽、氧气、氮气、氩气等介质；由于我国钢铁工业的氧气、氮气、氩气等多数是由钢铁企业自身利用外购电力来生产得到，这部分已经包含在外购电力的排放中，但对直接从外面购入的蒸汽、氧气、氮气、氩气等则应单独计算；针对我国钢铁工业的实际，这部分只考虑外购电力；

EF_{idh}——第 h 种动力介质的间接 CO_2 排放因子，$kgCO_2/(kW \cdot h)$，tCO_2/t，tCO_2/km^3；

P_i——碳输出端各种含能产品 i 外销数量，主要是指外售焦炭，t；根据我国钢铁工业的实际焦炭仍需大量外购，此部分可以不计算；

EF_{di}——碳输出端第 i 种含能产品的 CO_2 直接排放因子（其所携带的碳转换成 CO_2 排放因子），tCO_2/t；

BP_j——碳输出端各种含能副产品 j 外销数量，t，m^3，主要包括焦油、粗苯及外供给其他行业的煤气等含能副产品；根据我国钢铁工业的实际以及目前数据来源、各因素所占比例等，暂只计算焦油和粗苯带走的碳量所减少的 CO_2 排放；

EF_{dj}——碳输出端第 k 种含能副产品的 CO_2 直接排放因子（其所携带的碳转换成 CO_2 排放因子），tCO_2/t；

DM'_k——碳输出端各种动力介质 k 外销数量，kW·h，t，m^3，包括外购电力、蒸汽、氧气、氮气、氩气等介质；根据我国钢铁工业目前的实际，可以认为对钢铁工业而言，不存在动力介质的外销，此部分暂不计算；

EF_{idk}——第 k 种动力介质的间接 CO_2 排放因子，$kgCO_2/(kW \cdot h)$，tCO_2/t，tCO_2/km^3。

4.2.2.4 数据要求及说明

数据要求及说明见表 4-8。

表 4-8 钢铁工业由能源消耗引起的 CO_2 排放数据要求及说明

<table>
<tr><th>项目</th><th>种类</th><th>数 据 要 求</th><th>备 注</th></tr>
<tr><td rowspan="2">输入端</td><td>化石燃料</td><td>权威部门的统计数据</td><td rowspan="5">（1）固体实物量要求干基；
（2）若缺乏权威部门的统计数据，可取调研值或经验值</td></tr>
<tr><td>外购动力介质</td><td>仅考虑电力，权威部门的统计数据</td></tr>
<tr><td rowspan="3">输出端</td><td>含能产品</td><td>权威部门的统计数据（我国情况可以不计）</td></tr>
<tr><td>含能副产品</td><td>相关权威统计数据</td></tr>
<tr><td>动力介质</td><td>目前暂无此统计数，可不考虑钢铁工业产生的动力提供给其他行业的部分</td></tr>
</table>

4.2.2.5 CO_2 排放因子

计算钢铁工业由能源消耗引起的 CO_2 排放时所采用的化石燃料、含能产品、副产品的 CO_2 排放因子为 CO_2 直接排放因子，而动力介质则为 CO_2 间接排放因子，详见4.4.3节。

4.2.3 钢铁工业不同的 CO_2 排放计算方法的对比分析

对本节提出的钢铁工业的两种 CO_2 排放计算方法进行分析汇总，见表4-9。可见，两种方法均包含了最重要的由能源消耗引起的直接 CO_2 排放。

表4-9 钢铁工业的 CO_2 排放计算方法对比分析

项目	范　围
A	能源消耗引起的直接 CO_2 排放（化石燃料）
B	含碳熔剂和其他含碳原料的直接 CO_2 排放
C	外购动力介质引起的间接排放
D_1	碳的输出（产品+副产品本身所携带的碳）
D_2	碳排放权的输出（含能副产品+动力介质外卖）
直接 CO_2 排放	$A+B-D_1$
由能源消耗引起的 CO_2 排放	$A+C-D_2$

4.3 我国钢铁企业 CO_2 排放计算方法

按照钢铁企业吨钢综合能耗的概念，我国“钢铁企业”包括所有钢铁联合企业和电炉流程企业及混合流程企业。

我国钢铁企业的 CO_2 排放计算方法同样也可以针对不同的目的和用途，采用不同的边界。因此，本节对钢铁企业层面的 CO_2 排放计算将关注直接排放、由能源消耗引起的 CO_2 排放以及基于LCA的 CO_2 排放三类。

4.3.1 钢铁企业 CO_2 直接排放

4.3.1.1 定义和作用

钢铁企业 CO_2 直接排放是计算排放企业物理边界内排放到大气中的 CO_2。它是以IPCC[1]针对钢铁工业的方法为基础提出的适用于计算企业直接排放的方法，碳输入端包括化石燃料、含碳熔剂及其他含碳原料消耗产生的 CO_2 排放；碳输出端主要包括各种含碳产品和副产品带走的 CO_2 排放抵扣。可用于核定企业的总排放量额度。

4.3.1.2 系统边界

钢铁企业的 CO_2 直接排放的系统边界如图 4-5 所示。

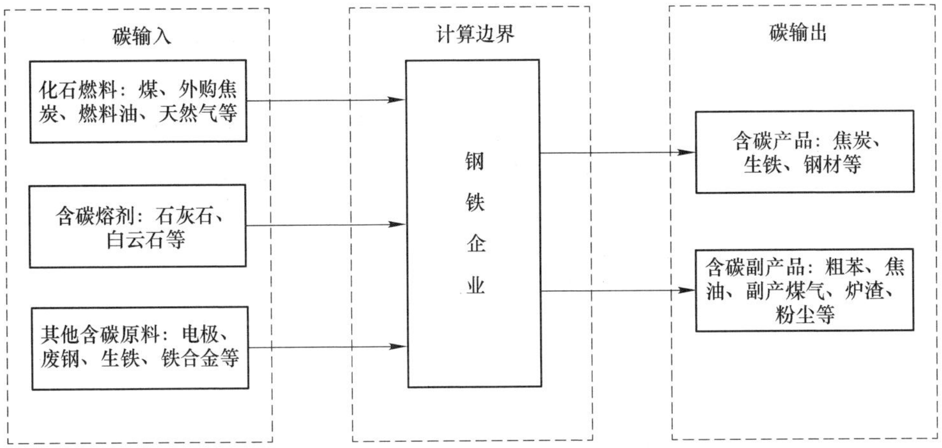

图 4-5 钢铁企业 CO_2 直接排放系统边界示意图

4.3.1.3 计算公式

钢铁企业 CO_2 直接排放量的计算公式：

$$E_{CO_2}^{ED} = \sum_{g=1}^{g=n} F_g \times EF_{dg} + \sum_{h=1}^{h=n} FA_h \times EF_{dh} + \sum_{i=1}^{i=n} M_i \times EF_{di} - \sum_{j=1}^{j=n} P_j \times EF_{dj} - \sum_{k=1}^{k=n} BP_k \times EF_{dk} \tag{4-3}$$

式中 $E_{CO_2}^{ED}$——钢铁企业 CO_2 直接排放量，tCO_2；

F_g——碳输入端各种含碳化石燃料 g 消耗数量，包括洗精煤、喷吹煤、动力煤、重油、天然气、汽油、柴油等钢铁企业使用的各种一次能源介质及外购焦炭，tce、TJ、t；

EF_{dg}——第 g 种含碳化石燃料的 CO_2 直接排放因子，tCO_2/tce，tCO_2/TJ，tCO_2/t；

FA_h——碳输入端各种含碳熔剂 h 消耗数量，包括钢铁企业生产消耗的石灰石、白云石、蛇纹石等（其在钢铁企业内部的加工过程中由于能源消耗产生的 CO_2 排放已计入能源消耗产生的 CO_2 排放中，而对于外购的生石灰、烧白云石等生产的能源消耗产生的 CO_2 排放则没有计入钢铁企业的直接排放），t；

EF_{dh}——第 h 种含碳熔剂的 CO_2 直接排放因子，tCO_2/t；

M_i——碳输入端其他各种含碳原料 i 消耗数量，包括电极、废钢、铁合金等，t；

EF_{di}——第 i 种其他含碳原料的 CO_2 直接排放因子，tCO_2/t；

P_j——碳输出端各种含碳产品 j 外销数量，主要包括外销钢材、生铁、焦炭等的含碳部分，t；

EF_{dj}——碳输出端第 j 种含碳产品的 CO_2 直接排放因子（其所携带的碳转换成 CO_2 排放因子），tCO_2/t；

BP_k——碳输出端各种含碳产品 k 外销数量，包括焦油、粗苯、外供给其他行业的煤气以及炉渣、粉尘等副产品，t；考虑到炉渣中含碳量较低，粉尘大部分得到循环利用，以及数据来源原因，暂时忽略不计；

EF_{dk}——碳输出端第 k 种含碳副产品的 CO_2 直接排放因子（其所携带的碳转换成 CO_2 排放因子），tCO_2/t。

4.3.1.4 数据要求及说明

数据要求及说明见表 4-10。

表 4-10 钢铁企业 CO_2 直接排放计算数据要求及说明

项目	种类	数据要求	备注
输入端	化石燃料	企业能源平衡表	（1）固体实物量要求干基；（2）若缺乏统计数据，可取经验值
	含碳熔剂	由企业提供生产消耗的熔剂	
	其他原料	由企业提供	
输出端	产品	外销钢材、焦炭可由能源平衡表得到，其余如外销生铁等由企业另外提供	
	副产品	副产煤气、粗苯、焦油可由能源平衡表得到，炉渣、粉尘等由企业另外提供	

4.3.1.5 CO_2 排放因子

计算钢铁企业直接 CO_2 排放时所采用的 CO_2 排放因子为 CO_2 直接排放因子，详见 4.4 节。

4.3.2 钢铁企业由能源消耗引起的 CO_2 排放

4.3.2.1 定义和作用

钢铁企业由能源消耗引起的 CO_2 排放是指在钢铁企业的边界内和能源相关的 CO_2 排放。它是借鉴日本铁钢联盟自愿行动计划和节能法/温对法由能源消耗引起的排放计算方法，在对其系统边界进行完善和细化后提出的。碳输入端主要包括化石燃料消耗引起的直接排放（等同于能源消耗引起的直接排放，这也是钢铁企业 CO_2 直接排放计算中的一部分），外购动力介质的上游间接排放；碳输出端主要包括含能产品、副产品以及动力介质的 CO_2 排放抵扣。

利用该方法得到的计算结果对应于我国钢铁企业的吨钢综合能耗概念，因此，可以用来评估钢铁企业的能源效率，从而促进钢铁企业实施节能减排以及应对气候变暖工作的开展。

4.3.2.2 系统边界

该方法的系统边界如图 4-6 所示。

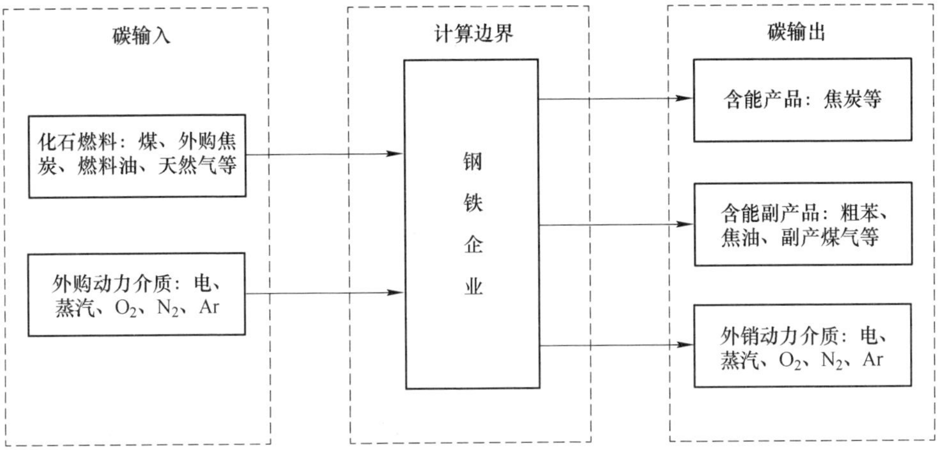

图 4-6 钢铁企业由能源消耗引起的 CO_2 排放系统边界示意图

4.3.2.3 计算公式

钢铁企业由能源消耗引起的 CO_2 排放的计算公式：

$$E_{CO_2}^{EE} = \sum_{g=1}^{g=n} F_g \times EF_{dg} + \sum_{h=1}^{h=n} DM_h \times EF_{idh} - \sum_{i=1}^{i=n} P_i \times EF_{di} - \sum_{j=1}^{j=n} BP_j \times EF_{dj} - \sum_{k=1}^{k=n} DM'_k \times EF_{idk} \tag{4-4}$$

式中 $E_{CO_2}^{EE}$——钢铁企业由能源消耗引起的 CO_2 排放量，tCO_2；

F_g——碳输入端各种化石燃料 g 消耗数量，包括洗精煤、喷吹煤、动力煤、重油、天然气、汽油、柴油等钢铁企业使用的各种一次能源介质及外购焦炭，tce、TJ、t；

EF_{dg}——第 g 种含碳化石燃料的 CO_2 直接排放因子，tCO_2/tce ，tCO_2/TJ，tCO_2/t；

DM_h——碳输入端各种动力介质 h 消耗数量，kW · h，t，m^3，包括外购电力、蒸汽、氧气、氮气、氩气等介质；

EF_{idh}——第 h 种动力介质的间接 CO_2 排放因子，$kgCO_2$/(kW · h)，tCO_2/t，tCO_2/km^3；

P_i——碳输出端各种含能产品 i 外销数量，主要是指外销焦炭，t；

EF_{di}——碳输出端第 i 种含能产品的 CO_2 直接排放因子（其所携带的碳转换成 CO_2 排放因子），tCO_2/t；

BP_j——碳输出端各种含能副产品 j 外销数量，t，m^3，主要包括焦油、粗苯及外供给其他行业的煤气等含能副产品；

EF_{dj}——碳输出端第 j 种含能副产品的 CO_2 直接排放因子，tCO_2/t；焦油、粗苯按其所携带碳及生产焦油、粗苯过程所排放的碳进行抵扣；而外供煤气，假设其下游应用于发电，按其对应的发电量等价的 CO_2 排放量进行抵扣；

DM'_k——碳输出端各种动力介质 k 外销数量，kW·h，t，m^3，包括外购电力、蒸汽、氧气、氮气、氩气等介质；

EF_{idk}——第 k 种动力介质的间接 CO_2 排放因子，按其生产所排放的碳进行抵扣，$kgCO_2/(kW·h)$，tCO_2/t，tCO_2/km^3。

4.3.2.4 数据要求及说明

数据要求及说明见表 4-11。

表 4-11 钢铁企业由能源消耗引起的 CO_2 排放数据要求及说明

项目	种类	数据要求	备注
输入端	化石燃料	全部可由企业能源平衡表提供	固体实物量要求干基
	外购动力介质		
输出端	含能产品		
	含能副产品		
	动力介质		

4.3.2.5 CO_2 排放因子

计算钢铁企业由能源消耗引起的 CO_2 排放时所采用的化石燃料、含能产品、副产品的 CO_2 排放因子既要考虑直接排放，也要考虑生产相应含能产品、副产品的所要产生的排放；动力介质的 CO_2 排放因子为生产相应动力介质所产生的 CO_2 排放。

4.3.3 钢铁企业基于 LCA 的钢铁企业 CO_2 排放

4.3.3.1 定义和作用

以上两种方法：钢铁企业 CO_2 直接排放和由能源消耗引起的 CO_2 排放对于不同企业间的排放计算结果是不可比较的。为了使各企业之间在评估 CO_2 排放时相对可比，在综合 WSA 两版[3,4] CO_2 排放计算方法的特点基础上，提出了适合我国钢铁企业情况且可操作性强的基于 LCA❶ 的钢铁企业 CO_2 排放的计算方法。这

❶ LCA：Life Cycle Assessment，生命周期评价 ISO14000。

是一种基于生命周期理念上的企业二氧化碳排放计算模型，不仅需要考虑企业的直接排放，还要考虑上游企业为该企业提供能源资源产生的 CO_2 排放以及企业输出产品、副产品等的 CO_2 排放抵扣。

与前两种方法对比：

基于 LCA 的钢铁企业 CO_2 排放 = 直接排放 + 间接排放 - 碳排放权抵扣

（1）直接排放部分与企业计算的第一种方法直接排放一样；

（2）间接排放部分：1）化石燃料消耗的间接排放是指钢铁企业所使用的各种化石燃料在采、洗、选和运输等过程中所产生的 CO_2 排放；2）外购动力介质的间接排放与企业计算的由能源消耗引起的 CO_2 排放中的动力介质部分一样；3）外购熔剂的间接排放要考虑含碳熔剂运输产生的 CO_2 排放，还要考虑非含碳熔剂的生产及运输过程产生的 CO_2 排放；4）其他外购原料的间接排放要考虑其生产及运输过程中产生的 CO_2 排放。

（3）碳排放权抵扣部分：1）外卖产品部分要考虑除钢材外（钢材认为是 LCA 的最终产品）的其他产品如焦炭、生铁的生产排放；2）外卖副产品部分要与钢铁企业由能源消耗引起的排放计算方法一致；3）外卖动力介质部分也与钢铁企业由能源消耗引起的排放计算方法一致；4）要考虑炉渣外卖作水泥和 CO_2 富集外卖生产啤酒等带来的碳排放权抵扣，如高炉渣配比为 40%时，相对普通水泥生产，每生产 1t 水泥可减少 CO_2 排放约 44%。

4.3.3.2 系统边界

该方法的系统边界如图 4-7 所示。

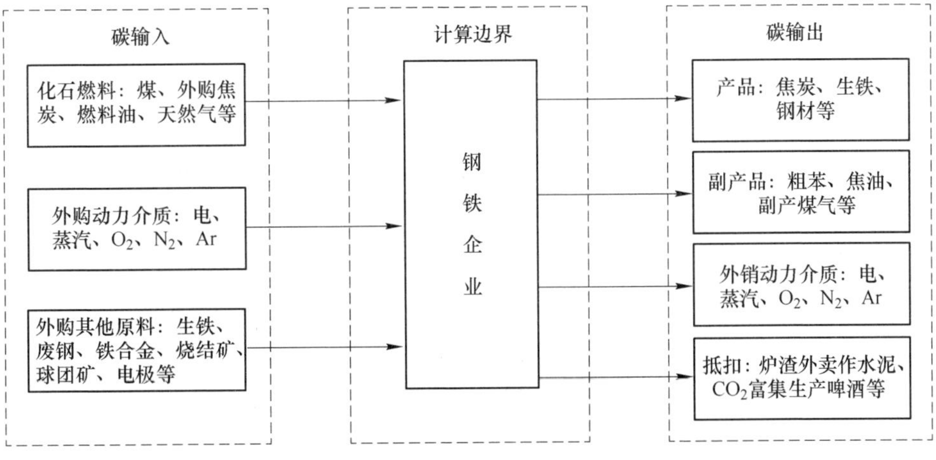

图 4-7 基于 LCA 的钢铁企业 CO_2 计算系统边界

4.3.3.3 计算公式

钢铁企业基于 LCA 的 CO_2 排放计算公式：

$$E_{CO_2}^{EL} = \sum_{g=1}^{g=n} F_g \times (EF_{dg} + EF_{idg}) + \sum_{h=1}^{h=n} DM_h \times EF_{idh} + \sum_{i=1}^{i=n} M_i \times (EF_{di} + EF_{idi}) - \sum_{j=1}^{j=n} P_j \times (EF_{dj} + EF_{idj}) - \sum_{k=1}^{k=n} BP_k \times (EF_{dk} + EF_{idk}) - \sum_{l=1}^{l=n} DM'_l \times EF_{idl} - \sum_{m=1}^{m=n} S_m \times EF_{idm} \tag{4-5}$$

式中　$E_{CO_2}^{EL}$——钢铁企业基于 LCA 的 CO_2 排放量，tCO_2；

F_g——碳输入端各种化石燃料 g 消耗数量，包括洗精煤、喷吹煤、动力煤、重油、天然气、汽油、柴油等钢铁企业使用的各种一次能源介质及外购焦炭，tce、TJ、t；

EF_{dg}——第 g 种含碳化石燃料的 CO_2 直接排放因子，tCO_2/tce ，tCO_2/TJ，tCO_2/t；

EF_{idg}——第 g 种含碳化石燃料的 CO_2 间接（上游）排放因子，即其上游生产及运输过程中产生的 CO_2 排放，tCO_2/tce ，tCO_2/TJ，tCO_2/t；

DM_h——碳输入端各种动力介质 h 消耗数量，kW · h，t，m^3，包括外购电力、蒸汽、氧气、氮气、氩气等介质；

EF_{idh}——第 h 种动力介质的间接 CO_2 排放因子，$kgCO_2$/(kW · h)，tCO_2/t，tCO_2/km^3；

M_i——碳输入端其他各种含碳原料 i 消耗数量，包括电极、废钢、铁合金等，t；

EF_{di}——第 i 种其他含碳原料的 CO_2 直接排放因子，tCO_2/t；

EF_{idi}——第 i 种其他含碳原料的 CO_2 间接（上游）排放因子，即其上游生产及运输过程中产生的 CO_2 排放，tCO_2/t；

P_j——碳输出端各种产品 j 外销数量，主要是指焦炭、生铁和钢材等，t；

EF_{dj}——碳输出端第 j 种产品的 CO_2 直接排放因子（其所携带的碳转换成 CO_2 排放因子），tCO_2/t；

EF_{idj}——碳输出端第 j 种产品（除钢材外）的 CO_2 间接（下游抵扣）排放因子，即其上游生产及运输过程中产生的 CO_2 排放，tCO_2/t；

BP_k——碳输出端各种副产品 k（主要包括焦油、粗苯，不含外供给其他行业的煤气）外销数量，t；

EF_{dk}——碳输出端第 k 种副产品（主要包括焦油、粗苯，不含外供给其他行业的煤气）的 CO_2 直接排放因子，tCO_2/t；

EF_{idk}——碳输出端第 k 种副产品的 CO_2 间接（下游抵扣）排放因子，

tCO_2/t，tCO_2/km^3；焦油、粗苯按其上游生产及运输产生的排放抵扣，外供给其他行业的煤气，假设其下游应用于发电，按其对应的发电量等价的 CO_2 排放量进行抵扣；

DM_l'——碳输出端各种动力介质 l 外销数量，kW·h，t，m^3，包括外购电力、蒸汽、氧气、氮气、氩气等介质；

EF_{idl}——第 l 种动力介质的间接（下游抵扣）CO_2 排放因子，按其生产所排放的碳进行抵扣，$kgCO_2/(kW\cdot h)$，tCO_2/t，tCO_2/km^3；

S_m——碳输出端其他各种碳排放权抵扣 l 外销数量（主要是指炉渣外卖作水泥和 CO_2 富集生产啤酒等），t；

EF_{idm}——第 m 种碳排放权抵扣的间接（下游抵扣）CO_2 排放因子，tCO_2/t。

4.3.3.4 数据要求及说明

数据要求及说明见表 4-12。

表 4-12 钢铁企业基于 LCA 的 CO_2 排放数据要求及说明

项目	种类	数据要求	备注
输入端	化石燃料	企业能源平衡表	（1）固体实物量要求干基； （2）若缺乏统计数据，可取经验值
	外购动力介质	企业能源平衡表	
	外购其他原料	由企业提供	
输出端	产品	外销钢材、焦炭可由能源平衡表得到，其余如外销生铁等由企业另外提供	
	副产品	副产煤气、粗苯、焦油可由能源平衡表得到，炉渣、粉尘等由企业另外提供	
	动力介质	企业能源平衡表	
	炉渣外卖作水泥	由企业提供	
	CO_2 富集生产啤酒	由企业提供	

4.3.3.5 CO_2 排放因子

计算钢铁企业基于 LCA 的 CO_2 排放时涉及所有的直接排放因子和间接排放因子，详见 4.4 节。

4.3.4 钢铁企业不同 CO_2 排放计算方法的对比分析

对本节提出的钢铁企业的三种 CO_2 排放计算方法进行分析汇总，见表 4-13。可见，三种方法均包含了最重要的由能源消耗引起的直接 CO_2 排放，而基于 LCA 的 CO_2 排放计算考虑最全面。

表 4-13 钢铁企业的 CO_2 排放计算方法对比分析

项　目	范　围
A	能源消耗引起的直接 CO_2 排放（化石燃料）
B	含碳熔剂和其他含碳原料的直接 CO_2 排放
C_1	所有间接排放
C_2	外购动力介质引起的间接排放
D_1	碳的输出（产品+副产品本身所携带的碳）
D_2	碳排放权抵扣（含能副产品+动力介质外卖）
D_3	碳排放权抵扣（炉渣利用等）
直接 CO_2 排放	$A+B-D_1$
由能源消耗引起的 CO_2 排放	$A+C_2-D_2$
基于 LCA 的 CO_2 排放	$A+B+C_1-D_1-D_2-D_3$

4.4 CO_2 排放因子

在钢铁工业和企业的 CO_2 排放计算方法中都涉及 CO_2 排放因子，在本节中一并讨论。如公式（4-5）所示，各种化石燃料、熔剂、动力介质、产品、副产品等都有相应的 CO_2 排放因子，且 CO_2 排放因子又分为直接排放因子和间接排放因子。

目前大部分钢铁工业和企业的 CO_2 排放计算方法都提供了 CO_2 排放因子缺省值，但也明确提出大部分 CO_2 排放因子是可以根据实测进行调整的，前提是要实测其干燥基下的碳含量（C_d），然后根据公式（4-6）进行转换得到：

$$EF_{CO_2} = C_d \times \frac{44}{12} \quad (\text{假设其氧化率 } 100\%) \tag{4-6}$$

因此，本节将分五类 CO_2 排放因子，并对每类 CO_2 排放因子的直接和间接 CO_2 排放因子分别讨论。

4.4.1 化石燃料 CO_2 排放因子

4.4.1.1 化石燃料直接 CO_2 排放因子的确定

此处与钢铁工业能源消耗有关的化石燃料主要有：各种煤、焦炭、燃料油和天然气等，对于燃料油和天然气可取缺省值。对大宗的各种煤和焦炭则可用下列方法确定直接 CO_2 排放因子。

在煤质分析（通常有工业分析、元素分析等）中得到的煤质指标，根据不同需要，可采用不同的基准来表示。“基”表示化验结果是以什么状态下的煤样为基础而得出的。煤质分析中常用的“基”有收到基（ar）、空气干燥基（ad）、干燥基（d）和干燥无灰基（daf）[9]。

收到基——以收到状态的煤为基准，表示符号为 ar（as received）。

空气干燥基——以与空气湿度达到平衡状态的煤为基准，表示符号为 ad（air dry basis）。

干燥基——以假想无水状态的煤为基准，表示符号为 d（dry basis）。

干燥无灰基——以假想无水、无灰状态的煤为基准，表示符号为 daf（dry ash free）。

为各种需要对各种基准进行转换，表 4-14 列出了已知基的分析值换算到另一基准的计算公式，表中 M 表示水分，A 代表煤灰分，下标表示各种基准。但换算前要知道已知基和要求基下的工业分析，如空干基要换算成干燥基需要知道 M_{ad} 和 M_{ar}，但对部分基准间的换算只需知道某一基准下的工业分析值，如空干基与干燥基的转换，只需知道 M_{ad} 即可。

表 4-14　煤不同基准之间的换算关系

已知基 \ 要求基	收到基（ar）	空干基（ad）	干燥基（d）	干燥无灰基（daf）
收到基（ar）	1	$\frac{100-M_{ad}}{100-M_{ar}}$	$\frac{100}{100-M_{ar}}$	$\frac{100}{100-(A_{ar}+M_{ar})}$
空干基（ad）	$\frac{100-M_{ar}}{100-M_{ad}}$	1	$\frac{100}{100-M_{ad}}$	$\frac{100}{100-(A_{ad}+M_{ad})}$
干燥基（d）	$\frac{100-M_{ar}}{100}$	$\frac{100-M_{ad}}{100}$	1	$\frac{100}{100-A_{d}}$
干燥无灰基（daf）	$\frac{100-(A_{ar}+M_{ar})}{100}$	$\frac{100-(A_{ad}+M_{ad})}{100}$	$\frac{100-A_{d}}{100}$	1

化石燃料在理论上应该都可以通过实测其干燥基下的碳含量（C_d）来确定其直接 CO_2 排放因子。但目前并非所有钢铁企业都有条件进行干燥基下的碳含量（C_d）的实测。为此，以目前钢铁工业消耗的大宗化石燃料煤为例，本节总结归纳出两类方法（以工业分析结果为基础和以元素分析结果为基础）供参考。

（1）以元素分析结果为基础的 C_d 确定方法。

1）元素分析结果即为干燥基下的碳含量 C_d；

2）元素分析结果为其他基准下的碳含量，如干燥无灰基 C_{daf}。

根据表 4-14 的转换关系，按公式（4-7）进行转换，即可得到 C_d。

$$C_d=\frac{100-A_d}{100}C_{daf} \tag{4-7}$$

可见，若需要经过转换步骤，还需要知道其工业分析下的干燥基灰分A_d。

（2）以工业分析结果为基础的 C_d 确定方法。工业分析结果通常包含水分（M）、灰分（A）、挥发分（V）和固定碳（C_{Fix}）四部分。通常工业分析结果为收到基（ar）或空干基（ad）。

必须注意的是由煤质工业分析结果计算得到的固定碳含量并不等同于元素分析得到的碳元素含量。因为工业分析中煤的挥发分产率是由煤的矿物结晶水、挥发性成分、热分解产物等构成[10]，包括 CO_2、CO、H_2、CH_4、C_mH_n、N_2 以及一部分热解水和矿物结晶水。而挥发分逸出后所剩下的固体残留物叫做焦块，其中的碳素称之为煤的固定碳。固定碳是计算出的结果[10]，实际上是测定挥发分产率后的残留物，其中的组成成分虽多以碳元素为主，但其中还有不同数量的氢、氧、氮、硫等有机元素。与此同时，在测定挥发分时析出的低分子量气态化合物（如烷烃、烯烃等）中，虽均以氢、氧、氮、硫等元素为主，其中仍有一定比例的碳元素。因而利用固定碳含量直接替代元素碳含量时，往往会产生较大的偏差而影响其准确性。

1）国际钢铁协会的 C_d估算方法[5]。

对煤而言：

$$C_d = 100 - A_d - 0.53 \times V_d \tag{4-8}$$

对焦炭而言：

$$C_d = 97.75 - A_d \tag{4-9}$$

必须注意的是这些组分都必须是干燥基下的工业分析结果，也就是说如果得到的工业分析结果不是干燥基准，要将其按表 4-14 转换为干燥基后即可应用此方法。

2）我国的经验方法[10]。

基于煤的工业分析结果我国还有如下的经验方法来估算煤的碳含量。

首先将工业分析结果按表 4-14 转换得到干燥无灰基时的挥发分产率 V_{daf}，进一步通过如下公式得到煤在干燥无灰基下的碳元素含量 C_{daf}。

褐煤和长焰煤（动力煤）：

$$C_{daf} = 96.04 - 0.48V_{daf} \tag{4-10}$$

炼焦煤：

$$C_{daf} = 98.32 - 0.40V_{daf} \tag{4-11}$$

无烟煤：

$$C_{daf} = 97.46 - 0.68V_{daf} \tag{4-12}$$

不同煤种及钢铁企业相应煤种在通常的干燥无灰基准下的元素含量变化[8]见表 4-15。

表 4-15 不同煤种的碳氢等元素组成比较

对应我国钢铁企业用煤的名称	名称	元素组成（daf）/%			
		C	H	N	O+S
动力煤	低煤阶褐煤	60~70	5.5~6.6	1.5~2.5	20~23
	高煤阶褐煤	70~76.5	4.5~6.0	1~2.5	15~30
	长焰煤	77~81	4.5~6.0	0.7~2.2	10~15
炼焦煤	气煤	79~85	5.4~6.8	1~1.2	8~12
	肥煤	82~89	4.8~6.0	1~2	4~9
	焦煤	86.5~91	4.5~5.5	1~2	3.5~6.5
动力煤	贫煤	88~92.7	4.0~4.7	0.7~1.8	2~5
无烟煤	低阶无烟煤	89~93	3.2~4.0	0.8~1.5	2~4
	中阶无烟煤	93~95	2.0~3.2	0.6~1.0	2~3
	高阶无烟煤	95~98	0.8~2.0	0.3~1.0	1~2

注：炼焦煤一般包括气煤、1/3 焦煤、气肥煤、肥煤、焦煤、瘦煤、贫煤等。

按此方法得到的各种煤的碳含量为 C_{daf}，还需根据表 4-14 的转换关系，转换为干燥基下的碳含量。

综上，针对煤的干燥基碳含量 C_d的确定方法可以归纳为如图 4-8 所示的四种方法。

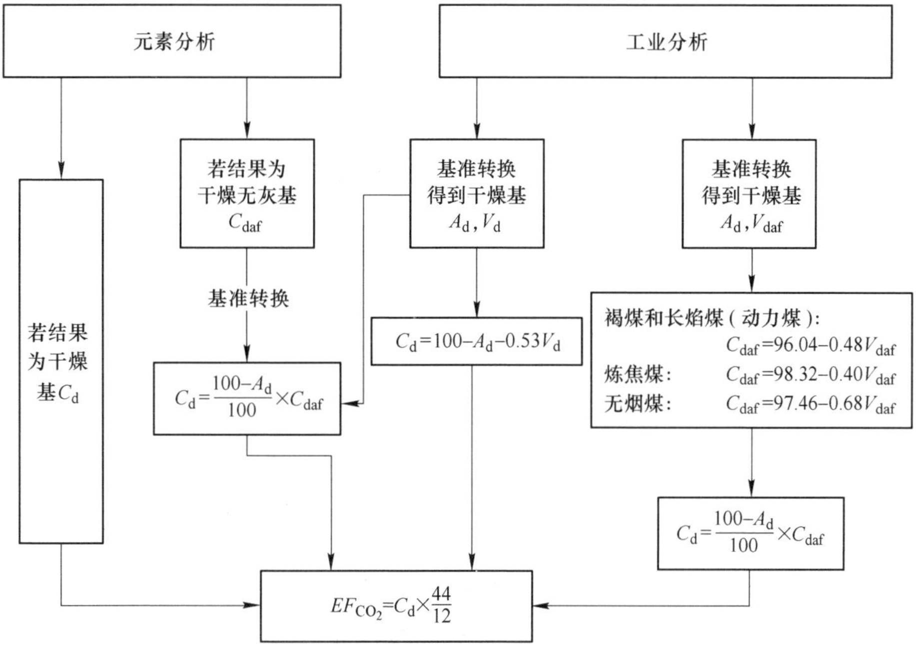

图 4-8 煤的干燥基直接 CO_2 排放因子的确定方法

图 4-8 给出了确定煤种碳含量的方法，可见确定煤种碳含量时可以基于工业分析，也可以基于元素分析[8]。基于工业分析时，有两种方法，一种是 WSA 提供的根据公式（4-8）计算得到的；另一种方法是根据我国的经验公式（4-10）~公式（4-12）计算得到的。而基于元素分析时，直接将各种基准的元素分析结果转换为干燥基准下的分析值即可，但要实现基准间的转换工业分析是必不可少的。显然，干燥基下的元素分析结果即为所要求的碳含量，而其他分析结果均要经过若干步的转换计算才能得到，误差难免增大。故推荐企业做干燥基下的元素分析，这是确定碳含量最为直接且最为准确的方法。

为了验证以上钢铁企业大宗化石燃料（主要是指煤和焦炭）的直接 CO_2 排放因子的确定方法，曾委托国家煤炭质量监督检验中心对某钢铁企业常用的无烟煤、动力煤、洗精煤以及焦炭进行了工业分析和元素分析，结果表明方法是可行的。

（1）通过元素分析结果直接得到。通过元素分析得到的干燥基下碳元素含量直接测量结果见表 4-16，可见结果与各个方法提供的缺省值相差不小。

表 4-16　某钢厂元素分析结果与其他来源的 CO_2 排放因子对比

燃料种类	动力煤	无烟煤	洗精煤	焦炭	备注
C_d/kgC · kg^{-1}	0.755	0.809	0.794	0.867	元素分析测量结果
CO_2 排放因子 /kgCO_2 · kg^{-1}	2.768	2.966	2.911	3.179	元素分析测量结果
	—	2.624	2.668	3.043	IPCC，湿基
	—	2.464	—	3.242	日本
	2.461	2.955	3.059	3.257	WSA

注："—" 表示相关来源没有提供；C_d表示干燥基碳含量。

（2）通过工业分析结果估算得到。通过工业分析结果，根据前面 CO_2 排放因子的测量及估算方法可以得到 C_d，其结果与元素分析结果对比见表 4-17。

表 4-17　工业分析估算与元素分析结果对比

燃料	动力煤	无烟煤	洗精煤	焦炭	来　源
C_d/kgC · kg^{-1}	0.699	0.844	0.776	0.856	工业分析 1：WSA 方法
	0.684	0.811	0.792	—	工业分析 2：国内经验公式
	0.755	0.809	0.794	0.867	元素分析

注：C_d为干燥基碳含量。

可见，通过工业分析结果采用国际钢铁协会的方法对煤进行估算，误差较大（2%~7%），但对焦炭进行估算，误差小（1.3%）；而采用国内的经验公式对煤进行估算，除动力煤误差较大（9.4%），其余误差增均较小，在 0.3%以下。

综上所述，关于煤及焦炭的碳含量，钢铁工业和企业应该尽可能进行实测。建议：(1) 如有条件能专门做干燥基条件下的元素分析，直接得到 C_d，其结果能直接应用；(2) 在企业没有对煤及焦炭进行干燥基下的元素分析时，可以通过工业分析的结果利用国内的经验公式得到干燥基碳含量进行估算，也可以利用国际钢铁协会提供的方法进行；(3) 如果对煤及焦炭既没有做元素分析，也没有做工业分析的企业，则只能完全采用相关计算方法的缺省值。

4.4.1.2 化石燃料间接 CO_2 排放因子的确定

关于化石燃料上游生产及运输过程产生的间接 CO_2 排放目前并没有做相关测试估算，暂取 WSA 的缺省值。

4.4.2 熔剂 CO_2 排放因子

4.4.2.1 含碳熔剂的直接 CO_2 排放因子

主要是根据含碳熔剂的化学式来确定，如石灰石（$CaCO_3$），其直接 CO_2 排放因子即为 0.44tCO_2/t。

4.4.2.2 熔剂的间接排放因子

熔剂的间接排放因子是指单位含碳熔剂在运输过程中产生的和非含碳熔剂在生产及运输过程中产生的 CO_2 排放量。目前同样也没有做相关测试估算，暂取 WSA 的缺省值。

4.4.3 动力介质 CO_2 排放因子

动力介质的 CO_2 排放因子均为间接排放因子。电力的 CO_2 间接排放因子本节是根据国家发改委能源研究所项目《中国电力部门 CDM 项目基准线排放因子研究》结果来确定的，取 0.95$kgCO_2/(kW \cdot h)$；而由于动力介质大部分是由电力生产得到的，其他外购动力介质的 CO_2 间接排放因子可由动力介质对应的热值与电力热值（取等价系数）相比得到。如 O_2 热值为 6.9GJ/km^3，电力取 9.8$GJ/(MW \cdot h)$，则 O_2 的间接排放因子 $=6.9/9.8\times0.95=0.669tCO_2/km^3$。

4.4.4 产品 CO_2 排放因子

4.4.4.1 产品的直接 CO_2 排放因子

实测产品的含碳量，进而转换为直接 CO_2 排放因子。

4.4.4.2 产品的间接排放因子

产品的间接排放因子主要考虑除钢材外的产品（生铁和焦炭）在其生产过程中产生的排放，可以通过计算得到。但由于数据量不够，本次计算暂取 WSA 的缺省值。

4.4.5　副产品 CO_2 排放因子

4.4.5.1　副产品的直接 CO_2 排放因子

实测副产品的含碳量，进而转换为直接 CO_2 排放因子。

4.4.5.2　副产品的间接排放因子

副产品的间接排放因子中焦油、粗苯按其上游生产及运输产生的排放抵扣，目前无相关测试估算，本次计算暂取 WSA 的缺省值；而对于外供给其他行业的煤气，假设其下游应用于发电，按其对应的发电量等价的 CO_2 排放量进行抵扣。如 COG 的热值假设为 $19GJ/km^3$，电力取 9.8GJ/(MW·h)，则 COG 的间接排放因子 $=19/9.8\times0.95=1.842tCO_2/km^3$。

4.4.6　钢铁工业/企业 CO_2 排放因子缺省值

4.4.6.1　钢铁工业 CO_2 排放因子缺省值

由于各个钢铁企业生产所用的原燃料品质是随着地域、时间而改变的，差异大，要对整个钢铁行业的燃料碳含量进行监测，并确定出一个钢铁工业/企业通用的 CO_2 排放因子，这需要大量的资金支持和人力配合，难度比较大。因此在计算钢铁工业 CO_2 排放时 CO_2 排放因子暂时主要参考国际相关的缺省值。

对于钢铁工业而言，目前国际上通用的燃料 CO_2 排放因子主要有 IPCC、WSA（国际钢铁协会）两类数据，IPCC 采用单位能量燃料的碳排放系数，即 tC/TJ。其原因在于：矿物燃料燃烧的 CO_2 排放因子取决于燃料中的含碳量，但不同品种的燃料之间以及同一类型的燃料之间含碳量变化很大，而采用净热值将单位质量或体积的燃料消费数据转换为用单位能量来表示的数据，由于燃料碳含量和能值之间的紧密关系而减少了这种差别，使 CO_2 排放计算准确度有所提高。如：对于煤而言，CO_2 排放因子由于单位质量燃料的碳、氢、硫、灰分、氧、氮等成分不同而存在很大差异，但热值与碳含量之间存在紧密关系。如：对于热值在 31～37TJ/kt 的烟煤而言，其碳含量 C 与总热值 H_v 之间存在下列关系：$C=32.15-(0.234\times H_v)$[1]。

本节在进行钢铁工业 CO_2 排放计算时，因其主要是为了国家层面的 CO_2 排放平衡计算，且我国目前钢铁工业的原燃料计量主要是以湿基为主，因此采用的 CO_2 排放因子主要是选取 IPCC 的缺省值作为参考，以 WSA 提供的缺省值作为辅助参考数据。考虑到我国实际情况，采用吨标准煤（tce）作为能量单位，1kgce = 29.31MJ。

钢铁工业 CO_2 排放计算所选用的 CO_2 排放因子缺省值如表 4-18 所示。

表 4-18 钢铁工业计算 CO_2 排放量的 CO_2 排放因子缺省值

	燃料	碳排放因子（能源单位）/$kgC \cdot GJ^{-1}$	CO_2 排放因子（能源单位）/$tCO_2 \cdot tce^{-1}$	CO_2 排放因子（实物量单位）/$tCO_2 \cdot t^{-1}$
输入	1. 无烟煤	26.8	2.880	2.624
	2. 炼焦煤（洗精煤），烟煤	25.8	2.772	2.668
	3. 焦炭	29.2	3.138	3.043
	4. 原油	20.0	2.149	3.102
	5. 重油（燃料油）	21.1	2.267	3.126
	6. 汽油	19.1	2.053	3.103
	7. 煤油	19.6	2.106	3.148
	8. 柴油	20.2	2.171	3.185
	9. 液化石油气	17.2	1.848	2.983
	10. 天然气	15.3	1.644	2.693
	11. 其他石油制品	20.0	2.149	2.948
	12. 其他非化石燃料	27.3	2.934	1.161
	13. 电力	9.5 万吨 CO_2/亿千瓦·时		
	熔剂	tCO_2/t		
	14. 石灰石	0.440		
	15. 白云石	0.477		
输出	产品、副产品	tC/t	tCO_2/t	
	Ⅰ粗钢	0.0035	0.0128	
	Ⅱ焦油	0.9250	3.3917	
	Ⅲ粗苯	0.9185	3.3678	

注：1. 燃料（包括 1~13）中 1~12 的 CO_2 排放因子数据来源于《IPCC 温室气体清单》2006 年版。由于国际上煤炭的分类方法习惯与我国的统计不同，对原煤、其他洗煤、型煤等，可参考无烟煤和烟煤等的 CO_2 排放因子，取两者的平均值 2.8263tCO_2/tce。

2. 熔剂包括 14 和 15，产品（Ⅰ）、副产品（Ⅱ和Ⅲ）的 CO_2 排放因子来源于国际钢铁协会。

3. CO_2 排放因子是将碳排放因子乘以 44/12（CO_2 与 C 的转换系数）得到的。

4.4.6.2 钢铁企业 CO_2 排放因子缺省值

综合以上分析，我国钢铁企业 CO_2 排放计算的 CO_2 排放因子缺省值见表 4-19。

表 4-19 钢铁企业计算 CO_2 排放量的 CO_2 排放因子缺省值

类别	项目	单位	直接排放因子 /tCO_2 · 单位$^{-1}$	间接排放因子 /tCO_2 · 单位$^{-1}$
化石燃料	炼焦煤（干基）	t	3.059	0.143
	无烟煤（干基）	t	2.955	0.143
	烟煤（干基）	t	2.784	0.143
	动力煤（干基）	t	2.461	0.143
	焦炭（干基）	t	3.257	0.463
	重油①	m^3	2.907	0.275
	轻油①	m^3	2.601	0.247
	煤油①	m^3	2.481	0.247
	LPG	t	2.985	0.293
	天然气（标准状态）	km^3	2.014	0.208
熔剂和原料	石灰石（干基）	t	0.440	0.003
	熟石灰	t	0.000	1.035
	白云石（干基）	t	0.471	0.062
	轻烧白云石	t	0.000	1.100
	球团	t	0.044	0.137
	烧结矿	t	0.000	0.329
	生铁	t	0.172	1.855
	废钢	t	0.0128	2.054
	气基 DRI	t	0.073	0.780
	煤基 DRI	t	0.073	1.210
合金	镍金属	t	0.000	15.626
	铁铬合金	t	0.275	8.228
	锰铁合金	t	0.238	0.789
	硅铁	t	0.000	0.287
	铁钼合金	t	0.018	13.615
动力介质	电力	MW · h	0.000	0.950
	蒸汽	t	0.000	0.368
	O_2（标准状态）	km^3	0.000	0.669
	N_2（标准状态）	km^3	0.000	0.194
	Ar（标准状态）	km^3	0.000	0.194

续表 4-19

类别	项目	单位	直接排放因子 /tCO_2·单位$^{-1}$	间接排放因子 /tCO_2·单位$^{-1}$
副产品	COG（标准状态）	km^3	0.836	1.842
	BFG（标准状态）	km^3	0.891	0.320
	BOFG（标准状态）	km^3	1.512	0.814
	BF 渣作水泥	t	0.000	0.550
	BOF 渣作水泥	t	0.000	0.300
	CO_2 外用	t	1.000	
	煤焦油	t	3.389	0.289
	粗苯	t	3.382	0.540
产品	粗钢	t	0.0128	—

注：1. 表中数值大部分来源于 WSA 提供的 CO_2 排放因子缺省值，且为干基值；

2. 企业若有实测值用实测结果的排放因子。

① 我国重油密度大致范围[10]为 0.92～0.98g/cm^3，本节暂取平均值 0.95g/cm^3；煤油密度为 0.80～0.83g/cm^3，本节暂取平均值 0.82g/cm^3；本节暂将汽油和柴油归为一类当作轻油，密度暂取 0.80g/cm^3。

参 考 文 献

[1] IPCC. 2006 IPCC guidelines for national greenhouse gas inventories [R]. 2007.

[2] Jürgen A Philipp. Present status and future aspects of environmental protection in the European and German steel industry [C] //International symposium on global environment and steel industry proceedings (ISES'03), 2003: 15-37.

[3] IISI. LCA forum working group, International Iron and Steel Institute Iron and Steel Institute Climate Change Emission Caculation Tool [R]. 2004.

[4] World Steel Association. World Steel CO_2 Emissions User Guide, Version 3 [R] . 2008.

[5] WRI, WBCSD. Sector toolsets: iron and steel. 2008. http://www.ghgprotocol.org/calculation-tools/iron-and-steel-sector.

[6] 資源エネルギー庁長官官房総務課編企画調査課編．総合エネルギー统计 [M]. 東京: 通商産業研究社, 2004.

[7] 上官方钦，张春霞，郦秀萍，等．关于钢铁行业 CO_2排放计算方法的探讨 [J]. 钢铁研究学报，2010，22 (11)：1-5，10.

[8] 上官方钦．钢铁工业企业 CO_2排放计算方法及评估 [D]. 北京：钢铁研究总院，2010.

[9] 陈鹏．中国煤炭性质、分类和利用 [M]．北京：化学工业出版社，2007.

[10] 国家质检总局检验监管司．进出口煤炭检测技术和法规 [M]．北京：中国标准出版社，2006.

5 我国钢铁工业/企业 CO_2 排放计算案例分析及评估

5.1 我国钢铁工业 CO_2 排放计算案例分析及评估

利用第 4 章笔者提出的钢铁工业 CO_2 排放的两种计算方法，针对我国钢铁工业 1991~2007 年的 CO_2 直接排放量以及由能源消耗引起的 CO_2 排放量进行评估分析。

5.1.1 我国钢铁工业 CO_2 排放计算的基础数据准备

5.1.1.1 CO_2 排放因子

CO_2 排放因子是 CO_2 排放计算的必要基础数据，也是影响 CO_2 计算结果的重要因素，在分析 CO_2 排放量时，应该首先要分析排放因子的取值依据，本节 CO_2 排放因子取值参考表 4-18。

5.1.1.2 能源消耗数据

能源消耗统计数据的可靠性是计算 CO_2 排放的必要基础条件。我国钢铁行业能源统计数据现有 2 个来源：中国钢铁工业协会和国家统计局。2000 年以后，能源统计公布数据存在一定的重复（主要是自产焦炭、副产煤气和自发电等）和遗漏（外购焦炭），另外有的年份统计数据断档空缺。为此，首先对 1991~2005 年中国钢铁工业能源消耗数据进行了详细的分析。

A 中国钢铁工业能源消耗数据来源

目前钢铁工业能源数据的主要出处如表 5-1 所示。可见，钢铁工业能源消耗数据虽然有 4 个出处，但是真正意义上的出处只有两个来源，一个是来源于原冶金工业部，现在则来源于中国钢铁工业协会；另一个是来源于国家统计局。《中国钢铁工业年鉴》《钢铁工业统计年报》和《中国钢铁统计》均由中国钢铁工业协会主管，由于机构调整变动，管理权限和能源统计力量大大削弱了，针对全国钢铁工业能源消耗的只统计到 2003 年，2003 年后已经没有全国钢铁行业能源消耗的统计数据了，只能统计到钢铁重点企业的数据。而国家统计局的统计体系比较完整地进行了能源消耗的统计，但《中国能源统计年鉴》所统计的是历年黑色金属冶炼及压延加工业的能源消耗数据，不仅包括钢铁生产企业，还包括铁合金生产企业。

表 5-1 中国钢铁工业能源消耗统计数据主要来源

能耗数据主要来源	主管统计部门	统计口径	统计数据完整度情况
《中国钢铁工业年鉴》[1]	先后由冶金工业部、国家冶金工业局、中国钢铁工业协会主管	钢铁工业、全国重点大中型钢铁企业	全国钢铁工业能源消耗数据统计到 2003 年。而全国重点钢铁企业能源消耗数据除 2000 年缺失外，其他年份均有，且 2001 年及之后的数据与《钢铁工业统计年报提要》一致
《钢铁工业统计年报提要》[2]	中国钢铁工业协会	全国重点大中型钢铁企业	统计年报自从 2001 年开始，只统计全国重点大中型钢铁企业的数据
《中国钢铁统计》[3]	先后由冶金工业部、国家冶金工业局和冶金信息标准研究院、中国钢铁工业协会主管	钢铁工业	新版《中国钢铁统计》从 1994 年开始，统计数据同《中国钢铁工业年鉴》，但只统计到 1999 年，2000 年只有重点企业实物量数据，而在 2001 年及之后没有能耗相关的数据统计
《中国能源统计年鉴》[4]	国家统计局工业交通统计司、国家发展和改革委员会能源局	黑色金属冶炼及压延加工业	自 1986 年起，统计了历年黑色金属冶炼及压延加工业的能源消耗数据

B 中国钢铁工业能源消耗数据分析和确定

从中国钢铁工业、全国重点钢铁企业和黑色金属冶炼及压延加工业三个层面上对统计部门所统计的 1991～2007 年能源消耗数据进行详细的计算分析，以确定出一套可以用于计算 CO_2 排放的中国钢铁工业能源消耗数据。

a 《中国钢铁工业年鉴》——全国钢铁工业及重点大中型钢铁企业

先以《中国钢铁工业年鉴》所统计的 2003 年全国钢铁工业及重点大中型钢铁企业的能源消耗数据为例分析目前能源统计存在的重复计算问题。

由数据分析可知，能耗实物量中包含有大量的二次能源（相对于钢铁工业而言），如焦炉煤气、高炉煤气、其他煤气、其他焦化产品和热力等，据了解，这些二次能源几乎都是钢厂自己产生和回收利用的，即使极个别需要外购，量也是很少的。因此，按照能源消费量只统计一次能源的原则，二次能源应从消耗中剔除。需要说明的是，在重复计算中还有一项是自发电，但由于没有这方面的统计数据，无法得到准确的自发电量，暂时不去计算，认为统计的电力消耗量为外购电。

此外，据了解钢铁工业的焦炭大部分是自产的，有一部分是外购的。而在能源统计中往往是认为焦炭总消耗量均为外购量，也可能造成重复计算。但也不能认为焦炭全为自产，而当成二次能源剔除，这样的话就会造成遗漏。

外购焦炭量的确定方法：根据《中国钢铁统计》和典型钢铁企业的调研数据知，由于技术等方面的原因，2000 年之前的吨焦煤耗可取 1.46t 煤（吨干焦煤耗≤1.33t 煤，湿度约为 10%来计，吨焦耗煤可取 1.33+10%×1.33=1.46t 煤）。而 2000 年之后，根据调研统计，吨焦煤耗可暂取 1.41t 煤。

自产焦炭量=洗精煤量/吨焦耗煤量；

外购焦炭量=焦炭总消耗量-自产焦量。

以 2003 年我国重点大中型钢铁企业为例，对二次能源的重复计算进行分析，得到 2003 年全国重点大中型钢铁企业能源消耗数据重复计算的部分主要包括：

自产焦炭：5451.65 万吨标准煤；　　焦炉煤气：1270.99 万吨标准煤；
高炉煤气：1985.58 万吨标准煤；　　其他煤气：47.27 万吨标准煤；
其他焦化产品：20.5 万吨标准煤；　　热力：382.38 万吨标准煤；

故重复计算部分的总能耗为 9158.37 万吨标准煤，根据统计值（27059.53 万吨标准煤）扣除重复计算的部分得 17901.16 万吨标准煤。可见公布的重点大中型钢铁企业的能源消耗总量中，可能有 30%~40%是重复计算，相当于能耗总量虚高了近 30%~40%。

按以上方法处理，剔除二次能源重复计算后，2003 年全国钢铁工业及重点大中型钢铁企业实际的能源消耗见表 5-2。根据能源折标准煤系数，将其折成能源标准量（表 5-3）。

表 5-2　2003 年全国钢铁工业及重点大中型钢铁企业实际能源消耗量

能源类别	全国钢铁工业	全国重点大中型钢铁企业
原煤/万吨	4294.63	3649.18
洗精煤/万吨	8780.35	7913.15
其他洗煤/万吨	283.96	282.75
型煤/万吨	69.80	69.80
外购焦炭/万吨	2682.88	2008.90
天然气/亿立方米	4.57	4.42
原油/万吨	1.88	0.01
汽油/万吨	11.12	9.97
煤油/万吨	0.73	0.61
柴油/万吨	57.52	50.02
燃料油/万吨	171.07	145.98
电力/亿千瓦·时	1236.93	1005.20
其他燃料/万吨标准煤	344.13	262.36

表 5-3 2003 年全国钢铁工业及重点大中型钢铁企业能源消耗折标准煤量 （万吨）

能源类别	全国钢铁工业	全国重点大中型钢铁企业
原煤	3067.65	2606.61
洗精煤	7902.32	7112.09
其他洗煤	101.43	101.00
型煤	34.90	34.90
外购焦炭	2606.15	1951.44
天然气	60.78	58.79
原油	2.69	0.01
汽油	16.36	14.67
煤油	1.07	0.90
柴油	83.81	72.88
燃料油	244.39	208.55
电力	4997.20	4061.01
其他燃料	344.13	262.36
合计	19462.88	16494.95

以此方法对 1991~2007 年的数据进行分析，其中对 2000 年前后的数据遗漏和重复采取不同的处理方式：经过与专家的咨询讨论，证实了 2000 年之前的能源数据存在重复（自发电）和遗漏（外购焦炭），但可以认为两者互相抵消；而在 2000 年之后的数据则按前述的方法剔除二次能源重复计算。经过处理得到的结果见表 5-4。

表 5-4 1991~2007 年全国钢铁工业及重点大中型钢铁企业能源消耗数据

年份	全国总能耗（标准煤）/万吨	钢铁工业总能耗（统计值，标准煤）/万吨	钢铁工业总能耗（实际值，标准煤）/万吨	钢铁工业总能耗统计值与实际值的差（标准煤）/万吨	钢铁工业总能耗实际值占全国总能耗的比例/%	重点钢铁企业总能耗（实际值，标准煤）/万吨	重点企业钢铁总能耗占全国总能耗的比例/%	重点钢铁企业总能耗占钢铁工业总能耗（实际值）的比例/%
1991	103783	10362.60	10363.21	-0.61	9.99	6536.50	6.30	63.07
1992	109170	10769.49	10782.79	-13.30	9.88	6866.87	6.29	63.68
1993	115993	11584.00	11672.92	-88.92	10.06	7258.77	6.26	62.18
1994	122737	12130.00	12130.63	-0.63	9.88	7583.71	6.18	62.52
1995	131176	12390.82	12391.72	-0.90	9.45	10256.91	7.82	82.77
1996	138948	12969.17	13036.47	-67.30	9.38	10804.22	7.78	82.88
1997	137798	12672.45	12673.20	-0.75	9.20	10291.17	7.47	81.20

续表 5-4

年份	全国总能耗（标准煤）/万吨	钢铁工业总能耗（统计值，标准煤）/万吨	钢铁工业总能耗（实际值，标准煤）/万吨	钢铁工业总能耗统计值与实际值的差（标准煤）/万吨	钢铁工业总能耗实际值占全国总能耗的比例/%	重点钢铁企业总能耗（实际值，标准煤）/万吨	重点企业钢铁总能耗占全国总能耗的比例/%	重点钢铁企业总能耗占钢铁工业总能耗（实际值）的比例/%
1998	132214	12829.78	12829.69	0.09	9.70	10888.60	8.24	84.87
1999	133831	12869.80	12923.45	-53.65	9.66	11336.81	8.47	87.72
2000	138553	18077.70	13796.73	4280.97	9.96	—	—	—
2001	143199	21413.18	15926.28	5486.90	11.12	13212.76	9.23	82.96
2002	151797	24572.61	17772.79	6799.82	11.71	15266.92	10.06	85.90
2003	174990	29345.98①	19462.88	9883.10①	11.12	16494.95	9.43	84.75
2004	203227	—	—	—	—	20135.10	9.91	—
2005	222468	—	—	—	—	23270.83	10.46	—
2006	246270	—	—	—	—	27311.94	11.09	—
2007	265583	—	—	—	—	31260.95	11.77	—

注：1. 全国总能耗数据来源于《中国能源统计年鉴》1991~2008；
2. 2002 年及之前的钢铁工业总能耗统计值直接取自《中国钢铁工业年鉴》；
3. 重点钢铁企业总能耗实际值是根据《中国钢铁工业年鉴》及《钢铁工业统计年报提要》的能源消耗数据进行相应处理得到的；
4. 电力取等价系数。

① 估算值。

由表5-4 中数据分析得到如下结论：（1）2000 年之前的数据统计值与实际值较为一致，说明了 2000 年以前在冶金工业部的管理下统计数据比较可靠；（2）自 2000 年起，二次能源的重复计算逐年增加，2002 年全国钢铁企业能源消耗统计值的重复计算量达到了 6799.82 万吨标准煤；（3）自 2003 年起，《中国钢铁工业年鉴》上，“全国钢铁工业能耗”一栏的数据空缺了；（4）重点钢铁企业的能耗占钢铁工业能耗的比例为 62%~88%，很不稳定，因此若想通过全国重点钢铁企业的数据来推断全国钢铁工业的能耗是不可靠的。

由以上分析可知：（1）由《中国钢铁工业年鉴》的能源统计数据中 2000 年之后的二次能源重复计算现象严重，需特别处理剔除。（2）2003 年后全国钢铁工业的能源消耗数据缺失，而如用全国重点企业的能源消耗数据来推断全国钢铁工业的能源消耗量是不可行的。

b 《中国能源统计年鉴》——黑色金属冶炼及压延加工业

经过上述的分析知，目前《中国钢铁工业统计年鉴》相关的能源统计存在的主要问题在于重复计算和遗漏。而对于对黑色金属冶炼及压延加工业所统计的能耗数据，是否也存在同样的问题，本节以 2003 年黑色金属冶炼及压延加工业的能源消耗数据进行了分析。

首先，由数据分析可知，黑色金属冶炼及压延加工业所统计的能耗数据也包含了二次能源的重复计算，明显的有焦炉煤气、其他煤气和热力等，有必要对其也进行剔除二次能源的重复计算处理。此外，历年来黑色金属冶炼及压延加工业中的洗精煤量相对较少，对比钢铁工业能源消费实物量，初步判断黑色金属冶炼及压延加工业的能源统计中将洗精煤折成了焦炭、焦炉煤气和焦化产品。因此对黑色金属及压延加工业的能源消耗统计值进行二次能源重复计算的处理时，采用了两种方法。

方法 1 是将自产焦炭的部分做相应的处理折回到洗精煤（通过焦炉煤气的量来估算自产焦炭的量，因焦炉煤气有外供，可能估算出来的自产焦炭量不准确，偏小）。经过处理得到实物量修正值，并将其折算成标准煤量，得到表 5-5。

表 5-5 2003 年黑色金属冶炼及压延加工业修正后实物量和实际能耗（方法 1）

能源类别	统计实物量	修正后的实际能耗（标准煤）/万吨
原煤	3147.64 万吨	2248.36
洗精煤	6929.16 万吨	6236.24
其他洗煤	865 万吨	308.98
外购焦炭	6855.59 万吨	6659.52
天然气	3.26 亿立方米	43.36
原油	8.39 万吨	11.99
汽油	35.97 万吨	52.93
煤油	3 万吨	4.41
柴油	94.47 万吨	137.65
燃料油	255.1 万吨	364.44
液化石油气	0.91 万吨	1.56
其他石油制品	1.5 万吨	1.80
电力	1648 亿千瓦·时	6657.92
总能耗/万吨标准煤	24277.43（统计值）	22729.16（实际值）

其中，黑色金属冶炼及压延加工业自产焦炭量的确定方法：以目前的经验平均水平吨焦产焦炉煤气（COG）420m^3，COG 耗散率为 3%作为标准，参考表 5-5 中 COG 的实物消费量（认为 COG 全为自产，不需外购），即可确定出黑色金属冶炼及压延加工业的自产焦炭量，结合吨焦耗煤量就可以得到洗精煤和外购焦炭的量。

方法 2 则是把统计的焦炭量全当成是外购量直接进行计算，但不能将焦化产品和焦炉煤气作为二次能源剔除，要对其进行统计（见表 5-6）。

表 5-6 2003 年黑色金属冶炼及压延加工业修正后实物量和实际能耗（方法 2）

能源类别	能耗实物量	修正后的实际能耗（标准煤）/万吨
原　煤	3147.64 万吨	2248.36
洗精煤	350.93 万吨	315.84
其他洗煤	865.00 万吨	308.98
焦炭	11521.00 万吨	11191.50
其他焦化产品	172.73 万吨	190.00
焦炉煤气	190.24 亿立方米	1168.64
天然气	3.26 亿立方米	43.36
原油	8.39 万吨	11.99
汽油	35.97 万吨	52.93
煤油	3.00 万吨	4.41
柴油	94.47 万吨	137.65
燃料油	255.10 万吨	364.44
液化石油气	0.91 万吨	1.56
其他石油制品	1.50 万吨	1.80
电力	1648.00 亿千瓦·时	6657.92
总能耗（标准煤）/万吨	24277.43（统计值）	22699.37（实际值）

按以上方法分别对 1991～2005 年也做相同处理，得到表 5-7、表 5-8 的结果。

表 5-7　1991~2005 年黑色金属冶炼及压延加工业能耗折标准煤量（方法 1）

年份	全国总能耗（标准煤）/万吨	黑色金属冶炼及压延加工业总能耗统计值（电力取等价系数，标准煤）/万吨	黑色金属冶炼及压延加工业总能耗实际值（电力取等价系数，标准煤）/万吨	黑色金属冶炼及压延加工业总能耗统计值与实际值的差（电力取等价系数，标准煤）/万吨	黑色金属冶炼及压延加工业总能耗实际值占全国总能耗的比例（电力取等价系数）/%	黑色金属冶炼及压延加工业总能耗统计值（电力取当量系数，标准煤）/万吨	黑色金属冶炼及压延加工业总能耗实际值（电力取当量系数，标准煤）/万吨	黑色金属冶炼及压延加工业总能耗统计值与实际值的差（电力取当量系数，标准煤）/万吨	黑色金属冶炼及压延加工业总能耗实际值占全国总能耗的比例（电力取当量系数）/%
1991	103783	10895. 10	10709. 67	185. 43	10. 32	9275. 48	9062. 71	212. 77	8. 73
1992	109170	11732. 31	11486. 74	245. 57	10. 52	9956. 29	9637. 38	318. 91	8. 83
1993	115993	13895. 16	13371. 19	523. 97	11. 53	11820. 59	11186. 51	634. 08	9. 64
1994	122737	15151. 51	14649. 31	502. 20	11. 94	12800. 48	12162. 84	637. 64	9. 91
1995	131176	17977. 76	16113. 92	1863. 84	12. 28	15427. 65	13568. 95	1858. 70	10. 34
1996	138948	17717. 09	15804. 66	1912. 43	11. 37	15241. 53	13220. 79	2020. 74	9. 51
1997	137798	17994. 30	16164. 78	1829. 52	11. 73	15218. 91	13538. 86	1680. 05	9. 83
1998	132214	16960. 79	16509. 44	451. 35	12. 49	14232. 36	13876. 57	355. 79	10. 50
1999	133831	17191. 59	15961. 55	1230. 04	11. 93	17363. 41	13137. 29	4226. 12	9. 82
2000	138553	17494. 42	16239. 86	1254. 56	11. 72	14485. 79	13210. 47	1275. 32	9. 53
2001	143199	18222. 52	16846. 32	1376. 20	11. 76	15025. 34	13574. 12	1451. 22	9. 48
2002	151797	19542. 60	18267. 87	1274. 73	12. 03	16125. 10	14548. 61	1576. 49	9. 58
2003	174990	24277. 43	22729. 15	1548. 28	12. 99	20157. 73	18096. 62	2061. 11	10. 34
2004	203227	29192. 81	28029. 71	1163. 10	13. 79	24283. 87	22228. 84	2055. 03	10. 94
2005	222468	36870. 19	34855. 31	2014. 88	15. 67	30856. 14	29255. 09	1601. 05	13. 15

注：第三列统计值均取自《中国能源统计年鉴》，2005 年电力折算系数取《2005 年全国电力工业发电统计年报》公布值 343gce/(kW·h)，之前年份取 404gce/(kW·h)。

表 5-8 1991～2005 年黑色金属冶炼及压延加工业能耗折标准煤量（方法 2）

年份	全国总能耗（标准煤）/万吨	黑色金属冶炼及压延加工业总能耗统计值（发电煤耗计算，标准煤）/万吨	黑色金属冶炼及压延加工业总能耗实际值（电力取等价系数，标准煤）/万吨	黑色金属冶炼及压延加工业总能耗统计值与实际值的差（发电煤耗，标准煤）/万吨	黑色金属冶炼及压延加工业总能耗实际值占全国总能耗的比例（发电煤耗）/%	黑色金属冶炼及压延加工业总能耗统计值（电力取当量系数，标准煤）/万吨	黑色金属冶炼及压延加工业总能耗实际值（电力取当量系数，标准煤）/万吨	黑色金属冶炼及压延加工业总能耗统计值与实际值的差（电力取当量系数，标准煤）/万吨	黑色金属冶炼及压延加工业总能耗实际值占全国总能耗的比例（电力取当量系数）/%
1991	103783	10895. 10	10454. 65	440. 45	10. 07	9275. 48	8807. 68	467. 80	8. 49
1992	109170	11732. 31	11260. 85	471. 46	10. 31	9956. 29	9411. 50	544. 79	8. 62
1993	115993	13895. 16	13423. 84	471. 32	11. 57	11820. 59	11239. 16	581. 43	9. 69
1994	122737	15151. 51	14614. 48	537. 03	11. 91	12800. 48	12128. 01	672. 47	9. 88
1995	131176	17977. 76	15955. 27	2022. 49	12. 16	15427. 65	13410. 30	2017. 35	10. 22
1996	138948	17717. 09	15666. 65	2050. 44	11. 28	15241. 53	13082. 77	2158. 76	9. 42
1997	137798	17994. 30	16015. 24	1979. 06	11. 62	15218. 91	13389. 31	1829. 60	9. 72
1998	132214	16960. 79	16285. 80	674. 99	12. 32	14232. 36	13652. 94	579. 42	10. 33
1999	133831	17191. 59	15745. 84	1445. 75	11. 77	14355. 98	12921. 57	1434. 41	9. 66
2000	138553	17494. 42	16019. 98	1474. 44	11. 56	14485. 79	12990. 60	1495. 19	9. 38
2001	143199	18222. 52	16792. 48	1430. 04	11. 73	15025. 34	13520. 28	1505. 06	9. 44
2002	151797	19542. 60	18225. 96	1316. 64	12. 01	16125. 10	14506. 70	1618. 40	9. 56
2003	174990	24277. 43	22699. 37	1578. 06	12. 97	20157. 73	18066. 85	2090. 88	10. 32
2004	203227	29192. 81	27959. 66	1233. 15	13. 76	24283. 87	22158. 79	2125. 08	10. 90
2005	222468	36870. 19	34650. 13	2220. 06	15. 58	30856. 14	29049. 91	1806. 23	13. 06

注：统计数据均取自《中国能源统计年鉴》，2005 年电力的平均发电煤耗取《2005 年全国电力工业发电统计年报》公布值 343gce/(kW · h)。

由表5-7、表5-8数据分析可知，根据本节的分析方法处理，《中国能源统计年鉴》黑色金属冶炼及压延加工业的能耗统计值与实际值是有一定差距的，1999年后相差1200万~2000万吨标准煤，可初步判断，该能源统计数据中存在重复计算，但比《中国钢铁工业年鉴》中能源统计数据的重复计算量小。不过，上述的分析方法有一定的误差，主要有如下几个方面：

（1）据了解，历年《中国能源统计年鉴》中黑色金属冶炼及压延加工业能源消费实物量折成标准煤量的系数并不是固定不变的，每年都会有些许变动，而在本节修正后的实际计算中，采用统一的系数；

（2）在统计的口径上可能有所差别，修正后的实际计算中认为高炉煤气、其他煤气和热力等均可以自给，直接剔除，可能会存在少量的外购。

c 能源消耗数据分析小结

通过分析和比较，可知：

（1）考虑到《中国钢铁工业年鉴》对全国钢铁工业能源消耗数据的统计1998年后比较混乱，到2003年之后已不再统计全国钢铁工业的能源消耗，且重复计算的量较大；若通过全国重点大中型钢铁企业的数据要得到全国钢铁工业的能耗数据可靠性又不高。因此，本节计算中不选用《中国钢铁工业年鉴》的数据作为全国钢铁行业的能源数据基础。

（2）对于我国现有的钢铁工业能源消耗数据有如下认识：《中国能源统计》中黑色金属冶炼及压延加工业数据较完整，且连续；适当剔除二次能源重复计算的处理后，2003年之前，黑色金属冶炼及压延加工业的总能耗占全国总能耗的比例比较稳定（维持在9%~10%），近年来有所上升，2005年达到了15.67%（表5-7）。

因此，本节以《中国能源统计年鉴》中黑色金属冶炼及压延加工业的实际能源消耗值作为全国钢铁工业的能源消耗数据基础，并考虑到剔除重复计算的两种方法在结果上差别不是很大，故本节选用了方法1作为钢铁工业CO_2计算的能源数据基础的处理方法。正如前面所述黑色金属冶炼及压延加工业不仅包括钢铁生产企业还包括铁合金生产企业，本节还将进一步对铁合金行业的能耗数据进行剔除而得到钢铁行业的能源数据。

5.1.1.3 熔剂消耗数据

钢铁生产使用的含碳熔剂主要包括石灰石（CaO 56%）、白云石（MgO 21.86%）等，对于生石灰，在直接排放和由能源消耗引起的排放中不考虑。

首先要确定各种熔剂在钢铁工业中的使用量。查阅历年《中国钢铁统计》，得到1991~2007年中国粗钢、生铁和烧结矿产量。

根据对全国9个典型钢铁企业宝钢、武钢、唐钢等调研表数据整理得到钢铁生产流程中熔剂消耗量的初步结果如下。

烧结：吨烧结矿单耗石灰石为 56. 73kg，吨烧结矿单耗白云石为 51. 70kg；

炼铁：由于近几十年来，大量使用熔剂性烧结矿，高炉很少直接加入熔剂，故在炼铁过程中，不计熔剂消耗；

炼钢：吨钢单耗白云石为 24. 99kg。

按此，可估算出 1991~2007 年全国钢铁工业各种含碳熔剂消耗量（表 5-9）。

表 5-9 1991~2007 年全国钢铁工业各种含碳熔剂消耗量（估计值）（万吨）

年份	石灰石	白云石
1991	547. 50	676. 39
1992	605. 25	753. 83
1993	638. 84	805. 95
1994	706. 00	874. 84
1995	766. 08	936. 46
1996	821. 05	1001. 25
1997	842. 21	1039. 70
1998	891. 57	1098. 88
1999	958. 17	1182. 96
2000	955. 56	1191. 96
2001	1093. 53	1375. 49
2002	1246. 98	1591. 86
2003	1441. 40	1869. 22
2004	1727. 26	2280. 83
2005	2094. 70	2789. 59
2006	2438. 10	3278. 98
2007	3063. 42	4014. 41

5. 1. 1. 4 副产品产生量

根据全国典型钢铁企业调研表数据整理可以得到吨焦焦油回收量为 43. 69kg，吨焦粗苯回收量为 11. 14kg。

5. 1. 2 我国钢铁工业 CO_2 排放计算

5. 1. 2. 1 碳输入端计算

A 1991~2007 年中国钢铁工业能源消耗实物量的确定

如前所述，目前中国钢铁工业的能耗数据只能以比较完整连续且较为可靠的黑色金属冶炼及压延加工业的能耗数据为基础，但还需对黑色金属冶炼及压延加工业能耗数据中的铁合金能耗数据进行剔除。

由于目前针对铁合金的能耗并没有相关的对外公布统计资料可查，咨询相关部门、单位也只获得2005~2007年的铁合金能耗数据。因此，本节对1991~2005年铁合金的能耗数据只做大致的估算。估算是根据GB 21341—2008《铁合金单位产品能源消耗限额》，仅对主要的5个大宗品种的铁合金（分别是硅铁、高炉锰铁、电炉锰铁、锰硅和高碳铬铁5种合金，这5个品种的产量通常能占到所有铁合金产量的76%~90%）能耗进行剔除，且只考虑其主要的能源消耗种类（电力和焦炭），得到各种能源种类主要的消耗指标。

铁合金单位产品能源消耗限额标准的限额值主要是按照淘汰现有产能中20%~30%的落后产能考虑的；而准入值是根据较大容量（12.5MV·A电炉）装备规模、按照较好的水平来确定的；先进值是依据目前国际或国内先进水平确定的。相对而言，限额值更能反映铁合金工业的平均能耗水平。因此本节选用铁合金单位产品能源消耗限额值作参考，结合1991~2004年5个大宗品种铁合金的产量数据可以计算出其对应的能源消耗实物量（表5-10）。

表5-10　1991~2004年5个大宗品种铁合金的能源消耗实物量

年份	硅铁		高炉锰铁	电炉锰铁		锰硅合金		高碳铬铁		合计	
	电力/亿千瓦·时	焦炭/万吨	焦炭/万吨	电力/亿千瓦·时	焦炭/万吨	电力/亿千瓦·时	焦炭/万吨	电力/亿千瓦·时	焦炭/万吨	电力/亿千瓦·时	焦炭/万吨
1991	76.37	94.44	62.19	6.07	10.46	19.51	22.84	6.79	9.05	108.74	198.98
1992	77.60	95.96	63.61	5.98	10.31	19.81	23.18	9.98	13.30	113.36	206.36
1993	95.86	118.53	52.97	6.84	11.79	25.11	29.39	10.93	14.57	138.73	227.25
1994	100.45	124.21	52.73	12.50	21.55	29.81	34.88	9.93	13.24	152.68	246.60
1995	112.15	138.68	53.41	12.49	21.53	39.70	46.45	20.11	26.81	184.44	286.88
1996	127.28	157.39	71.00	14.31	24.68	39.62	46.37	10.37	13.83	191.59	313.26
1997	115.85	143.26	79.82	13.44	23.17	35.97	42.09	13.16	17.54	178.41	305.87
1998	118.72	146.81	70.72	11.83	20.40	30.02	35.13	7.30	9.73	167.87	282.79
1999	122.20	151.11	88.05	8.37	14.43	39.43	46.15	7.23	9.64	177.23	309.38
2000	129.27	159.85	89.10	8.12	14.00	46.06	53.90	11.25	15.00	194.70	331.85
2001	113.27	140.07	80.57	10.16	17.53	56.65	66.30	9.81	13.08	189.90	317.54
2002	123.69	152.95	76.14	12.72	21.94	74.46	87.14	8.67	11.57	219.55	349.73
2003	169.11	209.12	69.98	11.74	20.25	92.72	108.50	15.87	21.17	289.44	429.01
2004	273.00	337.58	97.32	17.20	29.66	118.60	138.79	18.51	24.69	427.32	628.04

结合表5-10，并参照黑色金属冶炼及压延加工业的能源消耗实物量、铁合金产业的能源消耗实物量，可以将黑色金属冶炼及压延加工业中的铁合金部分扣除，并按照方法1的处理就可得到1991~2007年中国钢铁工业的能耗实物量数据（表5-11）。

表 5-11 1991~2007 年中国钢铁工业的能耗经处理后的实物量数据及能耗总量

年份	原煤/万吨	洗精煤/万吨	其他洗煤/万吨	外购焦炭/万吨	原油/万吨	汽油/万吨	煤油/万吨	柴油/万吨	燃料油/万吨	液化石油气/万吨	其他石油制品/万吨	天然气/亿立方米	电力/亿千瓦·时	钢铁工业总能耗(标准煤)/万吨	全国总能耗(标准煤)/万吨	钢铁工业总能耗占全国总能耗比例/%
1991	2219. 50	4168. 56	235. 80	2039. 38	8. 80	31. 10	0. 40	36. 20	372. 90	0. 10	0. 00	7. 70	477. 16	10077. 07	103783	9. 71
1992	2612. 50	3729. 58	168. 30	2739. 26	1. 90	32. 20	0. 40	38. 90	364. 60	0. 30	0. 00	4. 20	544. 54	10828. 29	109170	9. 92
1993	3545. 18	4211. 07	157. 07	2949. 56	20. 83	46. 89	0. 72	62. 30	362. 50	0. 17	0. 00	4. 38	638. 46	12589. 97	115993	10. 85
1994	3693. 61	4085. 05	110. 53	3587. 38	170. 46	40. 83	0. 74	52. 51	404. 40	0. 19	0. 00	2. 84	731. 87	13792. 93	122737	11. 24
1995	3832. 10	5169. 16	143. 80	4072. 63	3. 17	42. 55	0. 41	69. 33	394. 72	0. 17	0. 00	3. 58	720. 92	15090. 11	131176	11. 50
1996	3798. 94	5170. 70	164. 29	3767. 22	4. 94	35. 90	0. 52	59. 25	348. 71	0. 70	0. 00	4. 14	727. 61	14726. 34	138948	10. 60
1997	3546. 67	5554. 78	193. 07	3942. 84	2. 37	35. 02	0. 75	60. 13	339. 17	0. 28	0. 79	2. 43	755. 75	15146. 87	137798	10. 99
1998	3572. 72	5689. 90	165. 20	4175. 98	6. 83	55. 96	3. 28	58. 99	307. 33	0. 39	1. 83	2. 82	768. 76	15556. 53	132214	11. 77
1999	3141. 25	5403. 56	311. 08	3914. 33	9. 10	29. 21	5. 03	62. 29	287. 24	0. 50	0. 79	1. 14	827. 49	14945. 01	133831	11. 17
2000	3022. 47	5706. 62	310. 12	3655. 81	10. 25	30. 04	5. 37	68. 44	290. 97	0. 49	0. 80	1. 71	882. 99	15130. 91	138553	10. 92
2001	2882. 40	5836. 89	270. 37	3954. 15	9. 85	30. 87	5. 50	72. 82	271. 14	0. 48	1. 00	1. 67	974. 17	15770. 65	143199	11. 01
2002	2530. 09	6025. 71	267. 11	4834. 58	13. 47	31. 22	6. 46	80. 28	235. 45	0. 70	0. 72	2. 30	1103. 56	17041. 17	151797	11. 23
2003	3147. 64	6929. 16	865. 00	6426. 58	8. 39	35. 97	3. 00	94. 47	255. 10	0. 91	1. 50	3. 26	1358. 56	21143. 06	174990	12. 08
2004	3931. 77	7896. 06	108. 59	8818. 76	0. 11	22. 13	1. 92	83. 66	199. 46	6. 88	5. 43	7. 64	1636. 31	25693. 27	203227	12. 64
2005	4088. 47	11087. 78	152. 37	12141. 26	0. 13	21. 41	1. 91	94. 38	185. 34	11. 23	1. 62	10. 84	1561. 00	30704. 20	222468	13. 80
2006	3941. 61	11094. 42	126. 51	15226. 75	0. 13	22. 75	1. 68	88. 81	166. 74	12. 68	3. 35	11. 86	1739. 80	34271. 24	246270	13. 92
2007	4035. 19	12856. 08	137. 62	16162. 53	0. 10	27. 84	1. 61	80. 18	162. 42	15. 99	3. 68	13. 68	2231. 35	38216. 40	265583	14. 39

注：1. 钢铁工业能耗是根据对黑色金属冶炼及压延加工业能耗数据扣除铁合金能耗数据计算得到的，电力系数取等价值；

2. 全国总能耗数据来源于历年《中国能源统计年鉴》；

3. 仅 2005~2007 年扣除自发电量。

B 能源消耗产生的 CO_2 排放

根据表 5-11 中国钢铁工业的能耗实物量数据折成标准煤量数据，最后再乘以各种能源相应的 CO_2 排放系数（表 4-19），就可以得到 1991~2007 年我国钢铁工业能源消耗产生的 CO_2 排放量，结果见表 5-12。

C 熔剂分解产生的 CO_2 排放

根据冶金过程中各熔剂的入厂条件，取各熔剂的品位如下：石灰石，CaO 52%；白云石，MgO 19%；生石灰，CaO 85%，并将生石灰折算成石灰石量（按 CaO 含量）。

石灰石的 CO_2 排放量(万吨)

= 石灰石的总消耗量 × 石灰石 CO_2 排放因子 × 石灰石中 $CaCO_3$ 纯度

= 石灰石的总消耗量 × 0.44 × (52%/56%)

白云石的 CO_2 排放量(万吨)

= 白云石总消耗量 × 白云石 CO_2 排放因子 × 白云石中 $CaCO_3 \cdot MgCO_3$ 纯度

= 白云石的总消耗量 × 0.477 × (19%/21.86%)

通过表 5-9 和以上公式计算含碳熔剂分解产生的 CO_2 排放，结果见表 5-13。

5.1.2.2 碳输出端计算

A 产品带走的 CO_2

根据历年粗钢产量，即可得到表 5-14 中粗钢产品产生的 CO_2 抵扣量结果。

B 副产品产生的 CO_2 抵扣量计算

根据副产品的吨焦回收量，在计算出钢铁工业自产焦炭量后，就可以求出焦油和粗苯的各自回收量，再乘以各自对应的 CO_2 排放因子，即可得到相应的 CO_2 抵扣量。

黑色金属冶炼及压延加工业自产焦炭量的确定方法：以目前的经验平均水平吨焦产焦炉煤气（COG）420m^3，COG 耗散率为 3%作为标准，参考 COG 的实物消费量（认为 COG 全为自产，不需外购），即可确定出黑色金属冶炼及压延加工业的自产焦炭量，通过计算处理得到表 5-14 的结果。

5.1.3 我国钢铁工业 CO_2 排放计算结果及讨论

5.1.3.1 钢铁工业 CO_2 直接排放计算结果

综上，将输入碳部分（表 5-12 和表 5-13）扣除输出碳部分（表 5-14），即可求得历年中国钢铁工业 CO_2 排放的总量，见表 5-15。

5.1.3.2 钢铁工业由能源消耗引起的 CO_2 排放计算结果

同样的，将输入碳部分（表 5-12）和外购电力部分扣除输出碳部分（表 5-14 中的粗苯和焦油），即可求得历年中国钢铁工业由能源消耗引起的 CO_2 排放总量，见表 5-16。

表 5-12 1991~2007 年中国钢铁工业化石能源消耗产生的直接 CO_2 排放量 （万吨）

年份	原煤	洗精煤	其他洗煤	外购焦炭	原油	汽油	煤油	柴油	燃料油	液化石油气	其他石油制品	天然气	总直接排放量
1991	4480. 78	10401. 59	238. 05	6216. 36	27. 02	93. 92	1. 24	114. 50	1207. 95	0. 32	0. 00	168. 38	22950. 12
1992	5274. 18	9306. 22	169. 91	8349. 69	5. 83	97. 25	1. 24	123. 04	1181. 07	0. 95	0. 00	91. 85	24601. 22
1993	7157. 10	10507. 68	158. 57	8990. 71	63. 96	141. 61	2. 23	197. 05	1174. 26	0. 54	0. 00	95. 78	28489. 50
1994	7456. 76	10193. 23	111. 59	10934. 89	523. 40	123. 31	2. 29	166. 09	1309. 99	0. 60	0. 00	62. 10	30884. 24
1995	7736. 34	12898. 34	145. 17	12414. 01	9. 73	128. 50	1. 27	219. 29	1278. 64	0. 54	0. 00	78. 29	34910. 13
1996	7669. 40	12902. 20	165. 86	11483. 09	15. 17	108. 42	1. 61	187. 40	1129. 59	2. 22	0. 00	90. 53	33755. 49
1997	7160. 11	13860. 57	194. 91	12018. 39	7. 28	105. 76	2. 32	190. 19	1098. 69	0. 89	2. 04	53. 14	34694. 29
1998	7212. 70	14197. 71	166. 78	12729. 02	20. 97	169. 00	10. 17	186. 58	995. 55	1. 24	4. 72	61. 67	35756. 11
1999	6341. 64	13483. 24	314. 05	11931. 48	27. 94	88. 22	15. 59	197. 02	930. 47	1. 58	2. 04	24. 93	33358. 20
2000	6101. 84	14239. 44	313. 08	11143. 49	31. 47	90. 72	16. 64	216. 47	942. 55	1. 55	2. 06	37. 39	33136. 72
2001	5819. 06	14564. 51	272. 95	12052. 86	30. 24	93. 23	17. 05	230. 32	878. 32	1. 52	2. 58	36. 52	33999. 17
2002	5107. 81	15035. 64	269. 66	14736. 56	41. 36	94. 29	20. 02	253. 92	762. 71	2. 22	1. 86	50. 30	36376. 34
2003	6354. 54	17289. 98	873. 26	19589. 22	25. 76	108. 63	9. 30	298. 80	826. 36	2. 88	3. 87	71. 29	45453. 90
2004	7937. 56	19702. 64	109. 63	26880. 96	0. 34	66. 83	5. 95	264. 61	646. 12	21. 80	14. 00	167. 07	55817. 52
2005	8253. 92	27666. 79	153. 82	37008. 47	0. 40	64. 67	5. 92	298. 52	600. 37	35. 58	4. 17	237. 00	74329. 62
2006	7957. 42	27683. 34	127. 72	46413. 51	0. 40	68. 71	5. 21	280. 91	540. 13	40. 17	8. 65	259. 29	83385. 45
2007	8146. 35	32079. 14	138. 94	49265. 91	0. 31	84. 08	4. 98	253. 60	526. 13	50. 67	9. 48	299. 12	90858. 70

注：按吨焦产焦炉煤气 $420m^3$、放散率 3%计算自产焦炭。

表 5-13 1991~2007 年中国钢铁工业各种含碳熔剂分解产生 CO_2 排放 （万吨）

年份	石灰石	白云石	熔剂分解
1991	224	280	504
1992	247	313	560
1993	261	334	595
1994	288	363	651
1995	313	388	701
1996	335	415	751
1997	344	431	775
1998	364	456	820
1999	391	490	882
2000	390	494	885
2001	447	570	1017
2002	509	660	1169
2003	589	775	1364
2004	706	946	1651
2005	856	1157	2012
2006	996	1359	2356
2007	1252	1664	2916

表 5-14 1991~2007 年输出端——粗钢、焦油、粗苯回收产生的 CO_2 抵扣量

年份	粗钢产量/万吨	外卖粗钢减排 CO_2 量/万吨	自产焦量/万吨	焦油回收量/万吨	焦油减排 CO_2 量/万吨	粗苯回收量/万吨	粗苯减排 CO_2 量/万吨	输出端合计减排 CO_2 量/万吨
1991	7100	91. 09	2768. 74	120. 97	410. 28	30. 84	103. 93	605. 30
1992	8093	103. 83	2452. 38	107. 14	363. 4	27. 32	92. 06	559. 29
1993	8954	114. 88	2784. 19	121. 64	412. 57	31. 02	104. 51	631. 96
1994	9261	118. 82	2702. 77	118. 08	400. 51	30. 11	101. 46	620. 79
1995	9536	122. 35	3431. 86	149. 94	508. 54	38. 23	128. 83	759. 72
1996	10124	129. 89	3377. 17	147. 55	500. 44	37. 62	126. 77	757. 10
1997	10891	139. 73	3587. 1	156. 72	531. 55	39. 96	134. 65	805. 93
1998	11459	147. 02	3571. 65	156. 05	529. 26	39. 79	134. 07	810. 35
1999	12395	159. 03	3466. 69	151. 46	513. 71	38. 62	130. 13	802. 87
2000	12850	164. 87	3664. 35	160. 1	543	40. 82	137. 55	845. 42
2001	15163	194. 54	3865. 44	168. 88	572. 79	43. 06	145. 1	912. 43

续表 5-14

年份	粗钢产量/万吨	外卖粗钢减排 CO_2 量/万吨	自产焦量/万吨	焦油回收量/万吨	焦油减排 CO_2 量/万吨	粗苯回收量/万吨	粗苯减排 CO_2 量/万吨	输出端合计减排 CO_2 量/万吨
2002	18225	233. 83	4068. 99	177. 77	602. 96	45. 33	152. 74	989. 53
2003	22234	285. 26	4665. 41	203. 83	691. 34	51. 97	175. 13	1151. 73
2004	28280	362. 83	5054. 6	220. 84	749. 01	56. 31	189. 74	1301. 58
2005	35239	452. 12	7345. 13	320. 91	1088. 43	81. 82	275. 72	1816. 27
2006	42299	542. 70	7369. 65	321. 98	1092. 06	82. 10	276. 65	1911. 40
2007	48924	627. 69	8560. 04	373. 99	1268. 45	95. 36	321. 33	2217. 48

表 5-15　1991~2007 年中国钢铁工业 CO_2 直接排放计算结果　（万吨）

年份	碳输入端		碳输出端				直接排放总量
	能源	熔剂	粗钢	焦油	粗苯	小计	
1991	22950. 12	504. 12	91. 09	410. 28	103. 93	605. 30	22848. 94
1992	24601. 22	559. 82	103. 83	363. 40	92. 06	559. 29	24601. 75
1993	28489. 50	595. 15	114. 88	412. 57	104. 51	631. 96	28452. 69
1994	30884. 24	651. 15	118. 82	400. 51	101. 46	620. 79	30914. 60
1995	34910. 13	701. 25	122. 35	508. 54	128. 83	759. 72	34851. 66
1996	33755. 49	750. 57	129. 89	500. 44	126. 77	757. 10	33748. 96
1997	34694. 29	775. 16	139. 73	531. 55	134. 65	805. 93	34663. 51
1998	35756. 11	819. 86	147. 02	529. 26	134. 07	810. 35	35765. 62
1999	33358. 20	881. 93	159. 03	513. 71	130. 13	802. 87	33437. 26
2000	33136. 72	884. 59	164. 87	543. 00	137. 55	845. 42	33175. 89
2001	33999. 17	1017. 05	194. 54	572. 79	145. 10	912. 43	34103. 79
2002	36376. 34	1169. 45	233. 83	602. 96	152. 74	989. 53	36556. 27
2003	45453. 90	1363. 88	285. 26	691. 34	175. 13	1151. 73	45666. 05
2004	55817. 52	1651. 32	362. 83	749. 01	189. 74	1301. 58	56167. 27
2005	74329. 62	2012. 38	452. 12	1088. 43	275. 72	1816. 27	74525. 73
2006	83385. 45	2355. 58	542. 70	1092. 06	276. 65	1911. 40	83829. 62
2007	90858. 70	2915. 97	627. 69	1268. 45	321. 33	2217. 48	91557. 19

表 5-16 1991~2007 年中国钢铁工业由能源消耗引起的 CO_2 排放计算结果 （万吨）

年份	碳输入端	碳输出端		总排放量
	能源（含外购电）	焦油	粗苯	
1991	27483.14	410.28	103.93	26968.93
1992	29774.31	363.40	92.06	29318.85
1993	34554.87	412.57	104.51	34037.79
1994	37837.01	400.51	101.46	37335.04
1995	41758.87	508.54	128.83	41121.50
1996	40667.80	500.44	126.77	40040.59
1997	41873.90	531.55	134.65	41207.70
1998	43059.29	529.26	134.07	42395.96
1999	41219.34	513.71	130.13	40575.50
2000	41525.13	543.00	137.55	40844.58
2001	43253.76	572.79	145.10	42535.87
2002	46860.18	602.96	152.74	46104.48
2003	58360.18	691.34	175.13	57493.71
2004	71362.49	749.01	189.74	70423.74
2005	89159.10	1088.43	275.72	87794.95
2006	99913.58	1092.06	276.65	98544.87
2007	112056.51	1268.45	321.33	110466.72

两种计算方法结果的主要区别在于：

（1）直接排放计算考虑含碳熔剂、产品粗钢等对 CO_2 排放的影响，但不考虑能源消耗中的外购电力对 CO_2 排放的影响；

（2）由能源消耗引起的排放计算考虑外购电力对 CO_2 排放的影响，不考虑含碳熔剂、产品粗钢等对 CO_2 排放的影响。

经计算处理得到历年中国钢铁工业吨钢 CO_2 排放量，结果见表 5-17、图 5-1 和图 5-2。

表 5-17 1991~2007 年中国钢铁工业吨钢 CO_2 排放量

年份	吨钢 CO_2 排放量/t	
	直接排放量	能源消耗引起的排放
1991	3.22	3.80
1992	3.04	3.62
1993	3.18	3.80

续表 5-17

年份	吨钢 CO_2 排放量/t	
	直接排放量	能源消耗引起的排放
1994	3.34	4.03
1995	3.65	4.31
1996	3.33	3.96
1997	3.18	3.78
1998	3.12	3.70
1999	2.70	3.27
2000	2.58	3.18
2001	2.25	2.81
2002	2.01	2.53
2003	2.05	2.59
2004	1.99	2.49
2005	2.11	2.49
2006	1.98	2.33
2007	1.87	2.26

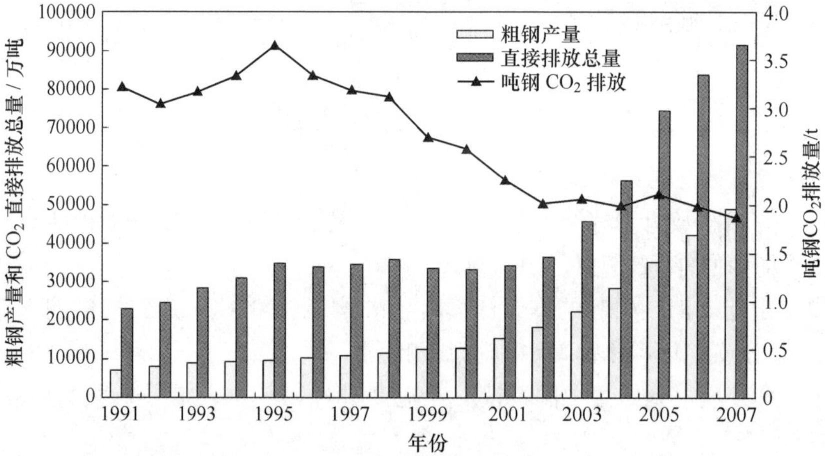

图 5-1 1991~2007 年中国钢铁工业 CO_2 直接排放情况

对以上结果进行分析，得到如下几点结论：

（1）直接排放结果。

1）初步估算，由于近年来，粗钢产量增长迅速，CO_2 直接排放总量由 1991 年的 2.28 亿吨增加到 2007 年的 9.16 亿吨。但 CO_2 排放总量的增幅（302%）低

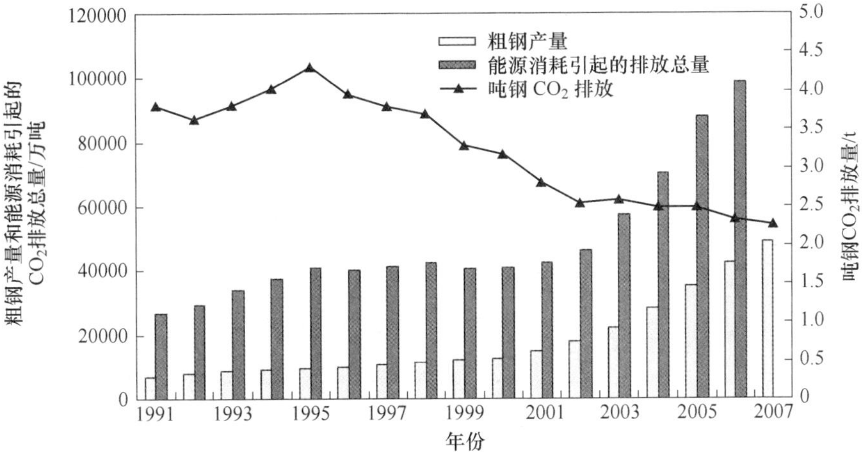

图 5-2　1991~2007 年中国钢铁工业能源消耗引起的 CO_2 排放情况

于粗钢产量的增幅（589%），说明钢铁工业的节能减排工作取得了重大进展。2005 年我国钢铁工业能耗约占全国能源消费总量的 13.82%，CO_2 直接排放量约为 7.45 亿吨，占当年世界钢铁工业 CO_2 直接排放量（约为 20 亿吨[5]）的 37.2%。

2）我国钢铁工业吨钢 CO_2 排放总体趋势都是逐年降低的，吨钢 CO_2 直接排放由 1991 年的 3.22t 下降到 2007 年的约 1.87t，下降约 41.93%（图 5-1）。

我国吨钢 CO_2 排放量高于主要产钢国家，主要有两个先天不足：

① 电炉钢比与世界平均水平相比低 15%~21%[5]（图 5-3），电炉钢比低是客观上造成我国钢铁工业能耗高、温室气体排放量大的原因之一[6]；

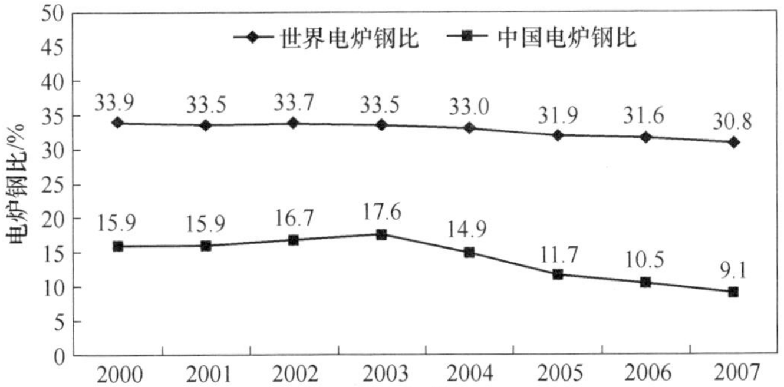

图 5-3　2000~2007 年我国与世界电炉钢比的对比

② 我国钢铁工业一次能源中煤炭占能源总量的 70%以上[7]。与世界主要产钢国相比，煤炭比例远高于其他主要产钢国，而天然气和燃料油的比重明显低于发达

国家。客观上煤炭利用过程中能源效率较低、污染排放严重、产品能源成本高。

3）1975~2007 年中国钢铁工业 CO_2 的累积直接排放量。鉴于能源数据的可获得性和可靠性，本节仅对 1975 年之后的中国钢铁工业 CO_2 直接排放量进行累积统计。1991~2007 年的直接排放量见表 5-15，并依据 1975~1990 年中国钢铁工业的产品产量及能源消耗的数据，从而可以计算得到 1975~1990 年中国钢铁工业的 CO_2 直接排放量，见表 5-18。

表 5-18　1975~1990 年中国钢铁工业 CO_2 的直接排放量　（万吨）

年份	碳输入端		碳输出端				总排放量
			产品				
	能源	熔剂	粗钢	焦油	粗苯	小计	
1975	13628.75	188.65	30.66	370.19	93.78	494.63	13322.77
1976	12980.65	170.63	26.25	351.03	88.93	466.21	12685.07
1977	13957.86	192.23	30.46	376.34	95.33	502.13	13647.96
1978	16451.2	265.74	40.77	462.17	117.08	620.02	16096.92
1979	15997.75	281.52	44.24	449.56	113.89	607.69	15671.58
1980	15507.4	292.89	47.62	436.21	110.5	594.33	15205.96
1981	14095.13	265.55	45.67	391.89	99.28	536.84	13823.84
1982	14437.4	276.13	47.68	404.13	102.38	554.19	14159.34
1983	14857.91	291.61	51.35	415.96	105.37	572.68	14576.84
1984	16000.72	312.79	55.78	439.17	111.25	606.2	15707.31
1985	16901.1	341.85	60.03	468.16	118.6	646.79	16596.16
1986	18125.97	392.97	66.99	500.22	126.72	693.93	17825.01
1987	18693.52	426.57	72.21	517.55	131.11	720.87	18399.22
1988	19198.04	443.28	76.25	520.42	131.83	728.5	18912.82
1989	19352.56	453.28	79.02	520.67	131.9	731.59	19074.25
1990	20541.18	485.08	83.84	561.46	142.23	787.53	20238.73

结合表 5-15 得到 1975~2007 年，中国钢铁工业的累计粗钢产量约为 38 亿吨，对应的 CO_2 累积直接排放量约为 99 亿吨。

（2）由能源消耗引起的 CO_2 排放结果。

1）由终端能源消耗引起的吨钢 CO_2 排放由 1991 年的 3.80t 下降到 2007 年的约 2.26t，下降约 40.53%（见图 5-3）。

2）在钢铁工业总的 CO_2 排放量中，能源（化石燃料）消耗引起的 CO_2 排放量是最主要的部分，约占钢铁工业 CO_2 排放总量的 95%以上（图 5-4）。因此，现阶段我国钢铁工业 CO_2 减排的首要措施是节能。

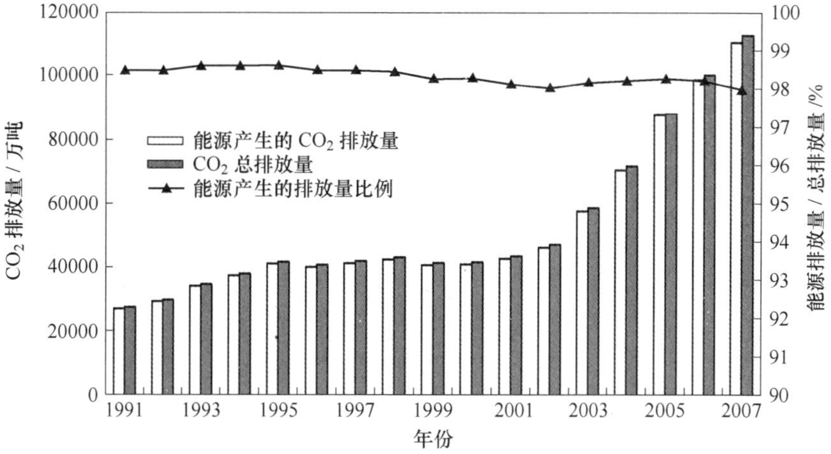

图 5-4 钢铁工业能源消耗产生的 CO_2 排放量与总排放量的对比

3）为了比较全国钢铁工业与重点大中型钢铁企业的 CO_2 排放水平，对全国重点大中型钢铁企业以《中国钢铁工业年鉴》为数据基础进行 CO_2 排放的相关计算。由上述分析知，钢铁工业 CO_2 排放主要是由能源消耗产生的，因此在重点大中型钢铁企业的 CO_2 排放量计算中可以大致用能源消耗产生的 CO_2 排放量作为结果，见表 5-19。

表 5-19 2001～2007 年重点大中型钢铁企业由能源消耗引起的 CO_2 排放量

年份	重点大中型钢铁企业/万吨	全国粗钢产量/万吨	重点大中型钢铁企业粗钢产量/万吨	重点大中型钢铁企业粗钢产量占全国粗钢产量的比例/%	重点大中型钢铁企业吨钢 CO_2 排放量/t	全国钢铁工业吨钢 CO_2 排放量/t	重点大中型钢铁企业吨钢 CO_2 排放量/全国钢铁工业吨钢 CO_2 排放量/%
2001	28053.95	15163	13764.40	90.78	2.04	2.81	72.60
2002	32608.13	18225	16938.28	92.94	1.93	2.53	76.28
2003	35149.34	22234	18580.51	83.57	1.89	2.59	72.97
2004	43172.77	28280	23354.30	82.58	1.85	2.49	74.30
2005	52479.83	35239	28392.67	80.57	1.85	2.49	74.30
2006	61966.84	42299	34937.58	82.60	1.77	2.33	75.97
2007	71476.80	48924	40413.24	82.60	1.77	2.26	78.32

可见，2007 年我国重点大中型钢铁企业由能源消耗引起的吨钢 CO_2 排放量约为 1.77t（表 5-19），比全国钢铁行业由能源消耗引起的吨钢 CO_2 排放量低 22%左右，而重点大中型钢铁企业通常深加工程度、产品附加值等都比国内平均水平要高。可见淘汰落后对中国钢铁工业的节能和 CO_2 减排至关重要。

5.2 某钢铁企业 CO_2 排放计算案例分析及评估

5.2.1 CO_2 排放计算数据准备

针对钢铁企业的 CO_2 排放计算，主要是以某钢铁企业 2008 年的实际生产数据作为基础进行的。

该企业具备年产 1500 万吨钢的配套生产能力，采用典型的长流程生产工艺，包括焦化、烧结、球团、高炉炼铁、转炉炼钢、连铸和轧钢等工序，此外，还配备为主生产工序服务的石灰窑、热电厂、水处理、煤气柜和制氧机等公辅生产设施。2008 年粗钢产量 1350 万吨，能源消耗总量约为 1020 万吨标准煤，吨钢综合能耗大致为 750kgce（电力折算系数取等价值）；焦炭自给率约为 70%，自发电比率达到 65%。

5.2.1.1 CO_2 排放因子

根据该钢铁企业 2008 年进厂煤部分化验指标的平均值，由此按 4.4.1 节的方法可以计算出其主要燃料（煤和焦炭）的 CO_2 排放因子，结果见表 5-20，之后计算主要燃料的 CO_2 排放因子将以表 5-20 结果为取值依据。

表 5-20 某钢厂 2008 年主要燃料的 CO_2 排放因子计算结果

燃料种类	动力煤	无烟煤	洗精煤	焦炭
C_d/kgC · kg^{-1}	0.601	0.816	0.784	0.850
干燥基 CO_2 排放因子/tCO_2 · t^{-1}	2.202	2.993	2.876	3.117

而对于除煤和焦炭以外的钢铁企业原燃料 CO_2 排放因子，暂时参考表 4-18 钢铁企业计算 CO_2 排放时的 CO_2 排放因子缺省值，由于该钢铁企业所提供的数据为干基，且目前对原燃料的上游 CO_2 排放因子研究少（主要是由 WSA 提供），因此在计算时 CO_2 排放因子主要取自 WSA。

5.2.1.2 能源消耗数据

该钢铁企业 2008 年能源实物量消耗数据主要依据其能源平衡表数据。

5.2.1.3 生产物料消耗数据

该钢铁企业 2008 年其他生产物料量消耗数据主要是由该企业单独提供。

5.2.2 某钢铁企业 CO_2 排放计算结果及讨论

以表 4-19、表 5-20 以及钢厂进厂煤化验指标及能源实物量消耗数据为基础，对该钢铁企业进行了如下三种方法的计算。

5.2.2.1 直接 CO_2 排放计算结果

表 5-21 为某钢厂 2008 年直接 CO_2 排放计算表，其计算结果为 2923.65 万吨 CO_2，吨钢 CO_2 排放 2.165t。

表 5-21 某钢厂 2008 年直接 CO_2 排放计算

类别			实物量	直接排放因子 /tCO_2·单位$^{-1}$	直接排放量 /万吨
输入	化石燃料	洗精煤/t	6055600	2.876	1741.591
		无烟煤/t	1802500	2.993	539.488
		动力煤/t	864200	2.202	190.297
		汽油/m^3	1125	2.601	0.293
		柴油/m^3	13750	2.601	3.576
		外购焦炭（含焦丁、焦粉）/t	1120400	3.117	349.229
	熔剂	石灰石/t	3096051	0.440	136.226
		白云石/t	1010294	0.471	47.585
	原料	废钢/t	1111193	0.013	1.422
		生铁（铁水及铁块）/t	800947	0.172	13.776
		球团/t	141614	0.044	0.623
		铁铬合金/t	3458	0.275	0.095
		锰铁/t	28095	0.238	0.669
		硅铁/t	22228	0.000	0.000
		其他铁合金/t	131575	0.000	0.000
	小计				3024.870
输出	副产品	COG（标准状态）/km^3	367	0.836	0.031
		BFG（标准状态）/km^3	109	0.891	0.010
		BOFG（标准状态）/km^3	315	1.512	0.048
		焦油/t	189903	3.389	64.358
		粗苯/t	57636	3.382	19.492
	产品	粗钢/t	13502800	0.013	17.284
	小计				101.222
合计/万吨					2923.648
吨钢 CO_2 排放量/t					2.165

5.2.2.2 能源消耗引起的 CO_2 排放计算结果

表 5-22 为某钢厂 2008 年由能源消耗引起的 CO_2 排放量计算表，其计算结果为 2961.52 万吨 CO_2，吨钢 CO_2 排放 2.193t。

表 5-22　某钢厂 2008 年由能源消耗引起的 CO_2 排放量计算

类别			实物量	直接排放		间接排放	
				排放因子 /tCO_2 · 单位$^{-1}$	排放量 /万吨 CO_2	排放因子 /tCO_2 · 单位$^{-1}$	排放量 /万吨 CO_2
输入	化石燃料	洗精煤/t	6055600	2.876	1741.591	0.143	86.595
		无烟煤/t	1802500	2.993	539.488	0.143	25.776
		动力煤/t	864200	2.202	190.297	0.143	12.358
		汽油/m^3	1125	2.601	0.293	0.247	0.028
		柴油/m^3	13750	2.601	3.576	0.247	0.340
		外购焦炭（含焦丁、焦粉）/t	1120400	3.117	349.229	0.463	51.875
	动力介质	电力/MW · h	24175	0.000	0.000	0.950	2.297
		氧气（标准状态）/km^3	556090	0.000	0.000	0.669	37.196
		氮气（标准状态）/km^3	692343	0.000	0.000	0.194	13.423
		氩气（标准状态）/km^3	25834	0.000	0.000	0.194	0.501
	小计				2824.473		230.387
输出	副产品	COG（标准状态）/km^3	367	0.836	0.000	1.842	0.068
		BFG（标准状态）/km^3	109	0.891	0.000	0.320	0.003
		BOFG（标准状态）/km^3	315	1.512	0.000	0.814	0.026
		蒸汽/t	21398	0.000	0.000	0.368	0.788
		焦油/t	189903	3.389	64.358	0.289	5.488
		粗苯/t	57636	3.382	19.492	0.540	3.112
	小计				83.851		9.486
（输入-输出）合计					2740.623		220.901
（直接排放+间接排放）合计/万吨 CO_2					2961.524		
吨钢 CO_2 排放量/t					2.193		

注：1. 假设副产煤气用于发电，则其虽有直接排放因子但不计算，仅考虑其最终抵扣；
2. 不考虑外购热铁水对 CO_2 排放的影响。

5.2.2.3　基于 LCA 的 CO_2 排放计算结果

表 5-23 为某钢厂 2008 年基于 LCA 的 CO_2 排放量计算表，其计算结果为 3294.07 万吨 CO_2，吨钢 CO_2 排放 2.440t，其中直接排放占 88.75%，间接排放占 11.25%。

表 5-23 某钢厂 2008 年基于 LCA 的 CO_2 排放量计算

类别			实物量	直接排放		间接排放	
				排放因子 /tCO_2 · 单位$^{-1}$	排放量 /万吨 CO_2	排放因子 /tCO_2 · 单位$^{-1}$	排放量 /万吨 CO_2
输入	化石燃料	洗精煤/t	6055600	2.876	1741.591	0.143	86.595
		无烟煤/t	1802500	2.993	539.488	0.143	25.776
		动力煤/t	864200	2.202	190.297	0.143	12.358
		汽油/m^3	1125	2.601	0.293	0.247	0.028
		柴油/m^3	13750	2.601	3.576	0.247	0.340
		外购焦炭（含焦丁、焦粉）/t	1120400	3.117	349.229	0.463	51.875
	动力介质	电力/MW · h	24175	0.000	0.000	0.95	2.297
		氧气（标准状态）/km^3	556090	0.000	0.000	0.669	37.196
		氮气（标准状态）/km^3	692343	0.000	0.000	0.194	13.423
		氩气（标准状态）/km^3	25834	0.000	0.000	0.194	0.501
	熔剂	石灰石/t	3096051	0.440	136.226	0.003	0.929
		活性石灰/t	202403	0.000	0.000	1.035	20.949
		白云石/t	1010294	0.471	47.585	0.062	6.264
		轻烧白云石/t	64699	0.000	0.000	1.1	7.117
	原料	废钢/t	1111193	0.013	1.422	2.054	228.239
		球团/t	141614	0.044	0.623	0.137	1.940
		铁铬合金/t	3458	0.275	0.095	8.228	2.845
		锰铁/t	28095	0.238	0.669	0.789	2.217
		硅铁/t	22228	0.000	0.000	0.287	0.638
		其他铁合金/t	131575	0.000	0.000	0	0.000
		生铁（铁水及铁块）/t	800947	0.172	13.776	1.855	148.576
	小计				3024.870		650.100
输出	副产品	COG（标准状态）/km^3	367	0.836	0.000	1.842	0.068
		BFG（标准状态）/km^3	109	0.891	0.000	0.320	0.003
		BOFG（标准状态）/km^3	315	1.512	0.000	0.814	0.026
		蒸汽/t	21398	0.000	0.788	0.368	0.788
		焦油/t	189903	3.389	64.358	0.289	5.488
		粗苯/t	57636	3.382	19.492	0.540	3.112
		高炉渣/t	4398452	0.000	0.000	0.550	241.915
		转炉钢渣/t	919390	0.000	0.000	0.300	27.582
	产品	粗钢/t	13502800	0.013	17.284	0.000	0.000
	小计				101.922		278.982
小计					2923.318		371.118
合计/万吨 CO_2				3294.065			
吨钢 CO_2 排放量/t				2.440			

注：表 5-23 直接排放的结果与表 5-21 的结果的差别就在副产煤气上，在表 5-21 中，认为煤气全部被利用并没有产生 CO_2 排放；而此处假设副产煤气用于发电，则其虽有直接排放因子但不计算，仅考虑其最终抵扣。

综上，如表 5-24 所示，不同的计算方法结果各不一样。

表 5-24　三种计算方法计算得到的某钢厂 2008 年吨钢 CO_2 排放　(t)

项目	直接排放	能源消耗引起的排放	基于 LCA 的排放
某钢厂	2. 165	2. 193	2. 440 其中直接：2. 16 间接：0. 28
国际水平	韩国 POSCO：2. 12	日本住友金属：1. 95 日本新日铁：1. 82 日本 JFE：2. 00	韩国 POSCO：2. 19 其中直接：2. 12 间接：0. 07

（1）基于 LCA 的 CO_2 排放计算由于其考虑比较全面，包含了间接排放，且考虑全部原燃料的上游排放，因此其结果是最高的；直接排放不包含间接排放和原燃料的上游排放，其结果最低；而能源消耗引起的排放计算介于两者之间。

（2）韩国 POSCO CO_2 直接排放结果（吨钢）：2. 12t，与该钢厂直接排放结果相近；日本住友金属由能源消耗引起的 CO_2 排放结果（吨钢）：1. 95t；日本新日铁由能源消耗引起的 CO_2 排放结果（吨钢）：1. 82t；日本 JFE 由能源消耗引起的 CO_2 排放结果（吨钢）：2. 00t；基于 LCA 的 CO_2 排放计算本质上也是包含直接排放和间接排放，类似于韩国 POSCO 的结果（吨钢）（直接：2. 12t+间接：0. 07t），但考虑到基于 LCA 的 CO_2 排放计算在间接排放部分多考虑了化石燃料及部分原料（如外购废钢、生铁、铁合金等）的上游生产带来的排放，其间接排放要比韩国 POSCO 的方法更为合理。

对比国际钢铁企业的 CO_2 排放水平，考虑到 CO_2 排放因子的选取以及流程结构、能源结构、原燃料条件等的差异，可以认为对该钢铁企业的排放估算结果较为可靠[8~13]。

5. 3　小结

利用本节所提出的钢铁工业/企业的 CO_2 排放计算方法，进行了实际案例分析。

（1）对 1991~2007 年我国钢铁工业 CO_2 直接排放和由能源消耗引起的排放进行了估算分析，我国钢铁工业 CO_2 直接排放计算结果表明：

1）从 1991~2007 年中国钢铁工业吨钢 CO_2 直接排放量 1991 年的 3. 22t 降低到 2007 年的 1. 87t，下降幅度达 42%；

2）由于粗钢产量增长迅速，CO_2 直接排放总量由 1991 年的 2. 28 亿吨增加到 2007 年的 9. 16 亿吨，但 CO_2 排放总量的增幅（302%）低于粗钢产量的增幅（589%），说明钢铁工业的节能减排工作取得了重大进展。

钢铁工业由能源消耗引起的 CO_2 排放计算结果表明：

1）钢铁工业能源消耗引起的 CO_2 排放是最主要的部分，约占总排放量的95%，这说明了现阶段我国钢铁工业 CO_2 减排的首要措施是节能；此外，由于 CO_2 计算与能源消耗数据有很大关系，因此能源数据的可靠性是计算 CO_2 的重要保证。同时为了能与国外钢铁工业进行对比，建议把“黑色金属冶炼及压延加工业”中铁合金单耗列一个“小计”，以便需要时从中提取出钢铁生产企业的能源消耗数据。

2）我国重点大中型钢铁企业由能源消耗引起的吨钢 CO_2 排放量比全国钢铁行业由能源消耗引起的吨钢 CO_2 排放量低20%以上，而重点大中型钢铁企业通常深加工程度、产品附加值等都比国内平均水平要高。可见淘汰落后对中国钢铁工业的节能和 CO_2 减排至关重要。

（2）对2008年某钢铁企业的 CO_2 直接排放、由能源消耗引起的排放及基于LCA概念的 CO_2 排放计算进行了估算分析，结果表明：

1）直接 CO_2 排放的吨钢 CO_2 排放为2.165t；

2）由能源消耗引起的吨钢 CO_2 排放为2.193t；

3）基于LCA概念的吨钢 CO_2 排放为2.440t。

（3）考虑到 CO_2 排放因子的选取以及流程结构、能源结构、原燃料条件等的差异，对比国际钢铁工业/企业的 CO_2 排放水平，认为案例分析结果相对可靠。

参 考 文 献

[1]《中国钢铁工业年鉴》编辑委员会．中国钢铁工业年鉴［M］．北京：《中国钢铁工业年鉴》编辑部，1992-2007.

[2] 中国钢铁工业协会．钢铁工业统计年报提要［M］．北京：中国钢铁工业协会信息统计部，2002-2008.

[3] 中国钢铁工业协会．中国钢铁统计［M］．北京：中国钢铁工业协会信息统计部，1991-2008.

[4] 国家统计局能源统计司，国家能源局综合司．中国能源统计年鉴［M］．北京：中国统计出版社，1991-2008.

[5] IISI. Sustainablity Report of the World Steel Industry 2005［M］. Steel：the Foundation of a Sustainable Future［R］. 2006.

[6] World Steel Association. World Steel in Figures 2007［R］. 2008.

[7] Chunxia Zhang, Ruiyu Yin. Study on the mode of steel plants in a circular economy society［C］//Asia Steel International Conference 2009, 2009：S10~05.

[8] 张春霞，上官方钦，张寿荣，等．关于钢铁工业温室气体减排的探讨［J］．工程研究——跨学科视野中的工程，2012，4（3）：221-230.

[9] 上官方钦，张春霞，胡长庆，等．中国钢铁工业的 CO_2 排放估算［J］．中国冶金，2010，

20 (5): 37-42.

[10] 张春霞，上官方钦，胡长庆，等．钢铁流程结构及对 CO_2 排放的影响 [J]. 钢铁，2010，45 (5): 1-6.

[11] 殷瑞钰．钢铁生产流程与大气排放 [J]. 钢铁，1999，34 (5): 61-65.

[12] 上官方钦，张春霞，郦秀萍，等．关于钢铁行业 CO_2 排放计算方法的探讨 [J]. 钢铁研究学报，2010，22 (11): 1-5，10.

[13] 上官方钦．钢铁工业企业 CO_2 排放计算方法及评估 [D]. 北京：钢铁研究总院，2010.

6 中国钢铁工业碳减排途径与技术分析

6.1 钢铁制造流程 CO_2 排放的影响因素

本节将对铁钢比、能源结构、生产设备规模及生产流程结构对钢铁制造流程 CO_2 排放的影响进行分析。

6.1.1 铁钢比

降低铁钢比不仅可以减少铁水消耗，而且还可以有效地降低吨钢综合能耗和生产成本。

对某钢铁企业在不同的铁钢比下的由能源消耗引起的 CO_2 排放水平进行估算，结果见表 6-1。

表 6-1 某企业在不同的铁钢比下的 CO_2 排放水平

铁钢比	铁水+外购生铁量/万吨	废钢量/万吨	钢水产量/万吨	吨钢综合能耗/kgce	由能源消耗引起的吨钢 CO_2 排放量/t
1. 072	1447	0	1350	779	2. 184
0. 984	1328	111	1350	750	2. 069
0. 884	1193	237	1350	727	1. 938

注：外购生铁量固定为 80 万吨。

可见，大致铁钢比降低 0. 01，吨钢综合能耗下降约 0. 3%，由能源消耗引起的 CO_2 排放降低约 0. 6%[1]。

2007 年我国铁钢比约为 0. 974，而日本 2007 年铁钢比为 0. 722（日本エネルギ一学会誌提供），而美国等发达国家的铁钢比则更低。假设我国达到日本的铁钢比水平，则 2007 年由能源消耗引起的 CO_2 排放将至少降低 15%，即由能源消耗引起的吨钢 CO_2 排放量将由原来的 2. 26t 降低到 1. 92t。

6.1.2 能源结构

煤炭不仅利用效率低于天然气，而且其高的含碳量也使单位能源消费产生的碳排放量是天然气的 2 倍左右。

在我国钢铁工业的能源结构（图 6-1）中，煤炭占的比例最大，2005 年约占 80%，其中消耗量最大的是焦炭。研究表明[1,2]，在钢铁工业 CO_2 直接排放中，焦炭消耗对 CO_2 排放的贡献最大。如 2005 年的焦炭消耗量约 2 亿吨，对当年钢铁工业 CO_2 直接排放量的贡献约占 80%。因此，对传统的碳冶金为主的钢铁制造流程而言，减少焦炭的消耗，可以大幅度减少 CO_2 排放。

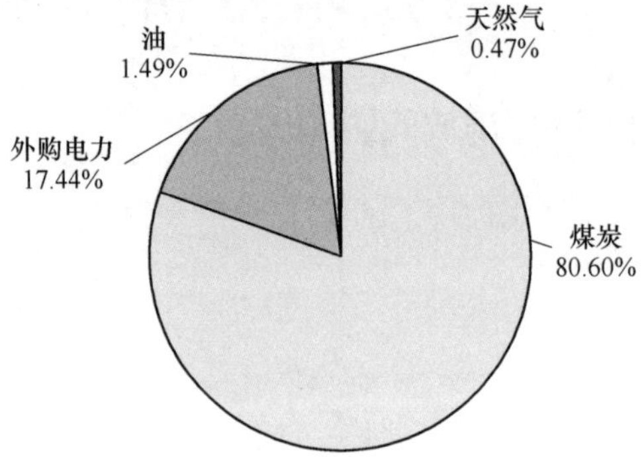

图 6-1　2005 年中国钢铁工业能源结构图

（数据来源：《中国能源统计年鉴》）

另外，在钢铁工业的能源结构中，外购电力是不可忽视的重要部分。2005 年外购电力约占 17.44%。关于电力消耗对中国钢铁工业由能源消耗引起的 CO_2 排放量的影响值得探讨。

由于我国电网结构以火电为主，电力的 CO_2 排放因子较高，约为美国的 1.6 倍，日本的 3 倍，法国的 13.5 倍（图 6-2）。因此，是否计入外购电产生的 CO_2 排放及 CO_2 排放因子取值的大小对钢铁工业 CO_2 排放的估算至关重要。

根据图 6-2 的数据，假设我国与法国的情况类似，电力的 CO_2 排放因子仅为 0.07kg/(kW · h)，那么外购电力对于钢铁工业 CO_2 排放的影响就可以忽略。如按 2005 年我国的电力 CO_2 排放因子估算，若考虑外购电的部分（即已扣除自发电部分），我国钢铁工业由能源消耗引起的总 CO_2 排放量将增加 1.5 亿吨/年左右。其中外购电力消耗对当年由能源消耗引起的总 CO_2 排放量的贡献约占 16%。但若按法国的电力的 CO_2 排放因子计，外购电力的 CO_2 排放只有 1100 万吨/年，仅占 1.4%。实际上，降低电力 CO_2 排放因子的源头主要在电力行业。

6.1.3　生产设备规模

设备大型化一直是我国钢铁工业结构调整和技术升级的重要方向。本节以 500m³、1000m³、2500m³、4000m³ 四个不同容积的高炉的炼铁工序的实际能源消耗数据为基础，对其由能源消耗引起的 CO_2 排放进行估算，得到结果见表 6-2。

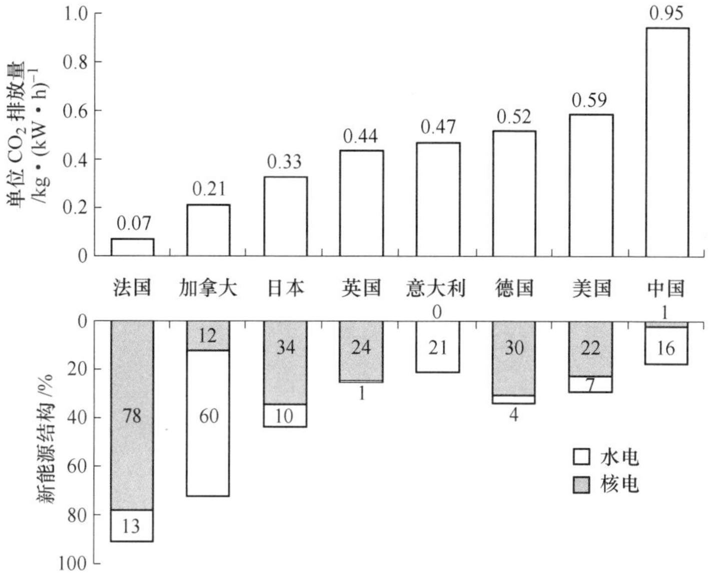

图 6-2 世界主要国家发电端排放的 CO_2（电力的 CO_2 排放因子）（2000 年）
（数据来源：日本电气事业联合会，中国电力的 CO_2 排放系取自
《中国电力部门 CDM 项目基准线排放因子研究》）

表 6-2 不同容积高炉本体由能源消耗引起的 CO_2 排放

容积/m^3	500	1000	2500	4000
高炉炼铁工序吨铁能耗/kgce	501	454	426	415
吨铁 CO_2 排放/kg	1928	1861	1725	1709

注：1. 4 座不同容积的高炉均属于同一钢铁企业，且其原燃料条件相对一致，所采用的技术也基本相同；
2. CO_2 排放计算时，假设高炉产生的 BFG 用于发电。

可见，总体趋势来说，随着高炉容积的增大，其炼铁工序能耗和吨铁 CO_2 排放均呈下降趋势。对比 500m^3 的高炉，4000m^3 的高炉炼铁工序能耗下降了 17%左右，吨铁 CO_2 排放下降了 11%左右。当然，由于高炉的操作水平对其能源消耗有很大的影响，表 6-2 的结果并不是绝对的。如 4000m^3 的高炉在能耗和 CO_2 排放上，相对 2500m^3 高炉来说并没有明显的优势。

6.1.4 钢铁制造流程的构成对 CO_2 排放的影响

本节分别选择构建的两个流程（图 6-3a、b）[3,4]进行分析。流程 1 是规模为

800 万吨/年的平材生产流程；流程 2 是规模为 70 万吨/年的合金钢长材生产流程。

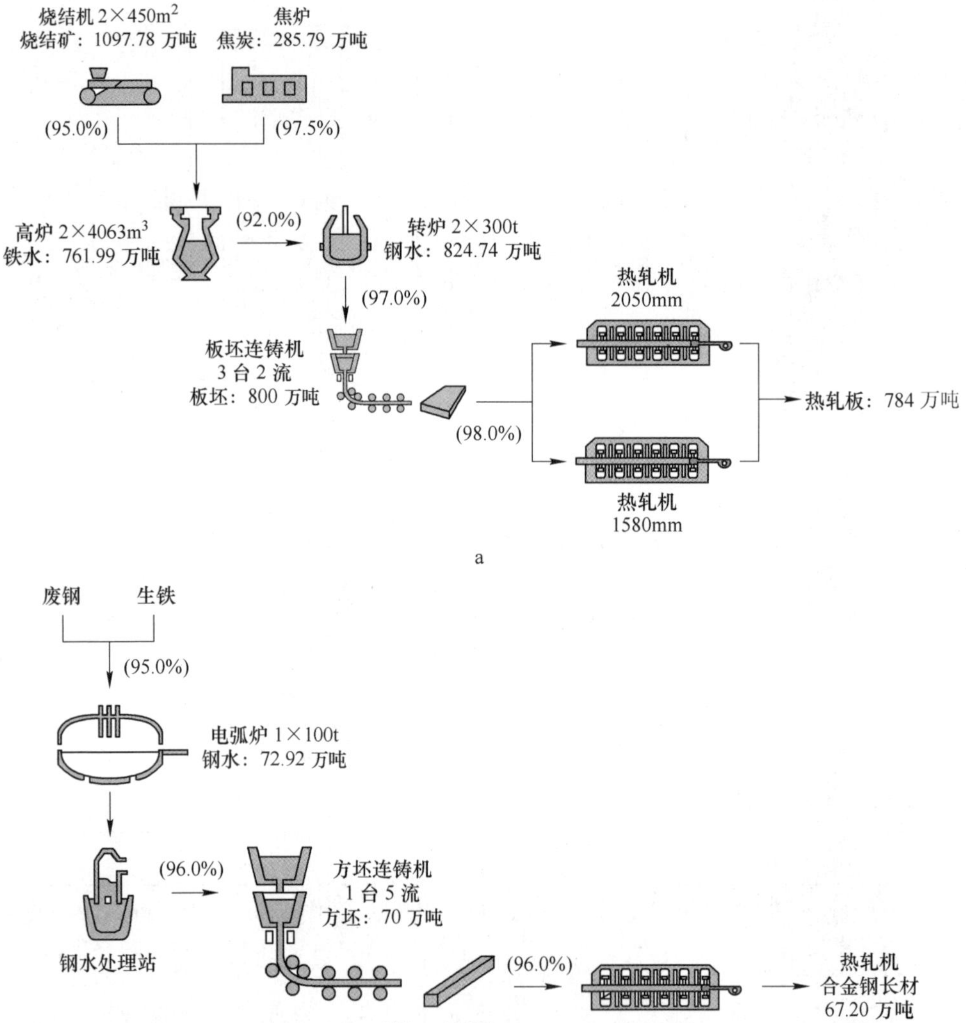

图 6-3 800 万吨/年（平材）高炉转炉生产流程（流程 1，a）和 70 万吨/年（合金钢长材）电炉生产流程（流程 2，b）

对于流程 1，重点研究在不同的外购焦炭比例（4 种情况）条件下对能耗和 CO_2 排放的影响；对于流程 2，主要研究电炉配加的热铁水按不同的外购比例下（4 种情况）的能耗和 CO_2 排放[5]。初步结果见表 6-3。

表 6-3 不同流程结构的 CO_2 排放及其吨钢能耗情况

流程		直接排放	全部排放	能源消耗	吨钢能耗
		吨钢 CO_2 排放/kg	吨钢 CO_2 排放/kg	吨钢 CO_2 排放/kg	kgce
流程 1-1	焦炭 100%自产	1199.84	1904.87	1917.41	687.20
流程 1-2	焦炭 70%自产	1111.54	1896.12	1908.67	672.20
流程 1-3	焦炭 50%自产	1052.67	1890.29	1902.84	662.21
流程 1-4	焦炭 100%外购	905.50	1875.72	1888.26	637.21
流程 2-1	全废钢	164.53	699.02	684.84	358.61
流程 2-2	外购铁水 20%	201.34	1069.90	590.68	321.94
流程 2-3	外购铁水 30%	217.52	1227.38	543.60	303.60
流程 2-4	外购铁水 50%	252.85	1579.61	449.45	266.94

注：1. 直接排放是指排放源是由报告实体所有或控制的在生产过程中排放的 CO_2。
2. 全部排放包含直接排放和间接排放，间接排放包含电力、氧气、氮气、氩气、蒸汽、外购焦炭及外购铁水等的上游生产带来的排放。

6.1.4.1 高炉—转炉“长流程”中外购焦炭比例对 CO_2 排放的影响

初步研究了流程 1 中焦炭外购比例变化的四种情况下对 CO_2 排放的影响，结果分析如下：

（1）由流程 1-1 至流程 1-4 的结果表明：CO_2 直接排放量和能源消耗引起的 CO_2 排放都随外购焦炭量的增加而降低，因为多外购焦炭就相当于减少流程本身的能源消耗；

这一结果可以解释国外一些钢铁企业报告的 CO_2 排放值较低的现象。一般国外多数钢铁企业普遍都外购焦炭，有的钢铁企业根本没有焦化厂（如瑞典的 SSAB），这样的企业报告的能源消耗产生的 CO_2 量和直接排放的 CO_2 量就低，但并不表明它的工艺和操作水平高，只是由于工序不完整而在计算方法中没有把生产焦炭的 CO_2 排放考虑进去。

（2）流程 1-1 至流程 1-4 在不同的焦炭外购量下，对全部排放（直接+间接+抵扣）基本没有影响（其差别主要是 CO_2 排放因子选取引起的误差）。因为全部排放结果是基于 LCA 的观点，包含了上游生产产生的 CO_2 排放，即相当于在流程内另外配套了一条产量与外购焦炭量相当的焦炭生产线。

（3）直接排放、全部排放和能源消耗引起的 CO_2 排放三种结果中，能源消耗引起的 CO_2 排放结果最高。其顺序为能源消耗引起的 CO_2 排放 > 全部排放 > 直接排放。主要是因为全部排放考虑了排放权抵扣，尤其是高炉渣和转炉渣的抵扣大大降低了全部排放的结果，大约高炉渣和转炉渣外卖作水泥的能抵扣吨钢 200kgCO_2；若全部排放中不考虑钢铁渣的抵扣，则顺序应该是：全部排放的 CO_2> 能源消耗引起的 CO_2 排放>直接排放。

6.1.4.2 电炉“短流程”配加外购热铁水比例对 CO_2 排放的影响

对于流程 2，假设电炉配的热铁水均当作外购对待，对 4 种配加比例的情况分析，结果表明：

（1）全部排放的结果随外购铁水量的增加而显著增大，是因为全部排放中考虑了上游电力消耗和生产铁水的 CO_2 排放（包含焦化、烧结和高炉三个工序），铁水的 CO_2 排放因子约为 1.855tCO_2/t 铁水。如此配加铁水减少电耗并不能反映在直接排放上。

（2）能源消耗引起的 CO_2 排放是随外购铁水量的增加而降低的，这是因为铁水配加得越多，电力消耗越少。而计算能源消耗引起的 CO_2 排放时，并没有考虑铁水的上游排放。

6.1.4.3 新一代钢铁制造流程的 CO_2 排放

新一代钢厂的制造流程是在现有先进工艺、装备基础上，与新开发的工艺、装备以及“界面技术”创新性集成而重新构筑的，具有三个功能的制造流程[6,7]。以构造的 2 座高炉、1 个炼钢厂、2 套热轧带钢轧机为骨干，规模约为年产粗钢 900 万吨左右的新一代制造流程[6,7]为例，其流程和产品产量均是匹配的。

首先分析其碳素流的特点。该流程仍是以碳冶金为主的，碳素流在钢铁制造流程中是能量流的主要形式，碳素流是从煤的形式（洗精煤、燃料煤）开始的，最终转换为 CO、CO_2 和相应的热量。碳素通过以还原、燃烧等方式为钢铁冶金过程提供能量，同时产生大量的二次能源。碳素的输入主要来源于燃料，包括洗精煤、高炉喷吹煤粉以及烧结用煤粉等，碳素最终接近 100%地转变为 CO_2，排入大气[8~10]。

其次研究其 CO_2 排放。新一代钢铁制造流程的 CO_2 排放主要来自燃料使用，其他来自熔剂分解产生的 CO_2 排放；若考虑高炉渣等再资源化利用效果，则可以抵扣熔剂分解产生的 CO_2 排放（当然还包括部分能源消耗抵扣）（图6-4）。

在只考虑由于能源使用产生 CO_2 排放的情况下，由于各工序采用不同燃料而产生不同 CO_2 排放的差异，如由于焦炉煤气中氢含量高，焦炉采用纯高炉煤气加热、纯焦炉煤气或高炉、焦炉混合煤气加热 CO_2 排放存在显著差别。因此，可根据各工序的能源消耗、钢厂能源结构和 CO_2 排放源估算各工序 CO_2 排放情况及在钢厂 CO_2 排放中所占的比例（图 6-4）。考虑完全电力自给、生产能力匹配（除矿石和煤炭外基本无外购）的前提下，吨钢 CO_2 直接排放约为 2098kg，若考虑外供电力和炉渣利用的抵扣，其吨钢 CO_2 排放量约为 1832kg[5]。按照图 6-4 的

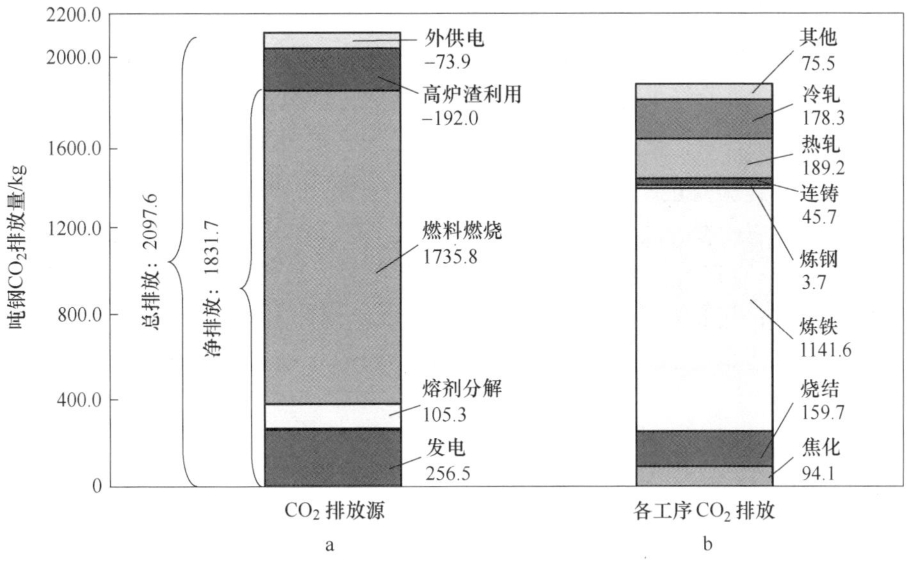

图 6-4 吨钢 CO_2 排放源（a）及各工序 CO_2 排放（b）

净排放计，炼铁系统的 CO_2 排放占全流程的 76.1%。另外，其中消耗能源产生的 CO_2 排放约占流程总的 CO_2 排放的 95%。

6.2 中国钢铁工业碳减排途径与技术分析

我国钢铁工业发展循环经济的重点是“减量化”（Reduce）问题，源头削减的权重很大。量大面广的节能、降耗、资源节约是有效地推动循环经济的必要基础，同时节能也是降低温室气体排放的有效手段。钢铁工业应拓展和发挥钢铁产品制造、能源转换和废弃物资源化处理等三大功能[11,12]，淘汰落后工艺、技术和设备；适时发展装备大型化、自动化，理顺钢铁制造流程；鼓励钢厂利用余热、余能、剩余煤气实现能源高效转换和优化集成，降低新水消耗；大型联合钢铁企业应优化能源结构，向“只买煤、不买电、不用燃料油”的方向发展。

钢铁工业行业减少温室气体排放的主要途径是：

（1）淘汰落后，节约能源，提高能源效率；

（2）钢厂与相关行业形成生态链；

（3）重视利用废钢资源；

（4）提高钢材使用效率；

（5）削减化石燃料消费和寻找替代化石燃料的能源；

（6）二氧化碳的收集和储存。

6.2.1　淘汰落后，节约能源，提高能源效率

由于钢铁工业温室气体排放90%以上来自于化石燃料的燃烧，因此，淘汰落后，采用先进工艺技术、装备，从而降低能源消耗、提高能源利用率是 CO_2 排放降低的主要原因。

节约能源，提高能源效率主要从三个层次上推进：(1) 普及和推广现有成熟的节能技术：干熄焦、高炉炉顶余压发电、转炉煤气回收、蓄热式轧钢加热炉、热装轧制/直接轧制和全燃煤气的 CCPP 等；(2) 开发一批关键节能技术并实现产业化：包括，烧结余热发电、转炉低压饱和蒸汽发电等；(3) 钢铁工业节能前沿技术的开发与应用：冶金渣显热回收、冶金副产煤气制取清洁能源等。

6.2.1.1　干熄焦技术

干法熄焦（Coke Dry Quenching，CDQ），是相对于用水熄灭炽热焦炭的湿熄焦而言的。其基本原理是利用冷的惰性气体（燃烧后的废气）在干熄炉中与赤热红焦换热从而冷却红焦。焦化生产中，出炉红焦显热占焦炉能耗的35%～40%，采用干熄焦可回收约80%的红焦显热，是目前国内外广泛应用的节能效果非常明显的技术。平均每熄1t焦炭可回收3.9MPa、450℃蒸汽0.45t以上（运行正常时可达0.55～0.6t），并可改善焦炭质量，降低炼铁焦比。

干熄焦产生的蒸汽用于发电，吨焦可回收约120～130kW·h，扣除干熄焦本身能耗，吨焦净回收电力可达到90～100kW·h。按此估算，吨焦可减少 CO_2 排放[1] 100kg CO_2。

6.2.1.2　高炉炉顶余压发电 TRT

TRT是高炉炉顶煤气余压透平发电装置的英文缩写（Top pressure Recovery Turbine），它是国际上公认的很有价值的二次能源回收装置。TRT是利用高炉炉顶排出的具有一定压力和温度的高炉煤气，推动透平膨胀机旋转做功、驱动发电机发电的一种能量回收装置。通过将高炉煤气中蕴含的压力能和热能予以回收，达到节能、降噪、环保的目的，具有很好的经济和社会效益。

TRT发电不消耗任何燃料就可回收大量电力，吨铁回收电力25～35kW·h，如果配有干式除尘的高效TRT装置，吨铁最高可回收电力约54kW·h。按此估算，吨铁可减少 CO_2 排放25～35kg，最高可达60kg。

6.2.1.3　推广建立能源管理中心

能源管理中心对钢厂的水、电、风、蒸汽、煤气、氧气、氮气等能源进行集中管理和全面监视，及时分析和进行动态调整，可以实现总厂和二级厂矿能源管

---

[1] 按相应节能量折算成电量计算 CO_2 减排，电力 CO_2 排放因子取9.53tCO_2/(亿千瓦·时)。

理数据共享。

通过建设能源中心，可以：（1）提高各类能源的使用效率，实现各类能源介质的优化调控，促进节能降耗；（2）可以减少能源管理定员，节约成本，提高工作效率；（3）调度管理人员可以更全面地了解能源系统，提高能源管理水平；（4）及时发现能源系统故障，加快故障处理速度，使能源系统更安全；（5）使能源系统的运行监视、操作控制、数据查询、信息管理实现图形化、直观化和定量化。

6.2.1.4 转炉煤气回收技术

我国转炉煤气回收率有了很大提高，大于30t的转炉基本上都回收了煤气，但回收水平较低。若吨钢煤气回收量（标准状态）达到80m^3，可降低吨钢能耗23kgce。

按此估算，吨钢转炉煤气回收可减排 CO_2 60kg以上，最高可达80kg左右。

6.2.1.5 蓄热式轧钢加热炉技术

轧钢工序能源消耗最多的是轧钢加热炉，约占轧钢工序能耗的50%以上，从轧钢工序上考虑节能，首先应从加热炉节能技术入手。蓄热式加热炉技术的核心是低氧燃烧技术，它具有高效烟气余热回收（排烟温度低于150℃），高预热空气温度（空气预热温度高于800℃）和低 NO_x 排放等多重优越性。

采用蓄热式轧钢加热炉技术可减少煤气消耗约20%，降低吨钢工序能耗约15~20kgce。按此估算，可减少吨钢 CO_2 排放40~55kg。

6.2.1.6 铸坯热送热装技术

连铸坯热装热送是指连铸坯在较高温度状态下装入加热炉的技术。采用热装热送工艺可节约能源20%左右，提高成材率0.5%~1.5%，可简化生产流程，缩短生产周期。

初步估算，当热装温度高于600℃时，吨钢可节约能源20kgce左右，减少 CO_2 排放约55kg。

6.2.1.7 高炉喷煤技术

高炉喷煤技术是将非焦煤制粉后，通过高炉风口直接喷入高炉，以达到以煤代焦、减轻污染、降低生产成本的作用。当煤、焦置换比为0.8时，吨铁喷吹煤粉60kg，可节能20kgce。

高炉喷煤对 CO_2 排放的影响因素涉及喷煤比、煤种、置换比、钢厂能源平衡等，有待进一步深入研究。如按吨铁喷吹煤粉60kg的节能量初步估算，吨铁可减少 CO_2 排放40kg左右。

6.2.1.8 烧结废气余热回收

烧结热平衡计算表明，热烧结矿的显热和废气带走的显热约占总支出的60%。目前大多采用烧结机烟气和冷却机废气余热锅炉回收蒸汽方式，每吨烧结矿余热回收低压蒸汽可达70kg左右，折合约7.4kgce。

如回收后的蒸汽用于发电，吨烧结矿可回收电力10kW·h/t左右，可减少CO_2排放约10kg。

6.2.1.9 焦炉煤调湿

焦炉的装炉煤水分控制（Coal Moisture Control）工艺（简称煤调湿或CMC），是将炼焦煤在装炉前除掉一部分水分，保持装炉煤水分稳定在6%左右的一项技术，它不仅节能、节水，还能改善焦炭质量和生产效率。其主要效益体现在焦炉生产能力提高11%、炼焦耗热量减少15%，焦炭粒度分布均匀，焦炭强度提高1%~1.5%，或可多配弱黏结性煤8%~10%，生产稳定和便于自动化管理等方面。

理论上，装炉煤水分若以11%计算，如果把装炉煤水分降至6%，则吨焦可节约标准煤14kg左右，相应可减少CO_2排放约30kg。

此外，还包括高炉长寿技术、转炉溅渣护炉技术等，相应可减少耐火材料消耗，提高生产率，降低设备运行能耗等，从而实现CO_2减排。

6.2.2 钢厂与相关行业形成生态链的碳减排效果

6.2.2.1 利用高炉渣生产水泥

高炉渣的成分与水泥接近，成为制作水泥的良好原料。利用高炉渣生产水泥由于可减少使用石灰石等天然资源等必需的焙烧过程，而减少能源消耗（图6-5）。一般来讲，使用1t的高炉渣，相当于节省生产1t普通水泥所需的资源、能源消耗，并相应减少由此引起的CO_2排放。目前高炉渣水泥中高炉渣的配比可达到40%左右，相应可节省资源、能源消耗约40%，降低CO_2排放约45%（表6-4）。

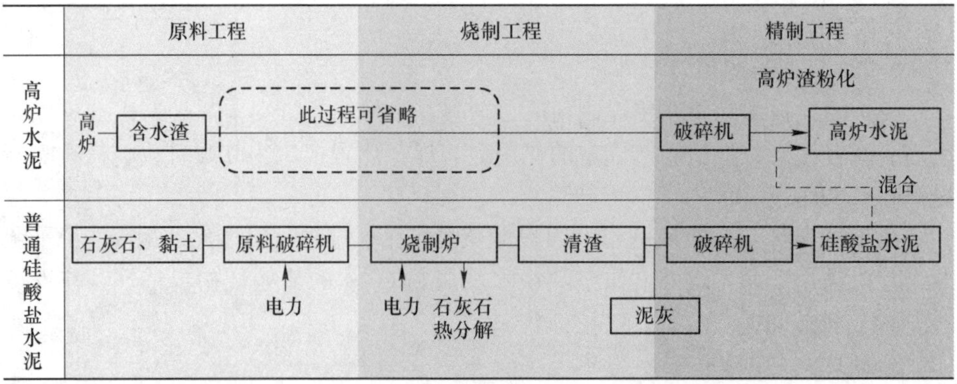

图6-5 高炉渣水泥和普通水泥生产过程比较示意图

表 6-4 高炉渣水泥与普通水泥主要物料能源消耗与 CO_2 产生量比较

<table>
<tr><th colspan="2"></th><th>普通水泥
A</th><th>高炉渣水泥
B</th><th>削减率/%
(A-B)/A</th></tr>
<tr><td colspan="2">石灰石消耗量/kg·t^{-1}</td><td>1092.0</td><td>600.6</td><td>45</td></tr>
<tr><td rowspan="2">能源消耗</td><td>煤/kg·t^{-1}</td><td>103.6</td><td>57.8</td><td>44</td></tr>
<tr><td>电力/kW·h·t^{-1}</td><td>99.2</td><td>72.56</td><td>27</td></tr>
<tr><td colspan="2">CO_2 产生量/kg·t^{-1}</td><td>775.6</td><td>437.0</td><td>44</td></tr>
</table>

注：高炉渣配比约为40%。

6.2.2.2 副产煤气发电和制氢

钢铁生产过程在消耗大量一次能源的同时，产生大量的二次能源，对钢铁制造流程的二次能源分析表明[13,14]，副产煤气（高炉煤气、焦炉煤气、转炉煤气）在钢厂二次能源中所占比例高达60%左右，但目前有不少放散，因此钢厂二次资源回收利用尚有较大潜力。钢厂的煤气首先是要满足自用，多余的煤气应进一步集成到发电上来，以减少外购电量，相当于减少相应的燃煤发电量，即减少了 CO_2 排放。另外煤气资源化利用[15]，如焦炉煤气和转炉煤气等生产氢气可提高煤气利用的附加值，也有利于温室气体减排。

A 钢厂副产煤气发电

大型钢铁联合企业生产中产生大量副产煤气，规模约500万吨的大型钢铁联合企业年产生的煤气量折合标准煤约140万吨。2004年7月出台的《钢铁产业发展政策》中提到“500万吨以上规模的钢铁联合企业，要努力做到电力自供有余，实现外供”。关于钢厂自发电，需要说明的是：提倡自发电，“只买煤，不买电”，并不是要企业建全烧煤的火电机组，也不是说通过增加焦化产能等手段过度增加煤气量；也不是富裕多少煤气发多少电。而应该根据企业煤气平衡情况，合理配置发电机组，从而达到降低煤气放散的目标。煤气利用的具体思路是：

（1）在企业各工序生产能力合理匹配的前提下，优化煤气利用，首先满足各工序自用，并保证煤气的动态平衡与充分回收和高效利用；

（2）在工序自用之外的剩余煤气量供应充足的条件下，建设CCPP发电机组，以提高发电效率，但目前CCPP机组要求煤气能够连续稳定供应，是煤气的“刚性”用户；

（3）在此基础上，为减少煤气放散，可建设煤气-燃煤混烧的大型机组，作为煤气的缓冲用户，以保证煤气-煤炭混烧机组在发电能耗方面优于正规火力发电厂，提高能源利用效率。

对于年产900万吨钢的全薄板型新一代超大型钢铁联合企业，根据初步估算：当其深加工比例为60%左右时，吨钢耗电约为620kW·h。根据钢厂煤气平衡估算，年煤气发生量约为：焦炉煤气 151188 万立方米/年（折合约 86.2 万吨标准煤/年）、高炉煤气 1284834 万立方米/年（折合约 139.5 万吨标准煤/年）、转炉煤气 86735 万立方米/年（折合约 24.7 万吨标准煤/年）；钢厂自用后剩余煤气总量约为 95 万吨标准煤/年。可利用剩余煤气配套建设 2×150MW 的 CCPP 机组和 2×300MW 的煤气-燃煤混烧发电机组（混烧煤气比例约 30%），总装机容量达到 90 万千瓦。再加上约 22MW×2 的 TRT 发电机组和 25MW×2 的 CDQ 发电机组，电站总装机容量约 100 万千瓦。在每年外购动力煤约 105 万吨标准煤的情况下，年发电量可达到约 70 亿千瓦·时，可完全满足钢厂电力需求，并实现外供[6]。在此情况下，吨钢 CO_2 排放 1832kg 左右（图 6-6）。

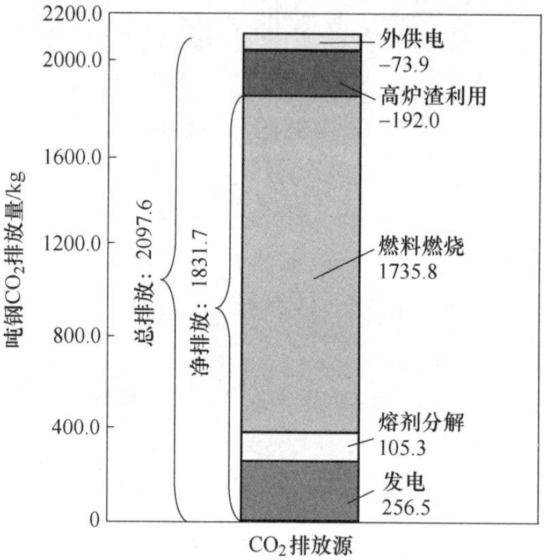

图 6-6 年产粗钢 900 万吨的新一代钢厂吨钢 CO_2 排放源

B 焦炉煤气制氢、钢厂剩余氮气与石化（化工）行业链接

高炉—转炉流程是铁-煤化工过程，也是将煤炭通过冶金流程转换为热能、电能、可燃气、蒸汽等能源的过程。值得重视的是由钢铁制造流程可以开发出大量新一代清洁能源——氢气，如通过吸附制氢的方法从焦炉煤气中得到；通过 $CO-H_2O$ 反应，从高浓度 CO 的转炉煤气中得到或可以从熔融还原炉富 CO、富 H_2 的尾气中得到。这种氢还可以进一步加工成二甲醚（CH_3OCH_3）作为液态能源。

工业制氢目前是以天然气、石油和煤为原料，在高温下使之与水蒸气反应或用部分氧化法制得（图 6-7）。而钢铁企业（或炼焦厂）产生的副产煤气——焦炉煤气含有 50%~60%的 H_2，是非常好的制氢原料气（表 6-5）。目前钢厂主要还是将焦炉煤气用做燃料，煤气的资源化利用途径需引起重视。

图 6-7 天然气制氢工艺技术路线

表 6-5 焦炉煤气与天然气成分比较 (%)

成分	H_2	CH_4	CO	C_mH_n	CO_2	N_2	O_2
焦炉煤气	55~60	23~27	5~8	2~4	1.5~3	3~7	0.3~0.8
气井	—	98.0	—	0.6~1.0	—	1.0	—
油井	—	81.7	—	10~15	0.7	1.8	0.2

采用焦炉煤气制氢，只需按现有煤气处理工艺，将其中的有害杂质去除，即可通过变压吸附技术提取出高纯度（99.99%）的氢气，按此流程 1m^3 的焦炉煤气可制取约 0.44m^3 的氢气。与天然气制氢相比，省去了蒸汽转换或部分氧化等CH_4裂解过程，从而省去了这一工艺过程的能源消耗。如果解决了焦炉煤气吸附制氢的大型煤气压缩机等关键技术，焦炉煤气制氢将比直接使用较贵的天然气和煤炭等制氢更加经济，是大规模、高效、低成本地生产廉价氢气的有效途径，对于缓解我国能源紧张，促进环境改善和钢铁工业生态化转型，具有重要的社会效益和经济效益。

6.2.2.3 高炉或焦炉利用废塑料

处理大宗废塑料，包括通过热压处理后装入焦炉或由风口喷入高炉，实现废弃物再资源化利用。在高炉风口喷吹 1t 废塑料，相当于喷入 1t 油的热量。利用焦炉将废塑料和焦煤压块处理可以处理大量的废塑料，焦炉中废塑料的加入量可占焦炭产量的 2%左右[16]。

塑料具有 41868kJ/kg 的发热值，与煤炭相比，氢的含有率较高。废塑料作为高炉原料——焦炭的替代品喷入高炉，不仅资源和能源利用率可高达 80%，而且与纯用焦炭的高炉相比，CO_2 排放量可减少 1/3。日本 JFE 是日本第一个将废塑料作为还原剂喷入高炉使用的钢铁企业（图 6-8），目前在 JFE 的京滨厂和福山厂用于正常生产，已经达到 12kg/t 的处理水平[17]。日本钢管京滨制铁所到 1999 年喷吹量已达 4.5 万吨。焦炭使用量每年减少 5 万吨，碳酸气体的排放量每年减少 20.2 万吨，取得了良好的经济效益和社会效益。

经喷煤与喷吹塑料两者相比，喷吹塑料时焦炭的消耗量比喷煤少，这是因为塑料发热量比煤粉高的缘故。可以计算出，每吨铁水喷吹塑料量若为 10kg，每吨铁水焦炭的使用量可削减 12.1kg。由于喷吹塑料减少了焦炭的使用量，因而减少

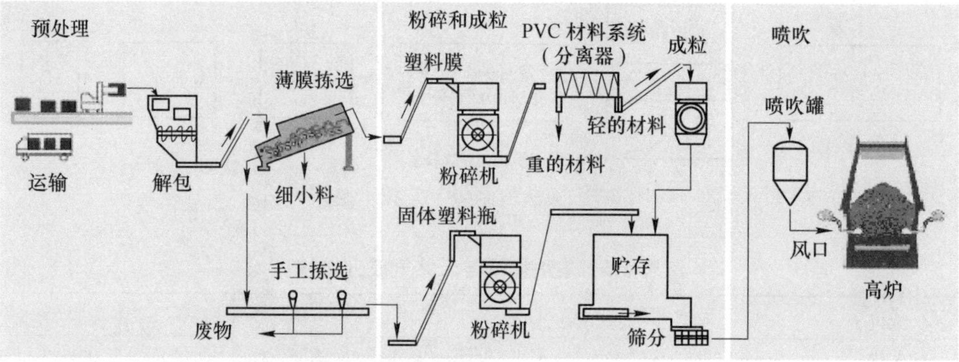

容器和包装材料废塑料回收，作为原材料喷入高炉

图 6-8　高炉喷吹废塑料的处理流程（JFE）

了碳酸气体的排放量。按焦炭年节减量 5 万吨计算，一年可减少排放碳酸气体 15. 8 万吨（按每千克焦 0. 8686kgC 换算）。另外，由于塑料氢含量比煤粉高，所以喷吹塑料还会进一步减少碳酸气体的排放量。增加喷煤量和喷吹塑料带来的 C 量减少，可以从各自的含 C 率算出。由于喷吹塑料 C 的减少量为每吨铁水 3. 5kg，一年可减少碳酸气体排放量 4. 4 万吨（换算成 C 为 1. 2 万吨）。两项合计一年可减少碳酸气体排放量 20. 2 万吨。

新日铁则采用将废塑料处理后（压块）加入焦炉中使用，该技术首先在名古屋厂实验，成功后 2000 年分别在名古屋厂和君津厂投运，处理量（资源化量）达到 8. 4t/h，2002 年八幡和室兰厂也相继投产，处理能力为 4. 2t/h。2002 财政年度，新日铁共回收利用废塑料 12 万吨[17]。

另外，钢厂处理废轮胎和罐类的循环利用技术也趋于成熟、稳定。目前，新日铁公司广畑制铁所在废钢熔化过程中每月用 5000 多吨废弃轮胎切块作为部分煤和废铁的替代品。即在废钢熔化过程中装入废弃轮胎切块时，轮胎中的钢帘线熔化进入钢液中，橡胶中的碳可作为铁水的组成成分。此外，燃烧的轮胎替代煤以及含氢气体一起作为熔化过程的热源。

6. 2. 3　利用废钢资源的碳减排效果

废钢是支撑钢铁工业可持续发展的重要条件。2004 年，世界粗钢产量为 10. 57 亿吨，使用废钢 4. 2 亿吨，约占炼钢炉料的 35. 2%。但是，由于我国钢铁工业产量增长快速，废钢产生量相对短缺，电炉钢比例从 1990 年的 20%左右下降到近年来的 10%左右。

电炉流程存在的基本立足点是大量利用社会废钢（包括折旧废钢和加工过程的废钢），发展电炉流程有利于降低整个钢铁工业的能源消耗和环境负荷，有利于推动循环经济。21 世纪前 20 年，中国国内废钢产生量将明显增加，废钢供应能力也将逐步增加，应该鼓励多进口废钢、多用废钢，进一步加大废钢的利用和重视电炉短流程的发展。

处理各种不同来源的废钢，包括废汽车、废机械、废船、废家电等大宗社会折旧废钢和机械制造业等加工过程产生的切削废钢以及钢厂生产中产生的切头、罐底等自产废钢。废钢是重要的再生资源，对于节约天然资源、降低能源和原材料消耗、减少环境污染、降低成本和增加就业都具有重要的意义。利用废钢生产1t 钢可节约铁精粉 1.3t，能耗降低 350kgce，减排 CO_2 1.4t[18]。

6.2.4 提高钢材使用效率的碳减排效果

考虑钢铁产品从生产、使用、废弃到循环利用的生命周期全过程，提供高强度轻量化、提高效率、简化用户加工工艺的产品，为钢铁产品全生命周期节能，削减 CO_2，减少地球温室效应做贡献。

以生产高性能钢材替代普通钢材，可减少最终产品生产的原料消耗；延长产品使用年限，从而提高能源效率，减少温室气体排放。使用高强度高性能的钢材，使汽车质量减轻 10%，可减少油耗 4.5%[16]，相应可减少温室气体的排放。因此，加快产品结构调整，生产使用高性能、高附加值钢材、高强度钢、电工钢等，提高钢铁产品的质量和使用效率，可通过钢材综合使用性能的提高，在钢材主要使用领域实现钢材单耗节约 5%~10%。

6.2.4.1 高强度钢对能源、CO_2 排放的影响

通过 1990 年和 2005 年高强度钢比例和 CO_2 减排量的对比分析（表 6-6），不难发现：增加高强度钢使用比例，可有效提高能源利用效率，显著减少 CO_2 排放。

表 6-6 1990 年与 2005 年高强度钢比例及能源、CO_2 排放比较[17]

年份		1990	2005	增减量（2005 年比 1990 年）
高强度钢比例/%		30	45	15
质量/kg		215	200	-15
CO_2 减排量 /kt · a^{-1}	燃料效率提高	4058	5027	969
	少用钢板	920	1140	220
	生产钢板能量增加	-183	-244	-61
	总计	4795	5921	1126

6.2.4.2 汽车的轻量化和安全性的提高

使用高强度钢板的汽车可以使用更少的钢材、节约资源，由于质量更轻可以节约燃料、减少污染物、削减 CO_2 排放（图 6-9）。

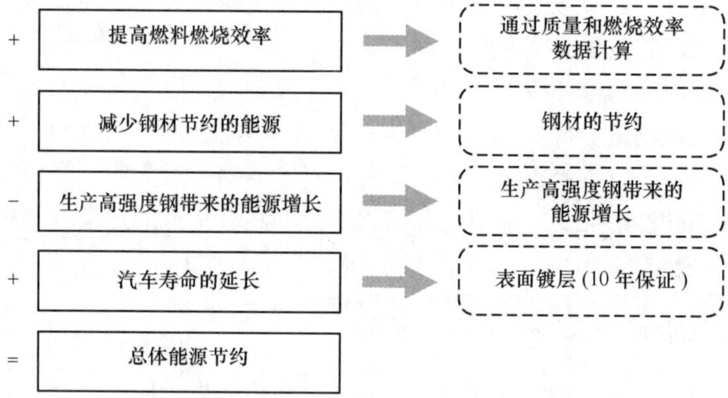

图 6-9 使用高强度钢板汽车的能源节约分析

6.2.4.3 提高效率

生产和使用无取向电工钢、高温锅炉管、高强度管线、高韧性高强度厚板、大线能量焊接用钢等，提高钢材使用效率。如：高效电工钢通过成分和工艺的调整优化，解决了铁损和磁感相互矛盾的问题，是一种具有高磁感、低铁损的电工材料，满足了高效节能电机和 EI 变压器的需要。

6.2.4.4 简化用户加工工艺

如采用自粘接涂层电工钢，与传统硅钢片相比，自粘接涂层电工钢在电磁性能方面没有差异，但是具有自黏结的优良性能，可以极大地简化各类机电产品中铁芯的黏结固化程序，缩短生产周期并降低生产成本，具有较好的市场应用前景。由于采用了水性环保涂层，替代了国际上通用的溶剂型涂层，使生产过程变为环保型，改善了生产条件和对环境的影响。

6.2.4.5 改进和完善钢材使用标准、设计规范

钢材强度提高后，要相应修改、完善钢材使用中的许用应力、安全系数、公差等标准和设计规范，才能保证提高钢材的使用效率，节约钢材。

6.2.5 削减化石燃料消费和寻找替代化石燃料的能源

钢铁工业中碳用作还原剂还原铁矿石和加热剂。碳的这些作用未来可部分由氢、无碳电力和生物能取代，尽管这些技术尚处于襁褓阶段或仅仅还只是概念[19]。

6.2.5.1 非耗碳能源

对非耗碳能源的需求实际上就是对可再生能源的需求。可再生能源包括水力发电、风力发电、地热能、潮汐能、太阳能等。目前除水力发电已得到广泛应用外，上述其他能源和畜力都以不同的形式在不同程度上得到了应用，但是仍然远

远无法替代核能。核废料因处理问题阻碍了核能的广泛应用。限制其他能源广泛使用的主要制约因素依然是成本问题，以法国为例，风能发电的成本为4~6美分/(kW·h)、太阳能通过光电管和热分解发电的成本分别为17美分/(kW·h)和8~15美分/(kW·h)、生物质发电的成本为6美分/(kW·h)，而通常的电价为1.5~4美分/(kW·h)。由上可见，非耗碳能源的价格都比较高，依据目前的条件，限制了它们在钢铁工业广泛使用的可能性。

6.2.5.2 非焦还原剂

氢能：氢是现实存在的唯一可替代碳的还原剂。其可以通过天然气、电解海水等途径得到。限制因素不是技术问题，因为预还原技术已经非常成熟。短期内是煤气价格的经济因素，长期内是资源枯竭问题。

生物质能：尽管钢铁工业没有使用生物处理矿石，但已经应用于贵金属工业。另一方面，使用生物质能-木炭的高炉炼铁技术现已在巴西应用。

电解：电解工艺直接形成最终产品，可以与传统钢厂相比，其吨钢能耗为15~20GJ，与传统钢厂处于同一数量级。如果电力的碳耗量足够低，那么从CO_2排放角度看，电解技术将具有吸引力。

6.2.6 二氧化碳的收集和储存

随着钢铁生产规模的扩大，CO_2总排放量还是难免增多。为了从总体上降低排放量，需要吸收CO_2而不是释放。CO_2储存法主要有3种：化学储存法、物理储存法和生物储存法。

(1) 化学储存法是通过将CO_2转化为化合物的形式储存起来的，比如以C—O—O链的形式与胺分子化合。

(2) 物理储存法是将CO_2压入地下储存室（如废弃的气田、油田）中，或者压入海底（深度超过500m时，CO_2液化）。地下储存技术已经应用于石油工业，以提高老油田出油量。

(3) 生物储存法是指通过植物的光合作用将C或CO_2富集到生物体中。在寒武纪和石炭时代，正是由于蓝藻和高大树木的光合作用大大降低了原始大气中CO_2的含量，才出现了今天动物类繁盛的时代。生物储存法同时要求树木死亡后其木材也被储存起来。

目前开展的CO_2收集和储存技术主要包括：将钢渣制品放于海洋促进植物光合作用、采用钢渣颗粒过滤床吸收CO_2、用氨吸收法分离CO_2、采用高炉煤气预还原烧结矿、用氢氧化镁吸收CO_2等。目前都处于试验阶段。

(1) 钢渣沉入海中增殖硅藻类海洋植物固定CO_2。海洋植物对于固定CO_2有很高的效率。日本钢铁协会组织了新日铁等钢铁企业和东北大学等高校，包括冶金、农业、水产、化学等方面的学者，由日野光兀、谷口旭等带头，开展了“利用炼钢渣作为营养源增殖海洋浮游植物固定 CO_2” 的综合性大型研究，获得了显著的成果。研究结果表明如下。

1）钢渣投入海水中可以溶解出硅、无机磷、铁等离子，大量增殖硅藻类而抑制涡鞭毛藻的生成，有可能成为对付赤潮的措施。

2）对钢渣中有毒物质 Cd、Hg、Pb、As、Cr^{6+} 进行了分析，其含量均低至分析不出来的水平，所以不会发生有害物质溶入海水的危险。

3）对于沿岸海域表层海水做了加入不同数量渣的试验，证实硅藻类优先生长，而涡鞭毛藻细胞几乎未发现，CO_2 被浮游植物的光合、呼吸作用所消耗。

4）以炼钢渣为原料按照混凝土方法制造四脚石，珠贝类、珊瑚等附着程度能得到增殖，并节约采石和烧水泥所用的能源及减排 CO_2。

（2）石灰窑烟气 CO_2 回收。采用变压吸附法回收石灰焙烧炉烟气中的二氧化碳，回收得到的纯度为 99.99%的 CO_2 可作为食品添加剂。

其基本原理是：当烟气加压通过吸附床时，分子筛吸附剂将选择吸附二氧化碳组分，而其他组分从吸附床出口端排出。在吸附床减压至真空条件时，被吸附的二氧化碳从分子筛吸附剂上脱附，由吸附床入口端排出，作为产品输出，同时吸附剂得到再生。

对于年产活性石灰 10 万吨左右的钢铁企业而言，可回收的 CO_2 量约为 5000t。

（3）种植速生林作为生物还原剂，固定 CO_2。

巴西米纳斯吉拉斯州本来具有种植桉树林的工艺和经济方面的知识，他们把 Fe-Si 生产和速生桉林的种植结合起来，7 年轮伐一次，用 7 年树龄的原木制造木炭作为还原剂。应用火力发电时，最后每吨 Fe-Si 可固定 CO_2 6294kg，比用水电效果更好。

参考文献

[1] 上官方钦. 钢铁工业/企业 CO_2 排放计算方法及评估［D］. 北京：钢铁研究总院，2008.

[2] 上官方钦，张春霞，胡长庆，等. 中国钢铁工业的 CO_2 排放估算［J］. 中国冶金，2010，20（5）：37-42.

[3] 国家自然科学基金重点资助项目，钢铁工业生态化模式及其管理和评价体系结题报告［R］. 2008.

[4] 杜涛，蔡九菊. 中国钢铁工业能源环境负荷分析及减负对策［J］. 中国冶金，2006，16（3）：37-41.

[5] 张春霞，上官方钦，胡长庆，等. 钢铁流程结构及对 CO_2 排放的影响［J］. 钢铁，2010，45（5）：1-6.

[6] 殷瑞钰．关于新一代钢铁制造流程的命题［J］. 上海金属，2006，28（4）：1-5.

[7] Zhang Chunxia，Hu Changqing，Yin Ruiyu. Process at steel plant of new generation and utilization modes of gases［C］//11th China-Japan Symposium on Iron and Steel Technology. Sponsored by CSM and ISIJ. October 29～30，Wuhan，2007：11-17.

[8] Hu Changqing，Chen Liyun，Zhang Chunxia，et al. Emission mitigation of CO_2 in the steel industry：state of the art and future aspects［J］. Journal of Iron and Steel Reasearch，2006，13（6）：38-42.

[9] 胡长庆．钢铁流程物质流、能量流分析与新一代钢铁制造流程［D］. 北京：钢铁研究总院，2006.

[10] 张春霞，胡长庆，严定鎏，等．温室气体和钢铁工业减排措施［J］. 中国冶金，2007，17（1）：7-12.

[11] 殷瑞钰．冶金流程工程学［M］. 2 版．北京：冶金工业出版社，2009.

[12] 殷瑞钰．冶金流程集成理论与方法［M］. 北京：冶金工业出版社，2013.

[13] 周继程．钢铁制造流程能量流网络构建与案例研究［D］. 北京：钢铁研究总院，2014.

[14] 陈丽云．钢铁生产流程二次能源及高炉能效分析［D］. 北京：钢铁研究总院，2006.

[15] 上官方钦，干磊，周继程，等．钢铁工业副产煤气资源化利用分析及案例［J］. 钢铁，2019，54（7）：114-120.

[16] Nippon Steel Corporation. Nippon steel corporation sustainability report 2004［R］. 2005.

[17] JFE. JFE sustainability report 2004［R］. 2005.

[18] 中国工程院“中国可持续发展矿产资源战略研究”项目组、黑色组．“黑色金属（铁锰铬等）矿产资源可持续发展战略”综合报告［M］. 北京：科学出版社，2006.

[19] Jean-Pierre Birat，Jean-Pierre Vizioz，Michel Schneider，et al. CO_2 emissions and the steel industry's available responses to the greenhouse effect［C］. Proc. of Ironmaking Conf.，Vol. 59，March 26～29，Pittsburgh，USA，2000：409-420.

7 煤气资源化利用实现碳减排的案例分析

对副产煤气的价值进行高效率利用的另一个方向是开发副产煤气中碳元素和氢元素（H_2、C_mH_n 和 CO 等）的价值，即使副产煤气进行物质转换，实现资源化利用（生产氢气、甲醇、二甲醚、烯烃、CNG 和 LNG 等）。其核心是进行能源结构的调整，即钢厂应优先利用资源化价值相对较低的高炉煤气，从而置换出焦炉煤气和 CO 含量较高的转炉煤气进行资源化利用，提升副产煤气的使用价值[1~3]。

7.1 煤气资源化利用途径、应用现状分析

7.1.1 钢厂副产煤气的组分、回收量及资源化利用的可行性

在钢铁产品的生产过程中，消耗的煤炭资源有约 60%转化为副产煤气资源：高炉煤气（BFG）、焦炉煤气（COG）、转炉煤气（LDG）。在典型长流程钢铁企业中，三种煤气总的资源量将达到每吨钢 10GJ(340kgce)，约占余热余能总量的 68%，占总能耗的 50%，在钢铁企业的能源平衡中占有十分重要的地位。典型钢铁企业 BFG、COG、LDG（以标准煤计）三种副产煤气回收量的比例关系约为 BFG∶COG∶LDG=6∶3∶1[4]。但由于中国钢铁企业自产焦炭量仅占全国焦炭产量的 1/3，即多数钢铁企业是需要外购焦炭的，如某钢厂外购焦炭 1/3，其三种副产煤气回收量的比例关系为 BFG∶COG∶LDG=7∶2.6∶1[5]。

我国钢铁工业目前副产煤气的回收利用量已经较高，但总体利用方式单一，即副产煤气发电和作为燃料燃烧，主要是利用煤气的热值。副产煤气除了其热值有较高价值外，其组成上含有很大比例的碳元素和氢元素（表 7-1），而这些元素是合成各种化工产品的关键原料。对副产煤气的价值进行高效率利用的另一个

表 7-1 钢厂三种副产煤气主要成分、发热值及回收量

副产煤气	组成（体积分数）/%							发热值	单位产品
	H_2	CO	CO_2	N_2	O_2	CH_4	C_mH_n	/kcal · m^{-3}	煤气回收量
焦炉煤气	55~60	5~8	1.5~3	3~7	0.3~0.8	23~27	2~4	8778~15884	400~430m^3(吨焦)
高炉煤气	1.5~3.0	23~27	15~19	55~60	0.2~0.4	0.2~0.5	—	2926~3762	1400~1700m^3(吨铁)
转炉煤气	0.5~2.0	50~70	10~25	10~20	0.3~0.8	—	0.2~0.6	6270~8360	80~120m^3(吨钢)

方向是开发副产煤气中碳元素和氢元素（H_2、C_mH_n 和 CO 等）的价值，即使副产煤气进行物质转换，实现资源化利用。

我国的能源格局表现为“富煤、少气、贫油”，为了降低我国石油对外依赖度，优化能源结构，保障国家能源安全，“十二五”期间，煤化工产业得到大力发展，煤化工产品呈现部分替代石油化工品的趋势。在以煤为原料的化工生产工艺中，首先需要通过造气装置，将煤转化为富含 CO 和 H_2 的合成气，然后进行必要的气体分离和净化，再进一步通过 CO、H_2 以及其他必要的原料进行化工合成，最终获得所需的各种基础化工产品，例如：煤制油、煤制烯烃、煤制天然气、甲醇、乙二醇、甲苯二异氰酸酯（TDI）、二苯基甲烷二异氰酸酯（MDI）、醋酸、草酸、丁辛醇、N,N-二甲基甲酰胺（DMF）、醋酐、甲酸、甲胺和甲酰胺等。由此可见，煤化工实际上就是以 CO 和 H_2 为原料的化工生产。而由表 7-1 可见，在钢厂三种副产煤气中 CO 和 H_2 含量丰富，所以钢厂的三种副产煤气原理上完全可以作为化工生产的原料。

7.1.2 钢厂副产煤气资源化的利用途径、优势及原则

殷瑞钰院士在第六次“工程前沿”研讨会中指出，目前副产煤气利用方式是燃料化，未来副产煤气利用方式将是资源化。高发热值煤气建议走资源化道路，将多余的焦炉煤气生产化工产品或直接还原铁产品。

不少研究者研究了钢铁企业副产煤气的再资源化利用，因焦炉煤气 H_2 和 CH_4含量高，利用形式主要有：制取氢气、甲醇、二甲醚、液化天然气、压缩天然气、合成氨等化工原料和产品（图 7-1）。

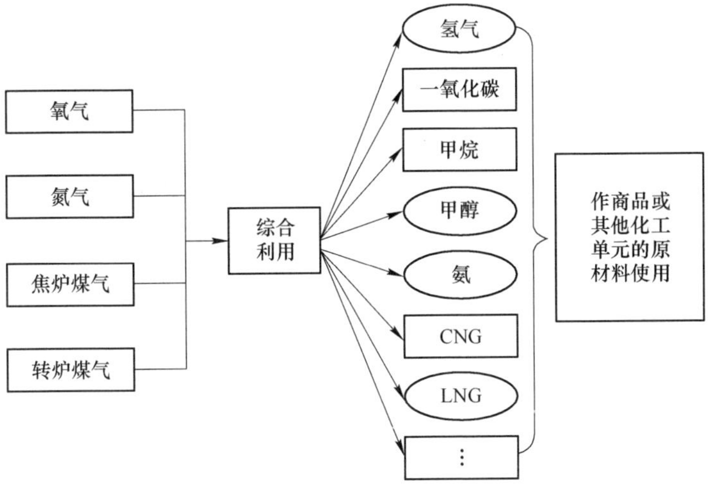

图 7-1 钢厂副产煤气和气体资源化利用的途径

相比煤化工，钢厂副产煤气资源化利用生产化工产品有四大优势[3]：

（1）大幅降低一次投资。由于钢厂副产煤气已是与化工原料成分相近的气态，将其做原料进行化工生产，相比煤化工而言，节省了造气环节的投资，而通常煤化工造气综合投资占到项目总投资的40%左右。

（2）大幅降低能源消耗。由于煤在制成合成气的过程，要配套煤的运输和输送、制氧、脱硫、降温除尘及污水处理等工艺，这些工艺过程都伴随着大量的能量消耗，而利用钢厂的副产煤气直接生产化工品，则可省掉这部分的能量消耗。

（3）大幅节约土地占用。由于没有了造气所需的上述配套设施，土地利用效率上得到很大提高。以钢厂副产煤气为化工原料的化工生产过程通常只需配套气体分离与化工合成工艺即可，而且其他大部分公用工程设施可不用单独建设。

（4）大幅降低运营费用。由于减少了造气及其配套的相关工艺环节，因此相比煤化工，钢铁-化工联合生产在人力费用、管理费用、财务费用和维护费用上都具有明显优势。

以制备甲醇为例，传统合成甲醇的原料为煤或者天然气。与传统的煤化工工艺相比，采用焦炉煤气制甲醇有如下优势[3]：

（1）原料成本大幅下降。目前不管在钢铁企业还是独立焦化厂，输出和外卖时焦炉煤气都是流程的副产品，因此其单位热值的价格往往远低于天然气。

（2）焦炉煤气中有55%~60%的H_2（表7-1），其转化合成过程相比传统过程更简单，过程的能耗和CO_2排放也显著降低。

（3）在钢铁联合企业中，除有大量副产煤气资源外，还拥有充足的氧气、氮气等气体资源，更便于副产煤气物质转换的进行。

（4）从热力学效率上来讲，焦炉煤气合成甲醇化学反应的㶲效率远高于普通燃烧过程的热效率，焦炉煤气的化学能得到了充分利用。

以钢厂副产煤气为原料的化工生产过程在下游化工品的选择时，建议遵循以下三大原则：

（1）技术上：生产工艺成熟，合成化工品过程中关联其他生产原材料种类少或消耗少，生产成本主要与钢厂尾气成本相关，与其他原材料价格波动相关性不强。

（2）供给侧：未受国家准入限制，产能增速慢于需求增速，产品在未来一段时间存在供不应求或供小于求的态势。市场集中度不高，未形成行业寡头垄断，产能与价格不会受到竞争对手压制。

（3）需求侧：产品市场容量大，需求有缺口，而且需求量在未来一段时间还会持续增长。同时该产品生产的下游产品市场情况较好，也具备产能持续扩张的可能性。

钢铁联合企业的三种副产煤气中，焦炉煤气的资源化价值相对最高。以往焦炉煤气作为燃料使用，主要是因为其发热值较高，燃烧后烟气能够达到较高的温度。随着蓄热式技术、连铸连轧技术、燃用低发热值煤气发电等节能技术的发展，弥补了低发热值煤气燃烧温度低的不足，焦炉煤气用量大幅度降低，使得焦炉煤气出现大量富余。目前，钢铁企业一般的做法是将富余的焦炉煤气送往自备电厂发电，但焦炉煤气发电成本较高，根据一些焦化厂利用焦炉煤气发电的成本核算结果表明，$1m^3$焦炉煤气仅能产生 1～1.5kW·h[6]，发电利润很小。因此，合理利用焦炉煤气成为新的议题。

钢厂推进副产煤气资源化利用的核心是进行能源结构的调整，即优先利用资源化价值相对较低的高炉煤气和转炉煤气，从而置换出焦炉煤气进行资源化利用，提升副产煤气的使用价值（见图 7-2）。

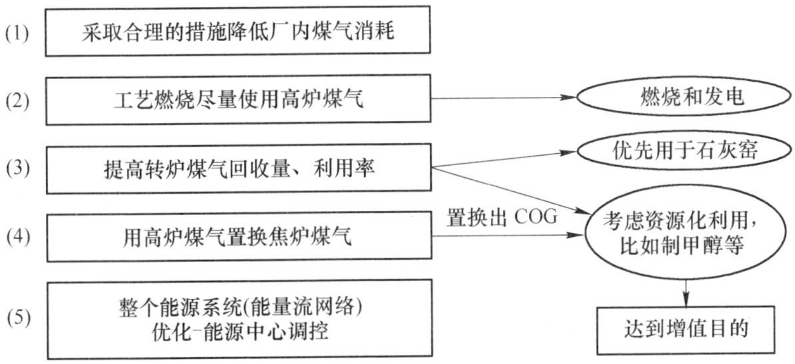

图 7-2　煤气资源化利用前提下不同煤气的优化利用原则

7.1.3 钢厂副产煤气资源化应用现状

7.1.3.1 模式 1：焦炉煤气提氢，解吸气作为燃料

焦炉煤气不仅是优质的气体燃料，还是理想的化工原料。焦炉煤气富含 55%～60%的 H_2，23%～27%的 CH_4，是非常好的制氢原料气。

目前传统工业制氢是以天然气、石油和煤为原料，在高温下使之与水蒸气反应或用部分氧化法制得（图 7-3）[7]。与天然气制氢相比，采用焦炉煤气制氢，只需按现有煤气处理工艺，将其中的有害杂质去除，即可通过变压吸附(pressure swing absorption，PSA，如图 7-4 所示)[8]等技术提取出高纯度（99.99%）的氢气，按此流程 $1m^3$ 的焦炉煤气约可制取约 $0.44m^3$ 的氢气。与天然气制氢相比，省去了蒸汽转换或部分氧化等 CH_4裂解过程，从而省去了该工艺过程的能源消耗，比直接使用天然气和煤炭等制氢更加经济。

钢厂副产煤气物质转换的资源化利用尚处于起步阶段，主要是利用焦炉煤气变压吸附制氢作为轧钢厂保护气，已投运的装置最大制氢能力为 $3000m^3/h$

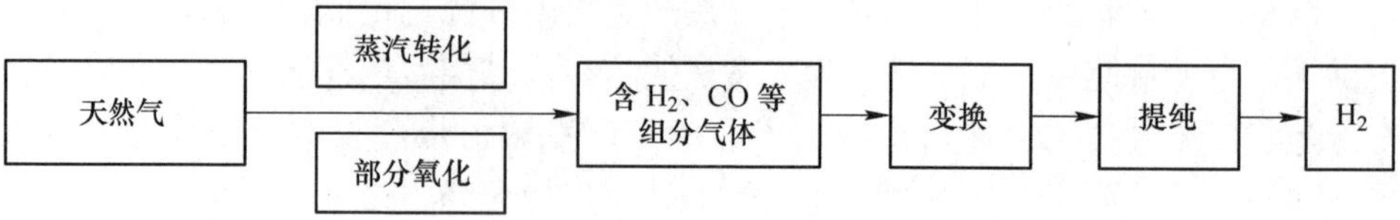

图 7-3 天然气制氢工艺技术路线

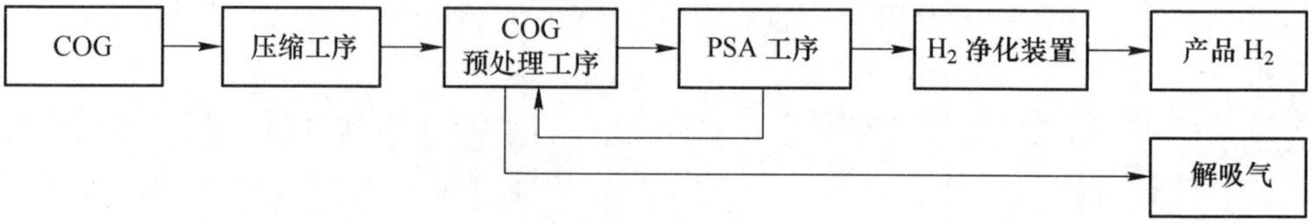

图 7-4 焦炉煤气进行变压吸附处理过程示意图

(表 7-2)。焦炉煤气通过变压吸附提取氢气后的高热值解吸气(约 23.2MJ/m^3)返回钢铁制造流程,仍然可以作为冶金燃料再利用。利用钢厂副产的焦炉煤气高效率、大规模、低成本制取的氢气早已成功用于苯加氢和煤焦油加氢等化工过程。氢气为氢燃料电池汽车提供燃料的研究工作也在加紧进行中(在武汉、上海已有相应的应用实践[7,8]),有可能成为我国氢能源利用的新途径。国内 COG 制 H_2 的成套工程能力可达到 80000m^3/h。

表 7-2 国内钢铁企业利用 PSA 法焦炉煤气制氢的典型案例

序号	单 位	制氢量/$m^3 \cdot h^{-1}$
1	武汉钢铁集团公司	1000
2	武汉钢铁集团公司	1500
3	攀枝花钢铁集团公司	600
4	本溪钢铁集团公司	1000
5	鞍山钢铁集团公司	1000
6	马鞍山钢铁集团公司	1000×2;600×2
7	鞍山钢铁集团公司	1000
8	济南钢铁集团总公司	600
9	鞍山钢铁集团公司	1000
10	邯郸钢铁集团公司	800
11	本溪钢铁集团公司	1200
12	宝山钢铁股份有限公司	3000×2
13	京唐钢铁公司	1000×2
14	太原钢铁集团有限公司	800×2

7.1.3.2 模式2：焦炉煤气制天然气

焦炉煤气中含有23%~27%的 CH_4，还含有约10%的CO和 CO_2，将焦炉煤气先进行必要的净化处理，再经过甲烷化反应，将其中的CO、CO_2 与 H_2 反应生成 CH_4，可提高焦炉煤气中 CH_4 含量近1/3。将甲烷化后的气体采用PSA、膜分离或低温精馏提纯，可得到合成天然气（SNG），也可生产压缩天然气（CNG）或液化天然气（LNG）。其流程框图见图7-5。

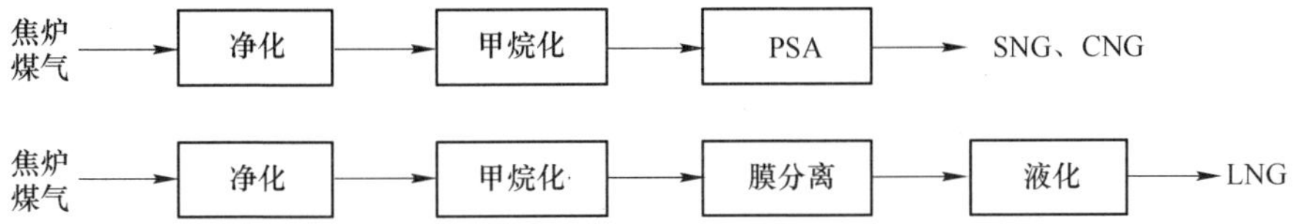

图7-5 焦炉煤气制天然气工艺框图

焦炉煤气制液化天然气的工艺系统主要由三部分组成：焦炉煤气预处理与深度净化系统、焦炉煤气甲烷化系统和液化天然气（LNG）系统。目前，国内有多家公司正在建设该项目，有几家公司已经投产（表7-3）。由表7-3可知，生产 $1m^3$ LNG约消耗 $2.5m^3$ 焦炉煤气，生产 $1m^3$ LNG约投资3.7元人民币。

表7-3 国内典型焦炉煤气制液化天然气项目技术汇总表

项　目	规模/亿立方米·年$^{-1}$	COG处理量/$m^3 \cdot h^{-1}$	设计单位及技术	$1m^3$ LNG耗COG/m^3	投资/万元	LNG投资/元·m^{-3}
云南曲靖	0.3	0.85×10^4	上海华西	2.480	15000	5
内蒙古恒坤化工集团	1.2	3×10^4	众联盛+英国戴维	2.190	42000	3.5
河南平顶山	1	3×10^4	新奥	2.628	30000	3
山西楼东俊安公司	1	3×10^4	西南化工	2.628	35000	3.5
内蒙古乌海华油一期	3.3	10×10^4	中国天辰+丹麦托普索	2.655	120000	3.6
平均值				2.516		3.7

不同的技术和工艺各有特色，LNG也已经顺利推向市场，但大多数为与国外技术公司合作项目，托普索和戴维焦炉煤气制LNG主要技术经济指标比较见表7-4。

以河南京宝新奥新能源有限公司（独立焦化厂）为例，2012年该公司开始2.4亿立方米/年焦炉煤气制LNG项目建设（图7-6），项目采用新地能源工程技术有限公司提供的完全自主知识产权全套净化、甲烷合成和合成液化气技术以及甲烷合成催化剂。建设周期历时14个月，于2013年5月24日投产，项目投资约3亿元；COG产量为 $65000m^3/h$，其中用于生产LNG的COG量为2.4亿立方米/年，约占COG产量的50%；LNG产量约为9500万立方米/年，产品甲烷含量为98.18%。每年给企业带来2.3亿元营业收入，年均利润5657万元。

表 7-4　托普索和戴维焦炉煤气制 LNG 主要技术经济指标比较

项　　目		丹麦托普索	英国戴维
原料煤气/$m^3 \cdot h^{-1}$		COG 100000	COG 26500
产品	LNG	42000m^3/h	11511m^3/h
	蒸汽		0.57MPa，11.26t/h
	富氢气		3020m^3/a
1m^3LNG 耗 COG/m^3		2.38	2.30
1m^3LNG 耗电/kW·h			0.972
1m^3LNG 耗水/kg			9.38
			312.74
投资/万元		>80000	29500
1 万立方米/h LNG 投资/万元		19048	25628
占地面积/m^2			120000
1 万立方米/h LNG 占地面积/m^2			104248

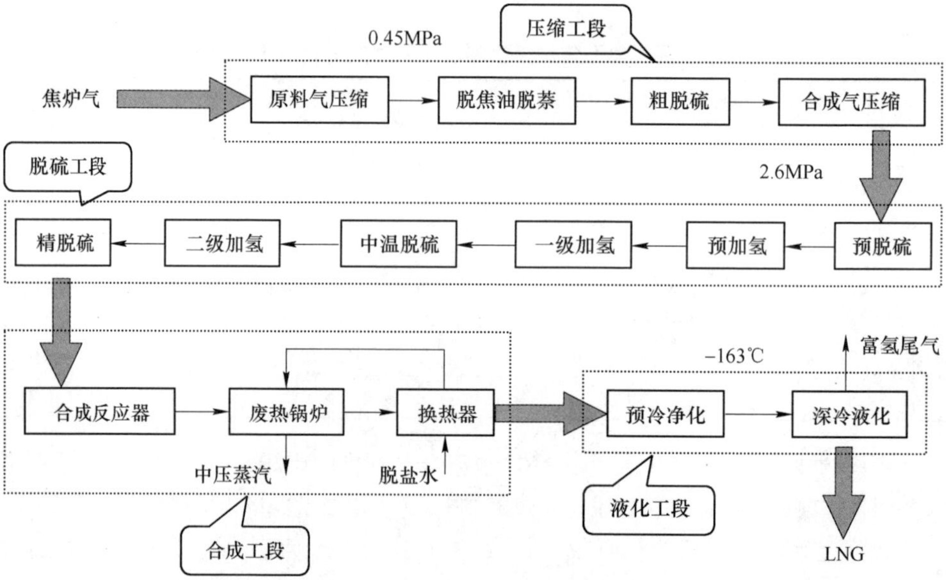

图 7-6　河南京宝新奥 2.4 亿立方米/年焦炉煤气生产 LNG 工艺流程图

对焦炉煤气制 LNG 与煤制 SNG 成本进行比较如下：

对 20 亿立方米/年的煤制 SNG 而言，总投资大于 120 亿元，平均生产 1m^3 SNG 约投资 6 元人民币，其生产成本与销售价格与煤价密切相关，见表 7-5，初步估算其内部收益率（IRR）约为 12%。

表 7-5 SNG 生产成本、售价随煤价的变化

煤价/元 · t^{-1}	200	300	400	500
SNG 成本/元 · m^{-3}	1.28	1.50	1.73	1.96
SNG 售价/元 · m^{-3}	1.81	2.10	2.34	2.59

而对 0.94 亿立方米/年的焦炉煤气制 LNG 而言，总投资约为 3.2 亿元，平均生产 $1m^3$ LNG 约投资 3.4 元人民币；焦炉煤气处理量为 3 万立方米/h，按焦炉煤气 0.60 元/m^3、电 0.50 元/(kW · h)、回收蒸汽 100 元/t、回收尾气 0.30 元/m^3 来估算，LNG 生产成本约 2.50 元/m^3，其销售价格在 4 元/m^3左右，内部收益率（IRR）约为 20%。

可见，焦炉煤气制 LNG 要比煤制 SNG 具有更大的经济效益。

截至 2013 年底，我国共有 10 套焦炉煤气制天然气装置投产，设计年产能 13.3 亿立方米天然气，可利用焦炉煤气 41 亿立方米。

2013 年我国天然气产量 1209 亿立方米，同比增长 9.8%，位居世界第六；进口天然气 515 亿立方米，出口 24 亿立方米，表观消费量约 1700 亿立方米，天然气对外依存度达到 31.6%。

由于治理大气雾霾污染环保工程的需求，预计到 2016 年我国天然气需求量将达到 2300 亿立方米，而同期天然气产量只能达到 1400 亿立方米，除了进口天然气以外，其 1/4 缺口可能要依靠煤制天然气来补充。2020 年我国煤制天然气的产能有望达到 1000 亿立方米/年。

由此可见，焦炉煤气制天然气具有良好的发展前景。

7.1.3.3 模式 3：焦炉煤气制取甲醇

目前焦炉煤气制取甲醇主要有三种方式。

A 焦炉煤气纯氧转化生产甲醇

根据 COG 的成分可知，其中 H_2 含量为 55%~60%，CH_4含量为 23%~27%，CO 含量为 5%~8%，其氢碳比（摩尔比）大于 5，高于理论上优化的氢碳比 2~2.5，不能直接用于合成甲醇。但 COG 中除 H_2、CO、CO_2 外，还含有大量的 CH_4，将甲烷转化后可获得 H_2、CO、CO_2，从而可以满足甲醇合成的需要。

甲烷转化有水蒸气转化和纯氧转化两种方法。水蒸气转化是通过外供热使甲烷转化，反应方程式为：$CH_4+H_2O \rightarrow CO+3H_2$。由于水蒸气转化反应，1mol CH_4 生成 1mol 的 CO 和 3mol 的 H_2，COG 水蒸气转化后仍然是氢多碳少的合成气，难以获得甲醇合成所需的最佳氢碳比。纯氧转化是利用氧气直接与 COG 中的氢气燃烧（内供热），提供甲烷与蒸气转化所需要的热量，因为纯氧直接燃烧了 COG

中的部分氢气，纯氧转化后的合成气中氢碳比更接近最佳值。因此，COG 制甲醇常常采用纯氧转化工艺，COG 制甲醇的流程见图 7-7。这种模式为目前大多数独立焦化厂所采用。

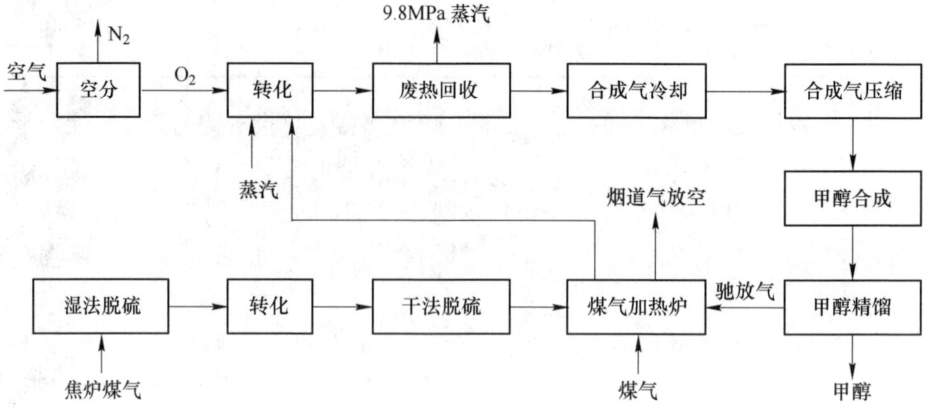

图 7-7　焦炉煤气纯氧转化制甲醇工艺流程框图

每生产 1t 甲醇可消耗焦炉煤气 2000～2200m^3，可以充分利用富余的焦炉煤气。以吨焦产生焦炉煤气 420m^3计算，如果这些焦炉煤气都用于制甲醇，则吨焦产生的焦炉煤气可以生产甲醇约 0. 2t。以焦炉煤气生产甲醇 500 万吨计算，就可以消耗焦炉煤气 100 亿～120 亿立方米。

B　焦炉煤气纯氧转化补充部分转炉煤气生产甲醇

由于焦炉煤气氢多碳少，纯氧转化后合成气的氢碳比为 2. 6 左右，没有达到最佳值（约 2. 0）。钢铁联合企业富产含 CO 高的转炉煤气，转炉煤气中 $CO+CO_2$ 接近 80%。焦炉煤气纯氧转化后的合成气中补充部分转炉煤气可改善氢碳比，提高转化效果及甲醇产量。但转炉煤气还含有多种有毒有害杂质如硫、磷、砷、氟等，净化难度大，用于甲醇生产补碳的转炉煤气要求其有毒有害杂质硫、磷、氟含量均不大于 0. 1mg/m^3，砷含量不大于 5$\mu g/m^3$。

焦炉煤气配转炉煤气制甲醇使合成气的氢碳比由原来的 2. 59 降至 2. 09，明显地改善了原料气结构，吨甲醇生产成本降低了 10%，产量提高了 20%。

钢铁联合企业利用转炉煤气补碳可大大提高焦炉煤气资源化利用的价值。焦炉煤气纯氧转化补充部分转炉煤气生产甲醇的工艺框图见图 7-8。

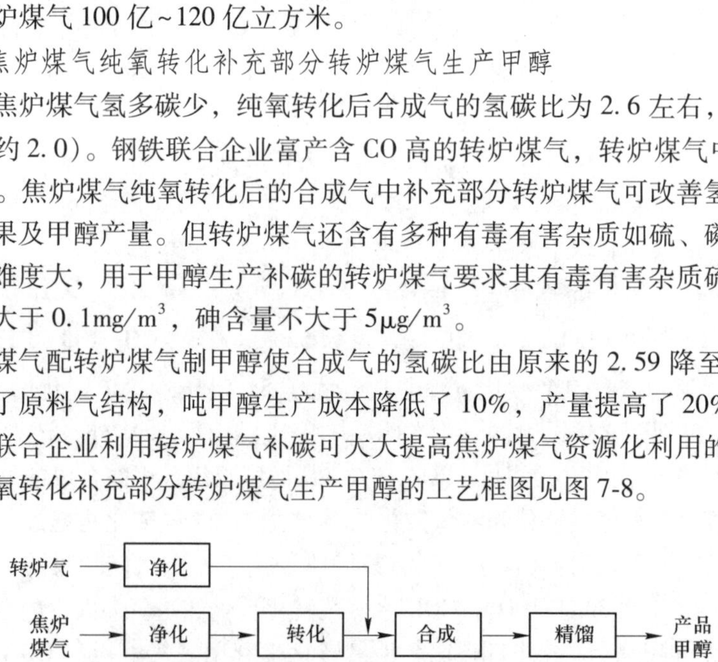

图 7-8　焦炉煤气纯氧转化补充部分转炉煤气生产甲醇的工艺框图

C 焦炉煤气提氢与转炉煤气生产甲醇

根据焦炉煤气成分可知，焦炉煤气中 H_2 含量为 55%~60%，可采用变压吸附（PSA）法提纯获得 99%的纯氢，获得的纯氢与净化后的转炉煤气混合可配制合成甲醇所需的合成气，流程框图见图 7-9。

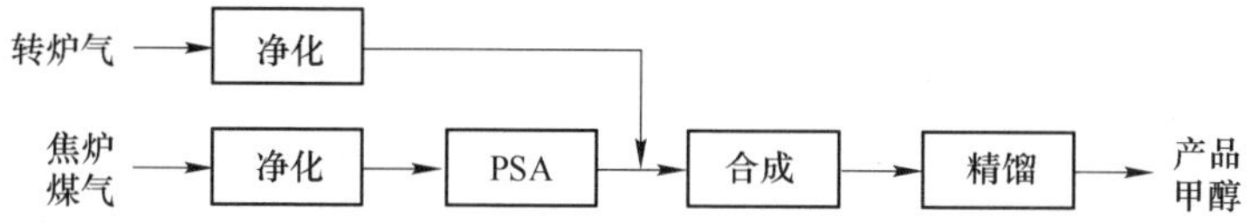

图 7-9 焦炉煤气提纯氢气与转炉煤气生产甲醇的工艺框图

这种利用模式同时具有前两种模式的优点，已经在黑龙江双鸭山建龙集团得到了应用。

“十一五”以前，全国涉足焦炉煤气制甲醇的独立焦化企业只有 2 家，其一是云南省曲靖市焦化制供气公司 8 万吨/年甲醇装置；其二是河北建滔焦化有限公司 12 万吨/年甲醇装置。“十一五”期间，我国焦炉煤气综合利用水平快速提高，10 万吨/年规模级焦炉煤气制甲醇得到迅速发展，如山东省滕州盛隆焦化公司、山东海化煤业化工公司、陕西黑猫焦化公司、旭阳焦化集团定州天鹭新能源公司、山西建滔万鑫达化工公司、冀中能源峰峰集团煤焦化公司、河北万丰兴化工产品公司等。20 万吨/年、30 万吨/年规模级装置也相继投产，并逐渐成为我国焦炉煤气制甲醇装置的主流。投产 20 万吨/年规模装置的企业主要有山东兖矿国际焦化公司、内蒙古庆华集团庆华煤化公司、云南大为制焦公司、山西焦化集团、河北金牛旭阳化工公司、宁夏宝丰能源集团、山西临汾同世达煤化工集团、黑龙江七台河龙洋焦电公司等。还有天脊煤化工集团、内蒙古神华乌海能源西来峰煤化公司 2 家企业 30 万吨/年规模装置投产，标志着我国在焦炉煤气循环利用技术、规模和集约化程度上迈上了新的台阶。

2010 年中国甲醇总产能 3757 万吨，其中煤制甲醇产能为 2369 万吨，占总产能的 63%；焦炉煤气制甲醇产能有所增加，达到 593 万吨，所占比例增至 16%左右；而天然气制甲醇产能所占比例则小幅缩减至 21.2%左右，产能为 795 万吨。

“十二五”期间，焦炉煤气制甲醇进一步得到国家鼓励，行业按照园区化、集约化和循环经济发展模式，加快发展方式转变，不断提高产业集中度，优化产业布局和产品结构。按照《焦化产业准入条件》的要求，“十二五”期间我国焦炉煤气制甲醇装置规模不低于 10 万吨/年，资源综合利用向更高的层次推进。

截至 2013 年底，我国国内甲醇产能约 5650 万吨，其中，焦炉煤气制甲醇产能 1137 万吨，占总产能的 20%。2013 年我国实际生产甲醇 2879 万吨，同比增长 9.05%，其中焦炉煤气制甲醇约 600 万吨，占全国甲醇总产量的 20.84%。

2013 年我国甲醇表观消费量为 3303 万吨，同比增长 5.1%。其中进口甲醇

485万吨，同比减少3%。

焦炉煤气制甲醇装置的吨甲醇投资为2300~2500元；吨甲醇消耗焦炉煤气2000~2200m^3；吨甲醇生产成本为1200~1400元，而目前甲醇市场价在2600~2800元/t。因此，未来甲醇仍将具有巨大的市场潜力和发展前景。

（1）当前的甲醇市场产能过剩将有明显缓解。2014年，全社会对钢铁的需求量可能出现负增长，因此，将减少焦炉煤气制甲醇产能约350万吨。天然气制甲醇因受天然气供应不足和气价攀高影响，实际发挥的产能可能只有650万吨。2014年，全国焦化投产甲醇装置总产能约600万吨，按40%运转率计算，实际新增甲醇产能240万吨。国内甲醇有效产能只有4660万吨。而届时国内甲醇消费量有望突破4100万吨，假如全年净进口甲醇400万吨，则国内甲醇装置平均负荷率可达80.9%，产能过剩矛盾明显缓解。

（2）利用甲醇为原料进一步合成二甲醚、烯烃、人造汽油等资源化开发利用将具有更大的经济和社会效益，这将成为甲醇需求的新动力，或将拉长粗甲醇产业链，其市场前景不可估量。

1）烯烃：国内目前建成投产的甲醇制烯烃装置共6套，合计烯烃产能266万吨，按平均85%负荷率计算，年消耗甲醇670万吨。2014年还将有6套合计300万吨的甲醇制烯烃项目投产，按平均30%运转率计算，新增甲醇需求量243万~270万吨（生产1t烯烃消耗2.7~3.0t甲醇）。

2）二甲醚：业内关注的二甲醚掺烧标准一旦出台，将使二甲醚作为民用替代燃料的合法性得到最终确认，消费量有望大幅增长，该领域甲醇消费量有望攀升至400万吨（通常1.5t甲醇生产1t二甲醚）。甲醇汽油的消费将大幅增加至450万吨。

DMM3-8（聚甲氧基二甲醚）：山东辰信新能源公司等3家企业，已经成功开发了DMM3-8（聚甲氧基二甲醚）技术，并实现了工业化中试装置的成功运行。每吨DMM3-8产品消耗甲醇近1.5t，由于DMM3-8的物性与柴油相近，无须对发动机供油系统改造即可直接调和使用。且其十六烷值高达76，含氧量为47%~50%。无硫无芳烃，在柴油中调和10%~20%，既能显著降低柴油凝点，改善柴油燃烧特性，又可以大幅降低尾气排放。因此，在中国下大力气治理大气污染，严控PM2.5排放，以及柴油供不应求背景下，DMM3-8必将得到较快地推广应用。目前仅交通用柴油每年就超过1.5亿吨，如果按照15%的比例添加，对DMM3-8的年需求量将超过2250万吨，每年将消耗甲醇3375万吨。

7.1.3.4 模式4：焦炉煤气制取合成氨和化肥

焦炉煤气还可以用于制取合成氨和化肥，该技术发展最早，但发展最慢。焦炉煤气合成氨、生产尿素的主要工艺是：焦炉煤气经湿法脱硫后，有机硫加氢转化，进一步干法精脱硫，使H_2S含量不大于20mg/m^3，经过中变炉、低变炉、脱碳、甲烷化炉、高压机环节，在 30MPa 压力下于合成塔内合成氨，合成氨和二氧化碳在 20MPa 压力下，于合成塔内合成尿素。有机硫加氢转化、干法精脱硫工艺跟目前焦炉气制甲醇精脱硫工艺类似[9]。其工艺流程图如图 7-10 所示。

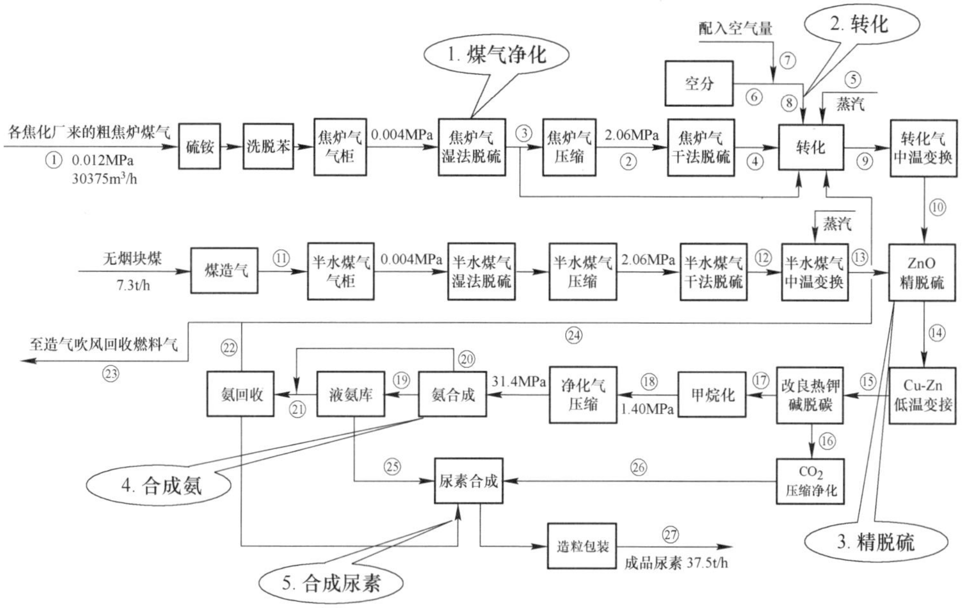

图 7-10 焦炉煤气制备合成氨生产工艺流程方框示意图

以焦炭年产量 200 万吨的企业为例，用于生产合成氨、尿素的 COG 量为 $50000m^3/h$（约占 COG 产量的 50%），装置年操作时间为 7200h，$1720m^3$ 焦炉煤气生产 1t 合成氨，年可生产合成氨 20.9 万吨，进一步利用合成氨生产尿素，则年可生产尿素 36.7 万吨。由于焦炉煤气价格很低，其生产尿素的生产成本低于或相当于目前用天然气做原料生产尿素，因此焦炉煤气生产尿素具有较强的成本竞争优势。

由山西省化工设计院设计，山西丰喜华瑞煤化工有限公司建设投产了利用焦炉煤气富氧催化转化制合成气项目，年产 18 万吨合成氨、加工 30 万吨尿素的装置。项目于 2006 年 2 月正式破土动工，9 月全面进入安装阶段，2007 年元月开始进行单体试车，同年 4 月 14 日，一次投料开车成功。该项目是国内外第一套大型化利用焦炉煤气生产氮肥的项目，是结合国内小装置 20 多年的生产实践经验，自主开发、放大的创新项目，其工艺技术成熟可靠。以焦炉煤气为原料生产合成氨加工尿素，吨成本较以无烟煤为原料的低 220 元，具有较强的竞争优势，它的建成投产为我国焦炉煤气的综合利用又重新开创了一条新路。

2011 年陕西煤业化工集团陕西陕焦化有限公司建成 7 万吨/年焦炉煤气制合

成氨，鸿基焦化有限责任公司以焦炉煤气为原料生产合成氨、尿素项目顺利投产，山东洪达化工 15 万吨/年焦炉煤气制合成氨生产装置投运成功。

7.2 煤气资源化利用的能耗、CO_2 减排效果及生产成本分析

以副产煤气生产甲醇为例，对各种甲醇生产路线的能耗、CO_2 排放和生产成本进行比较分析。

目前甲醇生产主要有煤气化制甲醇、天然气制甲醇、焦炉煤气制甲醇、焦炉煤气+天然气制甲醇、焦炉煤气+转炉煤气制甲醇等五种方法。

7.2.1 煤气化制甲醇

煤气化（多元料浆）制甲醇工艺流程：水煤浆经高压料浆泵送入工艺烧嘴，与氧气经工艺烧嘴喷入气化炉内，进行气化反应，生成粗煤气、液态熔渣及细灰颗粒。粗煤气经激冷后进入文丘里管和洗涤塔，净化除尘后送到变换系统，一部分煤气（约 63%）进入原料气预热器与变换气换热后进入变换炉，与自身携带的水蒸气在耐硫变换催化剂作用下进行变换反应，变换后的气体经原料气预热器中压废热锅炉、低压废热锅炉、低压余热锅炉、脱盐水预热器、变换气水冷器换热；另一部分煤气（约 42%）经低压废热锅炉、低压余热锅炉、锅炉给水预热器、脱盐水预热器、煤气水冷器换热，然后与变换气混合（CO 含量约 18%）送净化工序。变换气与循环气体混合后进入甲醇洗涤塔，与来自热再生工段温度较低的贫甲醇逆流接触脱除气体中的 CO_2、H_2S 和 COS，净化气经原料气冷却器回收后送甲醇合成工段。新鲜合成气与来自氢回收装置的富氢气混合后进入原料气预热器加热到 180℃，进入 ZnO 脱硫槽去除残留的微量 H_2S 和 COS。净化合成气与循环气混合后依次进入预转化器、辐射式合成反应器进行甲醇合成反应，得到的粗甲醇进入精馏系统，经三塔流程精馏后的产品精甲醇在成品罐区贮存。

表 7-6 列出了煤气化制甲醇的生产物料消耗和成本计算表，可知通过煤气化生产 1t 甲醇成本约 2866 元，目前甲醇市场价在每吨 2600~2800 元，这也就是说煤气化制甲醇成本高，接近市场价，几乎没有利润；而且，随着煤价的不断上涨，其成本将越来越高，前景不容乐观。此外根据表中的数据，还可计算出其吨甲醇能耗约 1.94tce，吨甲醇 CO_2 排放水平约为 3.49t。

表 7-6 煤气化制甲醇的生产物料消耗及成本计算表

序号	名称	吨甲醇单耗	单位	单价/元	总价/元
一	原材料及辅助材料				
1	原煤	1.57	t	600.00	940.80
2	氧气	922.50	m^3	0.53	488.93
3	各种催化剂添加剂				60.00

续表 7-6

序号	名称	吨甲醇单耗	单位	单价/元	总价/元
二	公用工程				
1	电	150.20	kW·h	0.63	93.88
2	新鲜水	1.90	t	1.17	2.22
3	脱盐水	0.20	t	10.00	2.00
4	锅炉给水	3.60	t	10.00	36.00
5	循环冷却水	186.80	t	0.35	65.38
6	高压蒸汽	0.60	t	120.00	72.00
7	中压蒸汽	0.20	t	100.00	20.00
8	低压蒸气	1.90	t	80.00	152.00
9	空气	46.60	m^3	0.10	4.66
10	氮气	139.60	m^3	0.30	41.88
三	工资及附加				29.13
四	制造费用				365.45
	其中折旧				268.54
五	销售费用				15.86
六	财务费、管理费等				59.50
七	吨甲醇成本	不含税			2449.68
		含税			2866.13

7.2.2 天然气制甲醇

其工艺流程为：原料天然气进入蒸汽转化炉对流段预热盘管Ⅰ、Ⅱ，加热至380℃，然后进入铁锰脱硫槽、氧化锌脱硫槽，将原料气中的硫含量脱除至0.1mg/m^3。原料气与来自精馏工序的杂醇油按水碳比3.0混合工艺蒸汽，混合气进入蒸汽转化炉对流段预热器，预热至610℃左右进入转化炉管，在催化剂作用下进行蒸汽转化反应，反应所需热由顶部烧嘴燃烧燃料气提供。出转化炉的转化气经转化废锅、锅炉给水预热器、加压塔再沸器、预塔再沸器、脱盐水预热器、转化气水冷却器终冷却到40℃并分离冷凝液，然后进入合成气压缩机升压至6.95MPa，送至合成工序，在铜基触媒的作用下，CO、CO_2与H_2反应生成甲醇和水，同时还有少量的其他有机杂质生成。合成塔出塔气经换热、冷凝后分离出粗甲醇，然后进入甲醇精馏系统，采用3+1塔流程。产品精甲醇至成品罐区贮存。

20万吨天然气制甲醇的生产物料消耗和成本计算见表7-7，可知通过天然气生产 1t 甲醇成本约 2502.28 元，生产成本比煤气化制甲醇要低 363.85 元，但仍然比较高，接近甲醇市场价；此外，表 7-7 的计算中，天然气价格仅按当地的价格 1.50 元/m^3（含税价）计算，若采用其他地区的价格（2~5 元/m^3），其成本将更高。根据表 7-7 中的数据，计算出其吨甲醇能耗约 1.51tce，吨甲醇 CO_2 排放水平约为 1.06t。

表 7-7 天然气制甲醇的生产物料消耗及成本计算表

序号	名称	吨甲醇单耗	单位	单价/元	总价/元
一	原材料及辅助材料				
1	天然气	1109.73	m^3	1.35	1498.14
2	各种催化剂及辅料				25.60
二	公用工程				
1	电	205.84	kW·h	0.63	128.65
2	新鲜水	7.61	t	1.17	8.90
3	脱盐水	0.14	t	10.00	1.40
4	循环冷却水	42.77	t	0.35	14.97
5	氮气	2.53	m^3	0.30	0.76
三	工资及附加				29.13
四	制造费用				355.79
	其中折旧				263.48
五	销售费用				15.86
六	财务费、管理费等				59.50
七	吨甲醇成本	不含税			2138.70
		含税			2502.28

7.2.3 焦炉煤气制甲醇

其工艺流程为：粗净化后的焦炉煤气进入焦炉煤气压缩机增压至 2.5MPa，进入精脱硫装置，将气体中总硫脱至 0.1mg/m^3 以下。采用纯氧催化部分氧化转化工艺将气体中的甲烷及少量多碳烃转化为合成甲醇的有用成分 CO 和 H_2，转化后的气体经合成气压缩机压至 6.0MPa，进入甲醇合成装置。甲醇合成采用 6.0MPa 低压合成技术，合成塔采用管壳式。甲醇精馏采用三塔流程，产品精甲醇在成品罐区储存。

焦炉煤气制甲醇的生产物料消耗和成本计算见表 7-8，可知用焦炉煤气生产 1t 甲醇成本约 2292.58 元，生产成本比煤气化制甲醇和天然气制甲醇均要低。根据表中数据，计算出其吨甲醇能耗约 1.48tce，吨甲醇 CO_2 排放水平约为 1.13t。

表 7-8 焦炉煤气制甲醇的生产物料消耗及成本计算表

序号	名称	吨甲醇单耗	单位	单价/元	总价/元
一	原材料及辅助材料				
1	焦炉煤气	2100.00	m^3	0.40	840.00
2	各种催化剂及辅料				33.50
二	公用工程				
1	电	685.00	kW·h	0.63	431.55
2	新鲜水	1.85	t	1.17	2.16
3	脱盐水	2.04	t	10.00	20.40
4	中压蒸汽	0.12	t	100.00	12.00
5	低压蒸汽	0.15	t	80.00	12.00
6	氮气	2.53	m^3	0.30	0.76
7	氧气	387.00	m^3	0.53	205.11
三	工资及附加				28.93
四	制造费用				301.20
	其中折旧				228.76
五	销售费用				15.86
六	财务费、管理费等				56.00
七	吨甲醇成本	不含税			1959.47
		含税			2292.58

7.2.4 焦炉煤气配加天然气制甲醇

焦炉煤气配加天然气生产甲醇的生产物料消耗和成本计算见表 7-9，可知通过焦炉煤气配加少量天然气生产 1t 甲醇成本约 2210.26 元，生产成本较低。根据表中的数据，计算出其吨甲醇能耗约 1.29tce，吨甲醇 CO_2 排放水平约为 0.72t。

表 7-9 焦炉煤气配加天然气制甲醇的生产物料消耗及成本计算表

序号	名称	吨甲醇单耗	单位	单价/元	总价/元
一	原材料及辅助材料				
1	焦炉煤气	1169.00	m^3	0.40	467.60
2	天然气	290.26	m^3	1.35	391.85
3	各种催化剂及辅料				30.50
二	公用工程				
1	电	467.00	kW·h	0.63	294.21

续表 7-9

序号	名称	吨甲醇单耗	单位	单价/元	总价/元
2	新鲜水	8.03	t	1.17	9.40
3	脱盐水	1.84	t	10.00	18.40
4	氮气	9.83	m^3	0.30	2.95
5	氧气	408.91	m^3	0.53	216.72
6	空气	11.76	m^3	0.30	3.53
三	工资及附加				20.89
四	制造费用				361.20
	其中折旧				288.76
五	销售费用				15.86
六	财务费、管理费等				56.00
七	吨甲醇成本	不含税			1889.11
		含税			2210.26

7.2.5 焦炉煤气+转炉煤气制甲醇

焦炉煤气配加转炉煤气生产甲醇的生产物料消耗和成本计算见表 7-10，可知通过焦炉煤气配加转炉煤气生产 1t 甲醇成本约 2085.51 元，生产成本最低。根据表中的数据，计算出其吨甲醇能耗约 1.32tce，吨甲醇 CO_2 排放水平约为 1.13t。

表 7-10 焦炉煤气+转炉煤气生产甲醇物料消耗和成本计算（以达钢为例）

序号	名称	吨甲醇单耗	单位	单价/元	总价/元
一	原材料及辅助材料				
1	焦炉煤气	1680.00	m^3	0.40	672.00
2	转炉煤气	310.00	m^3	0.10	31.00
3	各种催化剂及辅料				32.50
二	公用工程				
1	电	650.00	kW·h	0.63	409.5
2	新鲜水	1.85	t	1.17	2.16
3	脱盐水	2.04	t	10.00	20.40
4	中压蒸汽	0.16	t	100.00	16.00
5	低压蒸汽	0.20	t	80.00	16.00
6	氮气	2.96	m^3	0.30	0.89
7	氧气	365.00	m^3	0.53	193.45

续表 7-10

序号	名称	吨甲醇单耗	单位	单价/元	总价/元
三	工资及附加				18.93
四	制造费用				301.20
	其中折旧				218.76
五	销售费用				15.86
六	财务费、管理费等				52.60
七	吨甲醇成本	不含税			1782.49
		含税			2085.51

综上，将各种不同甲醇生产路线的能耗、CO_2 排放和经济成本进行汇总比较，见表 7-11、图 7-11，可知：

（1）生产成本：焦炉煤气+转炉煤气生产甲醇的路线是最有优势的，吨甲醇成本仅为 2085.51 元，约比市场价要低 510 元，比我国的主流甲醇生产方式——煤气化制甲醇要低约 780 元。

（2）能耗：焦炉煤气+转炉煤气（吨甲醇能耗 1.32tce）和焦炉煤气配加天然气（吨甲醇能耗 1.29tce）生产甲醇能耗都比较低，与煤气化制甲醇相比，焦炉煤气+转炉煤气生产吨甲醇的能耗要低 0.62tce。

（3）CO_2 排放：除煤气化制甲醇外，其余的甲醇生产方式均比较低，其中焦炉煤气配加天然气最低。与煤气化制甲醇相比，焦炉煤气+转炉煤气生产吨甲醇的 CO_2 排放要低 2.36t。

（4）总体而言，以上五种甲醇生产方式，焦炉煤气+转炉煤气生产甲醇是最优选择。

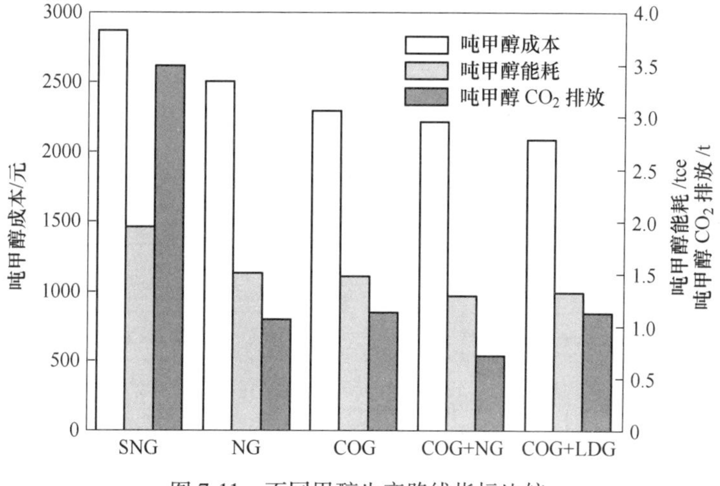

图 7-11 不同甲醇生产路线指标比较

表 7-11 不同甲醇生产路线主要技术经济指标比较

序号	生产路线	吨甲醇成本/元	吨甲醇能耗/tce	吨甲醇 CO_2 排放/t
1	煤气化	2866.13	1.94	3.49
2	天然气	2502.28	1.51	1.06
3	焦炉煤气	2292.58	1.48	1.13
4	焦炉煤气+天然气	2210.26	1.29	0.72
5	焦炉煤气+转炉煤气	2085.51	1.32	1.13

7.3 达钢焦炉煤气和转炉煤气制甲醇新工艺减排效果分析

7.3.1 达钢概况

四川达州钢铁集团公司（以下简称达钢）是一家具有年产铁 300 万吨、钢 350 万吨、焦炭 200 万吨的地方钢铁联合企业（图 7-12）。达钢地处川、渝、鄂、陕四省市结合部被誉为“中国气都”的达州市，拥有丰富的煤炭和天然气等资源。

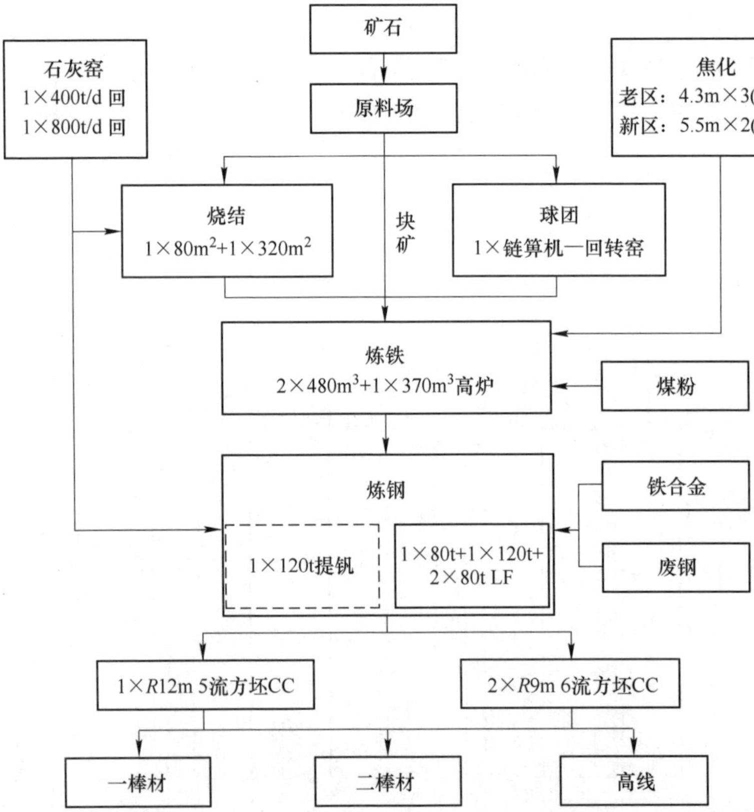

图 7-12 达钢钢铁制造流程示意图（2012 年）

在达钢进行煤气资源化改造前（2006 年），生铁产量为 132 万吨/年，粗钢产量为 146 万吨/年，焦炭产量为 87 万吨/年。焦炭产量在满足达钢生产需要后仍有富余，焦炉煤气产量也随之有较大的富余量。为了避免高品质的焦炉煤气放散，当时达钢采用了优先利用焦炉煤气的煤气使用原则，高炉煤气只作为焦炉煤气不足时的补充燃料，且放散较多；而转炉煤气基本没有回收利用。改造前达钢煤气整体平衡情况如图 7-13 所示。

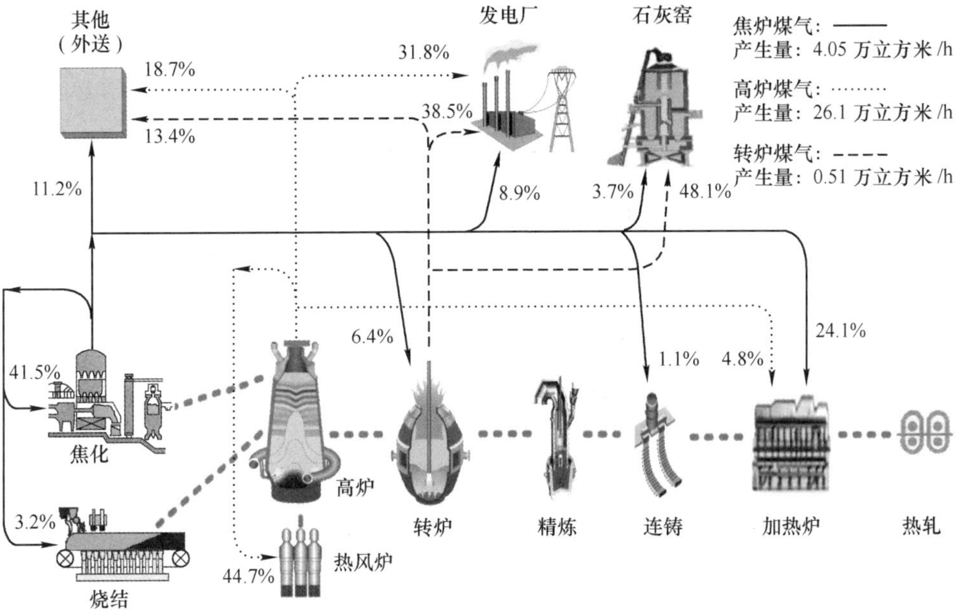

图 7-13 改造前达钢煤气流网络示意图（2006 年）

改造前，从煤气利用情况来看，达钢主要回收了焦炉煤气和高炉煤气两种副产煤气，转炉煤气回收利用量很少。

（1）焦炉煤气除了供自身焦炉加热使用外（改造前焦炉全用焦炉煤气加热），主要用于轧钢和自发电等工序，有少量的放散；

（2）高炉煤气除了供热风炉使用外，主要用于自发电等工序；

（3）转炉煤气主要用于石灰窑工序，剩余的用于自发电。

当时，达钢利用煤气自发电机组仅有两套，分别是 12MW 和 15MW，以高炉煤气为主的混合煤气锅炉燃烧发电机组，自发电总装机容量为 27MW，因此，造成了副产煤气的大量放散（2006 年焦炉煤气放散 3.1%，高炉煤气放散 15.4%），转炉煤气仅回收利用 30.6m^3/t 钢，高炉煤气和焦炉煤气的回收利用率都低于重点企业平均水平，极大地浪费了二次能源，并且对环境造成了较大的污染。改造前达钢的焦炉煤气、高炉煤气和转炉煤气利用情况详见图 7-14。

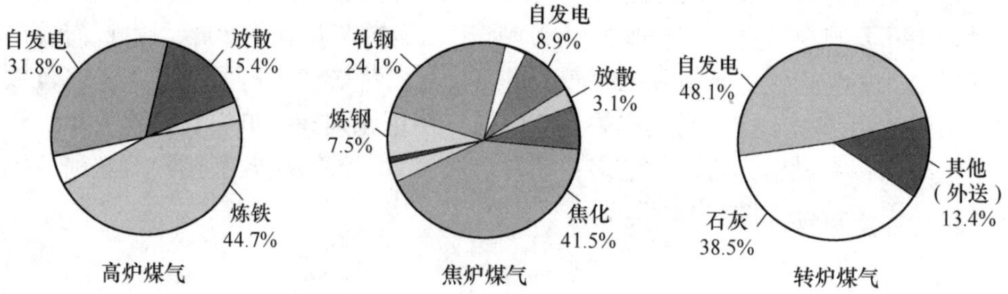

图 7-14 改造前达钢煤气利用情况（2006 年）

总体来看，改造前达钢在煤气利用方面主要存在如下问题：

（1）副产煤气回收利用率低，能源浪费严重。改造前，达钢主要回收利用焦炉煤气和高炉煤气，转炉煤气回收量较少（吨钢 30.6m^3），而且由于能源结构不合理和自发电机组少，焦炉煤气和高炉煤气都存在放散，分别为 3.1% 和 15.4%，比同年重点钢铁企业平均水平差。

（2）副产煤气利用结构不合理，价值未得到充分开发。在改造前，达钢流程匹配上，焦炭产量有富余，焦炉煤气也随之有较大的富余量。结果是将优质的焦炉煤气主要作为冶金燃料，用于焦炉和轧钢加热炉上，在一些不需要使用焦炉煤气的工序也使用了高热值焦炉煤气，造成了焦炉煤气高值低用，大量的氢元素价值没有得到合理利用。而把高炉煤气仅作为补充燃料，造成大量的高炉煤气放散（15.4%），煤气整体利用结构不合理。

（3）能源计量不准，管理粗放。以前，由于对能源管理重视不够和资金投入少，达钢未对各生产单位、各用气设备、用气点气体进行精确计量，更没有将计量数据纳入公司能源网络管理，各单位的用气量仅靠月底进行分摊。这种管理方式导致无法详尽掌握公司能源利用情况，因此公司的能源成本居高不下。

为此，达钢自 2006 年以来，着力把钢铁与炼焦化工两个产业有机地结合起来，实施钢-煤联产，深入开展钢铁与煤焦化工两个领域的碳/氢资源的高效利用、高价值转化的工艺技术研究，打破传统碳素流利用模式，优化和开发新流程战略，进行了以副产煤气为主的碳元素资源的重新组合。此举带动了能源系统的优化，促进了能源中心建设的开展，同时对煤气系统和加热系统进行升级改造，开发了焦炉煤气和转炉煤气制甲醇新工艺，把科研成果迅速转化，实现了产业应用。

7.3.2 改造主要内容

为了充分提升和优化钢铁企业碳素流的价值，达钢根据各种煤气产生量和品质特点，打破副产煤气传统的燃料化利用方式，对燃气管网和燃气加热系统进行了升级改造，包括调整能源结构：（1）降低煤气消耗，调整煤气使用制度；（2）置换出焦炉煤气；（3）提高转炉煤气回收量，并在此基础上研发了转炉煤气和焦炉煤气制甲醇的工艺新技术，探索出钢铁、煤焦化工协调发展的新模式，实现了钢铁企业氢、碳素流的价值优化。

达钢在实现钢铁产业与相关产业协调发展和优化煤气价值的措施主要有两个方面。

（1）煤气系统（能源结构）优化，置换出高品质的焦炉煤气。达钢根据煤气“能质对口、耦合匹配”的原则，结合达钢的实际情况，制定了煤气梯级使用制度，并以此作为煤气系统优化和冶金炉窑加热系统升级改造的原则。特别重大的改变是：原来焦炉煤气优先用于轧钢加热炉和焦炉自身，改造后主要用于制甲醇，还有少量用于棒材加热炉、石灰窑、烧结点火炉等特殊用户的保安。达钢副产煤气梯级使用制度详见表 7-12。

表 7-12 达钢副产煤气使用制度原则优化

煤气种类	改造前（2006 年）		改造后（2012 年）	
	优先用户	普通用户	优先用户	普通用户
焦炉煤气	轧钢加热炉、焦炉、烧结点火、石灰窑等	自发电	甲醇	焦炉
高炉煤气	热风炉	自发电	热风炉、轧钢加热炉、焦炉、烧结点火	石灰窑、自发电
转炉煤气	石灰窑	自发电	甲醇	石灰窑、自发电

如表 7-12 所示，热值最低的高炉煤气作为冶金炉窑的燃料优先使用，即主要用于热风炉、轧钢加热炉等；热值高的焦炉煤气和转炉煤气优先用于生产甲醇的原料。这样的调整打破了传统的焦炉煤气优先作为冶金燃料的思路，其目的就是为了利用低品质的高炉煤气置换出高热值的焦炉煤气用于甲醇原料，从而提升副产煤气的使用价值。

根据新的煤气使用原则（表 7-12），应尽可能使用低品质的高炉煤气置换出高品质的焦炉煤气。为此，达钢对原来主要的焦炉煤气加热系统和设备进行了改造，如表 7-13 所示。改造后，共置换出焦炉煤气约 28500m^3/h（表 7-14），约占目前老区焦炉煤气总产生量（40200m^3/h）的 70%。达钢副产煤气的主要成分见表 7-15。

表 7-13 加热系统及设备主要改造内容

序号	用气点	改造前	改造措施	备注
1	棒材加热炉	焦炉煤气强化加热	改烧高炉煤气，采用双蓄热式加热炉	少量焦炉煤气保安
2	焦炉	单热式加热，只能使用焦炉煤气	改为复热式焦炉，新增高炉煤气燃烧系统，主要烧高炉煤气，并新增烟道气余热回收装置解决烟囱高度问题	少量焦炉煤气用于富化高炉煤气
3	石灰回转窑	主要烧焦炉煤气	使用转炉煤气和高炉煤气，新增高炉煤气预热炉、转炉煤气预热炉	少量焦炉煤气保安
4	烧结点火炉	主要烧焦炉煤气	改烧高炉煤气，采用高炉煤气和空气预热炉	少量焦炉煤气保安
5	罐烘烤器	焦炉煤气强化加热	改烧高炉煤气，采用蓄热式烘烤器	—

表 7-14 加热系统改造后焦炉煤气置换效果

序号	用气点	焦炉煤气置换量/$m^3 \cdot h^{-1}$
1	棒材加热炉	10000
2	焦炉	11000
3	石灰回转窑	2500
4	烧结点火炉	2000
5	罐烘烤器	3000
合 计		28500

表 7-15 达钢各种副产煤气组成及性质

煤气种类	成分组成/%							热值/$kJ \cdot m^{-3}$	杂 质
	H_2	CO	CO_2	N_2	O_2	CH_4	C_mH_n		
焦炉煤气	56.52	7.54	2.96	2.8	0.52	26.91	2.75	16720	焦油、有机硫、萘等
高炉煤气	2.6	26	17.4	53	0.6	0.2	0.2	3550	粉尘
转炉煤气	6.28	41.40	17.81	33.96	0.55	—	—	7524	粉尘、S、P、As、F 等

（2）焦炉煤气和转炉煤气混合制甲醇，实现煤气价值优化。焦炉煤气（COG）是富含 H_2 的气体，转炉煤气（LDG）是富含 CO 的气体，而 H_2 和 CO 是合成甲醇和二甲醚等化工产品的重要原料。相对于传统的制取方法而言，以 COG 和 LDG 为原料生产甲醇，具有很大的成本优势。此外，相对于煤气作燃料的使用而言，以 COG 和 LDG 为原料生产甲醇，可实现煤气资源的高附加值利用。

根据 COG 和 LDG 的成分特点，在技术上存在三种可行的路线，分别是：

1）焦炉煤气纯氧转化生产甲醇；

2）焦炉煤气纯氧转化补充部分转炉煤气生产甲醇；

3）焦炉煤气提氢与转炉煤气生产甲醇。

三种路线的主要技术特点和问题见表 7-16。

表 7-16 焦炉煤气、转炉煤气制甲醇技术路线方案比较

方案	优势	劣势	技术问题
方案一：焦炉煤气纯氧转化生产甲醇	技术成熟，国内已经有同类装置	焦炉煤气氢多碳少，原料利用率低，单耗高	不存在技术问题
方案二：焦炉煤气提氢与转炉煤气生产甲醇	技术成熟，可以直接合成甲醇，不需要建转化装置；可将 COG 提 H_2 后的解吸气作为钢厂的燃料	需要建两套吸附装置，投资大；只提取两种组分，其他组分未有效利用	转炉煤气中 CO 和 N_2 分离难度非常大
方案三：焦炉煤气纯氧转化补充部分转炉煤气生产甲醇	原料利用率高，结构较为合理，单耗低	转炉煤气配加量较少，最高配加量具有理论上限	转炉煤气杂质多，含量高；混合转化技术可行性仍有质疑；惰性组分含量增加对甲醇系统的影响较大

经多方面对比论证后，达钢采用方案三：COG 配加 LDG 生产甲醇的方法。其工艺流程图如图 7-15 所示。其生产流程主要包括 5 个生产环节：

1）煤气净化：主要是指 COG 粗净化、LDG 粗净化、TSA 深度净化（变温吸附：主要是吸附脱除气体中的硫、磷、砷、氟及其化合物），净化后的 COG、LDG 及其混合后得到的原料气成分见表 7-17。

2）转化：采用加压催化部分氧化法，将原料气中非 CO、H_2 的组分转化为 CO 和 H_2 以利于甲醇合成，转化后得到的气体即为新鲜气，其主要成分见表 7-18。

3）甲醇合成：来自转化工段的合成新鲜气进入合成气压缩机，加压冷却后得到入塔气（其成分见表 7-19），入塔气再进一步送到管壳型反应器进行粗甲醇合成。

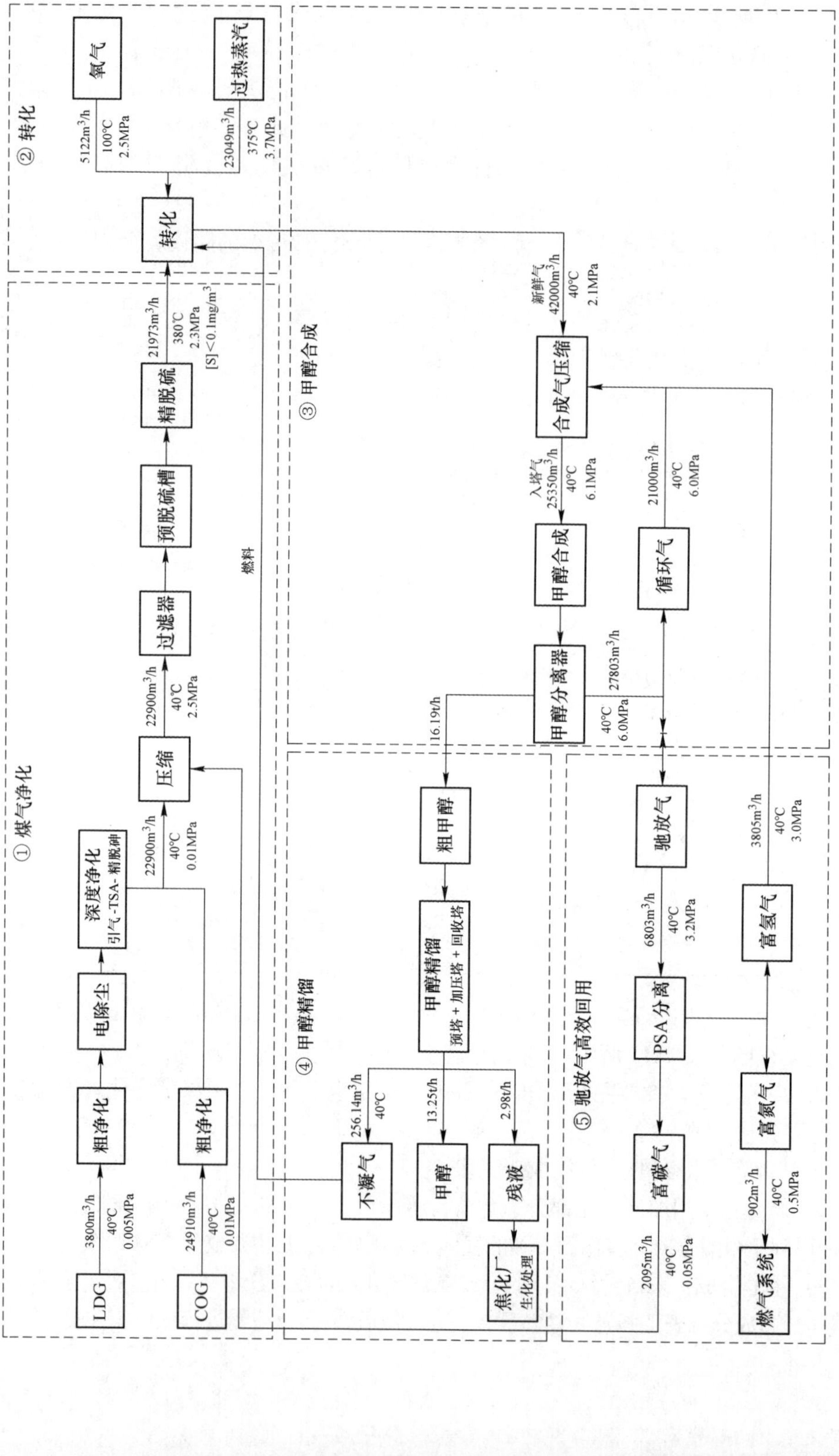

图 7-15 焦炉煤气、转炉煤气混合生产甲醇的工艺流程图（年产甲醇 10.6 万吨）

表 7-17 焦炉煤气配加转炉煤气后混合煤气（原料气）的成分

项目	成分（体积分数）/%						
	H_2	CO	CO_2	N_2	CH_4	O_2	C_mH_n
焦炉煤气	55.2	12.0	4.8	3.7	21.5	0.21	2.59
转炉煤气	3.5	63.2	13.3	19.7	—	0.30	—
混合气（原料气）	50.80	16.36	5.52	5.06	19.67	0.22	2.37

表 7-18 原料气加压催化转化后得到的新鲜气成分

项目	成分（体积分数）/%						氢碳比
	H_2	CO	CO_2	CH_4	N_2	O_2	
新鲜气	71.42	11.42	11.86	0.83	4.13	0.34	2.56

表 7-19 新鲜气加压冷却后得到的入塔气成分

项目	成分（体积分数）/%						氢碳比
	H_2	CO	CO_2	CH_4	N_2	O_2	
入塔气	76.92	5.74	10.26	1.30	5.36	0.42	4.16

4）甲醇精馏：粗甲醇合成工序出来后经过甲醇分离器，其中液体成分粗甲醇进入甲醇精馏工序，每小时可生产 14.83t 甲醇产品。

5）驰放气利用：由甲醇分离器出来的副产气体，一部分经减压处理即可得到驰放气（其成分见表 7-20），采用新的变压吸附技术将其一次性分离成富 H_2 气（纯度≥99%）、富 C 气（H_2+CH_4+CO+CO_2 纯度≥99%）和富 N_2 气（主要成分为 N_2 等惰性组分的剩余废气）三股气体，并分别进行回收利用；另一部分不做处理作为循环气（组成同驰放气）回到合成气压缩工段。

表 7-20 甲醇分离出来的副产气体经减压处理后得到的驰放气组成

项目	成分（体积分数）/%							热值	数量	压力
	H_2	N_2	CH_4	CO	CO_2	H_2O	CH_4O	/kcal · m^{-3}	/m^3 · t^{-1}	/MPa
驰放气	63.38	11.37	3.11	12.36	9.71	0.04	0.03	9405	6803	约 6.0

7.3.3 达钢煤气资源化利用改造后的效果

7.3.3.1 吨钢综合能耗

改造后达钢在氢、碳素流利用效率方面取得了很好的应用效果。副产煤气资源化的改造引导达钢在能源结构优化调整和煤气中氢/碳元素价值最大化的开发利用，促进了达钢的节能减排。达钢吨钢综合能耗从 2006 年的 686kgce 降低到 2012 年上半年的 590kgce，降幅达到了 14%（图 7-16）。

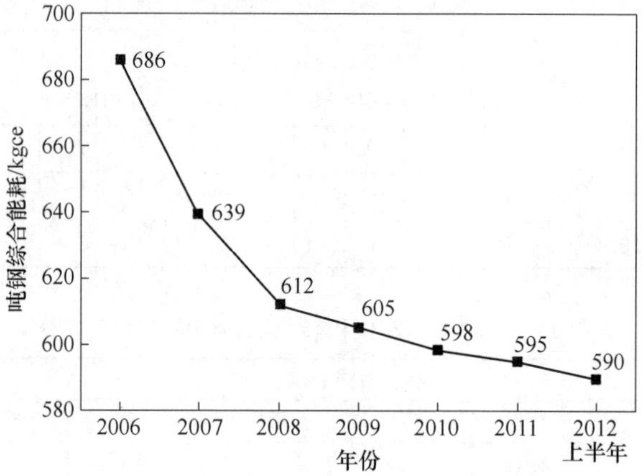

图 7-16　2006~2012 年上半年达钢吨钢综合能耗变化情况

吨钢能耗降低的因素除了生产和操作工艺进步外，最重要的因素之一就是煤气回收利用率的提高。如表 7-21 所示，项目前达钢副产煤气存在大量放散，高炉煤气放散量高达 15.4%，焦炉煤气也有 3.1%的放散，而项目后实现了零放散。改造前转炉煤气吨钢回收量仅为 30.6m^3，而项目后转炉煤气吨钢回收量达到了 123m^3（热值：7524kJ/m^3）。根据计算，煤气回收利用率的提高对降低吨钢综合能耗的贡献率达到了 63.5%。

表 7-21　改造前后煤气利用效率的比较

项　目		改造前（2006 年）	改造后（2012 年上半年）
高炉煤气	吨铁回收量/m^3	1730	1601
	放散率/%	15.4	0
焦炉煤气	吨焦回收量/m^3	407	415
	放散率/%	3.1	0
转炉煤气	吨钢回收量/m^3	30.6 （热值：7524MJ/m^3）	123 （热值：7524MJ/m^3）

7.3.3.2　自发电量

改造后达钢用于自发电的煤气量也有所提高。利用副产煤气的自发电机组容量从 2006 年的 27MW 增加到 2012 年的 47MW（表 7-22），同时随着能源结构优化和煤气利用率的提高，自发电量和自发电比例也有提高（图 7-17）。从图 7-17 中可以看出，达钢自发电量逐年增加，从 2006 年的 1.71 亿千瓦·时/年（自发电总装机容量 27MW）增加到了 2011 年的 3.11 亿千瓦·时/年（自发电总装机容量 62MW），增长比例达到 82%。

表 7-22 达钢自备电厂发电机组情况

序号	机组名称	主机配置	燃料消耗	投产时间	备 注
1	一号汽轮发电机组	2×40t/h 燃气中温中压锅炉，12MW 抽凝式汽轮发电机组	纯烧高炉煤气，额定消耗量 $2\times35000m^3/h$	2003.12	配套 $50000m^3$ 稀油密封煤气柜
2	二号汽轮发电机组	75t/h 燃气中温中压锅炉，15MW 纯凝式汽轮发电机组	高炉煤气+转炉煤气，高炉煤气额定消耗量 $65000m^3/h$	2006.4	转炉煤气为辅助燃料，用于调节其平衡
3	三号汽轮发电机组	75t/h 燃气高温高压锅炉，烧煤气的锅炉蒸汽与 CDQ 的锅炉蒸汽合用一个 35MW 纯凝式汽轮发电机组	纯烧高炉煤气，额定消耗量 $75000m^3/h$	2011.10	其中烧煤气部分占 20MW；配套焦化干熄焦发电为 15MW，产高温高压蒸汽约 50t/h

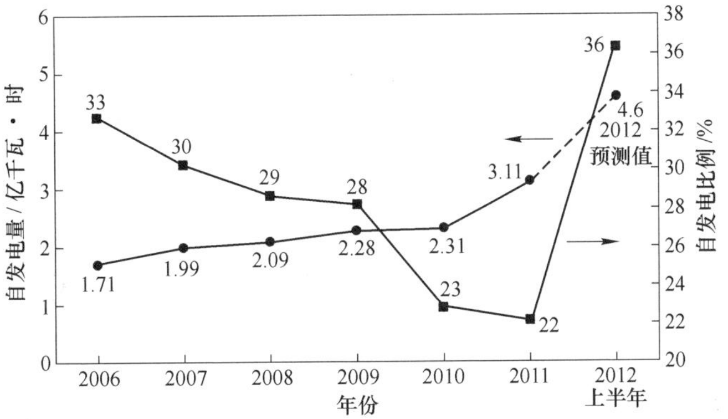

图 7-17 2006~2012 年上半年达钢自发电量和自发电比例变化情况

7.3.3.3 煤气利用

改造后达钢各种煤气的利用方式也有了很大的改变，如图 7-18 所示，改造后达钢焦炉煤气最大的用户为甲醇生产线，其使用量占焦炉煤气总量的 59.7%；第二

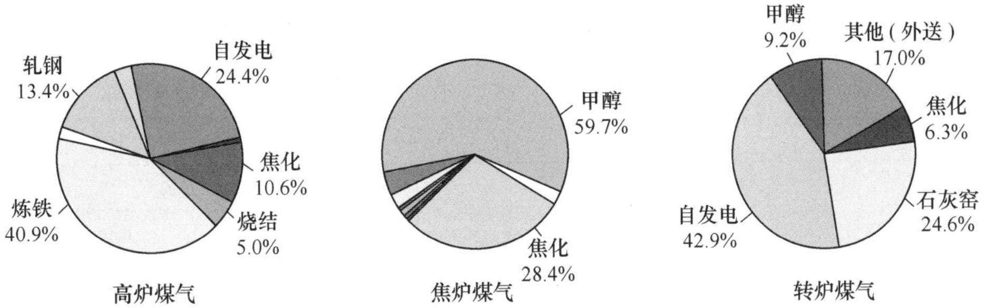

图 7-18 改造后达钢煤气利用情况（2012 年上半年）

大用户为焦炉，占到28.4%。与改造前使用情况相比，其最大改变在于改造后优质焦炉煤气不再用于轧钢加热炉和大大减少焦炉加热用量，而主要用于甲醇生产。

对于高炉煤气，改造后其应用范围更广泛，与之前相比，高炉煤气不仅限于用在热风炉和自发电，还大量用于轧钢加热炉和焦炉，从而置换出高热值的焦炉煤气用于甲醇生产。

改造后，达钢转炉煤气吨钢回收量达到了123m^3(7524kJ/m^3)，其最大的用户为自发电，其用量约占转炉煤气总量的42.9%，其次为石灰窑，其用量约占转炉煤气总量的24.6%，还有约9.2%用于甲醇生产，6.3%用于焦化，17%外送。改造后达钢副产煤气利用情况如图7-19所示。

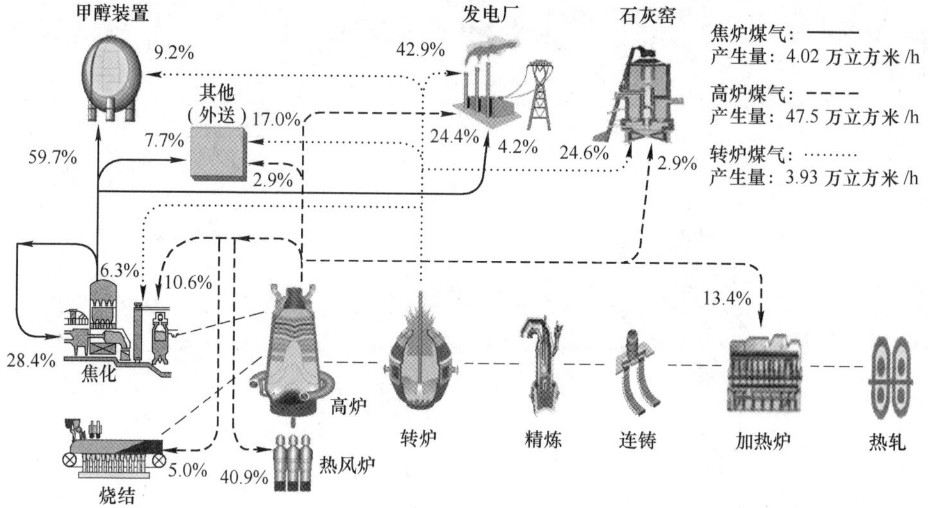

图7-19 改造后达钢副产煤气利用情况（2012年上半年）

7.3.3.4 经济社会效益

A 改造前原有运行模式和改造后未做甲醇模式而副产煤气全部去发电的价值比较（钢铁制造流程能源结构优化的效益）

若改造后不选甲醇模式，而用富余的煤气全部去发电，仍有效果（见表7-23）。

表7-23 与全部去发电模式对比达钢改造前后的能源指标情况

项 目	改造前（2006年）	改造后（2012年上半年）	改造后-改造前
吨钢自发电量/kW·h	117.17	306.28	189.11
自发电比例/%	32.74	65.66	32.92
吨钢综合能耗/kgce	686.20	618.52	-67.68

注：假设2012年上半年将用于生产甲醇的煤气全部用于自发电。

由表 7-23 可知：

（1）吨钢能源成本下降。若按 2012 年达钢的电力能源成本 0.625 元/(kW·h) 估算，仅由自发电量的增加所引起的吨钢能源成本的下降将达到 118.19 元；

（2）碳减排效益明显。按电力的 CO_2 排放因子 0.95kgCO_2/(kW·h) 估算，吨钢自发电量的增加可带来的碳排放权抵扣将达到 179.65kg CO_2。

B 改造后做甲醇模式与自发电模式的价值比较

将改造后的甲醇生产模式与煤气全部用于自发电生产模式进行比较分析，主要的能源指标情况见表 7-24。

表 7-24 甲醇模式与煤气全部用于自发电模式下达钢的能源指标情况

项 目	煤气全部用于自发电模式	甲醇模式	甲醇模式-煤气全部用于自发电模式
吨钢自发电量/kW·h	306.28	169.63	-136.65
自发电比率/%	65.66	36.36	-29.30
吨钢综合能耗/kgce	618.52	589.82	-28.70
甲醇产量/万吨	—	5.61 （2012 年上半年）	5.61

由表 7-24 可知：

（1）吨钢能源成本下降。由自发电量的减少所引起的吨钢能源成本的增加有 85.41 元；但由于原用于发电的部分焦炉煤气和转炉煤气去生产甲醇，折合吨钢可生产 39.97kg 甲醇，目前甲醇的市场价为 2600 元/t，那么，由甲醇生产带来吨钢利润有 103.92 元。从而甲醇模式要比自发电模式的吨钢能源成本下降 18.51 元。

（2）碳减排效益明显。按电力的 CO_2 排放因子 0.95kgCO_2/(kW·h) 估算，吨钢自发电量的新减少将减少碳排放权抵扣 129.82kg CO_2。而目前我国甲醇的生产工艺主要有三种：煤制气法、天然气法和焦炉煤气法。我国主要以煤制气方法为主。通常煤制气法生产 1t 甲醇会带来约 3.49t 的 CO_2 排放。这也就是说，达钢的甲醇生产模式折合吨钢能带来碳排放权抵扣 139.50kgCO_2（$3.49\times5.61/140.3439\times1000=139.50$kg CO_2，2012 年上半年粗钢产量 140.3439 万吨，甲醇 5.61 万吨）。对煤气全部用于自发电模式的吨钢碳排放权抵扣将增加 9.68kg CO_2（$139.50-129.82=9.68$）。

综上分析可以知道达钢通过改造后，由吨钢自发电量的增加和甲醇生产所带来的吨钢能源成本下降达到 136.70 元（$118.19+18.51=136.70$）；由吨钢自发电量的增加和甲醇生产所带来的碳排放权抵扣达到 189.33kg CO_2（$179.65+9.68=189.33$）。

参考文献

[1] 上官方钦，汤志刚，温燕明，等．炼焦化学工业绿色发展工程科技战略［J］．钢铁，2015，50（12）：11-19.

[2] Shangguan Fangqin，Zhang Chunxia，Li Xiuping，et al. Progress and case study on the material conversion utilization of by-product gases in the Chinese Steel Industry［C］. The 6th China-Korea Joint Symposium on Advanced Steel Technology，Nanjing，China，2014：30-37.

[3] 上官方钦，干磊，周继程，等．钢铁工业副产煤气资源化利用分析及案例［J］．钢铁，2019，54（7）：114-120.

[4] 周继程．钢铁制造流程能量流网络构建与案例研究［D］．北京：钢铁研究总院，2014.

[5] Zhang Chunxia，Li Xiuping，Shangguan Fangqin，et al. Recent progress of utilization of by-product gases and environment in Chinese Steel Industry［C］// The 13th China-Japan Symposium on Science and Technology of Iron and Steel. Beijing：The Chinese Society for Metals & The Iron and Steel Institute of Japan，2013：203-213.

[6] 王太炎．焦炉煤气开发利用的问题与途径［J］．燃料与化工，2004，35（6）：1-3.

[7] 郑文华，刘洪春，周科．中国焦化工业现状及发展［J］．钢铁，2004，39（3）：67-73.

[8] 王海风，张春霞，胡长庆，等．钢铁企业焦炉煤气利用的一个重要发展方向［J］．钢铁研究学报，2008，20（3）：1-4，12.

8 碳排放权交易与碳核查

1997 年 12 月于日本京都通过了《联合国气候变化框架公约》的第一个附加协议，即《京都议定书》(简称《议定书》)。《议定书》把市场机制作为解决二氧化碳为代表的温室气体减排问题的新路径，即把二氧化碳排放权作为一种商品，从而形成了二氧化碳排放权的交易，简称碳交易[1]。

“碳排放权交易”是指在一定管辖区域和一定时限内，设定温室气体排放总量及各排放主体合法的排放权利，一定的排放权利对应相当的配额，这种配额像普通商品一样在市场上交易，实现各主体排放不超过限定排放总量的一种市场交易方式。因碳交易形成的市场称为碳市场。

碳交易是为促进全球温室气体减排，减少全球二氧化碳排放所采用的市场机制。

8.1 碳排放权交易的基本概念与原理

根据科斯定理，只要产权界定清晰，并且交易成本为零或者很小，市场均衡的最终结果都是有效率的，从而实现资源配置最优，使外部性因素内部化。

那么在碳排放交易中，界定的就是“碳排放权”。碳排放权是指企业依法取得向大气排放温室气体（二氧化碳等）的权利。经企业所在地政府核定，企业会取得一定时期内“合法”排放温室气体的总量，这个“合法”总量即为配额或碳排放指标。在此基础上，不同企业根据自身获得的配额结合自己实际排放的量，形成缺口或剩余的配额，于是形成供需的市场机制基础（图 8-1）。

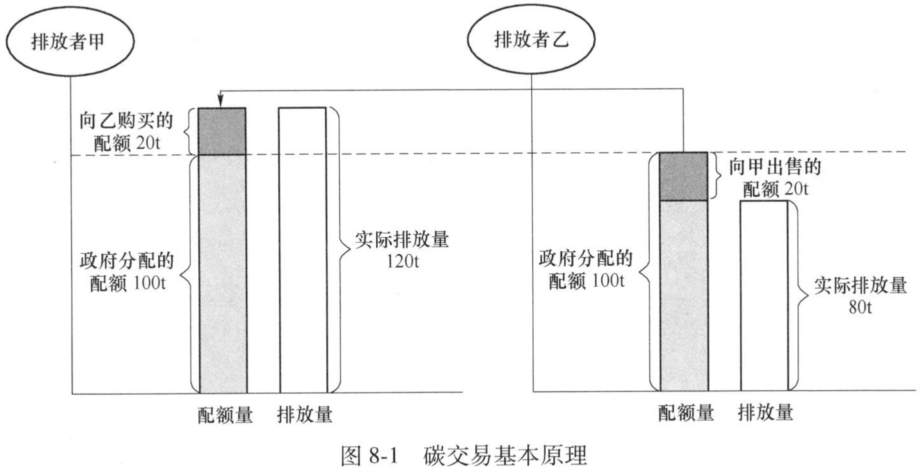

图 8-1　碳交易基本原理

由图8-1可知，甲乙两个碳排放者，由政府发放碳配额，其中乙在获得配额后，由于采用了有效的节能减排措施，本次的配额指标没用完，形成剩余，剩余的部分就可以拿到碳交易市场上出售；而甲则由于生产过程的排放超过了配额，超过的部分就需要到市场去购买。

碳交易的目的就是鼓励减排成本低的企业超额减排，将其所获得的剩余配额或减排信用通过交易的方式出售给减排成本高的企业，从而帮助减排成本高的企业实现设定的减排目标，并有效降低实现目标的履约成本[2]。

8.2 国际碳排放交易现状

目前国际上比较知名的环境交易所包括欧洲气候交易所（ECX）、芝加哥气候交易所（CCX）、亚洲碳交易所（ACX）以及CLIMEX交易所等[3,4]，其中市值最大的市场为欧盟市场，世界银行出版的碳市场现状与趋势报告显示，在2006年全球碳交易300亿美元总额中，欧洲排放权交易（EUA）占244亿美元。全球减排交易量最大的市场为CDM(Clean Development Method)，2005年，经核证的减排量（CER）为397亿吨CO_2当量，总交易额19亿欧元。

8.2.1 欧盟的碳交易与碳税制度

8.2.1.1 经济手段与相关法案

欧盟是由已完成工业化的发达国家组成，其经济发展的核心已从仅关注经济增长到经济增长与人类可持续发展并重，欧盟是最早关注气候变化和碳减排研究的。碳税、碳贸易、低碳经济等新的理念均由欧盟提出并开始初步实施。

根据《京都议定书》规定：2008~2012年欧盟国家温室气体排放量要在1990年排放水平基础上削减8%。2007年3月8日，在欧盟春季首脑会议上，欧盟单方面承诺，到2020年将温室气体排放量在1990年基础上至少减少20%，将可再生清洁能源占总能源消耗的比例提高到20%，将煤、石油、天然气等化石能源消费量减少20%。这就是欧盟制定的到2020年实现“三个20%”的目标。

2008年12月，欧盟27国领导人在布鲁塞尔就欧盟能源气候一揽子计划达成一致，内容分别涉及温室气体减排交易机制、减排任务的分配、碳捕集与封存。欧盟议会通过的能源气候一揽子计划，已经成为具有法律约束力的法规，欧洲成为世界上第一个在法律上承诺大幅度强制减排的地区。

该法案针对到2020年的欧盟成员国的温室气体减排目标，将以2005年的排放量为基准规定各成员国的排放量。而且还规定了各成员国在最终能源中可再生能源所占比例的目标，根据2005年的实际情况设定2011年以后每两年的阶段性目标。根据这些目标，各成员国到2010年必须制定包括电力、空调、运输等各领域的国别行动计划，并将计划提交欧洲委员会。欧盟规定在运输领域，生物质燃料所占的比重到2020年必须达到10%以上，并且准备为火力发电站设置二氧化碳的捕集与封存设施立法。

欧盟委员会认为通过推进可再生能源目标，可以实现以下成果：

（1）每年可减少二氧化碳排放6亿~9亿吨；

（2）每年可削减化石燃料的消耗量2亿~3亿吨；

（3）为实现这一目标，每年需130亿~180亿欧元的投资，这些投资将可促进低碳技术和相关产业的发展，提供新的商业机会与就业岗位，同时降低相关技术成本。

此外，征收碳税也是欧盟为实现降低二氧化碳排放所采取的又一举措。碳税是指针对碳排放所征收的税，在实际操作中可以通过对燃煤、汽油、航空燃油、天然气等化石燃料产品的生产和消费过程，按照其碳含量的多少进行征税，从而实现对化石燃料需求的减少来减少碳排放，此外还为政府增加了税收，有利于发展低碳技术。

开征碳税以实现降低二氧化碳排放的目的，最初是20世纪90年代在一些北欧国家首先出现的，包括丹麦、瑞典、挪威、芬兰等。到目前为止已有10多个国家引入碳税，主要为奥地利、捷克、丹麦、爱沙尼亚、芬兰、德国、意大利、荷兰、挪威、瑞典、瑞士和英国等。此外，日本和新西兰等其他一些国家也在考虑征收碳税。法国本打算从2010年起征收碳税，但由于受到各方强烈反对，不得不在2010年3月宣布搁置碳税方案，并表示除非在欧盟内部取得一致，否则法国不会单独实施这一方案。

然而，事实上，在欧盟范围征收碳税并不被看好。由于欧盟各国面临的二氧化碳排放问题并不相同，各有利益，其内部很难就碳税问题达成一致。并且税收事务在欧盟内部一直是个敏感话题，属于成员国主权范围内的事情，任何欧盟层面上的行动都必须经所有成员国一致同意。鉴于欧盟内部意见尚难统一，欧盟委员会先前一直不愿启动立法程序。

（1）英国。2008年11月26日，英国《气候变化法》（Climate Change Act）被正式批准，使英国成为世界上第一个将温室气体减排目标以法律形式明确下来的国家。英国《气候变化法》提出减排目标：到2050年，将在1990年水平基础上减少温室气体排放量至少80%，到2020年减排至少26%。

根据《气候变化法》，英国成立了气候变化委员会。新成立的气候变化委员会作为独立的政府咨询专家机构，不仅要提出碳预算水平和可以采取的有效的减排行动建议，还要每年向议会提交报告，评估英国当年在减排方面的进展和相关预算执行的情况。

英国气候变化委员会认为，2050年英国的温室气体减排目标可以在不牺牲经济增长和繁荣的情况下实现，通过低碳技术创新提高能源使用的效率，改变生活方式但不影响生活水平的情况下大幅度减少能源消耗，以及一些配套政策，例如碳价格、税收和津贴等财政刺激措施、扶持技术创新以及一些激励机制，其中技术创新应是核心。

英国气候变化委员会指出，要想以最小的成本实现80%减排目标，需要从现在起到2020年中期大幅提高建筑部门和运输部门的能源效率，到2030年大幅降低电力碳排放量，从2015年起逐渐提高电力在水陆运输部门的使用和从2020年起逐渐提高在供暖部门的使用。

（2）德国。德国在2007年开始进行相关的立法活动，以法律的形式明确到2050年将温室气体的排放量在1990年基础上削减80%，到2020年削减40%。德国在2008年提前4年达到《京都议定书》规定的减排要求。

8.2.1.2 欧盟碳排放交易体系

欧盟排放交易体系（EU ETS）是根据《京都议定书》提出的碳交易机制建立的。《京都议定书》的减排目标规定欧盟国家在2008~2012年平均比1990年排放水平削减8%，由于欧盟各成员国的经济和减排成本存在差异，为降低各国减排成本，欧盟于2003年10月25日建立了欧盟排放交易体系，欧盟排放交易体系于2005年1月成立并运行，成为全球最大的多国家、多领域温室气体排放权交易体系。目前欧盟排放交易体系已经成为欧盟碳排放交易的主要方式，并在全球碳市场中占据统治地位。

欧盟排放交易体系共包括约12000家大型企业，主要分布在能源密集度较高的重化工行业，包括炼油业、能源业、冶炼业、钢铁业、水泥业、陶瓷业、玻璃业与造纸业等，所排放的二氧化碳占欧洲总量45%。欧盟于2008年11月通过了2008/101/EC指令，将民用航空排放纳入欧盟排放交易体系[5]。

欧盟排放交易体系的核心部分就是EUA（European Union Allowances）交易。EUA即欧盟碳排放配额，简单来说就是欧盟国家的许可碳排放量。欧盟所有成员国都制定了国家分配计划（NAPs），明确规定成员国每年的二氧化碳许可排放量（与京都议定书规定的减排标准相一致），各国政府根据总排放量向各企业分发EUA。如果企业在一定期限内没有使用完EUA，则可以出售；一旦企业的排放量超出分配的配额，就必须从没有用完配额的企业手中购买配额。

配额分配的形式有两种：一是免费发放，这是主要方式，每年根据历史数据等因素发放给企业；二是拍卖，现阶段很少采取这种形式，未来将成为主要方式。2004年以来，参与交易的国家也由最初的15国扩充到东欧及挪威、冰岛等国家和地区。

为了确保欧盟排放交易体系在第二阶段（2008~2012年）的正式运行，欧盟从2005年开始，启动了一个为期3年的试验期（2005~2007年），即第一阶段（表8-1）。试验期的欧盟排放交易体系同样是法定的交易制度，但试验期的配额不能转存于2008年以后使用。

表 8-1 欧盟排放交易体系三个发展阶段

项目	第一阶段（2005~2007 年）	第二阶段（2008~2012 年）	第三阶段（2013~2020 年）
分配总量	比 2005 年+8.3%	比 2005 年-5.6%	比 2005 年-21%
分配方法	无偿分配	无偿分配	无偿分配+竞标形式
产业对象	能源与一般工业部门	扩大到航空部门	扩大到化工、铝精炼部门
未达成的代价	每吨 CO_2 处罚 40 欧元	每吨 CO_2 处罚 100 欧元	根据物价进行调整

欧盟规定，每年对纳入欧盟排放交易体系的企业进行一次核算，对于第一阶段（试验交易期），企业超限额使用的配额每吨罚款 40 欧元，第二阶段（第一承诺期）则罚款 100 欧元。并且，上交罚款的企业并不能因此免除其义务，还应在下一年度购买等量的配额予以弥补。

欧盟排放交易体系的第二阶段（2008~2012 年），欧盟钢铁工业可以获得完全免费的排放配额，因此现在欧盟排放交易体系对于整个欧盟钢铁工业尚未产生实质性影响。而钢铁业应对未来可能的二氧化碳减排压力的主要措施是提高能源、资源利用效率，并将继续通过研究突破性的生产技术，以大幅度降低排放。

8.2.1.3 节能减排前沿技术——ULCOS

欧盟钢铁工业考虑到在现有碳基工艺路线上进行节能减排的潜力有限，在 2002 年启动长期研究开发项目，寻求能显著降低钢铁生产过程中 CO_2 排放量的突破性技术。基于此背景，在欧盟委员会的支持下，欧洲钢铁技术平台（ESTEP）于 2003 年初成立。2004 年由欧洲钢铁工业联盟（EUROFER）成员、欧盟委员会、欧盟成员国代表组成的欧洲钢铁技术平台指导委员会决定实施超低二氧化碳炼钢技术研发项目（Ultra Low CO_2 Steelmaking，ULCOS）。ULCOS 项目得到 15 个欧盟国家和 48 家欧盟企业及相关机构的支持，共同参与合作研究和开发突破性技术，以大幅减少钢铁生产过程中 CO_2 的排放[6,7]。该项目的研发目标是研究先进工艺，到 2050 年，使吨钢 CO_2 的排放量比现在最好水平减少 50%，从吨钢 $2tCO_2$减少到 $1tCO_2$。

ULCOS 项目分三个阶段，其中 ULCOS Ⅰ 技术开发阶段（2004~2009 年），已经于 2008 年完成；ULCOS Ⅱ 项目中试和示范阶段（2009~2015 年）；2015 年以后进行工业规模生产试验。

该项目第一阶段对以碳、氢和电解三种还原铁矿石的总计约 80 种技术路线进行分析评价，根据二氧化碳减排量要超过 50%和所选择的技术路线应是最简单的两个原则进行筛选，最终入选要进一步研发的路线有 4 种：

（1）高炉煤气循环利用技术（Top Gas Recycling Blast Furnace（TGR-BF）with

CO_2 Capture and Storage（CCS））；

（2）新熔融还原工艺（Hisarna with CCS）；

（3）先进的直接还原工艺（ULCORED with CCS）；

（4）电解铁矿石技术（Electrolysis）。

现阶段，ULCOS 项目研究的重点是高炉炉顶煤气循环技术（TGR-BF），其把脱除 CO_2 后的高炉煤气，在加热到 900℃后，喷进高炉炉体下部，风口用冷态的氧气和加热到 1200℃的循环煤气代替空气来促进燃烧，其理论上可以节省碳 25.3%，与高炉实验的结果基本吻合。

新高炉技术的深入研究需要时间、资金，同样也存在风险。目前，ULCOS 高炉炉顶煤气循环技术（TGR-BF）面临以下技术难题：

（1）氧气鼓风口的设计；

（2）回收还原气体的再加热；

（3）喷射口的两种不同介质的温度和流量控制；

（4）全流程的控制。

8.2.1.4 对中国钢铁工业发展的启示

A 征收碳税

从国外征收碳税国家的实际效果来看，征收碳税会增加能源密集型企业的成本，但因实行其他税收减免，企业实际税负并不重。因为征收碳税的国家都考虑了保护本国能源密集型行业的竞争力问题，在最初开征碳税时多采用了相对较低的税率水平，然后再逐步提高。而且为防止碳税对特定行业产生较严重的不利影响，加重企业负担，特别对那些能源消耗大、竞争力差的行业，各国对企业都给予了税收减免等优惠措施。有些国家将碳税收入补贴企业，减征其应缴的职工社会保障金，从而压低劳动成本。有些国家对参加自愿减排协议的企业一般都不需缴纳碳税。有些国家虽然征收了碳税，但通过减少其他税负，实现税收收入中性。

我国为完成二氧化碳减排目标，很可能加快出台碳税。据悉，碳税征收方案已经上报全国人大审核、批准。碳税一旦出台，对于钢铁行业无疑将带来很大的负面冲击。如果按照每吨二氧化碳排放征税 10~20 元，中国钢铁工业二氧化碳每年排放量 13 亿吨计算，则中国钢铁业每年将增加 130 亿~260 亿元的成本。对此建议钢铁企业密切关注碳税出台的动向，提早做好应对措施。

B TGR-BF 流程在中国的可行性分析

虽然 TGR-BF 流程比常规高炉流程直接碳排放显著降低，但由于 TGR-BF 流程外购电力显著增加：一是由于制氧及 CCS 等工序或设备增加了耗电量；二是由于没有富余煤气用于自备电厂发电而造成外购电力的增加（表 8-2）。

表 8-2 我国常规高炉流程与 TGR 高炉流程对 CO_2 减排效果的比较

项　　目	常规高炉流程	TGR-BF 流程	增减量	减排比例/%
吨钢直接 CO_2 排放/kg	1815	1455	-360	-19.83
吨钢外购电力/kW·h	72	586		
吨钢外购电力引起 CO_2 间接排放/kg	67.03	545.57	478.54	
吨钢 CO_2 直接+间接排放（TGR-BF 不用 CO_2 储存）/kg	1882.04	2000.61	118.57	6.30
吨钢 CO_2 直接+间接排放(TGR-BF 采用 CO_2 储存)/kg	1882.04	1188.61	-693.43	-36.84

注：电力消费的 CO_2 排放系数按我国 2005 年 0.931kgCO_2/(kW·h) 计算。

可见，我国电力消费碳排放系数较高，若不与 CO_2 储存结合，则 TGR-BF 流程 CO_2 排放总量（直接排放+间接排放）与传统高炉相比相差无几甚至更多，因此：

（1）对于电力消费碳排放系数较高的国家，若不与 CO_2 储存结合，则 TGR-BF 流程与传统高炉相比并不能减排 CO_2，甚至由于外购电力增加，考虑到外购电力的间接排放会排放得更多。

（2）相比于传统高炉工艺，TGR-BF 煤气中的 CO_2 浓度更高，更适合引入 CO_2 分离技术，若和 CO_2 储存结合应可显著降低 CO_2 排放。

8.2.2 美国温室气体减排量交易体系

8.2.2.1 芝加哥气候交易所

在世界各国努力减少碳排放、降低碳消耗的时候，作为碳排放大国及政治经济大国，美国的碳排放政策与措施一直是世界关注的焦点，但美国却拒签《京都议定书》，拒绝承担《京都议定书》规定的强制减排义务，并未像欧盟一样形成统一的碳排放权交易市场。随着国际社会对气候变化的关注和重视，对温室气体减排的呼声越来越高，对交易的需求也随之增加，美国各级州政府采取措施促成了区域性碳交易市场，如芝加哥气候交易所（Chicago Climate Exchange，CCX）、区域温室气体行动、西部气候倡议和加州总量控制与交易体系等。其中，芝加哥气候交易所成立于 2003 年，是全球第一个，也是北美地区唯一一个自愿参加温室气体减排量交易，并对减排量承担法律约束力的先驱组织和市场交易平台。芝加哥气体交易所业务涉及所有 6 种温室气体（二氧化碳、甲烷、氧化亚氮、氢氟碳化物、全氟化物和六氟化硫）的排放注册、减排和交易。

芝加哥气候交易所开发了一套基于互联网的电子交易平台，自 2003 年 12 月 12 日开始进行温室气体（GHG）排放许可和抵消项目的电子交易。通过这个交易平台，会员可以对可持续发展和温室气体减排做出更系统的计划，及早采取具有信用度的减排和认购补偿行动；也可定期测量排放量，有选择地采用各种减排技术和缓解措施；可以了解碳交易市场的走向以便为各自的企业做好全球交易准备；这个交易平台还可以向股东、评议机构、市民、消费者和客户展示关于气候变化的战略远景；通过这个交易平台，某些已达标的会员可以卖出超标减排量并获得额外利润，而未完成减排目标的会员可以通过农业碳汇（所谓碳汇是指将空气中的碳固定到土壤里，这主要是通过采用免耕、植树、植草等方式增加土壤中的有机物含量来实现）等手段去弥补，但是其所购买的碳汇量比例不能超过其目标减排量的一半。

芝加哥交易所主要采取排放基线与信用交易模式，该模式不规定一国总量上的配额，而是基于每一减排主体管理机构事先确定一个排放基准，经过可核查的程序，如果实际减排放量小于基准排放量，差额部分作为减排信用量予以出售。芝加哥交易所属于自愿性碳交易市场，只有成为其会员才有减排义务，芝加哥交易所有会员近 200 个，分别来自航空、汽车、电力、环境、交通等数十个不同行业。会员可以通过侧部减排、从其他面临减排限制的公司购买许可，或者购买特定标准的减排项目产生的信用额度来履行承诺。

芝加哥气候交易所有两个阶段的目标：第一阶段（2003~2006 年），所有会员单位实现温室气体排放相对 1998~2001 年水平每年减排 1%；第二阶段（2007~2010 年），所有会员单位将排放水平下降到 1998~2001 年水平的 94%以下。

芝加哥气候交易所运行实绩表明，其第一阶段的运行良好，取得了较好的效果。2004 年，芝加哥气候交易所在欧洲建立了分支机构——欧洲气候交易所，2005 年又与印度商品交易所建立了伙伴关系，此后又在加拿大建立了蒙特利尔气候交易所。2006 年，芝加哥气候交易所还制定了《芝加哥协定》，详细规定了建立芝加哥气候交易所的目标，覆盖范围，时间安排，包含气体，投资回收期和银行等，减排，注册、监测程序，交易方案等一系列可操作性强的交易细则。目前，芝加哥气候交易所是全球第二大的碳汇贸易市场，也是全球唯一同时开展二氧化碳、甲烷、氧化亚氮、氢氟碳化物、全氟化物、六氟化硫 6 种温室气体减排交易的市场。截止到 2006 年 6 月 16 日，它的碳汇交易量达到 2.83 亿吨，占欧盟京都议定书气候贸易体系交易总量的 80%~90%，成为欧盟系统中最大的交易所，被前联合国秘书长安南先生称为“建立二氧化碳排放市场的成功范例”。

然而由于美国单方面退出《京都议定书》并拒绝做出具体的减排额度承诺等在应对气候变化活动上的消极态度，一方面导致了国际条约依据的缺失，使得其仍未能以立法的形式强制性规定碳排放的问题限制，也未能形成全国统一的碳排放总量交易体系；另一方面缺少法律手段对温室气体排放总量的强有力控制，也就难以对企业进行温室气体排放配额指标分配，碳信用没有稀缺性，碳市场也就失去了根基。因此芝加哥气候交易所运行到第二阶段由于受到交易市场不完善、市场供求关系不平衡的影响，碳交易市场的交易价格经常出现巨大波动，已难以为继，2010 年连续几个月没有交易，导致其名存实亡；2010 年 7 初，芝加哥的母公司被亚特兰大的洲际交易所（IEC）以 6.22 亿美元的价格收购。

8.2.2.2 对中国碳交易体系的启示

芝加哥气候交易所运行实绩表明，缺少国家强制力的会员自愿性市场减排机制的市场意义和交易价值是有限的，必须要以立法为基础建立强制性温室气体减排机制，要以国家强制减排目标、总量控制及交易机制等措施保障碳排放的定价，从而稳定碳交易市场的根基，最终实现通过碳交易市场机制减排的目的。

8.2.3 澳大利亚温室气体交易体系

8.2.3.1 新南威尔士州温室气体减排体系

澳大利亚虽然不是《京都议定书》的缔约国，却是世界上最早实行强制性温室气体减排计划的国家之一，也是碳金融的积极参与者，在政府的指导下，先后建立了新南威尔士州（NSW）和澳大利亚直辖区温室气体减排计划（GGRS）、维多利亚能效目标计划（VEET）、南澳大利亚住宅能效计划（REES）三个碳减排计划。

2003 年 1 月 1 日，澳大利亚新南威尔士州启动了为期 10 年、涵盖 6 种温室气体的州温室气体减排体系，即新南威尔士州温室气体减排体系（New South Wales Green Gas Abatement Scheme，NSW GGAS），该体系是《京都议定书》生效前诞生的一个具有典型意义的碳排放交易体系，是一个地方性、强制性及行业性的温室气体排放交易体系，也是世界上第一个强制性温室气体排放权交易体系。它也是目前世界上最主要的强制性碳交易市场。

新南威尔士州的能耗占全国能源消耗的 28%，其中 50%的能源为黑煤发电，电力部门是温室气体的主要排放源。GGAS 是指在减少新南威尔士州的发电和用电过程中温室气体的排放。在全州范围内确定一个削减的总量目标，并要求州内电力公司和其他的一些买卖电力的参与者必须完成一个基准点的减排量。设置的基准点：将全州的人均温室气体排放从 2003 年的 8.65tCO_2 当量降至 2007 年的 7.27tCO_2，并将这一基准保持到 2021 年或 GGAS 计划终止。为保证该计划的顺利实施，新南威尔士州温室气体减排计划设计了严格的履约框架，企业的二氧化碳每超标 1 个碳当量配额，将被处以 11.5 澳元的罚款。新南威尔士州温室气体减排计划运行顺利，澳大利亚在该计划的基础上，2012 年 7 月 1 日开始在全国范围内推行碳污染消减计划（Austrian Carbon Pollution Reduction Scheme）。

8.2.3.2 对中国碳交易体系的启示

新南威尔士州温室气体减排计划是综合了能效项目的温室气体减排计划，其证书制、对可再生能源的支持等具有创新性和可操作性，但人均减排目标的制定并未能减少全州温室气体排放总量，而且由于体系涉及面过广、过于抽象，给参与者、管理者、运行的透明度等方面带来不小的难度。

8.2.4 日本温室气体减排措施

8.2.4.1 经济手段概述

日本是已完成工业化的发达国家，也较早地关注碳减排技术的研究，《京都议定书》是在日本签订的，所以日本在应对气候变化、减少温室气体排放方面表现积极。

从20世纪70年代石油危机以来，日本一直重视节能减排技术的应用，其在能源利用效率、生产过程能耗方面已经处于世界一流水平，进一步减排的空间较小，而且减排的成本费用会很高。日本产业界和一些有影响力的能源大企业对确定减排目标持消极态度。所以日本政府也担心减排目标过高，会打击日本的经济，损害相关产业的利益。

在促进温室气体减排方面，日本政府主要在立法、税制、财政补贴、管制措施、技术手段以及人才等领域进行政策创新。政策创新主要体现在三个方面，一是社会系统以及意识的创新；二是经济激励制度与经济手法的创新；三是政府运行模式的创新。

日本为降低温室气体排放计划主要采取以下基本措施：

（1）创立温室气体的国内排放量交易制度。必要的法律措施将与地球变暖对策税同时进行研究，争取在《全球变暖对策基本法案》实行后1年以内确定方案。关于排放限度的设定方法目前正在研究下列方法：以排放总量的限度为基础，以产量等显示企业活动规模的数量为单位，规定每一单位的排放量限度。

（2）推动整体税务制度的清洁化，目前正在研究于2011年度开征地球变暖对策税。

（3）为促进可再生能源的利用，目前正在采取相关措施创立全量固定价格收购制度（电力企业在一定的价格、期间、条件下，回购用可再生能源生产的全部电力）。

（4）以确保安全为前提，在获得国民理解和信赖的基础上稳步推进核能的发展。

日本钢铁业 CO_2 排放量约占日本全行业的14%，其中炼铁过程中 CO_2 排放量在整个钢铁行业中占到将近70%。由于已经采用了大喷煤技术以及干熄焦（CDQ）、高炉炉顶余压发电（TRT）技术等各种节能措施，能源利用率差不多已经达到了极限，再想降低能耗似乎非常不易做到。因此，依靠铁矿预处理工艺、SCOPE21项目开发出的新型焦炉组等新技术从根本上进行工艺创新，实现 CO_2 排放的进一步减少的项目得到重视和发展。

当前，日本在该领域设立的国家级项目主要有COURSE50（最终减少钢铁生产过程中产生的 CO_2 创新技术）和创新型高炉炼铁技术。前者的目标是开发出向高炉喷吹重整蒸汽COG（焦炉煤气）并结合CCS（碳捕获与存储）技术应用于高炉废气的新型工艺，后者的目标是验证把具有高反应性、高强度的铁焦应用于高炉的可行性。此外，考虑到铁矿资源未来存在变数，以及铁矿烧结工艺中降低能耗及减少 CO_2 排放，因此炼铁炉料的性质控制的研究也得到发展。

8.2.4.2 节能减排前沿技术——COURSE50

革新性炼铁工艺技术（COURSE50：CO_2 Ultimate Reduction in Steelmaking Process by Innovative Technology for Cool Earth 50）是日本钢铁业为实现温室气体大幅减排而正在进行的突破性技术研发项目[8~10]。其技术开发的主要内容包括从高炉煤气中分离并回收 CO_2 技术利用、焦炉煤气显热对焦炉煤气重整技术、用氢还原铁矿石的机理及反应控制技术等。该项目由日本新能源产业综合技术开发机构牵头，五大钢铁公司和新日铁工程公司联合开发。COURSE50 计划到 2030 年，通过 20 年的努力，最终实现煤气循环氧气高炉炼铁节能约 25%，减排 CO_2 26%。考虑 CO_2 捕集封存时，CO_2 减排大于 50%。COURSE50 第一阶段第一步事业预算 100 亿日元（2007~2013 年），第二步事业预算 150 亿日元（2014~2016 年）。

第一阶段的目标是：

（1）开发减少高炉排放 CO_2 的技术：

1）研究氢还原铁矿石的机理，研发控制氢还原铁矿石反应的基础技术；

2）开发氢浓度增加 1 倍的焦炉煤气（COG）富氢改质技术；

3）在高炉用氢还原铁矿石所需高强度、高反应性焦炭制造技术方面，由于高炉技术要求尚未确定，所以先确定中间实验的焦炭评价指标。

（2）开发从高炉煤气（BFG）分离回收 CO_2 的技术：从高炉煤气分离回收 CO_2 的成本目标是每吨 CO_2 2000 日元。

8.2.4.3 对中国钢铁工业发展的启示

日本正持续不断地实施低碳经济的节能措施的前沿研究，钢铁工业单位能耗也是世界先进水平，作为发达国家的 CO_2 排放量到 2050 年要比现在减少 60%~80%，对其钢铁业来说，这一目标仅靠现行的节能减排方法是实现不了的，因此需要类似的采用新技术理念的创新技术。中国钢铁工业是中国工业行业中 CO_2 排放的主要排放源之一，虽然目前主要靠节能减排实现 CO_2 减排，但从长远发展来看，也要实施创新技术研究。因此，这一技术从研究到应用还有很长的一段时间，但其研究内容及进展值得关注。

8.3 中国碳交易机制实施与发展趋势

8.3.1 中国碳交易机制发展的政策和制度基础

中国自签署《联合国气候变化框架公约》《京都议定书》以来，颁布了多项法律法规来应对气候变化问题，为中国建立碳排放权交易制度提供了政策和制度基础。

2004 年出台并于 2005 年开始实施的《清洁发展机制项目运行管理办法》是中国作为发展中国家参与国际碳市场的开端，中国从 2008 年起成为该市场全球最大的供给国。清洁发展机制项目（即 CDM）成为我国企业参与国际碳排放权交易体系的主要渠道，也成为我国积极探索碳市场治理模式、培育第三方机构和人才队伍、评估碳减排政策效果的重要手段。

总体而言，中国的碳排放权交易市场建设是遵循先易后难、循序渐进，分阶段、有步骤地推进碳市场建设的原则。在发电行业率先启动全国碳排放交易体系，逐步扩大参与碳市场的行业范围，增加交易品种，不断完善碳市场。发布的具体政策如下。

2007 年，国务院成立国家应对气候变化及节能减排工作领导小组，作为国家应对气候变化和节能减排工作的议事协调机构。

2009 年，全国人大常委会通过《全国人大常委会关于积极应对气候变化的决议》。

2010 年，国家发展改革委发布《关于开展低碳省区和低碳城市试点工作的通知》。

2011 年 9 月 29 日，国家发展改革委发布《关于开展碳排放权交易试点工作的通知》（发改办气候［2011］2601 号），同意北京市、天津市、上海市、重庆市、湖北省、广东省及深圳市开展碳排放权交易试点。7 个试点省市自 2013 年起陆续展开碳交易。

2012 年 6 月 13 日，为实现我国 2020 年单位国内生产总值二氧化碳排放下降目标，国家发展改革委印发温室气体自愿减排交易管理暂行办法，以为保障资源减排交易活动有序开展，调动全社会自觉参与碳减排活动的积极性，为逐步建立总量控制下的碳排放权交易市场积累经验，奠定技术和规则基础。

2014 年 12 月 10 日，为落实党的十八届三中全会决定、“十二五”规划《纲要》和国务院《“十二五”控制温室气体排放工作方案》的要求，推动建立全国碳排放权交易市场，国家发展改革委发布了《碳排放权交易管理暂行办法》，于发布 30 日后实施。

2015 年，国务院批准《强化应对气候变化行动——中国国家自主贡献》。

2016 年 1 月，《国家发展改革委办公厅关于切实做好全国碳排放权交易市场启动重点工作的通知》（发改办气候［2016］57 号）。

2016 年 3 月 16 日，十二届全国人大四次会议审查通过了《中华人民共和国国民经济和社会发展第十三个五年规划纲要》，提出了建立全国统一的碳排放权交易制度。

2017 年 12 月 18 日，国家发展改革委印发《全国碳排放权交易市场建设方案（发电行业）》，发电行业正式启动碳排放权交易体系。

2019 年 5 月 27 日，生态环境部印发关于做好全国碳排放权交易市场发电行业重点排放单位名单和相关材料报送工作的通知。

8.3.2 中国碳交易机制发展现状与趋势

党的十八届三中全会提出推行碳排放权交易制度，《国民经济和社会发展“十二五”规划纲要》明确要求逐步建立碳排放交易市场，2014 年中央改革办将“建立全国碳排放总量和分解落实机制，制定全国碳排放权交易管理办法，建立国家碳排放权交易登记注册系统”作为国家发展改革委牵头的重点改革任务重点督办。

全国碳排放市场建设按照总体设计、分步实施的原则，分三个阶段进行。

（1）准备阶段（2014~2015 年）。总体目标是完成碳排放权交易市场基础建设工作，具备启动交易的条件。其中 2014 年的主要任务是报请国务院发布《全国碳排放总量控制制度和分解落实机制实施方案》，国家发展改革委出台部门规章《碳排放权交易管理暂行办法》并建成国家碳交易注册登记系统，具备运行条件。2015 年的主要任务是与国务院法制办衔接，争取尽早出台国务院行政法规，同时由主管部门出台其他相关的配套细则和技术标准，以及所有行业企业温室气体核算方法和标准，研究确定全国碳排放权交易配额总量及配额分配方法和标准，完善注册登记系统，为启动交易做好准备。

（2）运行完善阶段（2016~2020 年）。其中，2016~2017 年为试运行阶段，主要任务是根据出台的各项政策法规，逐步将 31 个省区市及新疆生产建设兵团纳入全国碳排放权交易范围，做好配额的初始分配，启动市场运行。2017~2020 年的主要任务是全面实施碳排放权交易体系，调整和完善交易制度，实现市场稳定运行。

（3）稳定深化阶段（2020 年以后）。主要任务是增加交易产品，发展多元化交易模式，逐步形成运行稳定、健康活跃的交易市场。同时进一步提升市场容量和活跃程度，探索与国际上其他碳市场进行连接的可行性。

第一、第二阶段工作已进展到位：2011 年 10 月 29 日，北京市、天津市、上海市、重庆市、湖北省、广东省、深圳市开展碳排放权交易试点。7 个试点省市自 2013 年起陆续展开碳交易。全国碳市场启动提供良好的经验。2017 年 12 月 18 日，全国碳排放权交易体系正式启动，发电行业成为首个纳入全国碳市场的行业领域，按《全国碳排放权交易市场建设方案（发电行业）》分三个阶段推进碳市场建设工作：

基础建设期：用一年左右的时间，完成全国统一数据报送系统、注册登记系统和交易系统建设。深入开展能力建设，提升各类主体参与能力和管理水平。开展碳市场管理制度建设。

模拟运行期：用一年左右的时间，开展发电行业配额模拟交易，全面检验市场各要素环节的有效性和可靠性，强化市场风险预警与防控机制，完善碳市场管理制度和支撑体系。

深化完善期：在发电行业交易主体间开展配额现货交易，交易仅以履约（履行减排义务）为目的，履约的部分配额予以注销，剩余配额可以跨履约期转让、交易。在发电行业碳市场稳定运行的前提下，逐步扩大市场覆盖范围，丰富交易品种和交易方式。创造条件，尽早将国家核证自愿减排量纳入全国碳市场。

由此可见，到2020年左右电力行业正式的碳配额交易开始后，随着碳市场运行的成熟稳定化，其他行业逐步进入碳市场是必然的趋势。

作为碳交易的核心环节（图8-2），碳配额是企业在一定时间内允许排放的二氧化碳的上限，其分配直接影响企业减排成本和交易积极性。

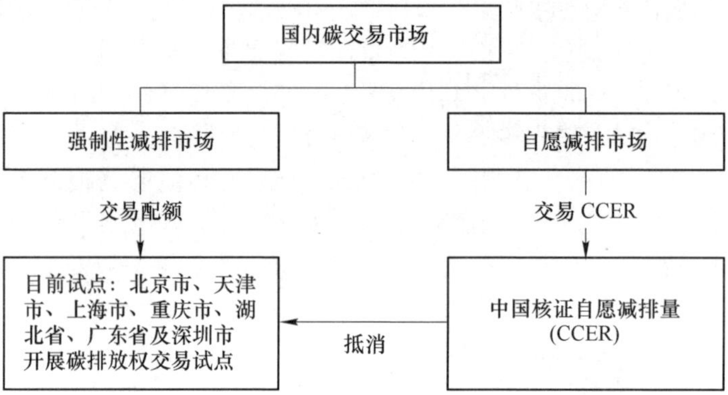

图8-2　碳交易市场构成

8.3.3 钢铁工业/企业碳资源管理与碳核查

工业是我国碳排放的主要领域，虽然近年来钢铁等原材料行业淘汰落后和节能减排工作已有成效，但我国处于工业化中后期的现状决定了碳排放总量难以降低甚至还持续上升的状态，钢铁行业作为我国重要的工业行业，将是碳交易市场的主要目标，也将是碳交易市场的核心参与者，强制性减排二氧化碳将对行业和企业产生重大影响，倒逼钢铁企业发展低碳技术。

钢铁企业应认识到碳交易是大势所趋，对当前碳市场的发展趋势予以重视，一方面在发展中承担低碳发展的社会责任，另一方面积极应对，建立碳战略思维，认识碳配额是一种资产，从而开展切实有效的行动，实现低碳发展。

根据十二五规划纲要提出的“建立完善温室气体统计核算制度，逐步建立碳排放交易市场”和《“十二五”控制温室气体排放工作方案》（国发［2011］41号）提出的“加快构建国家、地方、企业三级温室气体排放核算工作体系，实行重点企业直接报送温室气体排放和能源消费数据制度”的要求，为保证实现2020年单位国内生产总值二氧化碳排放比2005年下降40%~45%的目标，帮助企业科学核算和规范报告自身的温室气体排放，制定企业温室气体排放控制计划，积极参与碳排放交易，强化企业社会责任；同时也为主管部门建立并实施重点企业温室气体报告制度奠定基础，为掌握重点企业温室气体排放情况，制定相关政策提供支撑。早在2013年，国家发展改革委就已经组织相关单位和专家编制了《中国钢铁生产企业温室气体排放核算方法与报告指南（试行）》。笔者作为指南编制组的专家全程参与了指南的编制过程，就中国钢铁生产企业温室气体排放核算的适用范围、核算边界、排放源、核算方法、计算公式、活动水平数据、排放因子、固碳产品隐含的二氧化碳排放以及在核算过程中可能遇到的问题等方面都发表了重要的参考意见，并体现在指南中。在此基础上，2015 年，笔者又参与起草了相应的国家标准 GB/T 32151.5—2015《温室气体排放核算与报告要求　第 5 部分：钢铁生产企业》。

到 2015 年底，国家发展改革委已印发 24 个行业企业温室气体排放核算方法与报告指南，同时要求所涉及的行业要根据所发布的指南分别开展年度碳排放报告与核查及排放监测计划制订工作，目前已开展了 2013～2018 年的年度核查，覆盖行业包括电力、建材、钢铁、有色、石化、化工、造纸、民航等。

碳排放权交易作为减少碳排放的市场化工具得到了世界各国的重视。由于碳排放权交易的基本原理是由环境部门根据环境容量制定逐年下降的碳排放总量控制目标，进而通过一定的方式分解为若干碳排放配额，分配给各区域，碳排放配额就可以像商品那样在市场上进行交易。由此可见碳排放量的定量工作是保障碳交易市场顺利发展的前提，为此温室气体（GHG）排放“可测量、可报告和可核查”（MRV）体系应运而生，成为各国温室气体管理工作的基础。碳核查是确保温室气体排放数据可靠性和可信度的基础，在已大量建立科学的碳排放测量、报告技术之后，建立与之相配套的碳排放核查技术迫在眉睫。钢铁行业碳排放核查技术的研究是科学评价我国碳排放和应对国际气候变化政治压力的需求。为此，2014 年，国家科技部在“十二五”期间又专门设立国家科技支撑计划项目“国际背景下我国重点行业碳排放核查及低碳产品认证认可关键技术研究与示范”，笔者参与了其中的课题二“我国钢铁行业碳排放核查关键技术研究与示范”，课题研究旨在通过对国际背景下钢铁行业碳排放核查机制及技术新进展的调研和分析，结合我国钢铁行业碳排放特点及碳排放政策制度需求，构建适合我国国情的钢铁行业碳排放核查技术支撑体系，研究提出我国钢铁行业碳排放核查应对策略和管理机制，为我国积极应对国际行业减排、支撑国家相关政策提供技术基础。在此研究成果的基础上，2018 年，笔者参与起草了中华人民共和国认证认可行业标准 RB/T 251—2018《钢铁企业温室气体排放核查技术规范》。详细的核查技术规范和步骤见 RB/T 251—2018《钢铁企业温室气体排放核查技术规范》及 8.4 节。

目前国家还尚未出台有关碳配额的分配办法相关的文件，钢铁企业要尽快摸清家底，开展碳盘查工作，首先应以客观合理的方法（GB/T 32151.5—2015《温室气体排放核算与报告要求　第 5 部分：钢铁生产企业》）开展碳盘查确定自己的碳排放量，其次在碳盘查的基础上确定自身的碳减排潜力，并跟进相关的碳资产管理研究，适时拓展碳资产管理业务，盘活碳资产。

针对钢铁企业加强碳管理能力建设，中国钢铁工业协会与会领导提出两点建议：一是钢铁企业要转变观念，将绿色低碳发展作为今后的发展战略来考虑，加快制定企业低碳发展的策略，建立应对低碳发展的管理支撑体系和评价体系，拓展碳资产管理业务，在保证履约的前提下盘活碳资产；二是钢铁企业要摸清家底，掌握碳交易的规则，并进行模式创新，为企业的发展赢得空间。

8.4　钢铁企业碳核查案例

如前所述，在企业碳盘查的基础上，第三方机构对企业碳排放报告进行核查，累积的历年企业的核查结果作为碳配额的依据，因此随着碳排放权交易市场的建立、健全，维持碳交易市场的健康运营，碳核查工作的重要性不可忽视。本节对核查注意事项以核查案例进行阐述。

8.4.1　企业概况

A企业是一家处于华北地区的典型的钢铁联合企业，配备焦化、烧结、高炉、转炉、连铸、热轧、冷轧等主要流程工序，并配备石灰工段、自备电厂等。核查案例当年产粗钢864万吨，自产焦230万吨，外购焦125万吨，自产烧结矿1261万吨，外购球团矿203万吨，生产铁水903万吨。

B企业是一家处于华北地区的典型的钢铁联合企业，配备焦化、球团、烧结、高炉、转炉、精炼、连铸、热轧、冷轧等主要流程工序，并配备石灰工段、气体厂、自备电厂等。核查案例当年产粗钢854万吨，焦炭全部自产，产量为369万吨，自产球团矿399万吨，自产烧结矿1037万吨，生产铁水890万吨。

8.4.2　大宗原燃料 CO_2 排放因子

8.4.2.1　A企业

A企业对大宗原燃料，主要是煤和焦炭进行了元素分析，结果见表8-3。

表8-3　A企业主要燃料元素分析得到 CO_2 排放因子

序号	试样种类	低位发热量/$GJ \cdot t^{-1}$	元素分析干燥基碳含量/$kgC \cdot kg^{-1}$	干燥基 CO_2 排放因子/$tCO_2 \cdot t^{-1}$
1	自产焦	28.81	0.852	3.124
2	美锦焦	29.11	0.853	3.128
3	梗阳焦	28.99	0.862	3.161
4	新井白煤	30.88	0.823	3.018
5	烟煤	24.39	0.703	2.578
6	长治无烟煤	30.88	0.809	2.966
7	洗精煤	30.83	0.785	2.878

外购焦主要取了两种：美锦焦和梗阳焦，由表8-3结果可见，两种外购焦的品质相差不大；此外，由于企业没有不同的外购焦的消费数量，统一以外购焦计

量，因此，在以下的分析中，取美锦焦和梗阳焦的平均值作为外购焦的相应指标，即外购焦的低位发热量为29GJ/t，干燥基碳含量为0.858kgC/kg，干燥基CO_2排放因子为3.146tCO_2/t。同样的对于外购无烟煤，也取了两种进行化验：新井白煤和长治无烟煤，也取其平均值作为外购无烟煤的相应指标，外购无烟煤的低位发热量为30.88GJ/t，干燥基碳含量为0.816kgC/kg，干燥基CO_2排放因子为2.992tCO_2/t。动力煤取烟煤的低位发热量和排放因子。

对于三种副产煤气，根据调研得知，它们的组分和热值如表8-4所示，从而可以计算得到COG的排放因子0.632tCO_2/km^3；BFG的排放因子0.929tCO_2/km^3；BOFG的排放因子1.058tCO_2/km^3。

以COG为例：

$$
\begin{aligned}
\text{直接排放因子} &= \text{碳含量}/100 \times 1000/22.4 \times 1000 \times 44/1000000 \\
&= (3.78+4.74+20.31+3.36)/100 \times 1000/22.4 \times 1000 \times 44/1000000 \\
&= 0.632\,tCO_2/km^3
\end{aligned}
$$

表8-4 A企业副产煤气的主要成分及热值

种类	成分/%							热值/MJ·m^{-3}
	CO_2	O_2	CO	CH_4	C_mH_n	H_2	N_2	
COG	3.78	0.59	4.74	20.31	3.36	60.99	3.23	16.45
BFG	22.27	—	25.01	—	—	1.46	51.24	3.37
BOFG	9.96	—	43.2	0.7	—	0	42.33	6.27

而对于除煤、焦炭和副产煤气以外的钢铁企业原燃料CO_2排放因子，暂时参考指南中的CO_2排放因子缺省值。

8.4.2.2 B企业

由于B企业没有对大宗原料如煤和焦炭进行干基碳含量的实测，但对煤、焦炭、汽油、柴油、煤焦油和粗苯等进行了热值分析，因此，在CO_2排放计算过程中，热值采用企业实测值，其余因子采用缺省值。

8.4.3 企业CO_2排放核算过程

A、B企业CO_2排放计算过程分别见表8-5和表8-6。

8.4.4 企业CO_2排放核算结果

A、B企业CO_2排放计算结果见表8-7。A企业CO_2排放总量为1817.87万吨，吨钢CO_2排放量为2.105t；B企业CO_2排放总量为1824.14万吨，吨钢CO_2排放量为2.137t。对比前面钢铁行业及企业CO_2排放水平，基本可以判断核算结果较为可信。

表 8-5 A 企业 CO_2 排放计算过程

	类别	净消耗量	低位发热量	单位热值含碳量 /$t \cdot TJ^{-1}$	碳氧化率/%	CO_2 排放因子 /$tCO_2 \cdot t^{-1}$	CO_2 排放量 /万吨
化石燃料燃烧	洗精煤	299.620 万吨	30.830GJ/t	25.462	100	2.878	862.4057
	无烟煤	99.180 万吨	30.880GJ/t	26.425	100	2.992	296.7470
	动力煤	75.967 万吨	24.390GJ/t	28.823	100	2.578	195.8168
	外购焦炭	125.178 万吨	29.000GJ/t	29.586	100	3.146	393.8087
	汽油	0.044 万立方米（标准状态）	43.070GJ/万立方米（标准状态）	18.900	100	2.985	0.1313
	柴油	0.413 万立方米（标准状态）	42.652GJ/万立方米（标准状态）	20.200	100	3.159	1.3038
	小计						1750.2132
工业生产过程	类别	净消耗量/万吨	CO_2 排放因子/$tCO_2 \cdot t^{-1}$				CO_2 排放量 /万吨
	石灰石	53.904	0.440				23.7177
	白云石	69.132	0.471				32.5611
	小计						56.2787
净购入电力、热力	类别	净购入量	低位发热量/$GJ \cdot t^{-1}$			CO_2 排放因子	CO_2 排放量 /万吨
	电力	84408.164 万千瓦·时	—			1.058 $tCO_2/(MW \cdot h)$	89.3038
	蒸汽	-19.367 万吨	3.781			0.110tCO_2/GJ	-8.0542
	小计						81.2496

续表 8-5

	类别	净外调量	低位发热量	单位热值含碳量 /t·TJ^{-1}	碳氧化率/%	CO_2 排放因子	CO_2 排放量 /万吨
固碳	粗苯	2.499 万吨	41.816GJ/t	22.700	100	3.480tCO_2/t	8.6984
	焦油	7.751 万吨	33.453GJ/t	22.000	100	2.699tCO_2/t	20.9152
	粗钢	863.661 万吨	—	—	—	0.015tCO_2/t	13.3004
	BFG	26673.763 万立方米（标准状态）	33.700GJ/万立方米（标准状态）	75.182	100	0.929tCO_2/km^3	24.7799
	COG	3438.643 万立方米（标准状态）	164.500GJ/万立方米（标准状态）	10.478	100	0.632tCO_2/km^3	2.1732
	小计						69.8671
合计							1817.8744
吨钢 CO_2 排放量/t							2.105

注：电力的 CO_2 排放因子取华北地区平均值 1.058tCO_2/(MW·h)；碳氧化率假定为 100%。

表 8-6　B 企业 CO_2 排放计算过程

	类别	净消耗量	低位发热量	单位热值含碳量 /t·TJ^{-1}	碳氧化率/%	CO_2 排放因子	CO_2 排放量 /万吨
化石燃料燃烧	洗精煤	468.657 万吨	29.718GJ/t	25.400	100	2.768tCO_2/t	1297.1190
	喷吹煤	135.523 万吨	20.934GJ/t	27.490	100	2.110tCO_2/t	285.9640
	动力煤	128.944 万吨	20.451GJ/t	26.180	100	1.963tCO_2/t	253.1377
	褐煤	1.967 万吨	15.653GJ/t	26.180	100	1.503tCO_2/t	2.9556
	天然气	613.513 万立方米（标准状态）	355.882GJ/万立方米（标准状态）	15.300	100	1.996tCO_2/km^3	1.2249
	汽油	0.040 万立方米（标准状态）	43.123GJ/万立方米（标准状态）	18.900	100	2.988tCO_2/km^3	0.1204
	柴油	0.284 万立方米（标准状态）	42.704GJ/万立方米（标准状态）	20.200	100	3.163tCO_2/km^3	0.8996
	小计						1841.4211

续表 8-6

工业生产过程	类别	净消耗量/万吨	CO_2 排放因子/$tCO_2 \cdot t^{-1}$				CO_2 排放量/万吨
	石灰石	117.689	0.440				51.7831
	白云石	23.556	0.471				11.0947
	废钢	13.300	0.015				0.2048
	低镍生铁	0.101	0.037				0.0037
	低碳铬铁	0.559	0.275				0.1538
	钼铁	0.079	0.018				0.0014
	小计						63.2416
净购入电力、热力	类别	净购入量	低位发热量/$GJ \cdot t^{-1}$			CO_2 排放因子	CO_2 排放量/万吨
	电力	4127.873 万千瓦·时	—			1.058 $tCO_2/(MW \cdot h)$	4.3673
	蒸汽	2.112 万吨	3.769			0.110tCO_2/GJ	0.8756
	小计						5.2429
固碳	类别	净外调量	低位发热量	单位热值含碳量/$t \cdot TJ^{-1}$	碳氧化率/%	CO_2 排放因子	CO_2 排放量/万吨
	粗苯	3.928 万吨	41.869GJ/t	22.700	100	3.485tCO_2/t	13.6887
	焦油	11.703 万吨	33.496GJ/t	22.000	100	2.702tCO_2/t	31.6216
	粗钢	853.601 万吨	—	—	—	0.015tCO_2/t	13.1455
	BFG	27856.220 万立方米（标准状态）	37.690GJ/万立方米（标准状态）	70.800	100	0.978tCO_2/km^3	27.2554
	COG	64.200 万立方米（标准状态）	180.037GJ/万立方米（标准状态）	12.100	100	0.799tCO_2/km^3	0.0513
	小计						85.7625
合计							1824.1431
吨钢 CO_2 排放量/t							2.137

注：电力的 CO_2 排放因子取华北地区平均值 1.058$tCO_2/(MW \cdot h)$；碳氧化率假定为 100%。

表 8-7 A 企业和 B 企业 CO_2 排放计算结果

项目	A 企业	B 企业
企业吨钢 CO_2 排放量/t	2.105	2.137
企业 CO_2 排放总量/t	18178744	18241431
化石燃料燃烧 CO_2 排放量/t	17502132	18414211
工业生产过程 CO_2 排放量/t	562787	632416
净购入使用的电力、热力产生的 CO_2 排放量/t	812496	52429
固碳产品隐含的 CO_2 排放量/t	698671	857625

8.4.5 核查注意事项

对钢铁企业碳排放核查过程中存在的问题进行分析，提出如下建议和注意事项。

（1）碳排放核查的基础数据。钢铁企业碳排放核查的基础数据主要来源于企业的生产实际，包括企业主要生产设备规模及其规模概况、能源平衡表、生产物料消耗数据、大宗原燃料的工业分析/元素分析测试结果及副产煤气的主要成分及热值等。

1）企业主要生产设备及其规模概况：按 GB/T 32151.5—2015《温室气体排放核算与报告要求　第 5 部分：钢铁生产企业》和 RB/T 251—2018《钢铁企业温室气体排放核查技术规范》要求核查企业填报结果即可。

2）企业能源平衡表：能源平衡表中固体原燃料应以干基计量。根据对企业干焦耗煤量的调研分析可知，仅有个别企业的能源平衡表数据明确是干基计量的，如以湿基计量，要注意干湿基的转换。建议今后我国钢铁企业的能源平衡表中的主要能源种类（包括熔剂量）统一用干基计量，且各种原料、燃料等都要统一单位。

3）生产物料消耗数据。需要重点核查的生产物料消耗数据主要包括熔剂（石灰石、白云石等）、含碳原料（如电极、生铁、铁合金等）、可以抵扣碳排放的外卖副产品（如焦油、粗苯等），所需要的数据内容详见表 8-8。

表 8-8 企业重点核查的生产物料消耗调研表

序号	物料名称	外购量/t	外销量/t	生产消耗量/t
1	石灰石			
2	白云石			
3	电极			
4	生铁			

续表 8-8

序号	物料名称	外购量/t	外销量/t	生产消耗量/t
5	直接还原铁			
6	镍铁合金			
7	铬铁合金			
8	钼铁合金			
9	甲醇			
10	焦油	生产量:		
11	粗苯	生产量:		
12	其他固碳产品或副产品	生产量:		

4）大宗原燃料的工业分析/元素分析测试结果。为了反映我国钢铁企业的实际，需要对固体燃料做相应的元素分析、工业分析及发热量的测量，确定相应固体燃料在干燥基条件下的碳含量及热值，从而调整指南中的相应参数后的计算结果才能比较真实地反映我国钢铁企业的实际情况。对实在有困难的企业，则可选择用指南中的缺省值计算。煤和焦炭的工业分析和元素分析测试见表 8-9。

表 8-9　煤和焦炭的工业分析和元素分析测试

<table>
<tr><th rowspan="2">化石燃料种类</th><th colspan="5">工业分析（收到基）</th><th colspan="2">元素分析</th></tr>
<tr><th>全水/%</th><th>灰分/%</th><th>挥发分/%</th><th>固定碳/%</th><th>低位发热量/MJ·kg^{-1}</th><th>干燥基碳含量/%</th><th>备注</th></tr>
<tr><td>洗精煤</td><td></td><td></td><td></td><td></td><td></td><td></td><td></td></tr>
<tr><td>无烟煤</td><td></td><td></td><td></td><td></td><td></td><td></td><td></td></tr>
<tr><td>烟煤</td><td></td><td></td><td></td><td></td><td></td><td></td><td></td></tr>
<tr><td>动力煤</td><td></td><td></td><td></td><td></td><td></td><td></td><td></td></tr>
<tr><td>外购焦炭</td><td></td><td></td><td></td><td></td><td></td><td></td><td></td></tr>
<tr><td>自产焦炭</td><td></td><td></td><td></td><td></td><td></td><td></td><td></td></tr>
<tr><td>汽油</td><td></td><td></td><td></td><td></td><td></td><td></td><td rowspan="4">碳含量</td></tr>
<tr><td>柴油</td><td></td><td></td><td></td><td></td><td></td><td></td></tr>
<tr><td>焦油</td><td></td><td></td><td></td><td></td><td></td><td></td></tr>
<tr><td>粗苯</td><td></td><td></td><td></td><td></td><td></td><td></td></tr>
<tr><td>其他</td><td></td><td></td><td></td><td></td><td></td><td></td><td></td></tr>
</table>

注：煤和焦炭的取样测试方法，请参考 GB/T 212—2001《煤的工业分析方法》、GB/T 213—2003《煤的发热量测定方法》和 GB 476—2001《煤的元素分析方法》；油类的取样测试方法，请参考 DL/T 567.9—95《燃油元素分析》。

5）煤气主要成分及热值。对副产煤气而言，通常企业都有对其主要成分及热值的测量（见表 8-10），进而可以计算出副产煤气的 CO_2 排放因子。

表 8-10 副产煤气主要成分及热值

种类	成分/%								热值/$MJ \cdot m^{-3}$
	CO_2	O_2	CO	CH_4	C_mH_n	H_2	N_2	H_2O	
COG									
BFG									
BOFG									

（2）能源种类的划分和对应。因各企业能源种类划分不同，在没有对其进行工业分析、元素分析和发热量分析的前提下，按如下方案对应：

1）能源平衡表中炼焦煤对应于指南中的洗精煤；

2）能源平衡表中喷吹煤对应于指南中的无烟煤；

3）能源平衡表中动力煤、原煤、劣质煤对应于指南中的褐煤；

4）能源平衡表中石油焦、沥青对应于指南中的焦炭；

5）能源平衡表中重油对应于指南中的燃料油；

6）能源平衡表中轻油对应于指南中的汽油。

（3）合理的物料逻辑关系的核查。生产系统所消耗的各种“物料”比值与产量是紧密相关的，它涉及生产系统中的煤/焦比、矿/铁比、铁/钢比、材/钢比、灰（熔剂）/钢比、炼钢生产钢铁料消耗等方面。举例说明如下。

煤/焦比：在复核企业能源平衡表时，不少企业炼焦洗精煤消耗的实物量与自产焦炭量其比值在 1.35～1.43 之间，说明炼焦洗精煤为湿基计量，原冶金工业部对钢铁企业能源平衡表要求为干基计量；因此，企业必须有煤的工业分析，从理论上讲，吨干焦所需干洗精煤量的比值应在 1.29～1.33 之间。如某企业能源平衡表中煤/焦比为 1.41，按干量应为 1.31，误差 8%，即 8%就是煤中所含的外在水量，仅此误差使企业吨钢 CO_2 排放量增加 0.2t。在钢铁联合企业中炼焦洗精煤用量占企业总用煤量的 50%～60%，因此洗精煤的工业分析格外重要。此外，个别企业炼焦洗精煤消耗的实物量与自产焦炭量的比值低于 1.28，说明其数据本身就存在问题，对这样的企业可能还存在炼焦耗热量偏低、能源转换差为负值、吨焦产焦炉煤气量偏离正常值等多种问题。

经研究，其他主要的物料逻辑关系范围大致可按如下取值：矿/铁比 1.60～1.65，铁/钢比 0.90～0.97，材/钢比 0.95～0.98，灰（熔剂）/钢比 0.05～0.08，炼钢生产钢铁料消耗 1.05～1.10。

（4）核查过程中要注意对能源平衡表和指南中排放因子的单位换算：如 MW · h 与万千瓦 · 时，kgce 与 GJ、TJ 等的互换。

（5）在 CO_2 排放核查时，对长流程而言，核查重点在铁前工序，尤其是高炉炼铁工序；对短流程而言，核查重点在电炉炼钢工序。

（6）核查时，理论上是可以结合钢比系数，通过工序层面的核查计算出企业的 CO_2 排放值；并与企业层面的核查结果对比，从而校对核查结果的可靠性。然而，由于工序层面上的核查需要大量基础数据，且边界复杂，不建议采用。

参考文献

[1]《京都议定书》中文版［R］. 2017，12.

[2] 孟早明，葛兴安．中国碳排放权交易实务［M］. 北京：化学工业出版社，2017.

[3] 李通．碳交易市场的国际比较研究［D］. 吉林：吉林大学，2012.

[4] 吴子君，王方思，唐邵玲．国际四大碳交易市场的比较研究［J］. 商场现代化，2011，(23)：3-4.

[5] 王静．欧盟碳排放交易体系对中国客运航空公司的影响研究［D］. 大连：东北财经大学，2013.

[6] Abdul Quader M，Shamsuddin Ahmed，Dawal S Z，et al. Present needs，recent progress and future trends of energy-efficient Ultra-Low Carbon Dioxide（CO_2）Steelmaking（ULCOS）program［J］. Renewable and Sustainable Energy Reviews，2016，(55)：537-549.

[7] 王东彦．超低碳炼钢项目中改造型炼铁工艺研发进展［J］. 世界钢铁，2011（1）：29-37.

[8] Shigeaki Tonomura，Naoki Kikuchi，Natsuo Ishiwata，et al. Concept and current state of CO_2 ultimate reduction in the steelmaking process（COURSE50）aimed at sustainability in the Japanese Steel Industry［J］. Journal of Sustainable Metallurgy，2016，2（3）：191-199.

[9] Koki Nishioka，Yutaka Ujisawa，Shigeaki Tonomura，et al. Sustainable aspects of CO_2 ultimate reduction in the steelmaking process（COURSE50 Project），part 1：hydrogen reduction in the blast furnace［J］. Journal of Sustainable Metallurgy，2016，2（3）：200-208.

[10] Masami Onoda，Yoichi Matsuzaki，Firoz A. Chowdhury，et al. Sustainable aspects of ultimate reduction of CO_2 in the steelmaking process（COURSE50 Project），part 2：CO_2 capture［J］. Journal of Sustainable Metallurgy，2016，2（3）：209-215.

附录　主要工序理论极限能耗探讨

F1　焦化工序极限能耗探讨

F1.1　焦化工序能耗的计算边界

焦化工序能耗是指备煤车间（不包括洗煤）、炼焦车间和回收车间（煤气净化工段）、厂内部原料煤等的损耗，以及辅助生产系统（机修、化验、计量、环保等）和生产管理、调度指挥系统等所消耗能源量，扣除自身回收利用和外供的能源量，见图 F-1，不包括精制（虚线框以外的部分），不包含煤气精制和为生产服务的附属生产系统的食堂、浴池、保健站、休息室的能源消耗。其中备煤车间包括贮煤、粉碎、配煤及其除尘、煤调湿等；炼焦车间包括炼焦、熄焦、筛运焦、装煤除尘、出焦除尘和筛运焦除尘等；回收车间包括冷凝鼓风、氨回收、苯回收、脱硫、脱氰、脱萘等工序和酚氰污水处理；干熄焦产出只计到蒸汽，不含发电装置。

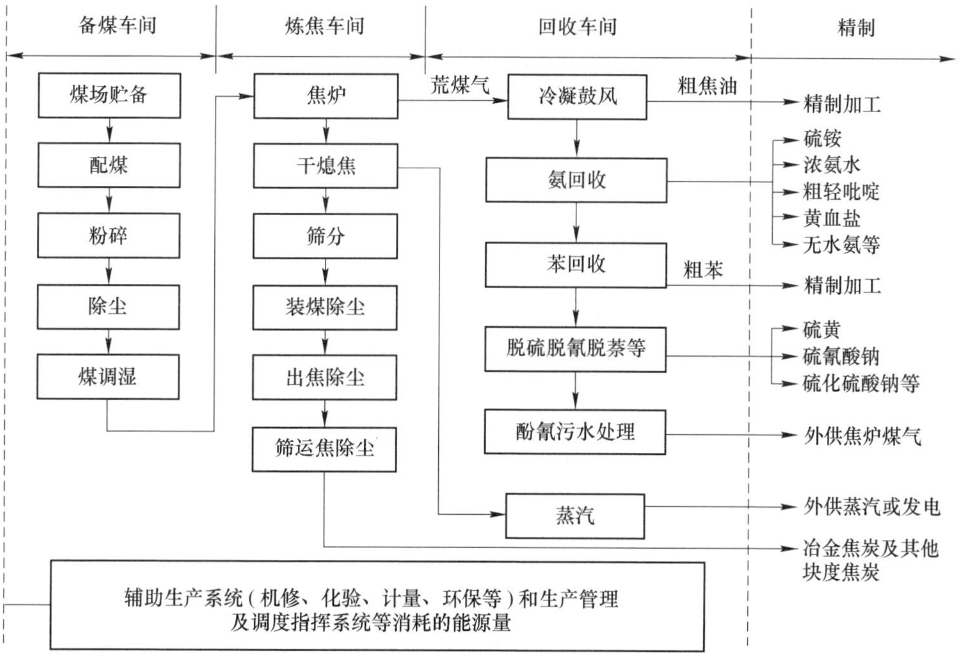

图 F-1　焦化工序能耗统计范围

F1.2 焦化工序基准能耗

焦化工序基准能耗是指某一企业焦炉生产 1t 合格焦炭所消耗的能源量，作为本节讨论其理论极限能耗的基准能耗。

通常，焦化工序能耗的计算是由 4 部分组成：投入、产出、其他消耗和回收，如表 F-1 所示。

表 F-1 某企业焦化工序能耗计算表

项目	实物量单位	单耗	折算系数	单位能耗
		单位/t 焦	kgce/单位	kgce/t 焦
投入				
洗精煤	kg	1326	1.0143	1344.96
小计				1344.96
产出				
焦炭	kg	1000	0.9714	971.40
COG	m^3	428.69	0.6	257.21
焦油	kg	54.57	1.1429	62.37
粗苯	kg	15.82	1.4286	22.60
小计				1313.58
能源转换差				31.38
其他消耗				
BFG	m^3	613.91	0.1286	78.95
COG	m^3	75.12	0.6	45.07
电力	kW·h	42.19	0.404	17.04
蒸汽	kg	248.7	0.1286	31.98
水	t	0.93	0.0857	0.08
氮气	m^3	7.54	0.4	3.02
压缩空气	m^3	12.8	0.04	0.51
小计				176.66
回收				
CDQ 回收蒸汽	kg	500	0.1286	64.30
工序能耗				143.74

综上，在炼焦生产中以煤为能源和加工原料的生产，产生物料的质量损失，有些是工艺性损耗，有些是技术与管理性损耗，一般学者认为损耗应在 3%～4%，折合标准煤 10～30kgce/t 焦。

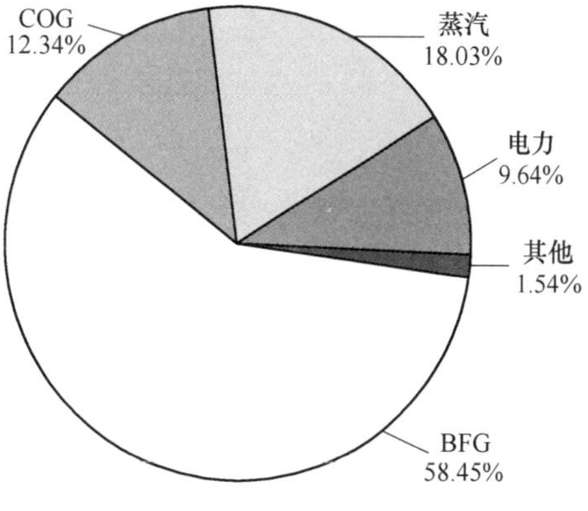

图 F-2 焦化工序能耗构成

分析焦化三个车间的能源消耗可知：备煤车间主要能耗为电耗和少量蒸汽消耗；炼焦车间主要能耗为煤气消耗和电耗，是焦化工序能耗的主体；而煤气回收车间主要消耗蒸汽、电力等介质。在焦化工序能耗中，若不考虑回收部分，燃料消耗约占 70.79%，蒸汽消耗约占 18.03%，电力消耗约占 9.64%，其他动力介质大致能占 1.54%，见图 F-2。因此，其他动力介质消耗在计算焦化工序极限能耗时可不予考虑。焦化工序的极限能耗消费端将主要考虑燃料消耗量（炼焦耗热量）、蒸汽及电力的消耗；而回收端将主要考虑焦炭和 COG 的显热量（目前尚无成熟技术回收 COG 显热）。

F1.3 焦化工序极限能耗

焦化工序极限能耗是指在理想工况条件下，焦炉生产 1t 合格焦炭所需要的最小能源量。

F1.3.1 理想工况条件假设

理想工况条件假设如下：

（1）进入焦炉的煤，其挥发分全部变为 COG，其余碳全部干馏成焦炭；

（2）焦炉无空气、荒煤气等混入，荒煤气全部转换为净煤气及化产品，上升管煤气的显热全部回收；

（3）烟道废气显热全部回收，且无热损失；

（4）熄焦方式为干熄焦，焦炭显热 100%被回收为蒸汽发电，无热损失；

（5）BFG、COG、电力、工业水、蒸汽、氮气等辅助能源介质消耗最小；

（6）燃烧室热传导效率为 100%。

本节对理想的工况条件假设认为其散热为 0，另将对散热 10%、5%的工况条件下的工序极限能耗分别进行分析。

F1.3.2 计算方法

在理想工况条件下，散热为 0 时，其能源转换差也将为 0，也就是说煤全部转换为焦炭、COG 及其他化产品，从而这一部分物质的潜热在极限能耗中将不用再考虑，只考虑这部分物质对应的显热。

根据表 F-2 结合理想工况，在计算极限能耗时，热收入主要考虑加热煤气的燃烧热（即炼焦耗热量 H_{sup}^{CV}），热支出在理想工况下炉体表面散热不计；而废气

表 F-2 焦炉热平衡表

热收入			热支出		
项目	数值		项目	数值	
	kJ/t	%		kJ/t	%
加热煤气燃烧热	3522255	84.83	焦炭带出热量	1519643	36.60
加热煤气带入显热	9385	0.23	焦油带出热量	112520	2.71
漏入的荒煤气燃烧热	509165	12.26	粗苯带出热量	27819	0.67
助燃空气显热	65974	1.59	氨带出热量	6643	0.16
干煤带入显热	30614	0.74	净煤气带出热量	578793	13.94
入炉煤中水分显热	14638	0.35	水分带出热量	842862	20.30
			废气带出热量	711658	17.14
			炉体表面总散热量	496168	11.95
			差值	-144075	-3.47
合计	4152031		合计	4152031	

带出的热量已回收用于 CMC，属于内部消耗，均可以不再考虑；而粗苯、焦油、氨带出的显热大致为 5kgce/t 焦，此部分与热收入的显热相互抵消；同时，假设水分带出的热量由于 CMC 的作用入炉煤水分降到 6%，则其带出的热量 $H_{H_2O}^{CV}$ 大致为 17kgce/t 焦；焦炭带出的显热 H_{coke}^{CV} 大致为 52kgce/t 焦；净 COG 带出的显热 H_{COG}^{CV} 大致为 20kgce/t 焦。因此，回收项中假设焦炭、净 COG、水分所带出的显热均能回收，在计算极限能耗时要扣除 H_{coke}^{CV}、H_{COG}^{CV} 。

因此，在理想工况条件下，焦化工序的极限能耗消费端主要考虑燃料消耗量（炼焦耗热量）、蒸汽及电力的消耗；而回收端则主要考虑焦炭、净 COG 和水汽的显热量，可通过下式进行计算：

$$H^{CV} = H_{sup}^{CV} + H_{steam}^{CV} + H_{E}^{CV} - H_{coke}^{CV} - H_{COG}^{CV} - H_{H_2O}^{CV}$$

式中 H_{sup}^{CV} ——加热煤气燃烧热；

H_{steam}^{CV} ——蒸汽消耗量，kgce/t 焦；

H_{E}^{CV} ——电力消耗，kgce/t 焦；

H_{coke}^{CV}，H_{COG}^{CV}，$H_{H_2O}^{CV}$ ——分别为焦炭显热、净煤气显热和水汽显热，kgce/t 焦。

（1）加热煤气燃烧热 H_{sup}^{CV} 及 COG 和 BFG 的使用量 V_{COGf}^{CV}、V_{BFG}^{CV}。假设焦炭和 COG 的产量是固定不变的，则吨焦耗干煤量和吨焦 COG 发生量是与焦炭的产率（成焦率，W_{coke}^{CV}）成比例相关的。产生的 COG 有一部分返回燃烧室作燃料。燃烧室中的燃料为 BFG 和 COG，两者通过调整一定的配比，保持稳定的热工条件。此外，假设生产每吨焦炭所需的热量在任何条件下是固定不变的。从而，每吨焦炭生产所需加热煤气燃烧热 H_{sup}^{CV} 和其成焦率 W_{coke}^{CV} 也是成比例相关的。

$$H_{sup}^{CV} = Q_{COG}V_{COGf}^{CV} + Q_{BFG}V_{BFG}^{CV}$$

$$= (Q_{COG}^{0}V_{COGf}^{CV0} + Q_{BFG}^{0}V_{BFG}^{CV0}) \times \frac{W_{coke}^{CV}}{W_{coke}^{CV0}}$$

式中　H_{sup}^{CV}——加热煤气燃烧热；

Q_{COG}，Q_{COG}^{0}——分别为 COG 的理想工况条件和基准条件下的热值；

V_{COGf}^{CV}，V_{COGf}^{CV0}——分别为理想工况条件和基准条件下 COG 的用量；

Q_{BFG}，Q_{BFG}^{0}——分别为 BFG 的理想工况条件和基准条件下的热值；

V_{BFG}^{CV}，V_{BFG}^{CV0}——分别为理想工况条件和基准条件下 BFG 的用量；

W_{coke}^{CV}，W_{coke}^{CV0}——分别为理想工况条件和基准条件下干基成焦率。

此外，假设 COG 的组分不变，则：

$$Q_{COG} = Q_{COG}^{0}$$

为了保证燃烧室燃烧条件的稳定，需要调整 COG 和 BFG 的混合燃料的配比，稳定热值（Q_{fuel}^{CV}），同时保证空气比不变。

$$Q_{fuel}^{CV} = \frac{Q_{COG}V_{COGf}^{CV} + Q_{BFG}V_{BFG}^{CV}}{V_{COGf}^{CV} + V_{BFG}^{CV}} = \frac{Q_{COG}^{0}V_{COGf}^{0CV} + Q_{BFG}^{0}V_{BFG}^{0CV}}{V_{COGf}^{0CV} + V_{BFG}^{0CV}}$$

从而可以得到 COG 和 BFG 的使用量：

$$V_{COGf}^{CV} = \frac{(Q_{fuel}^{CV} - Q_{BFG})H_{sup}^{CV}}{(Q_{COG} - Q_{BFG})Q_{fuel}^{CV}}$$

$$V_{BFG}^{CV} = \frac{(Q_{COG} - Q_{fuel}^{CV})H_{sup}^{CV}}{(Q_{COG} - Q_{BFG})Q_{fuel}^{CV}}$$

只有当 BFG 的热值大于基准条件下的混合燃料的热值时，才不需要加 COG，此时，BFG 的使用量可由下式得到：

$$V_{BFG}^{CV} = \frac{H_{sup}^{CV}}{Q_{BFG}}$$

（2）成焦率 W_{coke}^{CV}。成焦率（W_{coke}^{CV}），是装炉煤（干）经高温干馏转变为焦炭（干）的百分率。成焦率主要取决于煤质，也受炼焦条件和炉型的影响。

$$W_{coke}^{CV} = (103.17 - 0.75V^{g} - 0.0067t_{J}),\%$$

式中　V^{g}——入炉煤干基挥发分含量，%；

t_{J}——推焦前 15min 测定的焦饼中心的温度，℃。

（3）蒸汽消耗 H_{steam}^{CV}。蒸汽主要是消耗在化工产品的生产上，不同企业其蒸汽消耗水平差异大，大致从 0~0.25t 蒸汽/t 焦，通过调研的 14 家企业的化产蒸汽消耗的平均值为 0.128t 蒸汽/t 焦，折合标准煤 16.46kgce/t 焦。

（4）电力消耗 H_{E}^{CV}。电力消耗主要是设备的运行，通过统计数据分析得到。调研 14 家企业进行统计分析，吨焦电耗在 20~50kW · h 之间，暂取 14 家企业的平均值 40kW·h，折合标准煤 14kgce（电力等价值条件下）。

（5）焦炭显热量 H_{coke}^{CV}。焦炭显热量（H_{coke}^{CV}）是热量出方中最主要的一项，该热量与主要变量焦饼中心温度（t_J）和焦炭的比热（C_{coke}）有关。

$$H_{coke}^{CV} = 1000C_{coke}t_J$$

（6）净煤气的显热量 H_{COG}^{CV}。净煤气显热主要与净煤气温度有关：

$$H_{COG}^{CV} = C_{COG}V_{COG}^{CV}t_{COG}$$

$$t_{COG} = 0.4066t_J + 329.51$$

由入炉煤挥发分含量可估算煤气产率（%）：

$$K_{mq}^{g} = K\sqrt{V^{g}}$$

式中，K 为比例系数，其数值大小与入炉煤的性质等因素有关。气煤 $K=3.0$，焦煤 $K=3.3$，对一般配合煤 $K=3.1$。本节 K 取 3.1。

吨焦产净煤气的质量（kg/t）：

$$G_{COG} = \frac{1000}{W_{coke}^{CV}} \times \frac{K_{mq}^{g}}{100}$$

因此，吨焦净煤气量（m^3/t）：

$$V_{COG}^{CV} = \frac{G_{COG}}{\gamma_{omq}}$$

式中，γ_{omq} 为标准状态下净煤气密度，kg/m^3，一般可按下式计算：

$$\gamma_{omq} = \frac{44CO_2 + 28CO + 16CH_4 + 2H_2 + 32O_2 + 32.6C_mH_n + 28N_2}{22.4 \times 100}$$

式中，CO_2、CO、CH_4、H_2、O_2、C_mH_n、N_2 分别为净煤气中相应组成的体积含量,%；n 为入炉煤量的有效系数（考虑装煤时的损耗），一般取 0.98~1.0，本节取 0.99。

（7）水汽的显热量 $H_{H_2O}^{CV}$。$H_{H_2O}^{CV}$ 暂时取 17kgce/t 焦。

F1.3.3 焦化工序极限能耗的计算

初始条件：$V^g = 26.5\%$，$t_J = 1050℃$，$W_{coke}^{CV0} = 76.73\%$，$C_{coke} = 1.4kJ/(kg·℃)$，$C_{COG} = 1.485kJ/(m^3·℃)$。

COG 成分表见表 F-3。

表 F-3 COG 成分表 （%）

成分	H_2	CH_4	CO	C_mH_n	CO_2	N_2	O_2
焦炉煤气	58	25	6	3	2.5	5	0.5

（1）成焦率 W_{coke}^{CV}：

$$W_{coke}^{CV} = (103.17 - 0.75V^{g} - 0.0067t_J) = 76.26\%$$

（2）加热煤气燃烧热 H_{sup}^{CV}：

$$H_{sup}^{CV} = Q_{COG}V_{COGf}^{CV} + Q_{BFG}V_{BFG}^{CV} = (Q_{COG}^{0}V_{COGf}^{CV0} + Q_{BFG}^{0}V_{BFG}^{CV0})\frac{W_{coke}^{CV}}{W_{coke}^{CV0}}$$

$$= 123.41\text{kgce/t 焦}$$

（3）蒸汽消耗 H_{steam}^{CV}：

$$H_{steam}^{CV} = 16.46\text{kgce/t 焦}$$

（4）电力消耗 H_{E}^{CV}：

电力等价值条件下，$H_{E}^{CV} = 14\text{kgce/t 焦}$

（5）焦炭显热量 H_{coke}^{CV}：

$$H_{coke}^{CV} = 1000 \times C_{coke} \times t_{J} = 50.19\ \text{kgce/t 焦}$$

（6）净煤气的显热量 H_{COG}^{CV}：

$$\gamma_{omq} = \frac{44CO_2 + 28CO + 16CH_4 + 2H_2 + 32O_2 + 32.6C_mH_n + 28N_2}{22.4 \times 100} = 0.4678\text{kg/m}^3$$

$$K_{mq}^{g} = K\sqrt{V^{g}} = 15.97\%$$

$$G_{COG} = \frac{1000}{W_{coke}^{CV}} \times \frac{K_{mq}^{g}}{100} = 209.09\text{kg/t 焦}$$

$$V_{COG}^{CV} = \frac{G_{COG}}{\gamma_{omq}} = 447\text{m}^3/\text{t}$$

$$t_{COG} = 0.4066t_{J} + 329.51 = 756.44℃$$

$$H_{COG}^{CV} = C_{COG}V_{COG}^{CV}t_{COG} = 17.14\text{kgce/t 焦}$$

（7）水汽的显热量 $H_{H_2O}^{CV}$：

$$H_{H_2O}^{CV} = 17\text{kgce/t 焦}$$

焦化工序极限能耗：

$$H^{CV} = H_{sup}^{CV} + H_{steam}^{CV} + H_{E}^{CV} - H_{coke}^{CV} - H_{COG}^{CV} - H_{H_2O}^{CV}$$

$$= 123.41+16.46+14-50.19-17.14-17$$

$$= 69.54\text{kgce/t 焦}$$

焦化工序理论极限能耗计算表见表 F-4。

表 F-4　焦化工序理论极限能耗计算表

项　　目		单位能耗/kgce · t 焦$^{-1}$
投入-产出（能源转换差）		0
消耗	加热煤气燃烧热 H_{sup}^{CV}	123.41
	电力消耗 H_{E}^{CV}	14
	蒸汽消耗 H_{steam}^{CV}	16.46

续表 F-4

项目		单位能耗/kgce · t 焦$^{-1}$
回收	焦炭显热量 H_{coke}^{CV}	50.19
	净煤气显热量 H_{COG}^{CV}	17.14
	水汽的显热量 $H_{H_2O}^{CV}$	17
合计 H^{CV}		69.54

由此可以得出，理想工况条件下，界定的统计范围内，焦化工序理论极限能耗为 69.54kgce/t 焦。

F2 烧结工序极限能耗探讨

F2.1 烧结工序能耗的计算边界

烧结工序能耗为生产系统（从熔剂、燃料破碎开始，经配料、原料运输、工艺过程混料、烧结机、烧结矿破碎、筛分等到成品烧结矿皮带机离开烧结工序为止的各生产环节）和辅助生产系统（生产管理及调度指挥系统、机修、化验、计量、水处理、烧结除尘和脱硫等环保设施）消耗的能源量，扣除工序回收的能源量。不包括附属生产系统（如食堂、保健站、休息室等）消耗的能源量，烧结工序能耗统计边界见图 F-3。

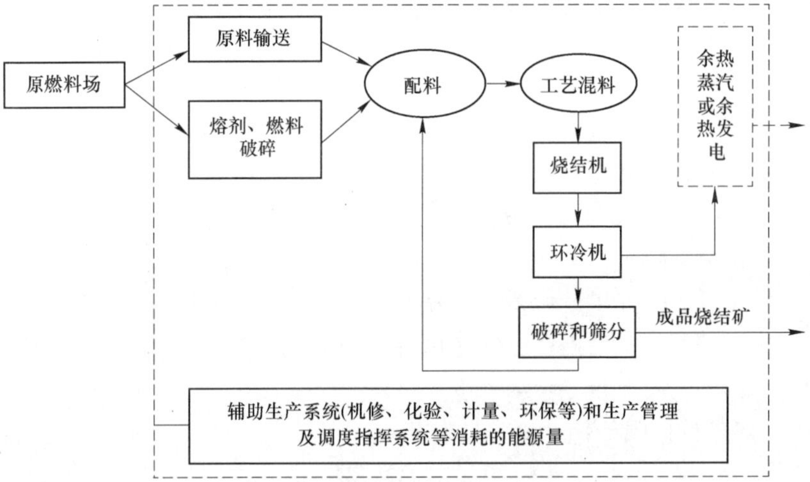

图 F-3 烧结工序能耗统计范围

F2.2 烧结工序基准能耗

烧结工序基准能耗是指某一企业烧结机生产 1t 合格烧结矿所消耗的能源量，作为本节讨论其理论极限能耗的基准能耗。

烧结工序主要消耗的能源介质及比例见表 F-5 和图 F-4。由此可见，烧结工

表 F-5　某企业烧结工序能耗构成

月份	焦粉 /kg·t⁻¹	电 /kW·h·t⁻¹	水 /t·t⁻¹	压空 /m³·t⁻¹	耗煤气 /m³·t⁻¹	工序能耗 /kgce·t⁻¹
实物量	59.10	48.63	0.028	7.957	46.22	61.753
折标准煤系数	0.86	0.1229	0.0452	0.0126	0.105	

序的能源结构中，固体燃料消耗和煤气消耗占烧结工序能源消耗的90%以上，固体燃料和煤气主要为烧结过程提供热量。电力消耗占烧结工序能耗的9%以上，主要用于风机。烧结过程中产生了大量的余热，主要包括烧结烟气的显热和烧结矿的显热，烧结烟气的温度虽然相对较低，但是由于烟气量大，因此这部分余热资源量也是很大的。若要降低烧结工序能耗应主要从降低固体燃料、电力和点火煤气消耗以及充分回收烧结过程中产生的余热着手。

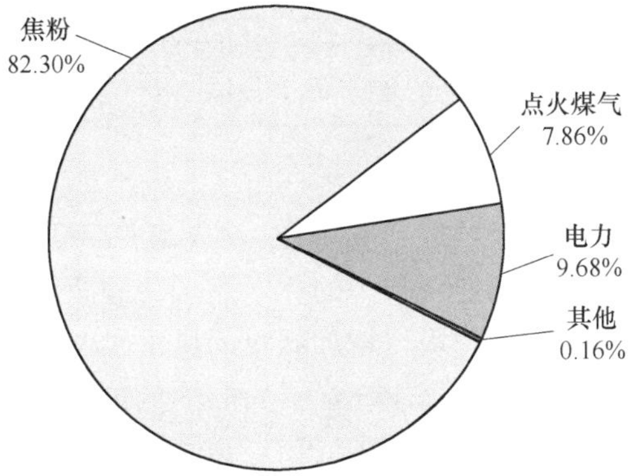

图 F-4　某企业烧结工序能耗构成

F2.3　烧结工序极限能耗

通过对某企业烧结机的热平衡分析，得到了热量的输入及利用分布情况，通过分析热量的使用情况，挖掘烧结工序可以减少热量利用的部位及可以回收的余热资源量。

某钢厂烧结机热平衡表见表 F-6。

表 F-6　某钢厂烧结机热平衡表

热收入				热支出			
序号	项目	热量 /MJ·t⁻¹	比例 /%	序号	项目	热量 /MJ·t⁻¹	比例 /%
1	固体燃料的化学热	1729.31	82.95	1	混合料物理水蒸发热	266.03	12.76
2	点火煤气化学热	131.58	6.31	2	结晶水分解热	185.93	8.92
3	点火煤气物理热	2.15	0.10	3	碳酸盐分解热	136.23	6.53
4	助燃空气物理热	19.83	0.95	4	成品烧结矿物理热	630.00	30.22
5	烧结过程中空气带入物理热	11.39	0.55	5	返矿物理热	163.36	7.84

续表 F-6

热收入				热支出			
序号	项目	热量 /MJ · t^{-1}	比例 /%	序号	项目	热量 /MJ · t^{-1}	比例 /%
6	化学反应放热	106.98	5.13	6	铺底料物理热	91.34	4.38
7	混合料的物理热	74.96	3.60	7	烧结烟气带出的物理热	332.64	15.96
8	铺底料带入的物理热	6.09	0.29	8	化学不完全燃烧热损失	156.11	7.49
9	高炉灰及返矿残碳化学热	2.45	0.12	9	主要热损失及不平衡差值	123.18	5.91
10	生石灰消化放热	0.088	0.00				
热量总收入		2084.83	100	热量总支出		2084.83	100

由表 F-6 可见，按支出项的大小顺序依次为：烧结饼的显热（包括成品烧结矿、返矿及铺底料)、烧结烟气显热、混合料物理水蒸发热、结晶水的分解热、化学不完全燃烧损失的化学热、碳酸盐分解热和其他热损失。在现有的铁精矿和燃料条件下，可以增加回收的热量或减少的热损失为烧结饼的显热、烧结烟气的显热、化学不完全燃烧损失的热量、碳酸盐分解热和其他热损失。

本节主要从减少烧结过程燃料的化学不完全燃烧损失、碳酸盐分解热和其他热损失以及余热回收方面对烧结工序能耗的极限值进行分析。

F2.3.1 理想工况条件假设

（1）褐铁矿和半褐铁矿的用量占烧结混合料的比例为 12.36%；

（2）熔剂全部采用生石灰；

（3）烧结矿 FeO 含量为 7.36%；

（4）烧结烟气 CO 含量为 0.44%；

（5）烧结饼和烧结烟气初始温度分别为 750℃、180℃，回收后温度分别为 100℃和 90℃；

（6）烧结饼和烧结烟气显热全部回收。

F2.3.2 极限能耗分析

F2.3.2.1 减少化学不完全燃烧损失的热量

由表 F-6 可见，化学不完全燃烧损失的热量为 156.11MJ/t，主要包括烧结烟气中含有碳不完全燃烧产生的 CO 的化学热和烧结矿中残碳的化学热。

根据热力学数据，可以计算反应 $C_{(s)} + CO_{2(g)} = 2CO_{(g)}$ 的平衡常数和不同温度下的气相组成，以下为计算过程：

$$C_{(s)} + \frac{1}{2}O_{2(g)} = CO_{(g)} \qquad \Delta G_1^{\ominus} = -26700 - 20.95T \qquad (F2\text{-}1)$$

$$C_{(s)} + O_{2(g)} = CO_{2(g)} \qquad \Delta G_2^{\ominus} = -94200 - 0.20T \qquad (F2\text{-}2)$$

(F2-1)×2(F2-2) 得：

$$C_{\{S\}} + CO_{2(g)} = 2CO_{(g)} \qquad \Delta G_3^{\ominus} = 40800 - 41.70T$$

$$\lg K_3 = \lg \frac{P_{CO}^2}{P_{CO_2}} = \frac{-\Delta G_3^{\ominus}}{4.575T} = -\frac{8920}{T} + 9.117 = -\frac{8920}{1200+273} + 9.117 = 3.06$$

即

$$K_3 = \frac{P_{CO}^2}{P_{CO_2}} = 1151.68 \tag{F2-3}$$

假设在 1 个大气压条件下，令

$$P = P_{CO} + P_{CO_2} = 0.157 \tag{F2-4}$$

$$x = P_{CO}/P \tag{F2-5}$$

由式（F2-4）~式（F2-5）可以解出：

$$x = \frac{K_3}{2P}\left(\pm\sqrt{1+\frac{4P}{K_3}} - 1\right) = 0.025$$

$$P_{CO} = xP = 0.025 \times 0.157 = 0.0039$$

$$P_{CO_2} = P - P_{CO} = 0.157 - 0.0039 = 0.1531$$

则烧结烟气中 CO 与 CO_2 的分压比为：$\frac{P_{CO}}{P_{CO_2}} = \frac{0.0039}{0.1531} = 0.03$，即烧结烟气中的 CO 与 CO_2 的体积比为 0.03。而实际烧结烟气中的 CO 与 CO_2 的体积比为 $\frac{P_{CO}}{P_{CO_2}} = \frac{3.56\%}{13.2\%} = 0.27$，说明烧结过程中存在碳不完全燃烧的现象。这部分不完全燃烧碳损失的化学热计算过程如下。

设烟气中的 CO 含量最低应为 x，则：

$$\frac{P_{CO}}{P_{CO_2}} = \frac{x}{13.2 + \frac{1}{2}(3.56 - x)} = 0.03$$

解方程得 $x = 0.44\%$。

若不考虑烟气量的变化，则此时烧结烟气中可燃气体带走的化学热为

$$\begin{aligned} q_{hx} &= V_f^s \times 30.2 \times \varphi(CO^{S'}) \\ &= 1780 \times 30.2 \times 0.44\% \times 42 \\ &= 9934.11\text{kJ/t} \end{aligned}$$

式中　V_f^s——烧结烟气总量，m^3/t；

$\varphi(CO^{S'})$——烧结烟气中 CO 体积分数，%。

因此，根据烟气中可燃气体成分得出的化学不完全燃烧可以挖掘的潜力为

$$\begin{aligned} E_{hx} &= 80375.97 - 9934.11 \\ &= 70441.86\text{kJ/t} \\ &= 70.44\text{MJ/t} \end{aligned}$$

注：80375.97kJ/t 为该钢厂当时条件下烧结过程中烧结烟气中可燃气体带走的化学热，在热平衡计算中，此处只引用结果。

F2.3.2.2 碳酸盐分解热

烧结过程中添加熔剂是强化烧结过程的有效措施，同时将高炉需要的熔剂在烧结过程中添加，满足了高炉精料的需求。该钢厂烧结过程中使用了三种熔剂：石灰石、白云石和生石灰，其中石灰石和白云石在烧结过程中会发生分解吸热，因此耗热量高，而生石灰不但不会分解吸热，而且遇水消化放热，可以提高混合料温度，提高烧结过程热利用率，从而节省燃料。同时 CaO 对碳的燃烧有催化作用，改善碳粒的燃烧性，促进烧结生产率的提高。

该钢厂烧结工序石灰石、白云石和生石灰的消耗量分别为 26.10kg/t、61.26kg/t 和 76.22kg/t，其中石灰石中 CaO 含量为 50.50%，白云石中 CaO 和 MgO 的含量分别为 30.03%和 21.35%，生石灰中 CaO 含量为 68.19%。将石灰石和白云石折算为生石灰，则烧结过程中需要的生石灰的量为

$$M_{CaO} = \frac{(26.10 \times 50.50\% + 61.26 \times 30.03\%) + \frac{56}{40} \times (26.10 \times 2.99\% + 61.26 \times 21.35\%)}{68.19\%} + 76.22$$

$$= 150.98\text{kg/t}$$

则生石灰消化放热为

$$\begin{aligned} q_{xhr} &= G_{sh} \times Q_{xh} \\ &= 150.98 \times 1.16 \\ &= 175.14\text{kJ/t} \end{aligned}$$

式中 G_{sh}——生石灰用量，kg/t；

Q_{xh}——1kg 生石灰消化放热。

由此可见，用生石灰代替石灰石和白云石不仅消除了碳酸盐的分解吸热，而且生石灰消化还放热，增加了烧结过程的热量输入，这部分可以挖掘的极限潜力为

$$\begin{aligned} E_{rj} &= 136233.37 + 175.14 \\ &= 136408.51\text{kJ/t} \\ &= 136.41\text{MJ/t} \end{aligned}$$

注：136233.37kJ/t 为该钢厂当时条件下烧结过程碳酸盐分解消耗的热量。

F2.3.2.3 其他热损失

烧结过程的其他热损失主要包括点火保温炉的表面散热、烧结料面的表面散热、烧结台车散热，以及冷却水带走的热量等。由表 F-6 可见，该钢厂烧结工序

这部分热损失加上热平衡差值为 123. 18MJ/t，按照日本烧结过程的热损失比例 3. 3%计算，该钢厂的这部分热损失为 68. 80MJ/t（2084. 83×3. 3%=68. 80MJ/t），而该钢厂烧结机的这部分热损失为 61. 30MJ/t，因此，通过采取相应措施，该钢厂烧结在实际生产过程中也可以达到该水平，这部分可以挖掘的潜力为 7. 50MJ/t。

通过上述分析，该钢厂烧结工序在热量利用方面还可以挖掘的极限潜力为

$$
\begin{aligned}
E &= E_{yr} + E_{hx} + E_{rj} + E_{sh} \\
&= 273.90 + 70.44 + 136.41 + 7.50 \\
&= 488.25\text{MJ/t}
\end{aligned}
$$

F2. 3. 2. 4　电力消耗可以挖掘的潜力

钢厂烧结工序的电耗为 49. 33kW · h/t，而日本钢铁企业的烧结工序电耗平均为 35. 83kW · h/t。因此，通过设备改造、减少烧结机漏风率等措施该钢厂烧结工序电耗可以实现 35. 83kW · h/t 的目标。可见，该钢厂烧结工序电耗可以挖掘的潜力为 13. 5kW · h/t，折合 1. 66kgce/t。

F2. 3. 2. 5　余热回收

在分析热平衡的基准时间时，该钢厂烧结工序没有采用余热回收技术，因此，烧结矿显热和烧结烟气显热，全部白白地浪费掉了。由热平衡计算可知，烧结矿显热和烧结烟气显热产生量为 41. 56kgce/t 矿，按回收效率 40%计算，则可回收余热 16. 62kgce/t。

通过对烧结工序热量支出项潜力的挖掘分析，以达到减少热量输入项的目的，由以上计算得知，在上述条件下该钢厂烧结工序在热量利用方面可以挖掘的极限潜力为 488. 25MJ/t，折合标准煤为 16. 67kgce/t；可以挖掘的电力消耗潜力为 13. 5kW · h/t，折合标准煤为 1. 66kgce/t；烧结余热回收量为 16. 62kgce/t。因此，理论可挖掘潜力为 34. 80kgce/t。

该钢厂基准烧结工序能耗为 61. 75kgce/t。因此，理想工况条件下，该厂烧结工序的理论极限能耗为 26. 89kgce/t。

F3　高炉炼铁工序极限能耗探讨

F3. 1　高炉炼铁工序能耗的计算边界

高炉炼铁工序能耗为生产系统（原燃料供给、鼓风、热风炉、煤粉干燥及喷吹、高炉本体、渣铁处理等系统）和辅助生产系统（生产管理及调度指挥系统、机修、化验、计量、水处理及除尘等环保设施）消耗的能源量，扣除工序回收的能源量。不包括附属生产系统（如食堂、保健站、休息室等）消耗的能源量。高炉炼铁工序能耗统计范围见图 F-5。

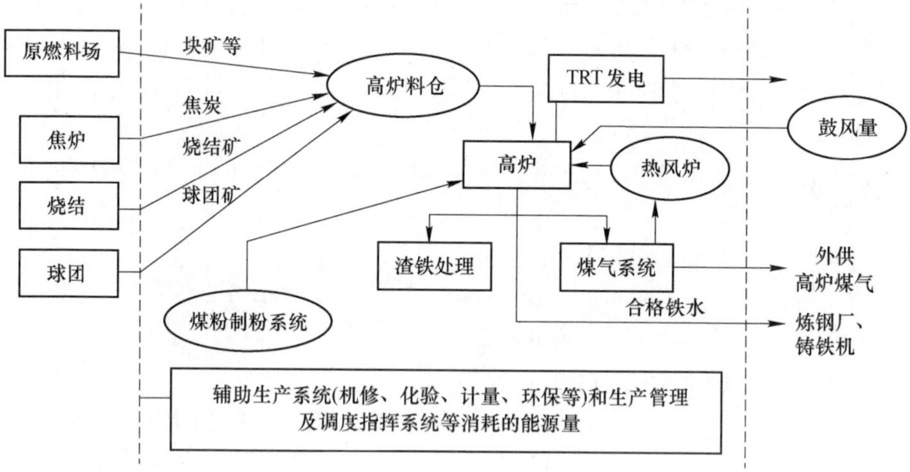

图 F-5 高炉炼铁工序能耗统计范围

F3.2 炼铁工序基准能耗

炼铁工序基准能耗是指某一企业烧结机生产 1t 合格生铁所消耗的能源量，作为本节讨论其理论极限能耗的基准能耗。

由图 F-6 和表 F-7 可知，高炉炼铁工序的能源结构中，含碳能源消耗占 95.31%，其他能源介质消耗不到 5%。在高炉炼铁生产过程中消耗大量能源的同时产生大量的二次能源，但是目前的技术条件下仅回收了高炉煤气和以 TRT 发电的方式回收了部分炉顶煤气余压能。因此，讨论炼铁工序能耗主要从降低燃料消耗（主要是降低焦比）和提高能源回收水平（回收高炉煤气和炉顶余压）两个方面出发。

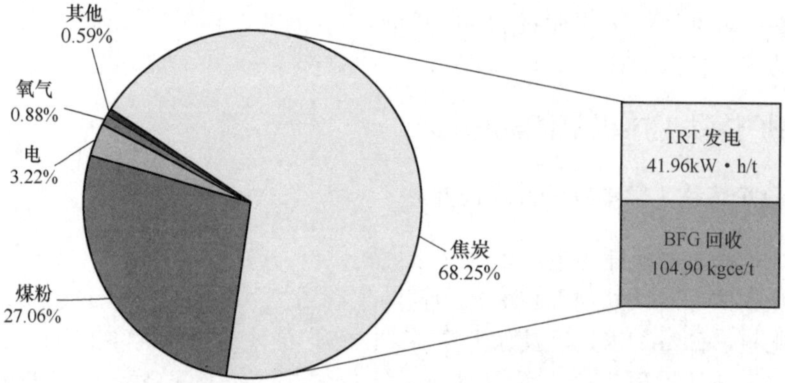

图 F-6 某企业炼铁工序能耗构成

表 F-7 某企业高炉炼铁工序能耗表

项目		实物量	折标准煤 /kgce·t^{-1}
消耗	焦炭	363.72kg/t	349.17
	喷吹煤	191.58kg/t	138.46
	电	133.88kW·h	16.45
	水	0.5t/t	0.02
	蒸汽	15.4kg/t	1.99
	氧气	48.15m^3/t	4.48
	氮气	39.63m^3/t	0.48
	压缩空气	46.43m^3/t	0.58
	耗煤气	816.42m^3/t	85.76
回收	TRT 发电	-41.96kW·h	-5.16
	煤气回收	-1815.8m^3/t	-190.66
工序能耗			401.58

F3.3 炼铁工序极限能耗

通过对某企业某高炉炼铁工序的热平衡分析，得到了热量的输入及利用分布情况，通过分析热量的使用情况，挖掘烧结工序可以减少热量利用的部位及可以回收的余热资源量。某企业高炉热平衡分析结果见表 F-8。

表 F-8 某企业高炉热平衡分析

热收入				热支出			
序号	名称	数量/MJ	百分比/%	序号	名称	数量/MJ	百分比/%
1	碳氧化放热	8088.17	77.46	1	氧化物分解及脱硫	7072.91	67.74
2	鼓风带入的热量	1903.46	18.23	2	水分分解热	173.66	1.66
3	H_2 氧化放热	213.85	2.05	3	游离水蒸发热	34.89	0.33
4	成渣热	162.66	1.56	4	炉顶打水带走的热量	0	0.00
5	炉料物理热	73.12	0.70	5	喷吹燃料分解热	169.33	1.62
				6	铁水显热	1231.00	11.80
				7	炉渣显热	594.00	5.69
				8	煤气带走的热量	733.61	7.04
				9	冷却水及散热	412.26	3.96
				10	差值	19.61	0.19
ΣQ	热收入总量	10441.26	100	$\Sigma Q'$	热支出总量	10441.26	100

由高炉的热平衡分析可知，热量消耗最大的为氧化物的分解耗热，这部分耗热为高炉生产工艺所必需的，为不可逆热损失。另外，喷吹煤的分解耗热也为不可逆热损失。高炉的不可逆热损失与高炉的原燃料条件和选取的操作工艺有关，在此不作为分析的重点。对于高炉工序极限能耗的探讨主要侧重两个方面，其一，高炉实际焦比与理论焦比的差距，计算焦比可以降低的空间；其二，高炉炼铁工序二次能源的回收利用量与二次能源理论产生量的差距，以寻求二次能源的回收潜力。

F3.3.1 理论最低碳比的计算

此处的理论最低配碳比是指高炉冶炼单位生铁所需要的最低碳量，主要包括用于为高炉反应提供热量和矿石还原所需要的碳量，并存在一个适宜的直接还原度。该计算是在物料平衡和热平衡的基础上进行的，具体计算过程如下：

（1）氢还原 FeO 的还原度：

$$r_{H_2} = \frac{56}{22.4} \times \frac{b_{H_2} \times \sum H_2 \times \eta_{H_2}}{Fe_{还}}$$
$$= \frac{56}{22.4} \times \frac{0.95 \times 62.03 \times 38.5\%}{945}$$
$$= 0.06$$

式中 b_{H_2} ——与 FeO 反应的 H_2 量占 $H_{2还}$的比率，此值为 0.85~1.0，取 0.95；

$Fe_{还}$——还原得到的 Fe 量；

$\sum H_2$ ——炉料带入的氢总量，包括焦炭、煤粉及热风中的氢含量。

（2）作为发热剂需要的碳量的计算。根据热平衡可导出被鼓风和炉料中氧所氧化（即作为发热剂）的单位生铁所需要的碳量，有两种计算方法，一是以每千克碳氧化成 CO 为基础计算；二是以每千克碳被氧化及其鼓风的总热量为基础计算。这里采用第一种计算方法，具体计算过程如下：

$$C_{氧} = \frac{Q_C - 23614 \times \left[\frac{12}{56} \times Fe_{还} \times (1 - r_{H_2} - r_d) + \frac{12}{112} \times Fe_{Fe_2O_3} + \frac{12}{55} \times Mn_{MnO_2}\right]}{9797}$$

式中 Q_C ——入炉碳被鼓风和炉料中氧所氧化而放出的热量，即热平衡计算中碳氧化放热项 Q_1，kJ；

r_d ——适宜的直接还原度；

$Fe_{Fe_2O_3}$ ——每吨生铁炉料中 Fe_2O_3 带入的铁量，kg；

Mn_{MnO_2} ——每吨生铁炉料中 MnO_2 带入的锰量，kg。

通过热平衡计算可得：$Q_C = 8088174.95kJ$；$Fe_{Fe_2O_3} = 874.66kg$；$Mn_{MnO_2} = 0$。代入上式得：

$$C_{氧}=\frac{Q_C-23614\times\left[\frac{12}{56}\times Fe_{还}\times(1-r_{H_2}-r_d)+\frac{12}{112}\times Fe_{Fe_2O_3}+\frac{12}{55}\times Mn_{MnO_2}\right]}{9797}$$

$$=\frac{8088174.95-23614\times\left[\frac{12}{56}\times 945\times(1-0.06-r_d)+\frac{12}{112}\times 874.66+\frac{12}{55}\times 0\right]}{9797}$$

$$=140.9+337.48r_d$$

从热能利用的角度来说，每吨生铁需要的碳量：

$$C_{热}=C_{氧}+C_{生}$$

$$=140.9+337.48r_d+46.22$$

$$=187.12+337.48r_d$$

式中　$C_{生}$——生铁中的碳量，kg。

因此，当 $r_d=0$ 时，$C_{热}=187.12$kg；当 $r_d=0.94$ 时，$C_{热}=645.93$kg。

（3）作为还原剂需要的碳量的计算。

1）直接还原剂所需碳量的计算。由 FeO 直接还原反应 $FeO+C=Fe+CO$ 可得：

$$C_d=\frac{12}{56}\times Fe_{还}\times r_d+C_{Si}+C_P$$

每吨生铁需要的碳量为

$$C_{还}=C_d+C_{生}=\frac{12}{56}\times Fe_{还}\times r_d+C_{Si}+C_P+C_{生}$$

当 $r_d=0$ 时，

$$C_{还}=C_d+C_{生}=\frac{12}{56}\times Fe_{还}\times r_d+C_{Si}+C_P+C_{生}=4.2+46.22=50.42\text{kg}$$

当 $r_d=0.94$ 时，

$$C_{还}=C_d+C_{生}=\frac{12}{56}\times Fe_{还}\times r_d+C_{Si}+C_P+C_{生}$$

$$=\frac{12}{56}\times 945\times 0.94+4.2+46.22$$

$$=240.77\text{kg}$$

2）间接还原剂所需碳量的计算。从化学能的角度来说，间接还原是决定碳比的关键因素。由 FeO 的间接还原反应 $FeO+nC=Fe+CO_2+(n-1)CO$ 可得：

$$C_{CO}=\frac{12}{56}\times n\times Fe_{还}\times(1-r_{H_3}-r_d)$$

间接还原的最低 n 值为 2.33，因此，

$$C_{CO} = \frac{12}{56} \times n \times Fe_{还} \times (1 - r_{H_3} - r_d)$$

$$= \frac{12}{56} \times 2.33 \times 945 \times (1 - 0.06 - r_d)$$

$$= 443.51 - 471.83r_d$$

则，1t 生铁的间接还原需要的碳量为

$$C'_{还} = C_{CO} + C_{生}$$

$$= 443.51 - 471.83r_d + 46.22$$

$$= 489.73 - 471.83r_d$$

当 $r_d = 0$ 时，$C'_{还} = 489.73\text{kg}$；当 $r_d = 0.94$ 时，$C'_{还} = 46.22\text{kg}$。

（4）理论最低碳比和适宜的直接还原度。由以上计算结果，绘制碳的需要量与适宜的直接还原度的关系图，见图 F-7。图中 *AB* 线是作为发热剂需要的碳量线，*DFH* 是作为还原剂需要的碳量线，两条线相交处 *E* 点为既能满足热能需要又能满足化学能需要的最低碳比（C_{min}），对应的横坐标为适宜的直接还原度。

由图 F-7 可见，当 $C_{热} = C'_{还}$ 时对应的纵坐标为最低的碳比，由以上计算可得：

$$187.12 + 337.48r_d = 489.73 - 471.83r_d$$

计算得适宜的直接还原度：$r_d = 0.37$。

对应的理论最低碳比：$C_{min} = 313.3\text{kg}$。

实际的碳量：$C_{实际} = K \times C_K + G_{吹} \times (C)_{吹}$

$$= 325 \times 85.68\% + 154.27 \times 66.83\%$$

$$= 381.56\text{kg}$$

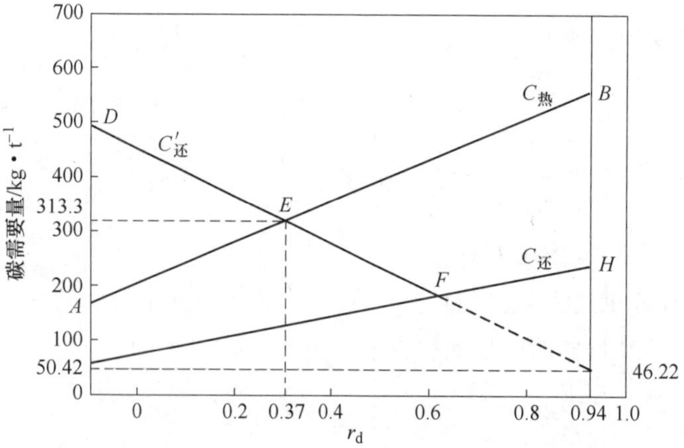

图 F-7 理论碳比与 r_d 关系图（一）

可见，该高炉降低碳耗的潜力为68.24kg/t铁，在喷煤比154.27kg/t铁不变的情况下，降焦比还有79.65kg/t铁（68.24/85.68%=79.65kg/t）的潜力，即理论上最低焦比可达到245.35kg/t（325-79.65=245.35kg/t）。

实际的直接还原度的计算过程如下：

$$r_d = 1 - \frac{56}{22.4} \times \frac{\left(\eta_{CO} + k_1 \times \frac{\eta_{H_2}}{1 - \eta_{H_2}}\right) \times V_2 - V_3}{1000[Fe] - G_{附} \times (Fe)_{附}}$$

式中 V_2——炉顶煤气中碳的氧化物总量，m^3；

V_3——还原高价氧化物和炉料带入的 CO_2 量之和，m^3。

其中 V_2 在计算高炉热平衡的过程中已经计算，其值为796.29m^3，V_3 的计算过程及结果如下：

$$\begin{aligned} V_3 &= \frac{22.4}{160} \times Fe_2O_{3还} + \frac{22.4}{87} \times MnO_{2还} + V_3' \\ &= \frac{22.4}{160} \times 1249.52 + \frac{22.4}{87} \times 0 + 0.614 \\ &= 175.55m^3 \end{aligned}$$

将值代入 $r_{d实际}$ 计算式可得到该高炉的实际直接还原度：

$$\begin{aligned} r_{d实际} &= 1 - \frac{56}{22.4} \times \frac{\left(\eta_{CO} + k_1 \times \frac{\eta_{H_2}}{1 - \eta_{H_2}}\right) \times V_2 - V_3}{1000[Fe] - G_{附} \times (Fe)_{附}} \\ &= 1 - \frac{56}{22.4} \times \frac{\left(47.82\% + 0.0336 \times \frac{38.5\%}{1 - 38.5\%}\right) \times 796.29 - 175.55}{1000 \times 94.5\% - 0} \\ &= 0.413 \end{aligned}$$

由图F-8可见，氧化铁的实际直接还原度大于适宜的直接还原度，另外，由作为发热剂的碳的消耗线，即 *AB* 线可以看出，当 *AB* 线下移时，高炉冶炼时需要的碳量下降。因此，降低高炉碳比有两种方法：其一，降低铁的直接还原度，使铁的实际直接还原度尽可能接近适宜的直接还原度；其二，减少高炉的总热耗。

F3.3.2 二次能源回收潜力分析

在计算高炉炼铁工序的余热余能产生量之前，结合某高炉的生产实际，确定了计算参数，具体参数如下：

（1）高炉渣产量为300kg/t铁；

（2）液态高炉渣温度为1600℃；

（3）高炉煤气发生量为1650m^3/t铁，高炉煤气热值为3338kJ/m^3；

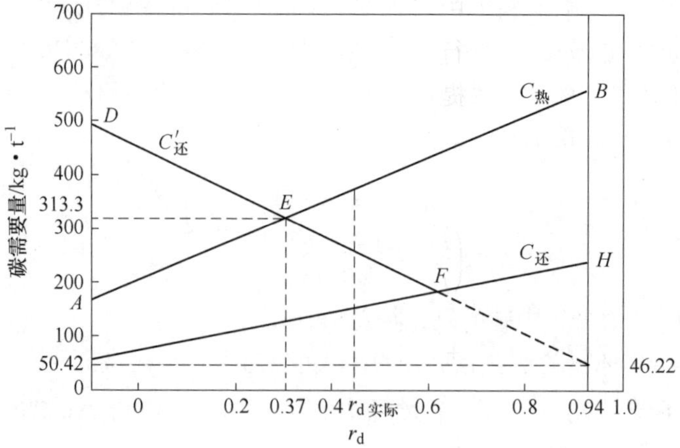

图 F-8 理论碳比与 r_d 关系图（二）

（4）炉顶压力 235kPa；

（5）炉顶煤气温度为 147℃；

（6）热风炉烟气温度为 300℃。

基于以上计算参数，根据调研获得的数据，对某企业铁前系统的余热余能资源量及回收利用情况进行了计算分析，结果见表 F-9。

表 F-9 某企业高炉炼铁工序二次能源产生量及回收量

种 类	吨铁资源能量/MJ	吨铁可回收量/MJ	吨铁回收量/MJ	回收率/%
炉渣显热	594	0	0	0
炉顶余压	519.25	207.70	151.14	72.77
BFG 显热	733.61	—	—	—
BFG 化学能	5507.55	5507.55	5417.23	99.5
热风炉烟气显热	5.73	5.73	1.61	28.10
合 计	7360.14	5720.98	5569.98	97.36

由表 F-9 可见，上述条件计算结果表明，该高炉炼铁工序二次能源理论产生量为 7360.14MJ/t，其中高炉煤气化学能为 5507.55MJ/t，占二次能源产生量的 74.83%。如果不计高炉煤气化学能，则二次能源的理论产生量为 1852.59MJ/t，其中高炉渣显热为 594MJ/t，占二次能源总量的比例为 32.06%；炉顶压力能为 519.25MJ/t，占二次能源总量的比例为 28.03%；热风炉烟气显热为 5.73MJ/t，占二次能源总量的比例为 0.3%；高炉煤气显热为 733.61MJ/t，占二次能源总量的比例为 39.60%。

高炉煤气显热和炉顶压力通过 TRT 装置进行回收，该项技术已非常成熟，并已在行业内推广应用。该高炉采用 25MW 的 TRT 装置进行回收这部分能量，吨铁回收量为 41.96kW·h，在行业内处于领先水平。但是，TRT 回收的余压能仅占可回收量的 72.77%，如果提高 TRT 的作业率和发电机的效率，还有提高的潜力，理论提高量为 56.56MJ/t。假设高炉煤气为理想气体，则高炉炉顶余压能的计算过程：

$$E_{max} = c_p \times T_1 \times \left[1 - \left(\frac{p_2}{p_1}\right)^{\frac{k-1}{k}}\right]$$

$$= 1.3567 \times (147 + 273.15) \times \left[1 - \left(\frac{13}{235}\right)^{\frac{1.384-1}{1.384}}\right]$$

$$= 314.69 \text{kJ/m}^3$$

式中 c_p ——高炉煤气的定压比热容，kJ/(m³·K)；

T_1 ——透平进口煤气的热力学温度，K；

p_1，p_2 ——分别为透平进口和出口煤气的压力，kPa；

k ——气体的定熵指数，取 1.384。

吨铁煤气发生量按 1650m³/t 计算，则吨铁余压能为

$$E = 1650 \times E_{max}$$
$$= 1650 \times 314.69$$
$$= 519245.25 \text{kJ/t}$$
$$= 519.25 \text{MJ/t}$$

热风炉烟气显热则可以通过余热锅炉、换热器或者送至喷煤车间用于干燥煤粉的方式回收。该企业高炉热风炉烟气则是通过两种方式进行回收，一部分烟气被送往喷煤车间用于干燥煤粉；另一部分用于预热热风炉的助燃空气。其热风炉烟气回收量为 1.61MJ/t，仅占理论产生量的 28.10%。因此，热风炉烟气显热回收还有 4.12MJ/t 的潜力。

但是，高炉渣显热目前尚无有效的回收利用技术。在目前的技术水平条件下，炉顶压力能和热风炉烟气余热则是高炉炼铁工序二次能源回收的重点，依靠现有的节能技术理论可回收量可达 213.43MJ/t。

F3.3.3 极限能耗分析

在计算高炉炼铁工序极限能耗时，应考虑极限焦比对高炉煤气产生量的影响。经过计算，在当前原燃料条件、铁水及煤气成分条件下，焦比为 245.35kg/t 铁，喷煤比为 154.27kg/t 铁，高炉煤气的发生量为 907m³/t 铁。

通过以上分析可以得出，在生铁含碳量为 4.62%、硅含量为 0.55%、喷煤比为 154.27kg/t 铁、焦炭的固定碳含量为 85.68%的条件下，该高炉的理论最低焦比为 245.35kg/t 铁；二次能源理论可回收量为 213.43MJ/t（不含高炉煤气化学能），还有 60.68MJ/t 的潜力。

通过以上分析，可得出该高炉炼铁工序的极限能耗为 354.38kgce/t，其理论极限能耗组成与基准能耗组成见表 F-10。

表 F-10 某企业高炉炼铁工序能耗组成

项目	基准能耗		理论极限	
	实物量	折标准煤 /kgce·t^{-1}	实物量	折标准煤 /kgce·t^{-1}
焦炭	363.72kg/t	349.17	245.35kg/t	235.54
喷吹煤	191.58kg/t	138.46	154.27kg/t	111.50
电	133.88kW·h/t	16.45	133.88kW·h/t	16.45
水	0.50t/t	0.02	0.50t/t	0.02
蒸汽	15.40kg/t	1.99	15.40kg/t	1.99
氧气	48.15m^3/t	4.48	48.15m^3/t	4.48
氮气	39.63m^3/t	0.48	39.63m^3/t	0.48
压缩空气	46.43m^3/t	0.58	46.43m^3/t	0.58
耗煤气	816.42m^3/t	85.76	816.42m^3/t	85.72
TRT 发电	-41.96kW·h/t	-5.16	-57.69kW·h/t	-7.09
煤气回收	-1815.80m^3/t	-190.66	-907.00m^3/t	-95.29
工序能耗		401.58		354.38

术语索引